"Christopher Germer bu önemli kitabında farkındalık ile öz şefkat arasındaki sayısız sinerjiyi inceliyor. Kendimizi farkındalığın şefkatli kucağına bırakmamızı söylüyor ve bu akıllıca kucaklaşmanın getirdiği köklü değişimden ve eylemlerden ustalıkla ve etkili bir şekilde nasıl faydalanabileceğimizi gösteriyor."

- Jon Kabat-Zinn

"Bu kitap kendimize ve başkalarına karşı şefkatli olmanın ilmini anlatıyor ve bunu nasıl başaracağınızı alıştırmalarla gösteriyor. Dr. Germer hayatımızı baştan sona dönüştürecek güçlü ve kolaylıkla atılabilecek adımları bizlere sunuyor. Bu önemli yola girmek için asla çok geç değil."

- Daniel J. Siegel

"Öz şefkat tüm duygusal iyileşmenin temelini oluşturur. Dr. Germer da bunun paha biçilmez bir rehberini bizler için üretmiş bulunmakta. Büyük bir berraklıkla, psikolojik bilgelikle ve sevgiyle yazılmış olan bu kitap yüreğini özgür bırakmak isteyen herkes için uygulanabilir ve güçlü araçlar sunuyor."

- Tara Brach

"Bu kitap akıllı bir klinisyen ve adanmış bir meditasyon hocası olan Dr. Germer tarafından hazırlanmış, pratik ve zarif bir öz şefkat geliştirme rehberidir. Yazar, zihinlerimizin arka planında yer alan ve hayatımızın akışını önemli ölçüde etkileyen fısıltıların aydınlığa kavuşturulmasına ve dönüştürülmesine yönelik zaman odaklı alıştırmalar ve egzersizler sunuyor."

- Samuel Shem

ISBN: 978-605-68123-7-8

YAYINEVİ SERTİFİKA NO: 25700

MATBAA SERTİFİKA NO: 34191

**Öz Şefkatli Farkındalık**

Christopher K. Germer

Özgün Adı: **The Mindful Path to Self- Compassion**



*Yayın yönetmeni*: Erdem Boz

*Çeviren*: Handan Ünlü Haktanır

*Baskı :* My Matbaacılık SAN. VE TİC. LTD. ŞTİ.

**MY MATBAACILIK SAN. VE TİC. LTD. ŞTİ.**

Maltepe Mah. Yılanlı Ayazma Sk. No: 8/F

Zeytinburnu / İstanbul Tel: 0212 674 85 28

*Cilt:* My Matbaacılık SAN. VE TİC. LTD. ŞTİ.

Diyojen Yayıncılık, İstanbul, 2019

**DİYOJEN YAYINCILIK TİC. LTD .ŞTİ**

Yıldıztepe Mah. 544. Sk. No:10 Bağcılar / İstanbul

info@diyojenyayinevi.com

# ÖZ ŞEFKATLİ FARKINDALIK

CHRISTOPHER K. GERMER

Çeviren: Handan Ünlü Haktanır

Diyojen

*Şefkatin ne demek olduğunu bana öğreten*
*anneme*

# *İçindekiler*

# *Sunuş*

Öz şefkatli farkındalığın kurucularından Christopher Germer'ın imzasını taşıyan bu kitabın Türkçeye kazandırılmasından, bu coğrafyaya uzanmasından büyük mutluluk duyuyorum. Her ne kadar farkındalık (mindfulness), Türkiye'de giderek popülerlik kazansa da öz şefkat kavramı bizler için henüz çok yeni (elinizdeki bu kitap, konu hakkında bir ilk sayılabilir). Oysa farkındalık ve öz şefkat bir kuşun iki kanadı: Acıyı tanımak için farkındalığa, acıya kendimizi açacak kadar güvende hissetmek içinse öz şefkate ihtiyacımız var. Öz şefkat, farkındalığı ısıtarak karşılaştığımız zorluklara ve bu zorluklar karşısında kendimize hoşgörüyle yaklaşmamıza olanak veriyor. Farkındalık kendini "Şu anda deneyimlediğim nedir?" cümlesiyle ifade ederken öz şefkat "Şu anda bunu deneyimlerken kendime nasıl destek olabilirim?" cümlesiyle vücut buluyor.

Öz Şefkatli Farkındalık'ın sayfalarında gezinirken yalnızca öz şefkat hakkında bilgiler edinip bu alanda yapılan araştırmalardan faydalanmayacaksınız, aynı zamanda Christopher Germer'ın cömertçe paylaştığı çok sayıda meditasyon ve deneyimsel egzersiz ile öz şefkati uygulama fırsatı da bulacaksınız. Dahası, öz şefkat pratiklerini gündelik yaşamınıza nasıl dahil edeceğinizi de öğrenerek, kendinize karşı şefkatli olmanın kulağa güzel gelen bir fikirden ibaret olmadığını, sadece uygulayana değil, etrafındaki insanlara da fayda sağladığını göreceksiniz.

Dünya giderek daha fazla çeşitliliğe ev sahipliği yapıyor; inançları, kültürleri, adetleri, görüşleri, yaşam tarzları birbirinden çok farklı nice insan bir arada yaşıyor. Küresel bir topluluk olarak yaşamak için çeşitliliği şefkatle kucaklamayı öğrenmeliyiz. Başkalarına şefkati deneyimlemenin de yolu, öz şefkati öğrenmekten geçiyor, neden: Çünkü kendi acılarına karşı duyarlı olan insanlar başkalarının acılarına karşı da duyarlı oluyor; acının varlığında kendisine şefkatli davranan insanlar başkalarına da şefkatle yaklaşıyor. Kendimize karşı nazik olduğumuzda, diğerlerine karşı da kendimizi unutmadan ve yıpratmadan, doğal olarak nazik olabiliyoruz. Tam olarak bu nedenle, okuyacağınız bu kitap yalnızca bireysel refaha giden bir yoldan değil, bizi eş zamanlı olarak küresel refaha da götürecek bir yoldan söz ediyor.

Christopher Germer'la yüz yüze tanışmadan uzun zaman önce, onu bu kitabın sayfalarında tanıdım. Hayatın daha can yakan taraflarında, canımı yaka yaka dolandığım zamanlarda bu kitap, deyiş yerindeyse ezber bozan bir dönüm noktası olmuştu benim için. Acı çekmenin, kendimi yalnız, korkmuş ya da yetersiz hissetmenin beni 'anormal' yapmadığını, aksine beni dünyanın geri kalanıyla bir kıldığını bu kitap sayesinde öğrendim. Bu noktadan hareketle, okurlara umutla söyleyebilirim: Kişinin kendiyle dost olması öğretilebilir, öğrenilebilir bir beceridir.

Dilerim, öğrencisi olmakla her zaman övüneceğim Christopher Germer'ın sizi çıkaracağı bu serüven, şefkatli tarafınızla temasa geçip, bundan böyle sesini daha fazla duyabilmenize yardım eder. Ve dilerim bu sayede, acı kapınızı çaldığında onu bilgelik ve nezaketle karşılayabilirsiniz.

ZEYNEP SELVİLİ ÇARMIKLI
Uzman Psikolog ve Öz Şefkatli Farkındalık Eğitmeni

Başkalarına memnuniyetle sunduğumuz şefkatin aynısını kendimize göstermemiz pek çoğumuz için neden bu kadar zordur? Bunun nedeni belki de Batı'nın geleneksel düşünme tarzı gereğince şefkati bir lütuf olarak kabul etmemiz ve bunu kendimize vermeyi bencilce ya da uygunsuz bir davranış olarak görme eğiliminde olmamızdır. Ama Doğu'nun kadim bilgeliği bize sevgiyle dolu bir şefkat duygusunun herkesin ihtiyaç hissettiği ve hak ettiği bir şey olduğunu ve bunun kendimize göstermemiz gereken şefkati de içerdiğini söyler. Sevgiyle dolu bir şefkat duygusu olmadan, sorunlarımız için ve bu sorunların tümünü çözümleyemediğimiz için acı çeker ve kötü olaylar karşısında acı hissettiğimiz için kendimizi suçlarız. Bunun sonucunda da daha fazla acı çekeriz.

Kişinin kendisine şefkat duyması fikri bize öyle yabancı gelebilir ki, bunun geliştirilmesi gereken bir kapasite olduğuna karar versek bile nereden başlayacağımızı bilemeyiz. Çağdaş nörobilim ve psikoloji, meditasyona yönelik geleneklerin asırlardan beri kabul edegeldiği bir olguyu daha yeni yeni keşfetmektedir: Yani kişinin kendisine şefkat göstermesinin ve iyi davranmasının ona doğuştan bahşedilen ya da bahşedilmeyen birtakım lütuflar olmadığı ve bunların istisnasız her birimizin geliştirip güçlendirebileceğimiz ve günlük hayatımızın içine sokabileceğimiz *beceriler* olduğu olgusunu...

İşte *bu kitap* tam da burada devreye girmektedir. Dr. Christopher Germer bu becerileri geliştirme yönteminin yapı taşlarını, yani şefkatin sunabileceği özgürlük vizyonunu, öz şefkatin temel rolünü ve onu bir düşünce olmaktan çıkarıp takip edilmesi gereken yolu göstermekte ve bu dönüşüm için gerekli olan farkındalık gibi birtakım uygulanabilir araçları gözler önüne sermektedir.

Budist psikolojik analizler sevecenlik ve şefkat gibi özellikleri korkunun panzehri olarak görürler. Yeterli olmadığımız ve asla olamayacağımız hissinin yarattığı o engelleyici korku, önümüzde bir seçenek görmediğimiz zaman içimizde yükselen o dizginlenemeyen çekingenlik ya da bir adım atmamız gerektiğini hissettiğimizde, bunu nasıl ve nereye atacağımızı bilemediğimizde tüm hücrelerimize sinen dehşet hissi bize sürekli olarak ıstırap verir. Oysaki sevecenlik ve şefkat, korkunun tam tersine, bağlanmanın iyileştirici gücünü, fırsatlara erişebilme duygusuna sahip olmanın önemini ve öğrenmenin bir katalizörü olarak iyiliğin etkisini güçlendirir. İster kendimize sunalım, isterse de başkalarına, sevecenlik ve şefkatin iç içe geçmiş olan güçleri hem kendi hayatımızda, hem de başkalarının hayatlarında fark yaratabilen bazı akılcı, etkili ve bazen yumuşak, bazen de ateşli olan eylemlerin temelini oluşturur. Öz şefkatin gerçek anlamda gelişmesi ise korkusuzluğun, cömertliğin, kaynaşmanın, sevecenliğin ve şefkatin temelidir.

Çektiğiniz acılardan kurtulmak için farkındalık temelli meditasyon geleneklerine başvurmuş ya da kronikleşmiş duygusal acılarınızdan ve saplantılı düşüncelerden sizi kurtarabilecek herhangi başka bir yöntemi kabul etmeye kendinizi daha önceden hazırlamış olsanız da, bu kitap size esin veren bir yol haritası olacaktır. Aşağıdaki sayfalarda, sevecenliğinizi ve öz şefkat hissinizi her geçen gün daha da geliştirme yolunda size adım adım rehberlik edecek bilimsel görüşler içeren, eğitici bir kılavuz bulacaksınız.

SHARON SALZBERG
İç Görü Meditasyonu Cemiyeti, Barre, Massachusetts

# Giriş

Hayat zordur. Bütün iyi niyetimize rağmen işler iyi gitmez, hatta bazen *çok* kötü gider. Yüzde doksanımız büyük ümitlerle ve iyimserlikle evleniriz ama evliliklerin %40'ı boşanmayla sonuçlanır. Günlük hayatın gereklerini yerine getirmeye çalışırız ama kendimizi aniden yüksek tansiyon, endişe, depresyon, alkolizm ya da çökmüş bir bağışıklık sistemi gibi stresle bağlantılı sorunların içine gömülmüş bir halde buluruz.

İşler tepetaklak olduğunda tipik olarak nasıl bir tepki veririz? Çoğu kez utanır ve kendimizi eleştiririz: "Benim neyim var? "Neden bununla baş edemiyorum?" "Neden ben?" Belki de kendimizi yola getirmeyi bir misyon addeder, kendimizi incinmenin de ötesinde rencide etmeyi göze alırız. Bazen de başkalarını kovalamayı tercih ederiz. Kısacası, kendimize bir mola vermek yerine, bizi en fazla zorlayacak yolu seçeriz.

Bize acı veren duygulardan uzak kalmaya ne kadar çabalasak da, bu acı her yerde peşimizden gelir. Utanç, öfke, yalnızlık, korku, çaresizlik ve kafa karışıklığı gibi zor duygular tıkır tıkır çalışan bir saat gibi kapımızı tam zamanında çalıverir. Bu duygular, işler beklentimizin dışında seyrettiğinde, örneğin sevdiklerimizden ayrıldığımızda, ya da sıradan hastalıkların, ileri yaşın ve ölümün bir parçası olarak gelirler. Öyle zamanlarda insanın kendisini kötü hissetmemesi mümkün değildir.

Ama ıstırapla ve sıkıntılı durumlarla yeni ve daha sağlıklı bir şekilde baş etmeyi öğrenmemiz *mümkündür.* Bizi zorlayan duygularla sıkı bir mücadele içine girmek yerine, *kendi acımıza tanıklık edebilir ve ona sevgiyle ve anlayışla yakla-*

*şabiliriz.* İşte öz şefkat dediğimiz şey, sevdiğimiz bir kişiyle nasıl ilgileniyorsak, kendimizle de aynı şekilde ilgilenmemiz gerektiğinin farkında olmamızdır. Kederli ya da yalnız olduğunuz dönemlerde kendini paralamayı âdet haline getiren, bir hata işlediğinde dünyadan elini eteğini çeken, ya da o hataya neden başlangıçta engel olamadım saplantısını yaşayan bir kişiyseniz, öz şefkat size radikal bir fikir gibi gelebilir. Ama bir düşünün: acı çeken başka insanlara gösterdiğiniz yakınlığı ve sıcaklığı kendinizden esirgemenizin mantıklı bir davranış olması mümkün müdür?

Duygusal acıyla mücadele ettiğimizde, bu mücadelenin içinde sıkışıp kalırız. Bizi zorlayan o *duygular* yıkıcı olmaya başlar. Bunun sonucunda zihinsel, bedensel ve ruhsal çöküntü içine gireriz. Duygularımız kaskatı kesilir – zamanın içinde donup kalır – ve biz de bu duyguların içine saplanıp kalırız. Bir ilişkide özlemini çektiğimiz mutluluk bizi es geçer. İş hayatında tatmin olmamız imkansızlaşır. Günlerimizi ağrılarımızla ve sızılarımızla adeta sürünerek geçiririz. Bu dertlerin çoğunun kökünde yatan şeyin, hayatın kaçınılmaz dertleriyle nasıl bir *ilişkimiz* olduğuyla bağlantılı olduğunun genellikle farkında bile değilizdir.

Değişiklik, kendimizi acı veren duygulara alışılmamış bir sevecenlikle açtığımız vakit doğal bir biçimde gelir. İşler kötü gidip de kötü hissettiğimizde kendimizi (veya başka birini ya da herkesi) suçlamak, eleştirmek ve yola getirmeye çalışmak yerine, kendimizi olduğumuz gibi kabul edebilir ve böylece ilk adımı atmış olabiliriz. Her şeyden önce şefkat! Bu basit yaklaşım hayatınızda müthiş bir değişiklik yaratabilir.

Bir an için, kızınıza bağırdığınız için hayat arkadaşınızın sizi eleştirdiğini hayal edin. Onun bu davranışı sizin duygularınızı incitir ve aranızda bir tartışmaya yol açar. Yanlış anlaşıldığınızı, size saygısızlık edildiğini, sevilmediğinizi ve hatta sevilecek bir yanınız olmadığınızı düşünmeye başlarsınız, değil mi? Ya da duygularınızı anlatmak için doğru sözcükleri kullanmamış olduğunuzu veya daha büyük bir olasılıkla, hayat arkadaşınızın sizin söylediklerinizi duymayacak kadar öfkeli ya da savunmacı bir ruh hali içinde olduğunu düşünürsünüz. Şimdi de derin bir nefes aldığınızı ve tartışmaya girişmeden *önce* kendinize şu sözleri söylediğinizi hayal edin: "Ben iyi bir ebeveyn olmayı her şeyden çok istiyorum. Çocuğuma bağırmak bana çok acı veriyor. Kızımı dünyadaki her şeyden daha çok seviyorum ama bazen kendimi kaybediyorum. Sonuçta ben de bir insanım. Yaptığım hatalar için kendimi affetmeyi öğrenmeliyim. Birlikte huzur içinde yaşamak için bir yol bulabiliriz." Aradaki farkı hissedebiliyor musunuz?

Kendinize gösterdiğiniz böyle bir öz şefkat anı, sizin tüm gününüzü değiştirebilir. Böyle anlardan bir zincir oluşturabildiğiniz takdirde de hayatınızın tüm gidişatı değişebilir. Öz şefkat yoluyla kendinizi yıkıcı düşünce ve duyguların tuzağından kurtardığınız vakit, özsaygınızı pekiştirir, depresyonunuzu ve endişelerinizi hafifletir ve hatta diyetinize sadık kalmanızı bile sağlayabilirsiniz.

Üstelik elde edeceğiniz faydalar sadece kişisel değildir. Öz şefkat başkalarına göstereceğiniz şefkatin de temelini oluşturur. Dalai Lama, "(Şefkat,) bir şeyin acı karşısında özgür olmasını isteme durumudur... Bunu önce kendiniz için isteyin; bu tutku daha sonra başkalarına da kucak açacaktır, hem de daha gelişmiş bir şekilde," der. Mantıklı olarak düşünecek olursak, kendi içimizdeki çaresizlik, korku, başarısızlık ve utanç gibi duygulara tahammül edemezsek, aynı duyguları yaşayan başkalarına empati göstermeyi nasıl bekleyebiliriz? Ve kendi iç kavgalarımızla meşgulken başkalarıyla az da olsa ilgilenmeyi nasıl başarabiliriz? Kendi sorunlarımızı çözümlenebilir bir hale getirdiğimizde, başka insanlara da sevgiyle yaklaşmamız daha kolaylaşır. Bu da ilişkilerimizi güçlendirir ve genel olarak hayattan tatmin olmamızı ve keyif almamızı sağlar.

Aslında öz şefkat denen şey dünyadaki en doğal şeydir. Şöyle bir düşünün: Parmağınızı kestiğinizde, yarayı temizler, yara bandıyla sarar ve iyileşmesi için elinizden geleni yaparsınız. Bu, insanın kendine doğuştan gelen bir öz şefkat gösterme durumudur. Peki ya *duygusal* ruh halimiz tehlikede olduğunda bu öz şefkat nereye uçup gidiyor? Sivri ve keskin dişli bir kaplana karşı hayatta kalmamızı sağlayan bir şey, neden duygusal hayatta işe yaramıyor? Biz insanlar hoş olmayan duyguları içgüdüsel olarak dış düşmanlarımız olarak görüyor ve onlarla savaşa girişiyoruz da ondan... Ne var ki içimizdeki bu savaş, durumu daha da berbat etmekten başka bir işe yaramıyor. Nitekim endişenize karşı direndiğinizde bu duygunun tam bir panik haline dönüşmesini gözlemleyebilirsiniz. Aynı şekilde, kederinizi bastırma yolunu seçtiğinizde kronik bir depresyona girmeniz işten bile değildir. Uyumak için verdiğiniz mücadele bile, bütün gece gözünüzü kırpmamanıza neden olabilir.

Acılarımızın tuzağına düştüğümüzde, *kendimize* karşı da bir savaşa girişmiş oluruz. Bedenimiz tehlikeli durumlarda kendisini kavga ederek, kaçarak ya da donup kalarak (bulunduğu yere mıhlanarak) korur, ama duygusal anlamda güç durumda kaldığımızda, bu tepkiler aniden kendimizi eleştirme, tecrit etme ve bencilleşmeden oluşan kötücül bir üçlü haline dönüşür. İyileşmek için başvurabileceğimiz bir alternatif ise araştırmacı psikolog Kristin Neff'in 'kendine iyi davranmak' olarak tanımladığı yeni bir tür ilişki geliştirmek, yani tüm diğer insanlarla bağ kurmayı istemek ve dengeli bir farkındalık içine girmektir.

Bu kitapta, en ihtiyaç duyduğunuz anda, örneğin utançtan ölme durumuna geldiğinizde, öfkeden ya da korkudan dişlerinizi gıcırdattığınızda ya da kendinizi bir aile toplantısına daha katlanamayacak kadar kırılgan hissettiğinizde öz şefkati hayatınıza nasıl dahil edebileceğinizi öğreneceksiniz. Öz şefkat, doğuştan gelen mutlu olma arzusunu ve acıdan özgür olma isteğini arttırarak, ihtiyaç hissettiğiniz sevgiyi kendinize vermektir.

Duygusal acıyla, onu daha da kötü bir hale getirmeden baş etmek, Budist psikolojisinin temelini oluşturur. Bu kitaptaki fikirler, özellikle de modern bilim tarafından doğrulanmış olan kavram ve alıştırmalar, işte bu gelenekten alınmıştır. Okuyacağınız şeyler, özünde yeni şişelere konmuş eski şaraplardır, yani yeni psikolojik terimlerle ifade edilen kadim içgörülerdir. Bu alıştırmaların size faydalı olması için herhangi bir inanca bağlı olmanız gerekmez. Bir Hıristiyan, bir Musevi, bir Müslüman, bir bilim insanı ya da bir tanrıtanımaz olabilirsiniz. En iyi yaklaşım açık görüşlü, deney yapmaya açık ve esnek olmaktır.

Klinik bilim adamları meditasyonu 1970'li yıllarda keşfetmişlerdir. Şimdilerde bu yöntem tüm psikoterapi yöntemleri içinde en kapsamlı olarak araştırılmış olanlardan bir tanesi haline gelmiştir. Son 15 yılda, araştırmalar *farkındalık*, ya da "şu anki deneyimin farkında olma ve bunu kabul etmek" üzerinde yoğunlaşmış bulunmaktadır. Farkındalık, efektif psikolojinin ve genel anlamda duygusal iyileşmenin temel unsuru olarak kabul edilmektedir. Terapi iyi gittiğinde, hastalar (ya da danışanlar) terapi odasında deneyimledikleri – korku, öfke, keder, sevinç, huzur, can sıkıntısı, sevgi gibi – her bir duyguya karşı kabullenici bir yaklaşım içine girerler. Farkındalığın özel bir armağanı da, kişinin buna kendi evinde meditasyon yoluyla erişebilmesidir.

Farkındalık, bir kişinin genellikle bir algı, düşünce ya da duygu şeklindeki *deneyimlerine* odaklanma eğilimi gösterir. Ama belirli bir *deneyimi yaşayan*, örneğin utanç ve kendinden şüphe duymak gibi birtakım duyguların altında ezilen ve bunalan bir kişinin ne yapması gerekir? Böyle durumlarda, sadece kötü *hissetmekle* kalmaz, *gerçekten* kötü olduğumuz hissine de kapılırız. Kafamız öylesine karışır ki, başka hiçbir şeye dikkatimizi veremez oluruz. Uyku ilacının işe yaramadığı bir gece, tek başımıza çarşafları çekiştirip dururken ve terapi seansımıza daha bir hafta varken ne yapmalıyız? Çoğunlukla öyle anlarda ihtiyacımız olan şey, şefkatli bir yüreğe sahip iyi bir arkadaşımızın yanımızda olmasıdır. Ama çoğu kez öyle birine hemen erişmemiz mümkün olmayabilir. Tek başımıza olduğumuz öyle zamanlarda, yapmamız gereken şey kendimize yine de sevgiyle yaklaşmak, yani kendimize şefkat göstermektir.

Benim öz şefkatle tanışmam biri profesyonel diğeri de kişisel düzeyde iki şekilde gerçekleşmiştir. 30 yıllık meslek hayatımda endişe duygusu yaşayanlardan başlayarak, aşırı anksiyetenin ve depresyonun altında ezilenlere ya da travma geçirmiş olanlara kadar pek çok hastam oldu. Bir devlet hastanesinde çalıştığım dönemde, kronik ya da terminal hastalıkları olan hastalarım da olmuştur. Seneler boyunca şefkat duygusunun ne kadar güçlü olduğuna, bir çiçek gibi açtırdığı insan yüreğinin içindeki gizli kederi nasıl ortaya çıkardığına ve iyileştirdiğine tanık oldum. Buna rağmen, hastalarımın arasında terapiden sonra, bir boşluğun içinde yürüdükleri ve terapistlerinin sesini sürekli olarak arkalarından geldiği gibi bir hisse kapılanlar da olmadı değil. Kendime "Bu insanların kendilerini daha fazla savunmalı ve daha az yalnız hissetmeleri için iki terapi seansı *arasında* ne yapmaları gerekir?" diye sordum. Bazen de, "Terapi deneyiminin daha hızlı silinmesini, onun *taşınabilir* bir hale getirilmesini mümkün kılan bir yol var mıdır acaba?" diye de soruyordum. Öz şefkatin pek çok insan için böyle bir çıkış yolunu vaat edebildiği görülüyor.

Şahsen ben adanmış bir Hıristiyan olan bir anne ve erken yetişkinlik döneminin 9 yılını Hindistan'da geçirmiş ve Alman vatandaşı olduğu için İkinci Dünya Savaşı'nda İngilizler tarafından enterne edilmiş bir baba tarafından büyütüldüm. Babam oradayken, daha sonra toplama kampından kaçıp Himalaya dağlarını aşarak Tibet'e geçen ve 14. Dalai Lama'nın özel İngilizce hocası olan Heinrich Harrer isimli bir dağcıyla tanışmış. Çocukken annem bana Hindistan'la ilgili büyülü masallar okurdu; o yüzden de üniversiteden mezun olduktan sonra oraya gitmek bana son derece doğal gelmişti. 1976 yılından 1977'ye kadar Hindistan'ı bir uçtan bir uca dolaştım, azizleri, bilgeleri ve şamanları ziyaret ettim ve Sri Lanka'daki bir mağarada Budist meditasyonunu öğrendim. Bir hayat boyu sürecek olan meditasyon merakım ve Hindistan'a yaptığım bir düzineden fazla gezi de işte bu şekilde başlamış oldu.

Şu anda Sharon Salzberg, Joseph Goldstein ve Jack Kornfield tarafından kurulmuş olan Amerikan merkezlerindeki içgörü meditasyonu geleneklerine bağlı meditasyon üzerinde egzersizler uygulamaktayım. Bu kitabın içeriği işte bu zengin ve incelikli öğretilerden oluşmaktadır ve bu öğretiler herhangi bir şekilde saptırılmışsa, bundan sadece ben sorumluyum. Neredeyse 25 seneden beri aylık görüşmeler yaptığım Meditasyon ve Psikoterapi Enstitüsü'ndeki arkadaşlarıma ve çağdaş sağlık hizmetlerini Budistlerin farkındalık ve merhamet egzersizleriyle tanıştıran Jon Kabat-Zinn'e sınırsız bir şükran borcum var. Diğer öğretmenlerimi ise, hayat hikayelerini kitaptaki kavram ve alıştırmalara bir öz kazandırmak amacıyla cömertçe benimle paylaşan hastalarım oluşturuyor. Onlar bu işi zevkle yaptılar. İsimlerini ve onlarla ilgili ayrıntıları özel hayata saygı nedeniyle değiştirdim ve bazı klinik vinyetleri birkaç kişinin bilgilerini birleştirerek oluşturdum.

Bu kitap üç bölümden oluşuyor ve bölümler birbirinin üzerine bina edilmiş durumda. Öz şefkati Keşfetmek başlıklı 1. Kısım farkındalığı nasıl oluşturacağınızı ve öz şefkatle neyi kastedip neyi kastetmediğimizi açık ve net bir şekilde size gösterecektir. Sevgi Dolu Nezaket Uygulaması başlıklı 2. Kısım, tek bir öz şefkat alıştırmasıyla, yani şefkat meditasyonuyla size sevgi dolu bir hayat sürmenin temelini oluşturacak derinlemesine bilgiler verecektir. Kişiye Özel Öz Şefkat isimli 3. Kısım ise bu alıştırmayı kişiliğinize ve içinde bulunduğunuz koşullara nasıl uyarlayabileceğinize dair tüyolar verecek ve bu alıştırmadan azami şekilde nasıl faydalanacağınızı gösterecektir. Ekler bölümünde de, ek öz şefkat alıştırmaları bulacaksınız.

Bu kitapta sizden zorlayıcı işler yapmanızı istemeyeceğim. İşin zor kısmını geride bırakmış, yani zorlu düşüncelerle kavga etmekten ve cebelleşmekten, onlardan ve onlara sebebiyet veren şeylerden dolayı kendinizi suçlamaktan vazgeçmiş olduğunuzu umuyorum. Aslında bu kitapla birlikte, *daha az* çalışmayı da öğreneceksiniz. Bu bir "kişisel gelişim kitabı" değildir. İçinizde kopmuş bir şeyler olduğu kavramıyla işe başlamak yerine, size duygusal acılarınızla yeni ve çok daha şefkatli ve sevecen bir yolla nasıl baş edeceğinizi gösterebilmeyi umuyorum. Bu alıştırmaları 30 gün boyunca yapmanızı öneriyorum. Bakın bakalım, neler olacak... Hafiflediğinizi ve daha mutlu hissettiğinizi fark edebilirsiniz ama bunun sadece kendinizi olduğunuz gibi kabul etmenizin bir yan ürünü olduğunu da bilin.

# 1. KISIM

## Öz Şefkati Keşfetmek

# 1

## *Kendinize İyi Davranmak*

Istırabın kendisi o kadar kötü değildir; asıl acıyı veren şey, ıstırap çekmenin kişinin zoruna gitmesidir.

- ALLEN GINSBERG, şair

"Bana söylemek üzere olduğunuz şeyden korkuyorum, çünkü muhtemelen bir işe yaramayacak!" diye patladı Michelle. Söyleyeceklerimin onu hayal kırıklığına uğratacağından yüzde yüz emin gibiydi. Michelle az önce bana yıllardır çekingenliğe karşı vermekte olduğu mücadeleden bahsetmiş ve ben de onun söylediklerini içime derin bir nefes çekerek dinlemiştim.

Michelle olağanüstü parlak ve dürüst biri olarak dikkatimi çekmişti. Çekingenliğinden kurtulmak için pek çok kitap okumuş ve dört kez de terapi görmüştü. Bir kere daha hayal kırıklığına uğramak istemiyordu. İtibarlı bir üniversiteden yakın zamanda bir MBA diploması almıştı ve civardaki bazı büyük şirketler için danışmanlık yapıyordu. Çekingenliğinin, diğer insanlarda onun işinin ehli olmadığı ve o yüzden de söylediklerine güvenmemeleri gerektiği gibi bir his uyandıracağına inanıyordu. Başkalarının önünde yüzünün kızarmasından endişe duydukça, bu durumla daha da çok karşılaşıyordu. Yeni işi mesleki açıdan onun için önemli bir fırsat yaratmıştı ve Michelle bunu çöpe atmak istemiyordu.

Michelle'e haklı olduğunu söyledim; ona önerdiğim hiçbir şey işe *yaramayacaktı*. Bunun nedeni onun ümitsiz bir vaka olması değil (konunun bununla uzaktan yakından alakası yoktu), bütün iyi niyetli stratejilerin başarısız olmaya mahkum olmasıydı. Bunun kullanılan teknikle de, kendisini daha iyi hissetmek isteyen kişiyle de ilgisi yoktu. Sorunun temeli, bizim motivasyonumuzda ve zihnin nasıl işlediğini anlamıyor oluşumuzda yatıyordu.

Michelle'in de mücadele ettiği yıllardan çok iyi bildiği gibi, kendimizi kötü *hissetmememiz* için yaptığımız şeylerin çoğu muhtemelen daha kötü hissetmemize neden olmaktadır. Bu, şöyle düşünmek gibidir: "Pembe filleri düşünmemeye çalış, özellikle de *çok* büyük ve *çok* pembe olanları." Bir fikir zihnimizde oluştuktan sonra, onu düşünmemeye çalıştığımız her seferinde biraz daha güçlenir. Sigmund Freud bu sorunu, "bilinçaltı zihinde 'olumsuzlama' diye bir şey yoktur," şeklinde özetlemiştir. Benzer şekilde, sıkıntımızı defetmek için uyguladığımız gevşeme teknikleri, düşünce bloklama ve pozitif olumlama gibi her yöntem bizi sonuçta hüsrana uğratacak ve kendimizi daha iyi hissetmek için başka opsiyon arayışlarına girmemize neden olacaktır.

Biz bu konuları tartışırken, Michelle de sessiz sessiz ağlamaya başlamıştı. Morali *daha da* çok bozulduğu için mi, yoksa yaşadığı deneyimin gerçekliğinin vurgulanmış olması nedeniyle mi ağladığından emin değildim. Bana dualarının bile kabul edilmediğini söyledi. Bunun üzerine iki tür dua olduğundan bahsettik. Bunlardan biri Tanrı'dan kötü şeyleri yok etmesini istediğimiz dualar, diğeri ise teslim olduğumuz ve 'bırakalım Tanrı nasıl biliyorsa öyle yapsın' türünden yaptığımız dualardı. Michelle, dertlerini Tanrı'ya havale etmeyi asla aklından geçirmediğini söyledi. Bu onun tarzı değildi.

Bir süre sonra Michelle'in endişelerini gidermek ve yüzünün kızarmasını azaltmak için neler yapılabileceğine kafa yormaya başladık. Derin nefes alması, kendisini çimdiklemesi, soğuk su içmesi ya da soğukkanlıymış gibi davranması gibi yöntemleri gündemimize almadık. Michelle çabalarından kolaylıkla vazgeçecek tipte biri değildi. Tamamıyla farklı bir şey bulması gerekiyordu. Endişelerinin kabul ettikçe *azaldığını,* reddettikçe *çoğaldığını* fark etmişti. O yüzden de endişeyi ve endişeli bir insan olduğunu *kabul* edeceği türden bir hayata odaklanmak ona da makul geldi. Terapimizin başarısını yüzünün ne kadar sıklıkla kızardığıyla değil, bu durumu onun ne kadar kabul ettiğiyle ölçecektik. Bu, Michelle için yepyeni ve radikal bir fikirdi. İlk terapi seansımızdan kafası biraz karışmış bir şekilde ama mutlu olarak ayrıldı.

Bir sonraki hafta, bu yöntemin "işe yaradığını" mutlulukla haber verdiği bir e-posta yolladı. Yeni alıştırmalardan söz etmemiş olduğumuz için, Michelle'in aslında ne demek istediğini anlamamıştım. Daha sonra kendisini endişeli hissettiğinde kendisine 'sadece korkuyorsun, sadece korkuyorsun' diye telkinde bulunduğunu öğrendim. Korkusunu telaffuz etmek, Michelle'in zihnini yüzünün kızardığı olgusundan uzaklaştırıyordu. Örneğin, yemekhanede meslektaşlarıyla kazasız belasız kısa sohbetler yapabilmişti. Kendisini "ne dediği belli olmayan, zayıf, aşırı duygusal, gülünç biri" gibi değil de, "öğle yemeği yemekte olan korkak biri" olarak hissetmek onu çok rahatlatmıştı. Michelle'in bu kadar kısa bir zaman içinde "kabul etme" kavramını benimsemesi ve faydalı bir teknik geliştirmiş olması beni de şaşırtmıştı.

Buna rağmen, ikinci buluşmamızda Michelle yine bezgindi. Yemekhaneye her gidişi, yeniden yüzünün kızarmasına karşı giriştiği birer mücadele haline gelmişti. İlk başlardaki "endişeli görünmekten vazgeçme" isteği ağırlıklı olarak yine oradaydı. Kabul etme durumu Michelle için "işe yaramaya" başlamıştı ama bu durumu geliştirmek için üstlenmesi gereken kabul etme durumundan vazgeçmiş ve sorununu baypas edecek akılcı bir çözüm bulduğuna inanmak gibi hatalı bir yargıya varmıştı.

Ne var ki, kendimizi aldatmamız mümkün değildir. Michelle'in bir yanı, "kabul etme alıştırmasını, anksiyetemi azaltmak *amacıyla* yapıyorum," diyordu ama bizim kabul etmekten kastettiğimiz şey bu değildir. Çağdaş psikolojide, *kabul etmek* içimizde yükselen her şeyi anbean ve oldukları gibi kucaklama anlamına gelir. Bunlar bazen hoşlandığımız, bazen de bize kötü gelen hislerdir. Doğal olarak iyi hisleri devam ettirmek, kötü olanlara son vermek isteriz ama bunu bir amaç olarak görerek yola çıkarsak, bu iş yürümez. Sorunlarımızın yegane yanıtı, her ne olurlarsa olsunlar, bunları her şeyden önce tam ve eksiksiz olarak bilmektir. Michelle işte işin bu kısmını atlamayı umuyordu.

Bu hikayenin iki yılı aşan bir sürenin sonunda erişebildiğimiz mutlu bir sonu var. Michelle sonunda hassas sinir sistemiyle uyum içinde nasıl yaşayabileceğini keşfetti. Yüzünün kızarmasını önlemeye çalıştığı bazı kereler, kazalar olmuyor değildi ama yüzünün kızarmasına izin vermeye hazır olduğu anlar nadirdi. Michelle yüzünün kızarmasıyla yaptığı bu barış anlaşmasından sonra, aynı ilkeleri gün boyu kaçınılmaz olarak ortaya çıkan göğsünün daralması, baş ağrıları ve çarpıntı gibi birtakım stres semptomlarıyla baş etmek için de uygulayabileceğini fark etmişti. Hayatı şimdi çok daha kolaylaşmıştı.

Bu, bize acı veren duygulara yönelmekten sağlayacağımız faydaları anlatan bir kitaptır. Bu aslında zor bir görevdir. Düşünme yetisi olan herkes muhtemelen şu soruyu soracaktır: "*Bunu* yapmayı neden isteyeyim ki?" Ama bu kitabı okuduğunuzda bunun neden yapılacak en iyi iş olduğunu göreceksiniz. Kitabın geri kalan kısmı size gerçekleşmesi imkansız gibi görünen bu işi nasıl başaracağınızı gösterecek. İlk olarak size sıkıntı veren şeylere bilinçli bir farkındalık getirmeyi öğreneceksiniz. Sonra da, özellikle kötü hissettiğinizde *kendinize* nasıl şefkat göstereceğinizi keşfedeceksiniz. Farkındalık ile öz şefkatin birleşmesinin, hayatınızın en berbat dönemlerinde bile bir dönüşüm yaratabildiğini göreceksiniz.

## ACIYA YÖNELMEK

Doğduğumuz andan itibaren mutluluk arayışı içine gireriz. Hayatımızın ilk günlerinde annemizden emdiğimiz süt bizi mutlu etmek için yeterlidir ama yaşımız ilerledikçe ihtiyaçlarımız ve arzularımız katlanarak artar. Yetişkinliğe eriştiğimizde, çoğumuz güzel bir ailemiz, mükemmel bir sağlığımız, tonlarca paramız ve başkalarının hayranlığı ve sevgisi olsun isteriz ve bunlar olmadan mutlu olamayacağımızı düşünürüz.

Ama en iyi koşullarda bile acının bizi vurduğu anlar olur. Milyarder Howard Hughes ölüm anında kendisini çaresiz ve yapayalnız hissetmişti. İçinde yaşadığımız koşullar kaçınılmaz olarak değişir. Birimizin evliliği bozulur, diğerimizin gelişim bozukluğu olan bir çocuğu olur ve başka birimiz ise bir sel felaketinde neyi var nesi yoksa kaybedebilir. Hayat boyu çekilen acıların *miktarı* ya da *türü* açısından, herkes bir diğerinden farklıdır ama acıdan kaçabilmeyi başaranımız yoktur. Acı ve ıstırap insanlığın tümünü bir araya getiren ortak bağlardır.

Acı, işlerin gidişatı ile bizim olmasını istediğimiz gidişat arasındaki tezattan kaynaklanır. Bu da hayatımızı *tatminkar* bulmamamıza neden olur. Hayatımızın farklı olmasını ne kadar çok istersek, kendimizi o kadar kötü hissederiz. Örneğin, bir araba kazasından sonra tekerlekli sandalyeye mahkum olan biri için ilk sene genellikle en zor zamandır. Adapte olmayı öğrendikçe, tipik olarak eski mutluluk düzeyimize geri döneriz. Mutluluğumuzun derecesini isteklerimiz ile koşullarımız arasındaki mesafeye bakarak ölçebiliriz.

## Hedonik Koşu Bandı

Philip Brickman ve Donald Campbell 1971 yılında insanların bir koşu bandının üzerinde, köşeyi döndüklerinde bulmayı umdukları (örneğin, daha iyi bir ilişkiye, daha rahat bir işe ya da daha güzel bir arabaya sahip olmak gibi) bir mutluluğa doğru beyhude yere koştuklarını söylemişlerdir. Sorun şu ki, sinir sistemlerimiz aşina oldukları her şeye kolayca uyum sağlarlar. Yeni ve güzel bir arabaya sahip olduğunuzda bunun keyfini, ancak evinizi yenilemeyi düşünmeye başladığınız ana kadar sürersiniz. Araştırmalar piyangoda kazanan çoğu kişinin kazanmayanlardan daha mutlu olmadığını, belden aşağısı felçli kişilerin ise genellikle yürüyebilen kişiler kadar mutlu olabildiğini göstermektedir. Hayatın iyi ve kötü olaylarına öyle ya da böyle uyum sağlarız. Bu genel uyum kuramı, 5. Bölüm'de okuyacağınız ve yakın tarihlerde yapılmış birkaç değişikliğe rağmen ampirik anlamda on yıllar boyunca geçerli olmayı sürdürmüştür.

Ancak bu hedonik koşu bandında uzun süre koşmak bitkin düşmemize ve hastalanmamıza neden olur. Robert Sapolsky stresin nedenleri ve sonuçları üzerine yazdığı *Why Zebras Don't Get Ulcers* isimli eğlendirici ve bilgilendirici kitabında, hayvanların fiziksel krizlere nasıl mükemmel bir biçimde adapte olabildiklerini anlatmaktadır. Karnını deşmek isteyen bir aslandan kaçmaya çalışan bir zebrayı düşünün. Tehlike geçtiğinde aynı zebra huzurlu bir şekilde yeniden otlanmaya geri döner. Peki ya insanlar ne yapar? Biz hep tehlikenin köşede bir yerde bizi beklediğini düşünürüz. Sapolsky kitabında şu soruyu soruyor: "Kaç su aygırı sosyal sigorta sisteminin ölene kadar devam edip etmeyeceğini ya da sevgilisiyle ilk buluşmasında ne söylemesi gerektiğini düşünüp endişelenir?" Bedenlerimiz *psikolojik* tehditlere, fiziksel olanlara verdikleri tepkinin aynısını verirler.

Hiç bitmeyen bir tehlike hissi stres düzeyimizi yükseltir ve kalp krizi geçirme riskimizi arttırır, bağışıklık sistemimizin bozulmasına, depresyona kapılmamıza, kolit sancıları çekmemize, unutkanlık, cinsel sorunlar ve daha sürüyle sıkıntı yaşamamıza neden olur.

Psikolojik stresin ne tür bir mekanizmayla hastalıklara neden olduğu tam olarak bilinmemektedir ama ilk belirtiler bunun telomerlerimizle ilintili olduğunu göstermektedir. Telomerler, kromozomların ucunda bulunan DNA-proteini kompleksleridir. Telomerik DNA'larını kaybeden hücreler yaşlanır, yani artık bölünmez olurlar. Hayatta yaşanan streslerin bağışıklık sistemindeki telomerleri kısalttığı saptanmıştır. Sayıca azalan bağışıklık hücreleri hastalıklara ve dolayısıyla da ömrünüzün kısalmasına neden olur.

Çoğumuz mutluluğumuzun birtakım dış koşullara bağlı olduğuna inanırız. O yüzden de ömrümüzü bir koşu bandının üzerinde geçirir ve onu sürekli keyif alacak ve acının uzağında kalacak şekilde düzenlemeye çalışırız. Keyif aldığımızda, daha da fazlasını *yakalamak* isteriz. Acıyla karşılaştığımızda, ondan *uzak kalmaya* çalışırız. Bu iki tepki de içgüdüseldir ama ikisi de duygusal anlamda mutluluk vermekte başarılı olan stratejiler değillerdir. Keyif alma peşinde koşmakla ilgili bir sorun, keyfin bir noktada sona erecek ve bizim de hayal kırıklığına uğrayacak olmamızdır. Aşkımız biter, göbeğimiz çıkar, dostlarımız evlerine giderler... Acıdan uzak durmanın da bir sorunu vardır: o da bunu yapmanın mümkün olmaması ve üstelik de çabaladıkça durumun daha da kötüleşmesidir. Örneğin, stresinizi azaltmak için kendinizi yemeğe vurmanız obez olmanıza ve düşük bir özsaygıyla baş etmek için aşırı bir gayret içine girmeniz de kendinizi mezarda bulmanıza neden olabilir.

Kişinin tamamıyla hayattan haz alma ve acıdan uzak durma içgüdüsünün kontrolü altına girmesi de olmayacak bir şey değildir. Stewart isimli bir adam tanıyorum. Bu kişi gençken alkol tüketmekten büyük bir keyif alırmış. İçki içmeye on dört yaşındayken başlamış. 20 yaşına geldiğinde her gece rutin olarak bir kasa (24 kutu) bira içiyormuş. Bir gece sarhoşken bir panik atak yaşamış ve o kadar korkmuş ki, bir daha ağzına bir damla bile bira koymamış. Stewart için sonsuz bir mutluluk kaynağı olan bira, o geceki panik atağıyla ilişkilendirdiği için bir gecede dehşet veren bir şey haline gelmiş. Stewart o günden sonra, kamyonuyla şehre inmek ve beysbol maçlarına gitmek gibi ona keyif veren onca başka şeyin yanı sıra, panik atağını tetikleyebileceğini düşündüğü herhangi bir yere gitmekten ya da herhangi bir şeyi yapmaktan çekinir olmuş. Önceleri hayatına alkol tüketimi egemenmiş, daha sonra ise panik atak korkusu aynı görevi görmeye başlamış. Bu iki kısa süreli ruh hali, yani haz alma ve acıdan uzak durma halleri Stewart'ı tutsak almış.

Bu konudaki yeni yaklaşım, acıyla ve hazla olan *ilişkimizi* değiştirmektir. Bir adım geri atıp acımızı sakinlikle karşılamayı öğrenebilir ve hazzın doğal bir şekilde gelip gitmesine izin verebiliriz. Biz buna dinginlik diyoruz. Hazzı nasıl kucaklıyorsak, acıyı ve acı ile haz arasında kalan tüm nüansları da *kucaklamayı* öğrenebilir ve her bir anımızı doya doya yaşayabiliriz. Buna da yaşama sevinci diyoruz. Acıyla bir miktar zaman geçirmeyi öğrenmek kişisel mutluluk için gereklidir. Bu size çelişkili bir durum gibi gelebilir ama mutlu olmak için mut*suz*luğu da kucaklamayı bilmeliyiz.

**Evlilikteki Mutsuzluğu Kucaklamak**

Psikolog John Gottman ve Washington Üniversitesi'ndeki meslektaşları tam 14 yıl boyunca 650 çifti izleyerek evlilikleri başarılı kılan şeyin ne olduğunu keşfetmeye çalıştılar. Gottman, hangi evliliklerin boşanmayla sonuçlanacağını %91 oranında tahmin edebildiğini söylemektedir. Bu evliliklerde "Mahşerin Dört Atlısı" olarak tanımlayabileceğimiz eleştiricilik, savunmacılık, küçümseyicilik ve köstek oluculuk vardır. Gottman ayrıca evli çiftler arasındaki anlaşmazlıkların, özellikle de kişiliklerle ve temel değerlerle ilgili tartışmaların %69'unun asla bir çözüme ulaşmadığını da gözlemlemiştir. Çiftlerin çoğu kişisel farklılıklarını çözümlememektedir ve evliliklerini sürdürmeyi başaran çiftler bir şekilde bunları kabul etmeyi öğrenmiş olanlardan oluşmaktadır. Gottman'a göre, mutlu çiftler "birbirlerini yakinen tanıyorlar ve birbirlerinin nelerden hoşlandığını, nelerden hoşlanmadığını, kişisel tuhaflıklarını, umutlarını ve hayallerini gayet iyi biliyorlar."

Psikologlar Andrew Christensen ve Neil Jacobson, bütünleyici çift terapisi ismini verdikleri kabul etme temelli bir terapi geliştirmişlerdir. Bu yaklaşım, davranış terapisini değiştirilebilmesi mümkün olan sorunlar, "kabul etmek" ise değiştirilmesi mümkün olmayanlar için kullanmaktadır. Kabul etmek, sorunların çiftlerin yakınlaşmasına ve birbirini değiştirme isteğinden vazgeçmesine giden bir yol olarak kucaklanması anlamına gelmektedir. Çiftlerin altı ay boyunca haftalık terapilere alındığı randomize edilmiş, kontrollü çalışmalarda, terapiden önce kronik depresyonda bulunan çiftlerin üçte ikisinin iki yıl sonra bile önemli ölçüde iyileşmiş olarak kalmayı sürdürdüğü saptanmıştır.

## NEYE DİRENÇ GÖSTERİRSEK, O VARLIĞINI SÜRDÜRÜR

Acıya verdiğimiz içgüdüsel yanıtla ilgili basit bir denklem vardır:

Acı x Direnç = Istırap

"Acı" bir kaza, bir hastalık ya da sevdiğimiz bir kişinin ölümü gibi, elimizde olmayan nedenlerle hayatımıza giren sıkıntılardan kaynaklanan bir duygudur. "Direnç" bir acıdan uzak kalmak için bedenimizi kasmak ya da acıyı nasıl yok edeceğimizi kara kara düşünmek için gösterdiğimiz çabadır. "Istırap" ise acıya direnç gösterdiğimiz vakit ortaya çıkan sonuçtur. Istırap, acımıza katman katman *eklediğimiz* fiziksel ve duygusal gerilimdir.

Bu formülde acıyla ne ölçüde baş edebildiğimiz, ne kadar ıstırap çekeceğimizi belirler. Acıya olan direncimiz sıfırlanınca, ıstırabımız da sıfırlanır. Acı çarpı sıfır eşittir sıfır olur. İnanması zor mu geliyor? Aslında hayatın acısı olduğu yerde durmaktadır ama biz artık kendimizi onun üzerinde durmak zorunda hissetmiyoruzdur. Gittiğimiz her yere onu da götürmüyoruzdur.

Borsa çökmeden önce elimizdeki hisse senetlerini neden satmadık diye saatler boyunca kara kara düşünmek ya da gelecekteki önemli bir olaydan önce hastalanacağımızdan korkarak endişelenmek, ıstırap için verebileceğimiz iki örnektir. Sorunları önden görüp onları önleyebilmek için bir miktar düşünüp hazırlıklı olmak iyidir elbette ama bizler çoğunlukla geçmiş için pişmanlıklar çekiyor ya da gelecek için tasalanıyoruz.

Acı kaçınılmazdır; ıstırap çekmek ise tercihe bağlıdır. Duygusal acımız ne kadar yoğun olursa, o kadar saplantılı bir şekilde kendimizi suçlar, kusurlu görür ve daha da fazla ıstırap çekeriz. İyi haber ise şudur: Hayatımızdaki acıların çoğu aslında acı deneyimiyle mücadele etmekten kaynaklanan ıstıraplardır, o yüzden bu konuda fiilen bir şeyler *yapmamız* mümkündür. Dilerseniz şimdi insanoğlunun bel ağrısı, uykusuzluk, kalabalık önünde konuşma yapma korkusu ve ilişkisel uyuşmazlıklar olarak tanımlayabileceğimiz dört yaygın sorununa bir göz atalım ve bunların kabul etme ve oluruna bırakma yoluyla nasıl hafifletilebileceğini düşünmeye başlayalım.

**Endişenin Faydası**

Endişelenmekten neden vazgeçemeyiz? Pennsylvania Üniversitesi'nden Tom Borkovec kalabalık önünde konuşma yapma korkusu olan 45 öğrenciden kendilerine dehşet veren bir sahneyi zihinlerinden 10 kez canlandırmalarını istemişti. "Büyük bir kalabalık önünde önemli bir konuşma yapacağınızı hayal edin... Orada dururken, kalbinizin gümbür gümbür attığını hissedin..." Borkovec daha önceden bu öğrencileri, biri rahatlatıcı, biri nötr ve biri endişe verici düşüncelere dalma talimatı alan üç farklı gruba ayırmıştı. Öğrenciler bu dehşet verici sahneyi hayal ederlerken, Borkovec de onların kalp atışlarını ölçtü. Hayret verici bir şekilde, kendilerine önceden endişe duymaları talimatı verilen öğrencilerin, böyle bir talimat verilmemiş olanlara göre *kalp atışlarında bir artış olmamıştı.* Bunun şu anlama geldiği düşünülebilir: Endişe, bedenin korkuya kapılmasını engeller ama bu da bilinçaltında bizim daha çok endişelenmemize neden olur. Ne var ki, önceden endişeli bir ruh halinde olmaları talimatı verilmiş olan bu katılımcıların kalp atışları sabit kalmıştı belki ama kendilerine dehşet veren bir sahneyi hayal etmeleri söylendiğinde bunlar diğerlerine göre *daha çok* korkmuşlardı.

## Kronik Bel Ağrısı

Kronik bel ağrısı insanı elden ayaktan düşüren bir rahatsızlıktır. Ne yazık ki, bu olgu dünyada çok yaygındır ve Amerika'da en azından beş milyon kişiyi etkilemektedir. Amerikalıların %60-70'i hayatlarının bir döneminde bel ağrısı çekerler. Kronik bel ağrısı *çekmeyenlerin* üçte ikisi, şaşılacak bir şekilde bel ağrısı çekenlerle aynı yapısal bel sorunlarına sahiplerdir. Öyleyse, kronik bel ağrısından mustarip olanların bedenlerinde ve zihinlerinde olan biten şey nedir? Direnç. Şimdi, dilerseniz Mira'nın durumuna bir göz atalım.

Mira mesleğinde başarılı olmuş 49 yaşında bir yoga meraklısıdır. Bel ağrısını yakıştırabileceğiniz tipte biri değildir ama bütün aktivitelerini olağanüstü bir coşkunlukla sürdüren bir kadındır. Oldukça zorlayıcı bir yoga seansında Mira öne doğru eğildiğinde belinde ani bir sızı hissetmişti. Bu sızı siyatik sinirini takip ederek kalçalarına kadar uzanıyordu. Hangi pozisyonu alırsa alsın, dimdik ayakta durmadığı ya da sırtüstü dümdüz yatmadığı sürece ağrısı oluyordu. Çekilen MRI'da (Manyetik rezonans görüntüleme) belkemiğinde sinire baskı yapan ve çok ağrı veren bir fıtık olduğu belli oldu.

Mira yoga yapmaktan vazgeçti ve ona sırtı düz kalacak ve ağrı vermeyecek şekilde yerden eşya kaldırmayı öğreten bir fizyoterapiste gitti. Ama zaman içinde beli giderek daha çok ağrımaya başladı. İş stresini en iyi şekilde atmasını sağlayan egzersizleri dilediği gibi yapamadığı için de son derece mutsuzdu. Hayatı boyunca dağlara tırmanamayacağını, bisiklete binemeyeceğini ya da yoga yapamayacağını düşünüyordu. Her şeyden öte, fıtıktan dolayı kendisini suçluyordu. Endişe, özeleştiri, hareketsizlikten kaynaklanan gerilim ve giderek artan ağrıları Mira'yı sonunda ameliyatı düşünme noktasına getirdi.

Mira ameliyatından önce biraz araştırma yaptı ve bel fıtığı ameliyatlarının uzun vadeli başarı oranının hemen hemen hiç ameliyat olmamakla eşit olduğunu öğrendi. Ronald Siegel'ın *Back Sense* isimli kitabını da okumuş ve bu kitaptan fıtıktan mustarip olan kişilerin çoğu için en iyi tedavi şeklinin acıyla ilgili endişe durumunu hafifletmek ve mümkün olan en kısa süre içinde normal hayata dönmek olduğunu öğrenmişti. Bu, sırt adalelerinin hareketsizlik nedeniyle körelmesini önlemek için eşyaları aşağı yukarı her zamanki gibi kaldırması anlamına geliyordu. Mira böylece çoğu bel ağrısının yapısal anormalliklerden değil, sürüp giden adale geriliminden kaynaklandığını anladı. Nitekim adale gerilimi hem adaleler kullanılmadığında, hem de endişeli olduğumuzda artmaktaydı. Dahası, endişe acı sinyallerini güçlendirmekte ve acınızın artmasına neden olmaktaydı.

Mira bu mesajları ciddiye aldı. Ağrıyan adaleleri için masaj terapisi gördü, her akşam ısıtma yastığı kullandı ve hafif egzersizler yapmaya başladı. Ağrısı azaldıkça endişe hali de azaldı ve sadece iki hafta içinde bel ağrısı %50 civarında hafifledi.

Kronik bel ağrısı olan çoğu kişi Mira'nın şansının yaver gittiğini ya da onun bir istisna olduğunu söyleyecektir. Aslında Mira bir kural oluşturmaktadır. İronik olarak kronik bel ağrısının en az görüldüğü yerler, sanayileşmiş ülkelerdekilere göre *daha* ağır işlerle çalışan insanların yaşadığı gelişmekte olan ülkelerdir. Bel ağrısını tetikleyen şey genellikle bir incinmedir ama Mira'nın durumunda onun bel ağrısının *devam* etmesine neden olan şey incinme değildi. Özellikle de hareketli hayat tarzını devam ettiremeyecek olma düşüncesinin yarattığı korku nedeniyle, acıya karşı gösterdiği direnç Mira'nın bu sağlık krizi çukurunun giderek daha da derinlerine yuvarlanmasına neden olmuştu. Fiziksel ağrısını kabul etmesi ve onunla *birlikte* yaşaması, Mira'nın normal hayatına dönmesini sağlamıştı.

**İşteki Mutsuzluk Kronik Bel Ağrısının Habercisidir**

Bel ağrısı, kişiyi işyerinde iş göremez hale düşüren en yaygın ve en masraflı rahatsızlıklardan biridir. Bel ağrısını fiziksel sorunlardan ziyade, psikososyal faktörler haber verir. Rebecca Williams ve meslektaşları bir çalışmalarında bel ağrısı çeken, 18 ile 52 yaşları arasındaki 82 erkek işçiyi 6 ile 10 hafta boyunca incelemiş ve işlerinden hoşnut olanların ağrıları ve psikolojik sıkıntıları olup olmadığını ve/veya iş göremez halle düşüp düşmediklerini araştırmışlardır. İşlerinden hoşnut olan bu kişilerin altı ay sonra daha az bel ağrısı çektiği, daha az elden ayaktan düştükleri ve daha az psikolojik sıkıntı yaşadıkları görülmüştür. Katılımcıların sosyal statüsü ve yaptıkları işin türü bu çalışmanın sonuçlarında etkili olmamıştır. Bu bulgular yapılan işten hoşnut olunduğu takdirde, insanların bel ağrıları olsa da çalışmaya devam etme eğiliminde olduğunu ve normal davranışlarını sürdürdüklerini göstermektedir.

## Uykusuzluk

Pek çoğumuz hayatımızın bir döneminde uykusuzluktan yakınmışızdır. Her yıl yapılan araştırmalarda, Amerika nüfusunun neredeyse yarısının uykusuzluk çektiği anlaşılmaktadır. Bunun horlayan bir hayat arkadaşının yanında uyumaya çalışmak, uyku vaktinden hemen önce kafein tüketmek, çok sıklıkla şekerleme yapmak, az egzersiz yapmak, soğuk algınlığı ilaçları almış olmak ve uyku apnesinden mustarip olmak gibi pek çok fiziksel nedeni vardır ama nedeni ne olursa olsun, çoğumuz uyumak için fazla çaba göstererek durumu daha da berbat bir hale getiririz. Peki bu nasıl oluyor?

En son ne zaman bir sonraki günün erken saatlerinde önemli bir toplantınızın olduğunu ve o gece gözünüzü bile kırpmadan oturduğunuzu hatırlamaya çalışın. Belki bir iş mülakatına girmeniz ya da işinizde bir sunum yapmanız gerekiyordu. Yattığınız yerde, uyanık olarak geçirdiğiniz her bir saatin zihninizi daha da karıştırdığını ve miskinleştirdiğini düşünmeden edemiyorsunuz. Geçen her saatle birlikte kendinize daha da çok kızıyorsunuz ve belki de bundan böyle normal uyuma yeteneğinizi kaybedeceğinizi düşünüyorsunuz. Saate her baktığınızda, göğsünüze adrenalin hücum ediyor ya da midenize bir taş oturmuş gibi hissediyorsunuz.

Bu sorunun kaynağında, uyumak istediğinizde sinir sisteminizin "kavga et-ya da-kaç" moduna girmiş olması yatmaktadır. Bu kısır bir döngüdür. Uyumaya çalışmak bedeni strese sokarak uyanık kalmanıza neden olmaktadır. Bu kavgayı sona erdirerek bu döngüyü kırmamız gerekir. İnsanların bunu başarmak için denedikleri birkaç yol vardır:

1. Daha az uyumakla bile ne kadar işlevsel olabileceğinizi hatırlayın; pek çok kişi bunu başarabilmektedir. Bu, uyuma baskısını hemen yumuşatabilir.
2. Uyusanız da uyumasanız da, yatakta güzel güzel yatmanın da başlı başına önemli bir rahatlama şekli olduğunu düşünün.
3. Bilin ki beden ancak gerçekten de uykuya ihtiyacı olduğunda uyku talebinde bulunur. Eğer uyuyamıyorsanız, uyuma vaktiniz gelmemiş demektir.
4. 30 dakika kadar tamamen uyanık kalmaya çalışın. Bu süre muhtemelen zihninizin kendini kapatmasını ve uykuya hazırlamasını sağlayacaktır.
5. Kendinizi her uyanık bulduğunuzda, üzerine basa basa "umurumda bile değil!" deyin ve uykusuzluğunuzu kabul etme niyetinizi güçlendirin.
6. Nefeslerinizi sayın.

Buna rağmen, uykusuzluk çeken pek çok kişinin de dediği gibi, bu numaraların bile işe yaramadığı zamanlar olur. Neden mi? Zihninizi aldatamazsınız da ondan... Zihniniz bütün bunları uyumak için yaptığınızı bilir. Örneğin, "nefeslerinizi saymak" ile "*uyumak için* nefeslerinizi saymak" arasında büyük bir fark vardır. Gündeminizde uyumak varsa, hâlâ uyanık olduğunuzu gördüğünüzde elinizde olmadan canınız sıkılır. Her geçen saat sizi daha da çaresiz hissettirir ve zihin karışıklığı yaşamanıza neden olur. Bu sorunu çözmek için, uykusuzlukla olan *ilişkinizin* değişmesi gerekir. Uyuyamamayı gerçek anlamda kabullendiğinizde, bedeniniz nihayet dinlenmek için bir fırsat bulacaktır.

## Topluluk Önünde Konuşma Yapma Korkusu

Jerry Seinfeld bu konuyu şakayla karışık şöyle anlatmaktadır: "Pek çok çalışmaya göre, insanların bir numaralı korkusu topluluk önünde konuşma yapmaktır. İkincisi de ölüm... Bu size mantıklı geliyor mu? Bu, cenazeye giden bir insanın ölüyü anma konuşması yapmaktansa tabutun içinde olmayı tercih etmesi gibi bir şeydir."

Topluluk önünde konuşma yapma korkusu gerçekten de çok yaygın olan bir durumdur. İnsanların en az üçte biri, bir kalabalık önüne çıktığında endişelerinin "aşırı" düzeye tırmandığını hisseder. Her on kişiden biri bu durumun çalışmalarını önemli ölçüde engellediğini düşünmektedir. Ben de şahsen, topluluk önünde konuşma korkusuyla mücadele etmiş biriyim. Bakın bu korkumu nasıl aşıyorum:

Programımda önemli bir konuşma olduğunda, karnımda bir gerilim hissederim. Konuşma yapacağım aklıma gelince adrenalin düzeyim yükselir, karın adalelerimde bir kasılma olur. Özellikle de yeni bir konuda konuşmayı planladığım ve henüz ne söyleyeceğimi bilmediğim vakit bu tür bir sıkıntım olacağını önceden bilirim. Durmadan gırtlağımı temizlediğimi, kem küm ederek söyleyecek söz bulmaya çalıştığımı, kimsenin gülmediği şakalar yaptığımı ve kalabalığın benim hesabıma sıkıntı çektiğini gözlerimin önüne getiririm. Belki de kalabalıktan biri bana yardım etme amacıyla, "Bir nefes al yahu!" diye bağırır. (Böyle bir senaryo bir keresinde gerçekten de başıma geldi.)

**Düşünceni Bastır!**

Genç Dostoyevski erkek kardeşine zihninden 'beyaz ayı' diye bir şeyi geçirmemesini söyleyerek meydan okumuş ve onun kafasını karıştırmıştı. 1987 yılında Daniel Wegner ve meslektaşları, öğrencilerine beş dakika boyunca aynı şekilde düşüncelerini bastırmalarını söylediler. Öğrenciler akıllarına 'beyaz ayı' geldiğinde ellerindeki çanı çalacaklar ve o anda akıllarına ilk gelen şeyi söyleyeceklerdi. Bu gruba, daha sonra *bilerek ve isteyerek* bir 'beyaz ayı'yı düşünmeleri ve aynı şeyi yapmaları söylendi. (Başka bir mukayese gurubuna da tam 10 dakika boyunca hiç durmadan 'beyaz ayı'yı düşünmeleri söylenmişti.) İlk grup ilk 5 dakika boyunca 'beyaz ayı'yla ilgili düşüncelerini bastırmayı başaramadığı gibi, ikinci 5 dakika boyunca, düşüncelerini bastırmaları istenmeyen gruptaki öğrencilere göre, 'beyaz ayı'yı *daha çok* düşünmüşlerdi. Bu klasik çalışma, bastırma çabalarının bastırılması istenen şeyi daha da fazla ürettiğini göstermektedir. Klinik araştırmacılar travma sonrası stres, depresyon ve obsesif kompulsif bozukluk gibi psikolojik rahatsızlıklarda da benzer bir durumun olabileceğini, yani uzaklaştırmak istediğimiz düşüncelerin, tam tersine peşimizi bırakmıyor olabileceğini söylemektedir.

Bu kez *duygu* bastırmayla ilgili bir başka çalışmada da, Florida Üniversitesi'ndeki araştırmacılar öğrencilere mezbahayla ilgili bir filmi izlerken korkmamalarını ve Jay Leno'nun bir komedi filmini izlerken de gülmemelerini söylemişlerdi. Bu öğrencilerin daha sonra zor bir 'parmakla izleme' görevini yerine getirmeleri istenmişti. Filmleri izlerken duygusal tepkilerini kontrol altına alma çabası öğrencilerin kan şekeri seviyesinin düşmesine neden olmuştu. Düşük kan şeker seviyesi olan öğrenciler bu parmakla izleme görevini yapmaktan diğerlerine göre daha çabuk vazgeçmişlerdi. Kan şekeri seviyesinin düzelmesi için şekerli içecek verilen aynı katılımcılar, aynı işi yaparken daha uzun süre dayanabilmişlerdir. Görüldüğü kadarıyla duyguların bastırılması irade gücünü zayıflatmaktadır ve bunun bir nedeninin düşük şeker seviyesinin olması mümkündür.

Bu iki araştırma, çikolatalı bisküviye karşı koymaya çalışmanın neden o kadar zor ve çoğu kez başarısız olmaya mahkum bir çaba olduğunu bize gayet güzel göstermektedir.

Korkumun temelinde beğenilme arzusu yatmaktaydı: Zeki ve sevimli görünmek, dinleyicileri sıkmamak istiyordum. Kalabalıktaki herkesin beni beğenmesi halinde çok mutlu olacağım gibisinden yanlış bir kanıya sahiptim. Ama kalabalık önünde konuşma yapmanın, başkalarına değeri olan bir şeyi aktarmak gibi başka bir amacı daha vardır. Kalabalık önünde konuşma korkumu bastırmak için kullandığım stratejilerden biri de vermek istediğim asıl mesaja yeniden odaklanmaktır. Örneğin, eğer konu beyin bilimi ise konuşmam bitmeden önce beni dinleyenlere beyin bilimiyle ilgili bir iki faydalı noktayı açıklayacağıma dair kendime söz veririm. Bence odak noktasını "benden" uzaklaştırmak genellikle işe yarıyor.

Ne yazık ki bu strateji, içimde sadece topluluk karşısında tedirgin görünmemek gibi gizli bir istek olduğu vakit kısmen işe yarıyor. Bir meditasyon öğretmeni olan Joseph Goldstein, "Hayat dediğimiz şey, motivasyonun parmağının ucundadır," der. Konuşma yapmakla ne elde etmek istiyorum? Tedirgin görünmemek mi? Eğer öyleyse, beynimde her daim bana, "Tedirgin misin?… Peki ya *şimdi,* tedirgin misin?" diye soran küçük bir monitör olacak demektir. Bu dırdırcı ses bastırmak istediğim endişeyi daha da körüklemekten başka bir işe yaramaz. İnsan bir kere endişelenmeye başladı mı, en büyük endişesi endişelenmek olur.

Kalabalık karşısında konuşma yapma korkusunun en kalıcı çözümü endişeli olmaktır. Kendimizi endişeye karşı bir kalkanla korumaktan vazgeçmemiz ve titreyerek de olsa konuşmamızı yapmaya gönüllü olmamız gerekir. Böyle yaptığım takdirde, şahsen benim endişem pek uzun ömürlü olmuyor. Kalabalık karşısında konuşma yapmanın da ötesinde, gönüllü olarak endişeli olmak, tüm olumsuz geribildirim döngülerini engelliyor.

## İlişki Uyuşmazlığı

Bağlanmanın gelgit durumuna göre ilişkilerin iyi zamanları da vardır, kötü zamanları da… Bir bağlanma hissi yaşamak, yani birilerinin bizi gördüğünü, duyduğunu, bizimle aynı rezonansta, aynı frekansta olduğunu hissetmek isteyip de, bunların gerçekleşmediğini gördüğümüzde içimizde bir acı oluşur. Tüm çiftlerin acılı dönemleri vardır, üstelik bazen bu dönemler uzun sürelidir.

Suzanne ve Michael "buz gibi bir cehennemde" yaşamaktaydılar. "Buz gibi cehennemde" yaşamak, çiftlerin öfke ve şüphe içinde oldukları ve birbirlerine soğuk ve kasıtlı olarak mesafeli olmak üzere ayarlanmış tonlarda ilişki kurdukları bir durumdur. Bazı çiftlerin birlikteliklerini uzun yıllar bu şekilde, yani boşanmanın eşiğinde taş kesilmiş olarak sürdürebildikleri görülmektedir.

5 ay süren ve her hafta gittiği başarısız bir terapiden sonra, Suzanne nihayet boşanma davası açmaya karar vermişti. Michael'ın değişmeyeceğine kesin gözüyle bakıyordu. Yanı Michael çalışmasını haftada 65 saatten daha aza indirmeyecek ve kendisine özen göstermemeyi sürdürecekti (Michael sigara içiyordu ve 25 kilo fazlası vardı.) Suzanne'ı daha da karamsarlığa iten şey ise Michael'ın evliliklerinden keyif almak için hiçbir çaba göstermemesiydi. Çok ender olarak dışarı çıkıyorlardı ve iki buçuk senedir tatil yapmamışlardı. Suzanne kendisini yalnız ve reddedilmiş hissediyordu. Michael ise ailesine iyi bakabilmek için bu kadar çok çalışmasına rağmen takdir edilmediğinden yakınıyordu.

Suzanne'ın boşanma girişimi bir dönüm noktası oldu ve onlara "çaresizlikleri içinde bir armağan" sundu. Michael ilk defa hayatının ona da ne kadar acı verdiğini keşfetmeyi kabul etti. Denver'deki yoğun bir kar fırtınasını tartıştıkları bir seansta, Michael 64 yaşındaki babasının 20 yıldır ilk kez işe gidemediği günü hatırladığını söyledi. Michael'a bunun kendisi için ne gibi bir anlam ifade ettiğini sordum. Gözleri yaşlarla doldu ve bana babasının hayattan daha fazla keyif alabilmiş olmasını istediğini söyledi. Michael'a aynı şeyi kendisi için de düşünüp düşünmediğini sordum. Yanıtı, "Korkuyorum," oldu. "Bu şekilde çalışmaktan vazgeçtiğim anda ne olur diye korkuyorum. İşim konusunda endişelenmekten vazgeçerim diye bile korkuyorum. İşimi gözlerimin önünde un ufak edecek önemli bir şeyi atlamaktan korkuyorum."

Bunun üzerine Suzanne'ın zihninde bir ışık yandı ve Michael'a, "Beni ve çocukları bu yüzden mi bu kadar ihmal ediyor ve hatta kendi bedenine bakmıyorsun?" diye sordu. Michael başını sallamakla yetindi. Gözyaşları artık özgür bir biçimde yanaklarından aşağı süzülüyordu. "Aman Tanrım," dedi Suzanne. "Ben de sorunun bende olduğunu düşünüyordum. Yeterince iyi olmadığımı, senin başına dert olduğumu sanıyordum. Meğer ikimiz de sıkıntı içindeymişiz, sadece farklı biçimlerde... Sen işin için, ben de evliliğimiz için endişeleniyoruz. Ben senin işte geçirdiğin *her gün*, evliliğimizin bozulacağı korkusu içinde yaşıyorum." Michael ve Suzanne'ın arasındaki kopukluktan kaynaklanan ve yıllardan beri sürmekte olan o soğukluk nihayet yok olmaya başlamıştı.

Michael seanslarımızın başladığı andan beri bir işkolik olduğunun farkındaydı. Öyle ki kendisinin de babasının bir zamanlar yapmış olduğu gibi çocuklarını ihmal ettiğini biliyordu. Ama Michael nesilden nesle geçen bu ıstırabı tersine döndürme konusunda çaresiz olduğunu hissediyordu. Bu hissi, boşanmanın yaklaşmakta olduğunu fark ettiği anda değişmeye başladı. Hayatının çok mutsuz geçmekte olduğunu kabul etti ve içinde bir şefkat kıvılcımı uyandı. Önce babası, sonra da kendisi için...

Suzanne, Michael'ın iki çocuklarıyla yeterince ilgilenmediğinden sık sık şikayet ederdi ama bu şikayetinin arkasında küçük çocuk annelerine yabancı olmayan bir istek vardı: Michael'ın işten eve geldiğinde ilk olarak kendisiyle ilgilenmesini, daha sonra da çocuklarla oynamasını istiyordu. Suzanne bu isteğinden dolayı utanıyordu; bunun bencilce olduğunu ve onun kötü bir anne olduğunu gösterdiğini düşünüyordu. Ama bunun kocasıyla bağ kurma arzusunun doğal bir ifadesi olduğunu gördüğünde, daha açık ve daha özgüvenli davranmaya karar verdi. Bu talebe karşılık vermek Michael'a da daha kolay geldi.

Kendilerini kabul etme ve kendilerine şefkat gösterme

hem Suzanne'ın ve hem de Michael'ın zor duygularını dönüştürmeye başlamalarına izin vermişti. İlişkilerde, utanma ve öfke gibi güçlü duyguların arkasında, genellikle kocaman bir "SENİ ÖZLÜYORUM!" duygusu vardır. Sevdiğimiz kişilere bağlanamamış gibi hissetmek bize hem doğal gelmez, hem de acı verir.

Kalabalık karşısında konuşma yapma korkusu, bel ağrısı, uykusuzluk ve ilişki uyuşmazlığı sorunlarının arasında belirgin farklar vardır ama bunların ortak bir paydası da bulunmaktadır: Sıkıntıya karşı verilen mücadele. Rahatsız olduğumuz şeyle mücadele etmek, durumu daha da kötüleştirir. Endişemizi, fiziksel rahatsızlığımızı, uykusuzluğumuzu, bağlanmama acısını ve bütün bunlarla birlikte gelen kendinden şüphe etme durumunu ne kadar kabul edersek, işler bizim için o kadar iyi gider.

Siz de kendi hayatınızda bu dinamiğin varlığını kesinlikle hissedebilirsiniz. Kurallara çok sıkı bağlı kaldığınızda ve kendinizi sürekli olarak eleştirdiğinizde yaptığınız diyet ne kadar başarılı oluyor? Yeni erkek arkadaşıyla ilgili olarak kızınızla münakaşa ettiğinizde neler oluyor? Bastırdığınız vakit öfkeniz nereye gidiyor? Meslektaşlarımdan biri bu konuda şöyle bir espri yapmıştı: "Bir şeye karşı direnç gösterdiğinizde, o şey bodrum katına iner ve orada ağırlık kaldırmaya başlar!"

Madalyonun diğer tarafına bakacak olursak, başkalarına fiziksel ya da sözlü olarak saldırdığımızda utanmamak ilişkileri bozabilir ve hatta hayatları bile mahvedebilir. Endişeyi hafifletmek ya da travmatik anıları alkol tüketerek unutmaya çalışmak sahip olduğunuz ya da sahip olmak istediğiniz her şeyi kaybetmenize neden olabilir. Duygusal acınızdan kurtulmak için kendi bindiğiniz dalı kesmeniz hiçbir çözüm getirmez. Zor olan şey, yüzümüzü zorluklara çevirmemiz ve bunu yargılayıcı olmayan bir farkındalıkla ve şefkatle yapmamızdır. İşte bu kitap da sizin bu daha verimli olan yola adım atmanız için yazıldı.

## ORTA YOLU BULMAK

Sizden kendinizi sıkıntılara açık tutmanızı istemek az buz bir şey değildir. Kalabalık karşısında kendime tir tir titremek için izin vermeye karar verdiğim gün, bunun ne anlama geldiğini de iyice ölçüp biçmem gerekiyordu. O sahne gözümün önüne geldiğinde bile tüylerim *diken diken* oluyordu: İnsanlar bana gülüyor, birbirlerine ne kadar kötü bir performans sergilediğimi söylüyorlar ve oradan hayal kırıklığı içinde ayrılıyorlardı. İşte o zaman bir şey fark ettim: Konuşmacı olarak tam bir fiyasko olsam da, bunun ucunda ölüm yoktu ya... Bu, bir tür kendini bir şeye maruz bırakma terapisiydi benim için, yani bana korku veren şeye önce hayallerimde alışacaktım; bu konuda neyse ki ya da ne yazık ki fiili deneyimim de vardı.

Bazı insanlar balıklama dalarak duygusal acılarıyla bir anda kucaklaşabilirler. Bazıları içinse bu iş aşamalı olarak gerçekleşir. Kendilerini bu çalkantılı suların içine atmak bazıları için işe yarar ama bunu yapmaya gönüllü olmak bir erdem belirtisi değildir, özellikle de yüzme bilmediğinizde... Acıya doğru attığımız ilk adımda kendinizi güvende ve ehil hissetmelisiniz.

Duygusal acılara kendimizi açtığımız vakit neler olabileceğini düşünmek çoğumuz için endişe verici bir duruma neden olur. Depresif kişiler bunalacaklarından ve fonksiyonlarını yerine getiremeyeceklerinden korkarlar. Endişeli tipler bu durumun onların ilerlemesini engelleyeceğini ve akıllarından çıkmayacak olan bir endişe anı daha yaratacağını düşünürler. Geçmişte travma yaşamış olanlar tüm gün boyunca onları huzursuz edecek korkunç anıların geleceği beklentisi içine girerler. Zor evlilikler yaşayan kişiler, işlerin ne kadar kötü gittiğini kabul ettikleri takdirde ilişkileri konusunda bir eyleme girişmeleri gerekeceğinden kaygılanırlar. Bütün bunlar, hazırlıklı olmamız gereken ve hepsi de gerçekleşmesi mümkün olan ihtimallerdir.

Bu kitabın amacı güçlü bir pozisyon alarak ıstırapla baş etmenizi sağlayacak beceri ve bilgileri öğretmektir. Ama bu kitabın öğretemeyeceği bir şey vardır, o da herhangi bir anda acıya dönmenizin sizin için emniyetli olup olmadığı *önsezisi*dir. Buna sizin karar vermeniz gerekir. Pek göstermesek de, hepimiz hassas canlılarızdır. Çok kırılgan sinir sistemlerine sahibizdir. O yüzden, "emniyet" ile "sıkıntı" arasındaki farkı görebilmek için önsezilerimizi kullanmayı öğrenmemiz gerekir. Kişinin kendisini savunmasız ya da rahatsız hissetmesi, ille de onun tehlikede olduğunu göstermez; "incinme" ille de "zarar görme" anlamına gelmez. Hayatınızı dolu dolu yaşamak istiyorsanız aradaki farkı bilmeniz büyük bir önem taşır.

Anlamlı bir yaşam sürmek için genellikle tüm zorluk türlerine hoşgörü gösteririz. Örneğin, çocuk sahibi olmak sizin için önemliyse, büyük bir ihtimalle bu hayalinizi gerçekleştirmek için doğum sancısı çekme riskini göze alırsınız. Bilgelik, eylemlerinizin uzun ve kısa vadeli sonuçlarını bilme ve en uzun vadeli faydayı sağlayan yolu seçme becerisidir. Değerlerimize olan güçlü adanmışlığımıza tüm engellere rağmen bağlı kalmak bilgece bir şeydir çünkü böyle bir şey bize uzun vadeli bir mutluluk verir.

Zorluklarınızla yüzleşmek ile onlardan kaçınmak arasındaki orta yolu bulmak en iyisidir. Gün olur, kırılgan ve karşınıza çıkan güçlükleri aşamayacakmış gibi hissedersiniz. Öyle olduğunda, onları biraz bekletebilirsiniz Bir kayak tatiline çıktığınızı düşünün. Bazı günler çift-çaprazlı tepeden kaymayı denemek, başka günlerde ise otelinizde bir kenarda oturup sıcak çikolatanızı yudumlamak isteyebilirsiniz. Hazırlıklı olmadığınızda dik bir yamaçta kaymayı denerseniz, düşüp bir yerinizi kırabilirsiniz. Ama sürekli olarak sadece hafif eğilimli kayak pistinde kayarsanız, bir konuda ustalaşmanın verdiği heyecanı yaşayamazsınız. Fırsatınız olduğunda, sizi zorlayacak olan yeni şeyleri deneyin ama bunu iyi hissettiğiniz ve hazır olduğunuz vakit yapın. Ama sakın denemekten vazgeçmeyin.

Bazıları antidepresan ve antianksiyete ilaçlarının bu tablonun neresine girdiğini merak ederler. Bunlar da bir tür duygusal güçlüklerden kaçınma, onları öteleme ya da gömme şekilleri değil mi, diye düşünürler. Bazı durumlarda bu doğrudur ama korkunun, üzüntünün ya da karmaşık düşüncelerin bizi korkuttuğu durumlarda sorunlarımızın genel anlamda çözümlenmesi mümkün olamaz. O yüzden sorunlardan kaçınma yeni bir perspektif kazanmamızı sağlıyorsa, iyi bir yöntem olabilir. İlaç almak da çekilen acıyı idare edilebilir bir düzeye getirebilir. Bazı insanlar zaman içinde bu kitapta anlatılanlar gibi birtakım kendi kendini düzenleme stratejileri kullanarak aldıkları ilaçların miktarını bile azaltabilirler.

Beynimiz sıkıntıdan kaçınmak için bazı doğal yollara başvurur. Bunlar bizim "inkar," "yansıtma" ve "ayırma" gibi "savunma mekanizmalarımız"dır. Örneğin *ayırma,* tehdit altında olduğumuzda beynimizin kişileri siyah ya da beyaz olarak görme eğilimidir. "O tümüyle iyi bir insan; o ise bütünüyle kötü." Böyle düşünmek bizi rahatlatır. *İnkar,* endişe veren bir şeyi, örneğin hayat arkadaşımızın bir alkolik olduğunu ya da onun bir aşk ilişkisi yaşadığını kabul etmeyi reddetmektir. *Yansıtma* ise, kendimizi daha iyi hissetmek için kabul edemediğimiz duygularımızı ve dürtülerimizi başkasının üzerine yıkmaktır. "O ırkçı biridir" ya da "Çok kıskançtır" gibi.

Dengeli bir duygusal hayat sürdürmek için savunma mekanizmalarına ihtiyaç duyarız; o yüzden onları heba etme durumuna düşmememiz gerekir. Örneğin, baş edebilecek duruma gelene kadar ilişkinizde aldatılma konusunu inkar etmemiz akıllıca olabilir. Bunalarak günlük hayatımızı bile idame edemeyecek bir hale gelmemizin hiçbir yararı yoktur. Aynı şekilde, geçici türden duygusal bir acı, zihnimizde onu bloke ettiğimiz takdirde gerçekten de çeker gider ve bazen de hiç geri gelmez. Tabii, bu çok daha iyi olur. Bizim istemediğimiz şey, sadece psikolojik savunma mekanizmalarımızın bizi kontrol etmesi ve hayatımızı komplike bir hale getirmesidir.

Keyif aramak ve acıdan kaçınmak için hedonik koşu bandının üzerine atlamak da *bazen* iyi bir şey olabilir. Öyle ya, eğer hoşlandığınız şeylerin peşinden koşmazsanız, mutlu olmayı nasıl umabilirsiniz? Uzun ya da kısa vadede, sizden başka kim sizin ihtiyaçlarınızı giderebilir ya da mutlu olmanız için neyin gerekli olduğunu *bilebilir*? Yetişkin olan çoğumuz için, ihtiyaçlarımızı başkalarının bizden daha iyi tahmin edebildiği günler çok gerilerde kalmıştır. Kendi mutluluğumuz için sorumluluk yüklenmemiz gerekir ve keyif alma olayı da o istikameti gösterir. Ümit edelim ki, sağlıklı bir bedene sahip olmak, zihnimizi zenginleştirmek ve başkalarına yardımcı olmak gibi uzun vadeli olan keyifleri seçebilelim.

İçgüdüsel olarak keyif arama ve acıdan kaçınma alışkanlıklarının bize faydadan ziyade zarar verdiği zamanları da bilmek kritik bir önem taşır. Genellikle bu tür eylemlerde bulunduğumuzda, stresi de pek gerilerde bırakmış olmayız. İstediğimizi elde edemediğimizde, sahip olduklarımızı kaybettiğimizde ve *istemediğimiz* bir şeyi sahiplenmek zorunda kaldığımızda acı çekeriz. Çözüm, olayları kabul etme ve onları oldukları gibi görebilme yeteneğimizi geliştirmektir.

## KABUL ETME AŞAMALARI

Kişinin sıkıntıya yönelmesi aşamalı olarak gerçekleşen bir süreçtir; bu süreçte acının karşısında ilerlemiş bir yumuşama ya da teslimiyet oluşur. İlk baştaki isteksizlik nöbetinden sonra, sorunu merak ederek sürece başlarız ve her şey yolunda gittiği takdirde kendimizi hayatımızda olup biten her şeyi sıkı sıkı kucaklarken buluruz. Bu süreç genellikle ağır ve doğal bir şekilde ilerler. O anda bulunduğunuz yerde tamamıyla mutlu olmadan bir sonraki aşamaya geçmenin hiçbir anlamı yoktur. Bu aşamalar şunlardır:

1. *Kaçınmak* --- direnç, uzak durma, aynı şeyin üzerinde tekrar tekrar düşünmek
2. *Merak göstermek* --- sıkıntıya merakla ve ilgiyle yönelmek
3. *Hoşgörü göstermek* --- emniyetli bir dayanıklılık içinde olmak

4. *İzin vermek* --- duyguların gelip gitmesine izin vermek
5. *Dost olmak* --- kucaklamak, gizli değerleri görmek

Bize sıkıntı veren bir duyguya gösterdiğimiz ilk ve içgüdüsel tepki, ondan *kaçınmaktır*. Örneğin, hoş olmayan bir şey gördüğümüzde, bakışlarımızı başka yere çeviririz. Hoşnutsuz olma durumu zihin karışıklığı ve tekrar tekrar aynı şeyi düşünme, yani bu duygudan nasıl kurtulabileceğimizi kestirmeye çalışma şeklinde de tezahür edebilir. Bir süre sonra, bu duygu da işe yaramaz olur ve ikinci aşamaya, yani *meraklanma* durumuna geçeriz. "Bu duygu da nedir?" "Ne zaman oluşur?" "Anlamı nedir?" Neyle yüz yüze olduğumuzu bildiğimizde ve acının sürmesi halinde üçüncü aşamaya, yani *hoşgörü* aşamasına geçeriz. Hoşgörünün anlamı duygusal acıya katlanabilmektir ama genellikle acıya direnç göstermeyi sürdürür ve çekip gitmesini isteriz. Direncimiz azaldıkça dördüncü aşamaya gireriz, yani *izin verme* aşamasına. Bu da zor duyguların kendiliğinden gelip gitmesine izin verme anlamına gelir. Nihayet, hayatımız bu duruma adapte oldukça ve anlam kazandıkça, kendimizi dost olma aşamasında bulabilir ve çektiklerimizin içindeki gizli değeri görürüz. Çok değerli bir arkadaşım olan Brenda'nın hikayesi bu aşamalardan geçmenin nasıl bir şey olduğunu çok güzel göstermektedir.

Brenda ve kocası Doug'ın iki çocukları vardı. Kızlarından 3 yaş küçük olan oğulları Zach kalp hastası olarak doğmuştu. Ailece Avustralya ve Hawaii gibi uzak ülkelere seyahat ettiklerinde, Zach bazen kalp krizi geçiriyordu. Zach, kalp hastası olmasına ve aldığı ilaçlara rağmen neşeli ve enerjik bir çocuktu ama 9 yaşındayken uykusunda hayata veda etmişti. Bu 19 sene önceydi.

**Aşama 1: Kaçınma**

Küçük bir çocuğun kaybı tarif edilmez bir kederdir. Brenda ve Doug, Zach'ın uzun yaşamayacağını biliyorlardı ama buna kendilerini hazırlamaları kesinlikle mümkün değildi. Bu olay onlar için "duygusal bir tsunami" etkisi yapmıştı. Cenaze töreninde Brenda'nın sinir sistemi öylesine bozulmuştu ki olaylara at gözlüğüyle bakmaya başladı. Tam 7 gün boyunca Yahudilerim matem geleneklerine göre alçak bir taburenin üzerinde oturup baş sağlığı dileklerini kabul ettikten sonra yatağına girdi. Ender olarak markete gittiğinde kendisini bir yabancı gibi hissediyor, istedikleri tür makarnayı bulamayan insanların para ödeme kuyruğunda bekleşirken birbirleriyle şakalaşmasını umursamaz bir tavırla izliyordu. Brenda iyiden iyiye içine kapanmaya başlamıştı.

**Aşama 2: Meraklanma**

Brenda bir noktada aniden "Pes edersem ölebilirim," diye düşünmeye başladı. Bu düşünce onu bir miktar rahatlattı ama sonra yeniden dehşete kapıldı. "Peki ya kızım? O ne yapar? Ya kederime teslim olacağım ya da bir seçim yapacağım." Brenda yavaş yavaş başına gelen felaketin tehlikesine karşı uyandı ve "İnsanın kendisini kötü hissetmesi tehlikeli olabilir," diye bir gözlemde bulundu.

**Aşama 3: Hoşgörü**

2 hafta sonra Brenda yataktan çıkmaya karar verdi. "Kızım için yaşamayı seçtim." Çocukken Brenda annesine bakmıştı ve bunun nasıl bir şey olduğunu biliyordu. O yüzden kederi yüzünden elden ayaktan düşmeyi ve kızına ona bakma külfeti yüklemeyi kesinlikle istemiyordu. Kendisine, "Anneliğimi yapmalıyım. Hayat yaşayanlar içindir," dedi. Bana da daha sonra, "Istıraba merhem olan tek şey, başkalarına yardım etmektir," demişti.

**Aşama 4: İzin verme**

Brenda kendisini, "sorunlarını enine boyuna düşünerek çözebilen zeki bir insan," olarak tanımlıyordu. "Yaklaşımınız işe yaramıyorsa, yeni bir yaklaşım deneyin," diye düşünürdü hep ama kendisi de bu denli bir acıya hazırlıklı değildi. O ve

Doug, Zach'ın mezarına senede iki kereden fazla gitmeyerek ve Zach'ın eşyalarını sadece arada bir çıkararak acılarını güvenli bir seviyede tutmayı başardılar. "Bornozundaki kokusunun beş ay sonra uçup gittiğini biliyor muydun?" Bu "ziyaretler"de birlikte ağlayarak acılarına daha fazla izin vermeye başladılar.

Brenda psikolojik olarak Zach'la sevgi dolu ilişkisini canlı tuttu. Bundan vazgeçmek istemiyordu, buna ihtiyacı da yoktu zaten. Üstüne keder çöktüğünde, kendisini Zach'a daha yakın hissediyordu. İçi Zach'ı tanıdığı için şükran hissiyle dolduğu vakit de ona daha yakınlaşmış gibi oluyordu. O sıralarda psikoterapideydi. Terapistine "İnsanın ölmüş birisiyle ilişkisini canlı tutması doğru bir şey midir?" diye sordu. Terapisti ona, "Neden olmasın? Keder de, şükran da sevginin birer türüdür," diye yanıt verdi. Bu aşamadayken Brenda Zach'la sağlıklı bir ilişki içinde olmasını söyleyen önsezisine güveniyordu.

**Aşama 5: Dostluk**

Brenda'yı Zach'ın ölümünden 17 sene sonra gördüğümde, bana "Zach'ın ölümü çocuklarını kaybetmiş olan tüm annelerle bağ kurmamı sağladı," demişti. İki sene sonra, öğretmenin öğrencilere "acılarıyla iletişime geçmelerini" söylediği bir meditasyon seansındaydı. Brenda birden içinden bir sesin, "Ben bunu yapamam!" dediğini duydu. Öğretmen sonra, "Zor anlarınızda hazır olmazsanız, büyük bir olasılıkla hayatınızın en iyi anlarında da hazır olmayacaksınız demektir," dedi. Brenda o anda kederine ne kadar sıkı sıkı bağlı olduğunu fark etti ve içinden "Belki de ona artık ihtiyacım yoktur," diye geçirdi. Artık 32 yaşında olan kızına bu konuyla ilgili olarak tek bir sözcük bile etmemişti ama bir hafta sonra ondan bir telefon aldı. Erkek kardeşinin ölümüyle ilgili olarak içini dökmek için ona bir rehber tavsiye etmesini istiyordu. Brenda tam kendi acısıyla dost olma yoluna girmişken, sanki görünmez bir el kızının da aynı şeyi yapmasını sağlamıştı. Brenda bana, "yazık ki acı duymadan da sevebileceğimi fark etmek için bu kadar zaman geçmesi gerekmişti," dedi.

Bu hikaye dayanılmaz duygusal acılarımıza olan direncimizin aşamalı olarak nasıl yumuşadığını çok güzel bir şekilde göstermektedir. Bu aşamaların illede yukarıdaki gibi sıralanması gerekmez; bazı günler geride kalabilir, bazı günler ileriye doğru sıçrayabiliriz. Kederimiz ne kadar derinse, kabul etmeye giden aşamalardan geçmek o kadar uzun sürer. Süreci hızlandırmaya çalışmak bir fayda sağlamaz ve bizim kabul etmeyi değil acıyı uzaklaştırmayı istediğimizi gösterir. Bu kitap size kabul etmeyi, özellikle de öz kabul etmeyi gün be gün nasıl gerçekleştireceğinizi öğretmek için yazılmıştır.

## KABUL ETME AŞAMASINDAN ÖZŞEFKATE GEÇİŞ

Ruh sağlığı alanı duygusal acıları kabul etmenin önemini yeni yeni keşfetmektedir. Normal olarak bir kişi terapiye "aşırı bir stres içindeyim," diyerek geldiğinde, terapist onun stresini hafifletmeye çalışır, belki de ona birtakım gevşeme teknikleri öğretir. Terapistler bu konuda ellerinden geleni yapmaya hazırlardır. Bazen bir kişiyi depresif ruh haline sokan (örneğin, "ben aptalım," ya da "eninde sonunda beni terk edecekler" gibisinden) bozuk düşünceleri değiştirmeye çalışırlar. Bu stratejiler "Bana sorununu söyle, onu halledelim," kategorisine girer. Özünde, terapistler ve danışanlar kendileri bile farkında olmadan güçlerini birleştirirler ve olumsuz deneyimleri yok etmeye çalışırlar.

Bu yaklaşımlar makul ölçüde başarılı olmuştur. Yine de yakın tarihlerde yapılan araştırmalar, başarılı terapilerde başvurulan iyileştirme mekanizmalarının her zaman bu şekilde gerçekleşmediğini göstermektedir. Yeni araştırmalar aradaki farkın meydan okumak yerine düşüncelerimizle ve duygularımızla yeni bir *ilişki* kurma süreci oluşturmak olduğunu göstermektedir. Bu yeni ilişki daha az kaçınmalı, daha az çapraşık, daha fazla kabullenici ve daha çok şefkatlidir ve daha fazla farkındalık içerir. Duygusal açıdan rahatlama ancak sorunlarımıza gözlerimiz ve yüreğimiz açık bir şekilde – daha fazla farkındalıkla ve şefkatle – eğilmekten geçmektedir.

## Kabul Etmek Nedir?

Yukarıda da bahsettiğimiz gibi, "kabul etmek" meraklı olma, hoşgörü gösterme, istekli olma ve acıyla dost olma gibi bir dizi deneyimi içermektedir. Kabul etmenin tersi direnç göstermektir. Direnç göstermek acı yaratır, kabul etmek ise bu acıyı hafifletir.

Kabul etmek, kötü davranışlara hoşgörü göstermek anlamına gelmez. İçimizde olan biten şeylere *şimdiki anda* duygusal olarak açılmak demektir. Size acı veren bir ilişki içindeyseniz, kabul etme ile bu ilişkiye bütünüyle "evet" demiş olmazsınız. Tam tersine şunu onaylarsınız: "Bu ilişki benim canımı yakıyor!" Bir koşulun ya da davranışın ne kadar kötü hissettirdiğini fark ettikleri anda ilişkileri, yeme alışkanlıkları ya da işleri konusunda değişiklik yapan pek çok kişiyle tanıştım. Kabul etmek teslim olmak ya da hareketsiz kalmak demek değildir çünkü kabul etmeyi doğal olarak değişim takip eder.

Ancak *neyi* kabullendiğimizi bilmemiz gerekir. Farkındalık içinde değilsek, kabul etme konusunda – örneğin, hakkında pek az şey bildiğimiz bir politikacı adayına oy vermek gibi – fazla uzlaşmacı olabiliriz. Kapalı gözle yapılan kabul etme aşırı duygusallığa da yol açabilir ve gerçeklerin üzerini adeta şekerle kaplar. Bu tür davranışlar ileride daha da fazla acıya neden olur, o yüzden bunları kabul etme olarak görmek mümkün değildir. Bu kitapta ben "kabul etmek" sözcüğünü duyularımızı, duygularımızı ve düşüncelerimizi bilinçli bir tercihle, *oldukları gibi* ve anbean deneyimlemek anlamında kullanıyorum.

*"Jack ve ben, birbirimizin kişisel özelliklerini kabul etmeyi öğrendik. O benim kajo şekerlemesine olan tutkuma ses çıkarmıyor ve ben de onun her gece çıkıp gün ağarana kadar eve gelmemesine..."*

## Öz Şefkat Nedir?

Öz şefkat bir kabul etme şeklidir. Kabul etmek genel olarak deneyimlediğimiz *şeyleri* (bir düşünceyi ya da duyguyu) ima eder. Öz şefkat doğrudan bunları yaşayan *benliğimizi* kabul etme anlamına gelir. Acı çekme sürecinde kendimizi kabul etmemizdir.

Kabul etme ve öz şefkat durumlarıyla, daha iyi hissetme mücadelemizden vazgeçtiğimizde daha kolaylıkla karşılaştığımız görülmektedir. Adsız Alkolikler'de buna "çaresizlik içindeyken gelen bir armağan" denir. Denediğiniz hiçbir şey işe yaramamışsa, kabul etmeye ve kendinize şefkat göstermeye daha yatkın olursunuz. Hâlâ kendinizi iyi hissetmek *istiyorsunuzdur* ama artık herhangi bir şeyin işe yarayacağı konusunda şüphe içindesinizdir. İnancınızı hemen hemen tamamıyla yitirmişsinizdir; zihniniz tüm olasılıkların üzerine bir sünger çekmiştir.

İşte zihninizle çaba göstermeden yüreğinizle çaba göstermeye geçme fırsatı tam da o noktada kapınızı çalar. Öz şefkatin belirgin şekilde, zihinsel olmayan ve çaba gerektirmeyen bir tarafı vardır. Ama kendimizi acıların içinde bulabilir ve mücadelemizin derinliğini fark edebilirsek, yüreğimiz de otomatik olarak yumuşar. Kendimizi iyi hissetmekten vazgeçer ve onun yerine kendimize sempati gösterebileceğimizi keşfederiz. Yani kendimize ilgi göstermeye başlarız *çünkü* acı çekiyoruzdur.

"İlgi göstermek" ile "tedavi etmek" arasında belirgin bir fark vardır. Tedavi, bir sorunu gidermek için yapmaya çalıştığımız şeydir. İlgi göstermek ise, tüm tedavi çabaları fos çıksa dahi yapabileceğimiz bir şeydir. Bu, ölmek üzere olan bir kişinin başında durmak gibi bir şeydir: Mücadele durumu bitmiştir ve kişinin ölüm deneyimine sevgiyle eşlik ediyoruzdur. *Duygusal* hayatta her şeyi yoluna koymak için mücadele etmekten ne kadar çabuk vazgeçersek, o kadar iyi olur. Paradoksal olarak, ilgi göstermek tedaviye de yol açar.

Şefkat sözcüğü, Latince *com* (ile) sözcüğüyle *pati* (acı çekmek) sözcüklerinden oluşur ve "birlikte acı çekmek" anlamına gelir. Bir kişiye gerçek anlamda şefkat göstermek demek, o kişinin acı çektiğini kabul etmemiz, acıya olan direncimizi ve korkumuzu terk etmemiz ve içimizden doğal olarak yükselen sevgi ve iyilik duygusunun acı çeken kişiye akıtmamız demektir. Şefkat duymak, duygusal rahatsızlığa karşı direnç gösterme eğilimini terk etmemiz demektir. Bu *tam* kabul etmek anlamına gelir; acı çeken kişiyi, acıyı ve bizim bu acıya gösterdiğimiz tepkiyi kabul ettiğimizi gösterir.

*Öz şefkat* başkalarına gösterdiğimiz insaniyeti kendimize de göstermemiz anlamına gelir. Kitabımızın Giriş bölümünde de belirttiğimiz gibi, bu ilgi istikametimizi birazcık değiştirmemiz bile, acılar içinde olduğumuzda ve günlük hayatın angaryalarına uyum sağlamaya çalıştığımızda hayatımızda müthiş bir fark yaratabilir. Aslında hepimizin içinde acıya direnç gösterme içgüdüsünden de daha güçlü olan bir öz şefkat içgüdüsü vardır ama bu içgüdü ya bastırılmış ya da unutulmuştur. Neyse ki, öz şefkat herkes tarafından geliştirilebilmesi mümkün olan bir yaklaşımdır.

## KOLAYINA KAÇIN

Bütün bu fikirler size uzak ve kafa karıştırıcı geliyorsa, lütfen moralinizi bozmayın. Üzerlerinde çalıştıkça bu fikirler size zaman içinde daha anlamlı gelecektir. Kitabın sonraki bölümleri, ihtiyacınız olduğunda kendinize şefkat göstermeyi başaracağınız ana kadar size adım adım yardımcı olacaktır.

2. ve 3. Bölüm'de sizi *farkındalık*la ya da içinizde anbean olup bitenlere sevgiyle nasıl yaklaşabileceğiniz konusuyla tanıştıracağım. Pek çoğumuz zaman zaman acı çektiğimizin farkında bile olmayacak kadar hayatın ayrıntıları içinde sürüklenip gideriz. Çözüm bulmadan önce sorunun, yani yüreğimize batan dikenin ne olduğunu saptamamız gerekir. 2. Bölüm size bedeninizle ilgili farkındalığınızı emniyetli ve şefkatli bir şekilde nasıl geliştireceğinizi gösterecek. 3. Bölüm ise bu farkındalığı duygu dünyasına taşıyacak. 4. Bölüm'den itibaren de öz şefkati nasıl geliştireceğinizi öğreneceksiniz.

Fazlaca bir iş yükleneceğinizi sanmayın. Hastalarımdan biri bir keresinde bana, "Bu bir *savaş* değil, o yüzden de düşündüğüm kadar güç olmadı," demişti. Yine de zaman zaman bir alıştırmayı katı bir kararlılıkla uygulamak zorunda kaldığınızı görebilirsiniz. Bunun olması beklenebilir çünkü eski alışkanlıklardan pek kolay vazgeçilmez. Zorlandığınız anları saptamaya çalışın ve aynı şeyi daha hoşunuza gidecek bir şekilde yapıp yapamayacağınıza bir bakın. Hayatımıza bir şeyler eklemek istiyor değiliz; tam tersine hayatımızdan bazı şeyleri çıkarmaya çalışıyoruz. Amacımız deneyimlerimizi kontrol ya da manipüle etmek uğruna bilinçsiz olarak kendimize yüklediğimiz gerilimi yok etmek…

Farkındalık ve öz şefkat *ilkeleri*, en az öğrenmek üzere olduğunuz teknikler kadar önemlidir. Bu tekniklerin gerisindeki mantığın çok anlaşılır olması gerekir. Örneğin bir alıştırmanın işe yaramadığını düşünüyorsanız, belki de "kendinizi kabul etmek" yerine, "kendinizi geliştirme"yi deniyorsunuzdur. Aradaki farkı bilmek zorundasınız. Farkındalığın ve öz şefkatin anlamını tam olarak bildiğiniz andan itibaren, bu kitaptaki alıştırmaları içinde olduğunuz koşullara uyacak şekilde değiştirebilirsiniz.

Nihayet kendinize daha fazla şefkat göstereceğiniz konusunda içinizde bir şüphe oluştuğunda, durun ve o anda kendinize biraz sevgi verin. İşte o zaman bu kitabın size özünde vermek istediği şeyi uygulamış olursunuz.

---

*BUNU DENEYİN: Kendinize İlgi Gösterin*

Genellikle *başkalarıyla,* onların ne hissettikleriyle, ne dedikleriyle ve ne yaptıklarıyla meşgul oluruz. Aynı ilgiyi ve düşünceliliği kendimiz için nadiren gösteririz. İşte şimdi bunu deneme zamanı. Bu alıştırma sadece 5 dakikanızı alacaktır. Yanlış bir uygulama yapmanız da söz konusu değildir.

Sakin bir yer seçin, rahat bir konumda oturun, gözlerinizi kapatın ve bedeninizin içinde olmanın nasıl bir duygu olduğunu hissedin. Herhangi birine özel olarak odaklanmaksızın bedeninizin fiziksel hislerini, gelip gidişlerini fark edin. Hoşlanmadığınız hislerin de farkında olun ve onların gitmelerine izin verin. Ellerinizin ısındığını, oturduğunuz yerde bir basıncın oluştuğunu ve alnınızın karıncalandığını hissediyor musunuz? Bu hisler, bir annenin dünyaya yeni gelen bebeğine baktığı ve onun neler hissettiğini anlamaya çalıştığı gibi fark edin. Oluşan hislerin tek tek farkında olun. Acele etmeyin.

5 dakika sonra yavaş yavaş gözlerinizi açın.

---

# 2

## *Bedeninize Kulak Vermek*

Bir kuşun sesini gerçek anlamda dinlememize, bir sonbahar yaprağının görkemini derinden görmemize, başka birinin yüreğine dokunmamıza ve onun bize dokunmasına izin veren şey sadece bir dikkat verme olayıdır.

- CHRISTINA FELDMAN ve JACK KORNFIELD

*Meditasyon öğretmenleri*

İnsan bedeni içinde yaşamak kolay bir iş değildir ama neyse ki bunu başarmak için gereken tüm özelliklere sahibiz. İnsana özgü farkındalık ve şefkat duygusu gibi özelliklere doğuştan sahibizdir. Bedenimiz içinde rahat olmanın ilk şartı dikkatimizi ona odaklamaktır. Bizi rahatsız eden şeyin ne olduğunu bilmeliyiz. Ona ancak o zaman şefkatle karşılık vermemiz mümkün olabilir.

Acı çektiğimiz vakit, sorunumuzun ne olduğunu her zaman kolaylıkla saptayamayız. Örneğin, işten atılmışsam, bana haksız davranıldığını ve patronun bana kişisel bir garezi olduğunu düşünebilirim. Uykusuz geçirdiğim bir gecenin yarısında, aileme bakamayacak kadar başarısız olduğumu düşünerek çaresizliğe düşer ve patronumdan intikam alma hayalleri kurarım. Peki ya o duyarlı, yaralı ruhum o sıralarda nerededir? Ortalarda yoktur! Zihnime güvenmiş, kendimce akıllı olduğumu zannedip, korku ve üzüntü gibi hislerimi bloke etmişimdir. Ne kadar değerli olduğum konusunda herkesle tartışıyor ve gelecekle ilgili birtakım dolaplar çevirmeyi planlıyorumdur. Acı çektiğimizde işler genellikle bu şekilde işler. Kendimizi beynimizin içinde dönüp duran düşünce kalabalığının içinde bulamaz oluruz.

Farkındalık, işler iyi gitmediğinde bedenimize emniyetli bir şekilde demir atmamızı sağlayan bir bilinçlilik türüdür ve bizi gereksiz acılara karşı koruyan bir hayat tarzına dönüşebilir. Farkındalık içinde olduğumuzda, hoş olmayan bir deneyimden kaçmaya daha az ihtiyacımız olur çünkü onun çevresinde minik de olsa nefes alacak bir yer vardır. Bu bölümde sizlere farkındalığın ne olup ne olmadığını ve acıdan kaçınma dürtümüze direnç göstermenin bizi nasıl özgürleştiğini anlayabileceğiniz şekilde anlatacak ve size birkaç basit farkındalık tekniği öğreteceğim.

## FARKINDALIK YOLU

Farkındalığı anlamak için onu deneyimlemek gerekir. Sözcüklerle ifade etmek mümkün değildir. Farkındalık anı, yıldızların biz onları Büyük Ayı olarak tanımlamamızdan önce göz kırpması ya da yeni bir kırmızı elbise giymiş olan bir arkadaşımızın kapıya geldiğinde, onun kim olduğunu anlamadan önce kırmızı renkli bir şimşek misali gözlerimizin önünden geçtiğini görmek gibi, sözcüklerin *önünden* giden bir tür bilinçlilik halidir. Beynimiz bu konuşma öncesi farkındalık düzeyinden her zaman geçer ama biz, normal olarak günlük yaşantımızın olaylar dizisine kendimizi kaptırmış olduğumuz için onu fark etmeyiz.

Basit bir farkındalık deneyimini en iyi yakalayan şey şiirdir:

Her gün beni
Mutluluktan neredeyse öldüren,
Ya da bir ışık yığını içinde kendimi kaybettiren
Bir şey görür ya da duyarım.

İşte ben bunun için gelmişim dünyaya ---
Bakmaya, dinlemeye...
Bu yumuşacık dünyanın içinde kaybolmaya ---
Kendimi tekrar ve tekrar sevinçle ve
övgülerle eğitmeye.

Olağanüstü bir şeyden,
korkunç, iğrenç ve abartılı bir şeyden değil,
Sıradandan, olağandan, en sönük olandan,
Günün bize sunduklarından bahsediyorum
size

İyi kalpli bilge, diyorum kendime,
Bu öğretilerden sonra bilge olmayıp da ne yapacaksın,
Dünyanın engellenemeyen ışığı,
Okyanusun parlaklığı ve çimen kokularından
Oluşan bu yakarışlar varken?

Mary Oliver "Duyarlı" isimli bu şiirinde ıslak bir otun sapında dans eden ışığın algılanmasının bile insanı ne kadar büyük bir mutlulukla doldurabileceğini hatırlatıyor.

Benim özellikle faydalı bulduğum farkındalık tarifi meditasyon öğretmeni Guy Armstrong'a aittir: "Farkındalık ne deneyimlediğinizi, onu deneyimlediğiniz *sırada* bilmektir." Farkındalık anbean bilinçlilik hali içinde olmaktır. Farkındalıkta özgürlük vardır çünkü dikkatimizi algılarımızı yorumlamak yerine onların akışına vermek, her bir anı taze ve canlı kılar. Farkındalık içinde olduğumuzda duyularımız adeta bayram yapar.

Farkındalık *şimdiki anda* olma özelliğine sahiptir, kişiye bir özgürlük hissi sunar, bir perspektif verir, bağlanma duygusunu geliştirir ve onun kendisini yargılamadan hayatın içinden bir nehir gibi akmasını sağlar. Farkındalık içinde olduğumuzda, en azından o an için, hayatın olduğundan farklı olmasını istemek gibi bir özlem içinde olmayız.

Bazı insanlar diğerlerine göre daha fazla farkındalık içindedirler ama başlangıç noktamız ne olursa olsun, farkındalık düzeyimizi bazı alıştırmalarla yükseltebiliriz. Farkındalık eğitiminden faydalanmak için bir keşiş ya da bir şair olmanız gerekmez. Farkındalık içinde olmak için sakin olmanız bile gerekmez; bilinçli olmak için kendinize söz vermeniz yeterlidir. Günlük hayatınızın herhangi bir anında ya da yerinde etrafınızda neler olup bittiğinin farkında olabilirsiniz. Kendinize sorun: Kafam karışık mı, canım sıkılıyor mu, mutlu muyum, stresli miyim ya da huzurlu muyum? Gelecekle ilgili endişelerim var mı? Babamı ziyaret ettiğimde neler olacak? Şu duyduğum, kavak ağacının yapraklarının hışırtısı mı? An'daki herhangi bir bilinçlilik hali, farkındalık an'ıdır ve bu an her vakit gerilim yaratan zihinsel mekanizmalardan kurtulmamızı sağlar.

Bilinçli farkındalığın tersi *dikkat vermemektir* ve bu da sıklıkla yaşanır. Örneğin:

- Tanıştırıldığınız kişinin ismini hemen sonra unutursunuz.
- Mutfağa girdiğinizde neden girdiğinizi hatırlamazsınız.
- Aç olmadığınız halde yemek yersiniz.
- Trafik tıkandığında gideceğiniz yere geç kaldığınız için huzursuz olursunuz.
- Ebeveynlerinizi ziyarete gittiğinizde çocuk gibi davranırsınız.
- Otoyolda bir saat araba kullanır ve sonra bunu hiç hatırlamazsınız.

Zihnimizin meşgul olduğu anlar vardır. O anlarda ne düşündüğümüzün, ne hissettiğimizin ya da ne yaptığımızın farkında bile olmayız ve adeta otomatik pilota takılmış gibi tepki veririz. Hayatımızın büyük bir bölümünü nasıl bir umursamazlık içinde geçirdiğimizi siz de fark etmiş olabilirsiniz!

Zihnimizde oynattığımız film hoşa giden, tatlı bir filmse, dikkatimizi ona vermememiz bir sorun değildir ama bu film bazen ürkütücüdür ve o zaman kalkıp sinema salonunu terk etmekten başka bir şey düşünemez oluruz. Çektiğimiz acı dikkatimizi alıp götürmüştür. George isimli hastam işte tam da böyle bir durum yaşamaktaydı.

Dışarıdan bakıldığında George, hayatta başarılı olmuş biriydi. Sevdiği bir işi vardı, yakın tarihlerde bir ev satın almıştı, onu seven bir hayat arkadaşına sahipti ve arkadaşlarını gitar çalma becerisiyle mutlu edebiliyordu. Ama yıldızı parladıkça, George çocukluk anılarının hayatı ona zehir ettiğini fark etti. Yoksul ve tacizci bir ailede büyümüştü ve çok sevdiği kız kardeşi 16 yaşındayken intihar etmişti. George başına iyi bir iş geldiğinde, örneğin işinde terfi ettiğinde, yeni bir araba aldığında ya da tatile çıktığında hıçkırıklara boğulmadan edemiyordu. Sürekli olarak kız kardeşiyle birlikte geçirdiği kederli çocukluğunu hatırlıyor ve onun hayattan hiç keyif alamadığını düşünüyordu. Bu pişmanlık duygusu onun da mutlu olmasını engelliyordu. Gazetelerde istismar edilen çocuklarla ilgili bir haber okuduğunda gözlerinin önünden geçmişe ait anılar geçiyordu. Zihni iyi şeylerle karşılaştıkça geçmişe daha fazla gömülen George'un karısı, onunla olan bağını kaybetmekte olduğunu düşünüyor ve üzülüyordu.

George aslında karısına yakın olmak istiyordu ama karısı zaman zaman ona karşı sabırsız davranmaktan kendini alamıyordu. Bir gün zihni her zamanki gibi meşgul bir şekilde plajda yürüyen George, yerde yuvarlak, güzel bir taş gördü. Onu aldı, avucunun içinde çevirdi, yüzüne sürttü ve onun pürüzsüz ve serin dokunuşunu yanağının üzerinde hissetti. George koleksiyon yapmaktan hoşlanırdı, o yüzden bu taşı dalgın bir biçimde paltosunun cebine koydu. George eve döndüğünde, ceplerini boşaltırken o taşı buldu. Bu yuvarlak, düzgün ve soğuk taşa dokunmak ona bir kere daha kendisini iyi hissettirmişti. George parmaklarıyla taşı ovmanın onu nasıl sakinleştirdiğini fark etti. Bu taşa "tam- burada-ve-şu-anda-taşım" ismini verdi ve onu hep yanında taşımaya başladı. Gözlerinin önüne çocukluğuyla ilgili bir anı geldiğinde ve bu anının içinde kaybolmak istemediğinde taşı cebinden çıkarıyor ve parmaklarını onun üzerinde gezdiriyordu.

George, herhangi bir eğitim almadan zihnini bilinçli farkındalıkla yönetme, yani zihnini duyusal anlamda "tam burada ve şu anda" farkındalığı içine sokma tekniklerinden birini bulmuştu. George ilk başlarda bu "tam-burada-ve-şu-anda-taşı"nı zihnini ona sıkıntı veren şeylerden *uzaklaştırarak* "şu ana" taşımak için kullanıyordu. Daha sonraları duygusal anlamda kendisini ezilmiş hissettiği vakitlerde "şimdiki an" ve bu taş onun için güvenilir bir sığınma yeri haline geldiğinde, George *travmatik* anılarına yönelme cesaretini bulmaya ve onları ayrıntılarıyla keşfetmeye başladı. Bilinçli farkındalık, hem zihnimizin anbean nerede olduğunu hem de dikkatimizi nereye yönelteceğimizi bilmektir.

Bilinçli farkındalığın iyileştirici olması için açık yürekli bir tutum içinde olmak gerekir. Sevdiğimiz bir şeye, ona bakmamız için yüreklendirildiğimizi ve sevildiğimizi hissettiğimiz müddetçe, aynen bir annenin yeni doğan bebeğine baktığı gibi, uzunca bir süre bakabiliriz. İğrenç bulduğumuz bir şeye çok uzun bir süre bakmamız ise mümkün değildir. Bir gülün ya da bir müzik parçasının ne kadar harikulade olduğunu ya da kendi güzelliğimizi, ancak ve ancak duygusal anlamda açık yürekli olduğumuz vakit fark edebiliriz. Bilinçli farkındalık alıştırmalarımızı işte bu anlayışla uygulamamız gerekir.

## BİLİNÇLİ FARKINDALIK ALIŞTIRMALARINA BAŞLAMAK

Önceki bölümde vermiş olduğum "Kendinize İlgi Gösterin" alıştırmasını yaptıysanız, farkındalığın tadını almışsınız demektir. Zihniniz oldukça alıcı durumdaydı ve mukayese etmeye, etiketlemeye, yargılamaya ya da değerlendirmeye gerek duymadığınız bir dizi algının farkındalığı içine girmiştiniz. Neyin gelip neyin gittiğinin farkında olduğumuzda zihnimizin içinde yaşamak kolaydır. Sorunlar, bize rahatsızlık veren şeyler karşısında bilinçsizce irkildiğimizde, bize keyif veren şeylere bel bağladığımızda ve olayların nasıl olması gerektiğine dair birtakım zihinsel fantezilere kapıldığımızda oluşur. Birkaç dakika hareketsiz durmak ve düşüncelerimizin gelip gitmesine izin vermek gibi basit bir egzersizin bile hiç de kolay olmadığını istisnasız her birimiz çok kısa zamanda keşfederiz.

---

*BUNU DENEYİN: Ses Farkındalığı*

Bu alıştırma sadece 5 dakika sürer. Televizyonun, müziğin ya da konuşan insanların sizi rahatsız etmeyeceği sakince bir yer bulun.

Gevşeyin ve rahat bir pozisyonda belkemiğiniz dik olacak şekilde oturun. Gözlerinizi iyice ya da kısmen kapatın.

Kulaklarınızın çevreden gelen her bir sesi yakalayan uydu antenler gibi olduğunu hayal edin. Oturduğunuz yerde ses titreşimlerini hissedin. Duyduğunuz seslere bir isim vermeniz ve onlardan *hoşlanmanız* gerekmez. Seslerden herhangi birine özel bir dikkat vermek zorunda da değilsiniz, kulağınıza ne geliyorsa onu dinleyin. Seslerin birbiri ardına gelip gitmesine izin verin. Etrafınızdaki sesleri yakalama çabası içine girmeyin. Bırakın onlar size gelsin.

Zihninizin, kaçınılmaz bir şekilde, bir dizi düşünceye dalıp uçup gittiğini fark ettiğinizde, yeniden seslere kulak verme işinize geri dönün.

5 dakika sonra, gözlerinizi yavaş yavaş açın.

---

Seslere dikkat etmenin, gevşeme eğitimi almak ya da kendi kendini hipnoz etmek gibi aşina olduğunuz yöntemlere göre ne kadar daha rahatlatıcı olduğunu siz de fark etmiş olabilirsiniz. Bunun nedeni zihninizin içindeki sizi paradoksal olarak diken üstünde tutan "gevşeme" görevinin de dahil olduğu bilumum şeylerin uçup gitmesine izin vermiş ve o anda etrafınızdaki seslerin oluşturduğu senfoniyle "bir" olmuş olmanızdır.

Dinlemek gibi basit bir eyleme fazladan bir iki görev vermiş olduğunuzu da fark etmiş olabilirsiniz. Örneğin, bu sesleri etiketlendirmişsinizdir: "Araba," "ağlayan çocuk," "kapanan kapı." Bu fazladan bir iştir. Kırlık bir alan gibi daha güzel ve daha hoş seslerin olduğu bir yerde olmayı istemiş de olabilirsiniz. Aslında bu da bir miktar stres yaratır. Zihniniz belki de kısa bir süre sonra yine uçup gitmeye başlamıştır: Belki de egzersizi doğru yapıp yapmadığınızı ya da daha sessiz çalışan bir klima cihazı satın almanız gerektiğini düşünmüşsünüzdür. Bütün bu otomatik zihinsel işlevler, yani etiketlemeler, yargılamalar ve zihnin uçup gitmesi, kulak verme olayını gereksiz yere zorlaştırır.

Mümkün olduğu takdirde, bu egzersizi yapmayı bir kere daha deneyin. Bu zihinsel işlevler harekete geçtiğinde, yargıladığınız, etiketlediğiniz ve düşüncelere daldığınız anları zihninize not edin ve tekrar sesleri duymaya odaklanın. Sesleri etiketlediğinde kendinize "etiketliyorum", yargıladığınızda "yargılıyorum" ve düşüncelere daldığınızda da "düşünüyorum," deyin.

## Zihninize Demir Attırmak

Zihninizin demir atmaya ihtiyacı vardır. Ruhsal acılarımızın çoğunluğu zihnimizin bir konudan bir konuya sıçramasından – ki bu son derece yorucu bir şeydir – ya da bizi mutsuz eden düşüncelerden ve duygulardan kaynaklanır. Zihnimizin bu tür bir davranış içinde olduğunu fark ettiğimizde ona nötr ve değişmez bir yere demir attırmamız gerekir. "George'un "tam-burada-ve-şu-anda taşı"nı ovuştururken ve sizin dikkatinizi çevrenizdeki seslere tekrar tekrar odakladığınızda yaptığınız şey de aslında budur. Demir atmak zihninizi sakinleştirir.

En yaygın çapa nefestir. Bunun da iyi nedenleri vardır:

- Günün 24 saati nefes alıp veririz.
- Bedende hafif bir harekete neden olduğu için fark edilmesi kolaydır.
- Kişiye aşina gelen bir olaydır, o nedenle günlük hayatın fırtınalarına karşı emniyetli bir sığınak oluşturur.

- Otomatik olarak gerçekleşir, kişisel bir çaba gerektirmez.
- Doğduğumuz andan öldüğümüz ana kadar bizi terk etmeyen en sadık dostumuzdur.

Nefes farkındalığı dikkatinizi toplamanın ve kendinizi şimdiki an'a getirmenizin en mükemmel yoludur.

Bazı insanlar nefeslerine odaklanmakta zorlanırlar. Fiziksel travmaya maruz kalmış olan kişiler kendilerine bedenlerinin hatırlatılmasından hoşlanmazlar çünkü böyle bir şey kötü anılarını onlara geri getirir. Bedenin herhangi bir yerine odaklanmak da sağlık konusunda endişeleri olan kişilerde yeni endişeleri tetikler. Ayrıntılara önem veren ya da kompulsif tipteki kişiler, nefeslerine aşırı bir dikkatle odaklanırlar, o yüzden de nefeslerinin kesildiğini hissederler. Bedenlerinin görüntüsünden hoşlanmayanlar ise nefeslerine odaklanmanın kendilerini bedenlerinin fazlaca yakınına getirdiğini düşünürler.

Bu alıştırmayı yaparken bu deneyimlerden herhangi birini yaşıyorsanız, kendinize yeni bir çapa bulun. Tek şart, bunun elinizin altında olan bir şey olmasıdır. Bazı insanlar çapa olarak bir sözcüğü, özellikle de özel bir anlamı olan bir sözcüğü, kullanmaktan hoşlanırlar (Bakınız Ek B, "Merkezleme Meditasyonu). Diğer seçenekler ayağınızın altındaki zemin, kucağınızda kavuşturduğunuz elleriniz, kalbinizin olduğu yer ya da gözlerinizin ortasındaki bir nokta olabilir. Dikkatinizi bedeninizin *içindeki* bir yere odaklamakta zorlanıyorsanız, bedeninizin yüzeyindeki veya dışındaki bir yere odaklanabilirsiniz. Çapa olarak neyi seçerseniz seçin, zaman içinde o nesne sizin en yakın dostunuz haline gelecektir.

Aşağıdaki egzersiz, nefesi bir çapa olarak nasıl kullanacağınızı göstermektedir ama dikkatinizi odaklamak için farklı bir nesne seçmekte özgür olduğunuzu da hatırınızda tutun.

---

### *BUNU DENEYİN: Nefes Alma Farkındalığı*

Bu egzersiz 15 dakika sürmektedir. Lütfen sakin ve rahat bir yer bulup oturun. Kemikleriniz adalelerinize destek verecek bir pozisyonda olsun, böylece tüm egzersiz boyunca aynı pozisyonda kalmak için özel bir çaba göstermeniz gerekmesin. Bu egzersizi yaparken sırtınızı hafifçe bir yere dayayın ve dik durmaya çalışın, kürek kemiklerinizi gevşetin ve çenenizi hafifçe göğsünüze doğru eğin.

- Rahatlamak için üç kere ağır ağır ve derin derin nefes alın ve taşımakta olduğunuz tüm yükleri üzerinizden atın. Gözkapaklarınızı yavaşça kapatın ya da daha rahat ediyorsanız yarı aralık bırakın.
- Kendinizi oturur pozisyondayken gözlerinizin önüne getirin. Bir sandalye üzerinde oturduğunuzu ve kendinize dışarıdan baktığınızı hayal edin. Bedeninizi ve zihninizi oldukları halleriyle kabul edin.
- Şimdi dikkatinizi nefesinize verin. Nefesinizi en fazla *nerede* hissettiğinize dikkat edin. Bazı insanlar nefeslerini en fazla burun deliklerinde, üst dudağın üzerine doğru esen serin bir rüzgar şeklinde, bazıları inip kalkan göğüslerinde ve bazıları da nefes aldıklarında şişen ve nefes verdiklerinde inen karınlarında hissederler. Bedeninizi sevgiyle tarayın ve nefes alıp verişlerinizi en kolay şekilde nerenizde fark ettiğinizi keşfedin.
- Şimdi de nefesinizi en güçlü olarak *ne zaman* hissettiğinize odaklanın. Nefesinizi alırken mi, yoksa verirken mi daha çok hissediyorsunuz? İkisini de eşit şekilde hissediyorsanız, bir tanesini seçin. (Talimatları kolaylaştırmak için, bu egzersizin sonuna kadar ve kitap boyunca nefes vermeyi ve burun deliklerinizi seçtiğinizi farz edeceğim.)
- Her bir nefes verişinizde neler hissettiğinize dikkatinizi verin. Her nefes verişinizde havanın burun deliklerinizden çıkmasına odaklanın. Nefes alırken bedeninize bir mola verdirin. Beklerken, tüm deneyiminizi kendi haline bırakın. Sonra nefes verirken yeniden nefesinizi hissedin.
- Bedeniniz nefes alırken *sizi* içine çeksin; bunu zaten otoma-

tik olarak yapmaktadır. Verdiğiniz her bir nefeste dikkatinizi burnunuzun içindeki havayı nasıl duyumsadığınıza odaklayın.

- Zihniniz her dakika pek çok kez dalıp gidecek ve nefes duyumsamasından uzaklaşacaktır. Bu yüzden endişelenmenize gerek yoktur. Zihninizin kaçıp gittiğini fark ettiğiniz anda, burun deliklerinizden çıkan nefese yeniden odaklanın.
- Zamanı kontrol etmek için bir saat kullanıyor olabilirsiniz. Arada bir o saate bir göz atın ve geriye birkaç dakikanız kaldığında burun deliklerinize odaklanmayı bırakın ve üst bedeninizin verdiğiniz her bir nefesle hareket etmesine izin verin. Bu konu üzerinde fazlaca düşünmenize gerek yoktur. Sadece nefes alıp verirken bedeninizin canlı olduğunu ve hareket ettiğini hissedin.
- 15 dakika sonra, yavaşça gözlerinizi açın ve aşağıya doğru bakın. Hareket etmeden önce an'daki dinginliğin tadına varın.

---

Zihnin ne kadar meşgul olduğunu siz de muhtemelen fark etmişsinizdir. Birbiriyle gürültülü bir yarış halinde olan düşüncelerin ve duyguların arasından nefesi seçebilmek bir hayli zordur. Nefes verişimize odaklandığımız an, zihin uçar gider ve yeni bir düşünce silsilesi oluşur. Belki içinize bir nefes çekerken, "Ah, bu ne kadar güzel bir nefes," diye düşünür ve nefesinizi vermeye başladığınız anda bedeninizdeki bir hisse ya da o günün ilerleyen saatlerinde neler yapacağınıza odaklanırsınız. Dikkatinizi odakladığınız nesne yeni ve ilgi çekici değil de nötr ve tekrarlayıp duran bir şeyse, beyinlerimiz vakit kaybetmeden başka işlere dalarlar.

Nefes farkındalığında tek bir nesne üzerinde odaklanılır ama dikkatinizin sürekli olarak nefesinizde kalacağı gibi bir beklenti içine girmemeniz gerekir. Beynin işleyiş tarzı öyle değildir. Zihninizin dalıp gittiğini fark ettiğiniz vakit, dikkatinizi bıkmadan usanmadan yeniden nefesinize odaklayın. Başka bir şey yapmanıza gerek yok. Zen felsefesinde, "Eğer altı kere yere düşersen, yedi kere ayağa kalk," diyen bir özdeyiş vardır. İnsanlar, "ben meditasyon yapamıyorum," dediklerinde, bunu genellikle daha iyi konsantre olmaları gerektiği gibi yanlış bir varsayımdan hareket ederek söylerler. Aslında dalıp gitmek de meditasyonun bir parçasıdır. Dalıp gittiğinizi fark ettiğiniz her an'ı kendinizi eleştirmek için bir fırsat olarak görmemeniz, onu kucaklamanız gerekir çünkü bu olay sizin ayakta uyuma durumundan çıkıp uyandığınızı gösterir.

**Default Network***

2001 yılında Debra Gusnard ve Marcus Raichle beynin bazı bölgelerinden oluşan ve "Default Network" adını verdikleri önceden dikkat çekmemiş olan bir ağın varlığını saptadılar. Bu ağ, beyin dinlenmekteyken aktif oluyor ve beyin bir işle meşgulken bir savsama durumuna geçiyordu. Zihnin meditasyondayken dalıp gitmesi onun böyle bir moda geçtiğini gösterir. Bu ağ arka planda çalışır, geçmişimizi geleceğimizle bağlar ve bize bir "benlik" duygusu verir. Biz "default" durumdaki bu ağı, genellikle Alzheimer hastalarının zihinsel açıdan boşalmış gibi göründüğü zamanki gibi, sadece başarısız olduğu vakit fark ederiz.

Giuseppe Pagnoni ve Emory Üniversitesi'ndeki meslektaşları "default" modunu, yani otomatik pilotta olma durumunu fMRI (fonskiyonel manyetik rezonans imgeleme) kullanarak gözlemlemişlerdir. Bu araştırmacılar, 3 yıldır her gün Zen meditasyonu yapan ve hiç meditasyon yapmamış olan kişilerden oluşan bir karşılaştırma grubundan dikkatlerini nefeslerine yöneltmelerini, arada sırada da onlara verilen bir dizi harfin gerçek

* Çev. Notu: Dikkatimizi belli bir şeye yöneltmediğimizde beynimizde aktif olan ve kimilerinin otomatik pilot dedikleri ağ. Beynin otomatik pilotta olması durumu.

bir sözcük oluşturup oluşturmadığına karar vermelerini (yani bunları "kavramsal işlemden" geçirmelerini) ve daha sonra nefeslerine yeniden odaklanmalarını istemişlerdir. Kavramsal işlemden geçirme olayı "otomatik pilotta olma ağı"nı harekete geçirmiştir. Zen uygulayıcıları yeniden nefes alıştırmasına dönüp "otomatik pilotta olma ağı"nı diğer gruptakilerden daha süratle devre dışı bırakmayı başarmışlar ve sözcüklerin anlamlarını düşündükten sonra spontane olarak ortaya çıkan asosiyasyon (çağrıştırma) dizisini hemen terk edebilmişlerdir. Yazarlar bu yeteneğin, aynı konu üzerinde hiç durmaksızın düşünme (ruminasyon), obsesif-kompulsif bozukluk, anksiyete bozukluğu ve ağır depresyon gibi psikolojik sorunları hafifletebileceğini tahmin etmektedir.

Neden bir "otomatik pilot ağı"na sahip olduğumuz belli değildir. Gusnard ve Raichle bunun insanoğlunun işlevsel olması için elzem olduğu yorumunda bulunmaktadır. Örneğin, kendimizin ve başkalarının düşüncelerini, konuşmalarını, eylemlerini gözlemlediğimizde, beynin dorsal medial prefrontal korteks bölümü aktive olur ve "otomatik pilot modu"na girer. Anlaşıldığı kadarıyla ağın bu kısmı sadece "serbest asosiyasyon"la ya da "zihnin dalıp gitmesi"yle ilgili değildir, gelecek için hazırlandığımızda da devreye girmektedir. Dolayısıyla meditasyon yapanlar zihinleri dalıp gittiğinde kendilerini suçlamamalıdırlar çünkü beyinleri dinlenme halindeyken öyle olmak üzere evrimleşmiştir.

Hayal kurmak bazen iyi bir şey olabilir, bunlar belki de gece gördüğümüz rüyaları "bilinçaltına giden sadık yol" olarak tanımlayan Sigmund Freud'un ima ettiği türden bir yaratıcı esin kaynağı bile oluşturabilirler. Önemli olan, ne vakit hayal kurmakta olduğumuzu ve ne vakit uyandığımızı *bil-*

*mektir.* Ne yazık ki, çoğu zaman dikkatimiz hayal kurarken dağılır ve bize stres veren endişelere maruz kalırız: "Şişman mı görünüyorum?" "Bu ne kadar aptalca bir şey!" Nefes alma alıştırmasına döndüğümüzde, kendimize bir mola vermiş gibi oluruz çünkü şimdiki anda sorun diye bir şey yoktur. Üzgün olduğunuzda, yürüyüşe çıkın, sadece kaldırımın üzerindeki ayaklarınızda neler hissettiğinize odaklanın ve neler olduğunu görün. Ne geçmiş vardır o anda, ne de gelecek... dolayısıyla sorun da yoktur.

Nefes farkındalığı alıştırmasını yaparken stres seviyenizin *yükseldiğini* hissederseniz, alıştırmayı farklı bir şekilde yapmayı deneyin. İlk olarak, uygulamayı doğru yapma endişesinden kurtulun. (Bunu *asla* doğru yapamazsınız – yanlış yapmanız da imkansızdır.) Zihninizle, olduğu haliyle, bir uyum içinde çalışın. Zihniniz her daim odaklanmanızı bozacak bir diğer anıyı ya da duyguyu sürükleyip getirecektir, o yüzden sakın ümitsizliğe kapılmayın. Meditasyonu kendimizi geliştirmek için değil, her şeyi daha iyi yapmak için içimizde uyanan kompulsif arzuya bir *son vermek* için yapıyoruz. Deneyimli bir meditasyoncuyu belli eden şey, onun *uzun yıllar* boyunca hiçbir yargılama yapmadan nefes alıştırmasına tekrar tekrar geri dönmekte gösterdiği istektir.

Dikkatinizi nefesinize çapalamanız, zihninizi odaklamaktan ve sakinleştirmekten fazlasını yapar. *Zihninizin nasıl çalıştığını* görmenize izin verir. Bu, bir fotoğraf çekerken fotoğraf makinenizi sabit tutmak gibi bir şeydir. Bu kitapta şu ana kadar vermiş olduğumuz üç egzersizden zihnin ne kadar kolaylıkla dalıp gittiğini, önüne çıkan her şeyi karşılaştırdığını, yargıladığını ve etiketlediğini öğrenmiş bulunmaktasınız. Meditasyonda ne kadar fazla vakit geçirirseniz, zihninizle ilgili o kadar çok şey öğrenirsiniz. Ayrıca *kendinizle* de, yani duygularınızla, anılarınızla ve farklı koşullara nasıl tepki verdiğinizle ilgili olarak da pek çok şey keşfedersiniz.

Çapanıza her zaman sığınabileceğinizi bilmek size zihninizi keşfetmek için cesaret verecektir. Bu, utandığı vakit annesinin arkasına saklanan bir çocuğun durumuna benzer; çapamıza/nefesimize dönerek sakinleşebileceğimizi bilmek, çalkantılı iç dünyalarımıza da yeniden bir bakış atmamıza olanak sağlar.

## BEDEN FARKINDALIĞI

Farkındalık eğitiminin temel taşını bedenimiz oluşturur. Bir beden içinde yaşıyoruz, o yüzden de hayatımızın ne kadar dolu olduğunu anlayabilmek için bedenimizi de dolu dolu deneyimlememiz gerekir. Farkındalık alıştırmaları yaparken bedenimizin zihnimizden daha az önemli olduğunu asla düşünmemeliyiz. Şimdiki anda vuku bulan her bir şey, bilinçli farkındalık için uygun bir durum yaratır. Beden görece daha yavaş ve daha istikrarlı çalıştığı için, zihnimizi ve duygularımızı gözlemlemek için harika bir bakış noktası oluşturur. Farkındalık meditasyonu sırasındaki düşüncelerin farkına varmaya çalışmakla ilgili sorun, düşüncelerin onları izlememizi güçleştirecek kadar hızlı oluşmasıdır; bu düşünceler fark ettiğimiz anda tarih olurlar... Zihin de kendisini gözlediği anda kendi başıboş gezintilerine dalıp gider. Oysaki bedene odaklandığımızda şimdiki anın farkındalığı içine girmek daha kolaylaşır.

Aslında nefese odaklandığımız anda beden farkındalığına başlamış oluruz. Şimdi de bedenin nefesin etrafındaki duyumsamalarının farkındalığı için bir alan açalım.

---

### *BUNU DENEYİN: Bedensel Duyumsamaların Farkındalığı İçine Girmek*

Bu egzersiz 20 dakika civarı sürmektedir. Lütfen rahat ve sabit bir pozisyon alın, gözlerinizi kapatın ve rahatlamak için üç kez derin nefes alıp verin.

- Kendinizi gözlerinizin önüne getirin. Sandalyenin üzerinde otururken kendinizi dışarıdan seyrettiğinizi hayal edin.
- İçinizdeki nefesi bulun ve bir iki dakika boyunca nefes farkındalığı egzersizini yapın. Her nefes verişinizi tek tek hissedin ve bedeninizi yeniden nefes almak için serbest bırakın.
- Birkaç dakika sonra, dikkatinizi nefesinizden alarak farkındalık durumunuzu teninizin iç kısmı da dahil olmak üzere, bedeninizin tamamına açın. Bedeniniz artık bir hareketlilikle titremektedir. Hangi duyunuz baskınsa, dikkatinizi ona odaklayın. Kalbinizin atışını, ayaklarınızın terlemesini, ensenizin kasılmasını, ellerinizin sıcaklığını, alnınızın soğukluğunu, çenenizin sıkılmış olmasını ya da bedeninizin sandalyeye temas etmesi gibi bir, iki ya da üç duyumsamayı birbiri ardı sıra fark edin.
- Her bir duyumsamaya olduğu gibi gerçekleşme izni verin. Bir rahatsızlık hissederseniz, zihninizin içinde ona doğru yumuşakça ve nazikçe eğilin.
- Dikkatinizi onu doğal bir şekilde çeken bedensel duyumsamalarda tutun ve sonra nefesinize geri dönün. Dikkatinizi toplamak ve istikrarlı bir hale getirmek istediğiniz her an, nefesinize geri dönebilirsiniz.
- Daha sonra, farkındalık halinizi hangi bedensel duyumsama sizi davet ediyorsa, hangisini daha güçlü bir şekilde hissedi-

yorsanız ona açın. Bunu ağır ağır ve huzurlu bir şekilde yapın. Burada önemli olan şey, şimdiki anda oluşan duyumsamalarla birlikte olmaktır, mümkün olduğunca fazla sayıda duyumsama saptamak değil.

- Geri kalan 10-15 dakika boyunca nefes alıp verişlerinizi ve sonra da bedeninizde o anda baskın olan herhangi bir duyumsama varsa, onu hissedin. Nefesiniz ile bedeninizdeki diğer duyumsamalar arasında gevşemiş ve sakin bir şekilde gidip gelin. Nefesinizi bedeninizdeki duyumsamalarla birlikte alıp verdiğinizi fark edin. Nefes alırken ve hissederken tam anlamıyla bir beden haline gelin
- Gözlerinizi yavaşça açın

---

Bedeninizdeki diğer duyumsamaların farkına vardıktan sonra nefesinize geri döndüğünüzde gevşediğinizi hissettiniz mi? Belki de tam tersi bir deneyiminiz oldu. Sadece nefes alıp verişinize odaklanmak sizi bunalttı mı, yoksa tam bir beden farkındalığı içine girmek bir rahatlama mı sağladı?

Farkındalık meditasyonu tek odaklı olma hali ile açık alan farkındalığının birlikte yaptığı bir danstır. Dikkatimiz strese neden olacak kadar yoğun bir şekilde nefesimiz üzerine odaklandığı vakit, uyanıklığımızı başka algılara açabiliriz. Tam tersine, dikkatimiz bedenimizde ya da zihnimizde hiç durmadan oluşan fırtınalara kapılıp sürüklendiğinde, sadece nefesimize odaklanarak kendimize bir sığınak bulabiliriz.

## MEDİTASYON YAPMALI MIYIM?

Farkındalık meditasyonunun iki kategorisi vardır: formel olan ve formel olmayan. "Formel" olan farkındalık meditasyonunda, duyumsadığımız, hissettiğimiz ve düşündüğümüz şeylerin farkındalığı içine girmek için genellikle yarım saat ya da daha fazla vakit ayırırız. "Formel olmayan" farkındalık meditasyonunda ise koşuşturmalı hayatımızın içinde farkındalıklı kısa bir an bile yakalamamız yeterli olur. Her iki uygulama da oturarak, ayakta, yürürken, yemek yerken, kısacası her yerde ve her an yapılabilir. Formel olan ve olmayan meditasyonların arasındaki fark, ayırdığımız zamanla ve meditasyonu hangi amaçla yaptığımızla ilgilidir.

Formel meditasyon yapmanın bir anlam ifade edip etmediğine herkes kendisi karar vermelidir. Formel meditasyon çok daha yoğundur ve genellikle zihni daha derin bir düzeyde dönüştürür. Yani zihnin doğasına ve kişisel şartlanmalarınıza daha derin içgörüler verir. Formel meditasyon yapmak istiyorsanız, bunun size keyif vermesi, mizacınıza ve yaşam tarzınıza uyması gerekir. Pek çok kişi zaten çok meşgul olan programlarına bir de bunu sıkıştırmak istemez. Zaten sıkıştırmamaları da gerekir. Bu kitap meditasyoncu olmak isteyenler için yazılmamıştır ama bazı insanlar okuduktan sonra merak sarabiliyorlar. Bu kitaptaki formel meditasyon alıştırmaları, farkındalık ve öz şefkat deneyimini doğrudan yaşayabilmeniz için ilk sırada yer alıyor. Bu alıştırmaları daha az formel olan türdeki meditasyonu yaparken de bir model olarak kullanabilirsiniz.

Formel meditasyon kendi içinde bir amaç asla değildir; asıl pratik hayatın kendisidir. Günlük hayatta karşılaştığımız duyumsal etki ve duygusal tepki seli karşısında bilinçli ve uyanık kalmak oldukça zordur. Küçük kızınızın tüm geceyi hasta olarak geçirdiği bir günün sabahında zihninizin ne durumda olacağını bir düşünün. 3 saat içinde ofiste bir sunum yapmanız gerekiyor. Buzluğun kapısı tüm gece boyunca açık kalmış ve dondurmalar yere damlıyor ve bebek bakıcınız da tatilde... Pek çok ebeveyn böyle bir durumda mutfak zeminine çöker ve ağlamaya başlar. Sorunları soğukkanlılıkla ve etkin bir şekilde halledebilecek bir ruh haline sahip olmak meditasyon yaparak geliştirilen bir beceridir. Formel meditasyonla içsel deneyimlerinizi keşfetmek için her gün bir miktar vakit ayırırsanız, kendini denetleyen türden bir şefkatin, en kötü zamanlarda bile tüm gün boyunca devam etmesi büyük bir olasılıktır.

Formel olan farkındalık meditasyonu özellikle de *sıkıntılarla birlikte nasıl yaşayacağımızı* kestirmemize, yani bedenlerimizin içinde günlük fiziksel ve duygusal acılarımızın daha büyük bir sorun haline gelmeyecek şekilde yaşamamıza yardımcı olur. Belirli bir anda kendinizi nasıl hissettiğinize bağlı olarak dikkatinizi nefesinize odaklayabilir, bedeninizde ağrıyan bir noktayı keşfedebilir, nefesinize geri dönebilir, bir duyguyu hissedebilir, o duyguyu bedeninizde bulabilir, nefes alıp verebilir, bedeninizi biraz yumuşatabilir, nefes alıp verebilir, etraftan gelen sesleri dinleyebilir, tekrar nefesinize dönebilir ve bu şekilde devam edebilirsiniz. Bu egzersiz, Jon Kabat-Zınn'in sözcükleriyle, bize "tepki" göstermekten ziyade, "yanıt verme" özgürlüğünü verir. Hayatımızla ilgili olarak akıllıca kararlar vermemizi sağlar: "Şu atıştırmalığı yesem mi? Eşimle şu anda kavga etmeli miyim? Cinsel bir dürtüye kapılmak için bu iyi bir zaman mı?"

Genel olarak formel meditasyon süresinin ne kadar olması önerilir? Bu süre genellikle günde 30 ile 45 dakika arasındadır. Bu sürenin kişinin kendisini daha iyi hissetmesini sağladığı ve hatta bağışıklık sistemini güçlendirdiği kanıtlanmıştır. Çok meşgul olan kişiler günde bir ya da iki kez olmak üzere, 20 dakika kadar meditasyon yaparlar, ki bu da iyidir. Gelişmenin "doza bağımlı" olduğu, yani *ne kadar süreyle* eğitim verildiğine bağlı olduğu görülmektedir.

**Beyninizi Eğitmek**

2003 yılında Richard Davidson, Jon Kabat-Zinn ve meslektaşları haftanın 6 günü, günde 1 saat olmak üzere, 8 haftalık süreyi kapsayan bir farkındalık meditasyonu eğitiminin (Farkındalık temelli stres azaltma/FTSA) beyinde ve bağışıklık sisteminde kalıcı değişikliklere yol açtığını göstermişlerdir. 25 aşırı stresli biyoteknoloji çalışanına meditasyon yapması öğretilmiş ve bu kişiler bu konuda herhangi bir eğitim almamış 16 kişiyle mukayese edilmişlerdir. Meditasyon eğitiminden sonra, herkese hayatlarının en olumlu ve en olumsuz deneyimlerinden birer tanesini yazmaları söylenmiştir. Bu kişilerin yazı egzersizinden öncesinde ve sonrasında elektroansefalogram kayıtları da yapılmıştır. Ayrıca, grip aşısına ne miktarda antikorla (bağışıklık proteiniyle) tepki verdiklerini görebilmek için de kanlarından örnekler alınmıştır.

Meditasyon yapanların elektroansefalogramları, beyinlerinin olumlu duygularla ilişkilendirilen sol frontal bölgesindeki aktivasyonun arttığını göstermiştir. Bu beyin aktivitesi, meditasyon grubundakiler yaşamış oldukları en *olumsuz* deneyim hakkında yazarken bile belirgindi. Bu, onların hoş olmayan ruh hallerine de uyum sağlamış olduklarını gösteriyordu. Grip aşısı yapıldıktan sonraki 4. ve 8. haftalarda kan testi yapılmış ve meditasyon grubundakilerin meditasyon yapmayanlara göre daha fazla antikor üretmiş olduğu gözlemlenmiştir. Bu da onların daha sağlam bir bağışıklık sistemine sahip olduğunu göstermiştir. İşin ilginç olan yanı, meditasyon yapanların beyinlerinin sol tarafındaki aktivitenin grip antikorlarıyla ilintili olmasıydı; yani beynin sol tarafındaki aktivite arttıkça daha çok antikor üretiliyordu.

2008 yılında David Creswell ve meslektaşları da FTSA (Farkındalık Temelli Stres Azaltma) programının bağışıklık sisteminin işlevselliğini nasıl etkilediği üzerine bir çalışma yapmışlar ve farklı etnik kökenlerden gelen ve HIV taşıyıcısı olan 48 kişiyi bu programla eğitmişlerdir. Daha sonra bu kişilerin kanındaki HIV virüsü tarafından yok edilen CD4 T hücrelerini saymışlardır. (CD4 T hücreleri bağışıklık sisteminin herhangi bir hücumda bedeni koruyan "beyni" olarak bilinir.) Creswell ve meslektaşlarının bu çalışmasının sonunda, "farkındalık meditasyonu eğitimine katılan kişilerin CD4 T hücrelerinin katılmayanlara göre daha fazla sayıda" olduğu görülmüştür.

Charles Raison ve Emory Üniversitesi'ndeki meslektaşları da meditasyonun interleukin-6 isimli iltihap proteininin üzerindeki etkisini incelemişlerdir. Bu çalışma da, kronik stresin IL-6 plazma konsantrasyonlarını arttırdığını göstermiştir. IL-6'nın yüksek olması, damar hastalıkları, şeker, demans ve depresyon gibi hastalıkların habercisidir. Araştırmacılar 8 hafta boyunca şefkat meditasyonu (ve biraz da farkındalık meditasyonu) eğitimi verilen bir grup öğrenciyi, haftada iki kez sağlık tartışmalarına katılan bir grupla karşılaştırmışlardır. Daha sonra, bütün bu öğrenciler kalabalık önünde konuşma yapmak ve matematik sorularını zihinden çözmek gibi stres yaratan durumlara maruz bırakılmışlardır. Meditasyon grubu ile diğer grup arasında IL-6 açısından belirgin bir fark gözlemlenmemiştir. Buna rağmen, ortalama süreyi aşacak şekilde meditasyon yapanların IL-6 düzeyi, bu konuda daha az hevesli olan öğrencilere göre daha düşük çıkmıştır. Bu da zihnin eğitilmesinin stresin tetiklediği iltihabı azalttığını göstermektedir.

Beynin bazı bölümleri yıllar boyu her gün meditasyon yaptığımızda kalınlaşmaktadır. Sara Lazar ve Harvard Üniversitesi'ndeki meslektaşları uzun süre yapılan farkındalık meditasyonunun beynin fiziki yapısını değiştirip değiştirmediğini incelemişler ve uzun süreden beri meditasyon yapmakta olanların (beynin dikkat, iç bilinç ve duyu işlemeyle ilintili olan bölgelerinin) prefrontal korteksleri ile sağ ön insulalarının, karşılaştırma gurubunda olanlarınkine nazaran daha kalın olduğunu gözlemlemişlerdir. Dahası, kortikal kalınlaşmanın da meditasyon deneyiminin süresiyle ilintili olduğu ve yaşlandıkça meydana gelen serebral kortikal (beyin zarı) incelmesini telafi ediyor gibi görünmektedir.

Uzun süre yapılan farkındalık meditasyonunun kişinin

daha az acı çekmesini sağlayan psikolojik mekanizması ise henüz ön araştırma safhasındadır. Bir hipoteze göre, sakin bir ruh halindeyken, kötü anılarımız bizi daha az zorlamaktadır. Biz buna "içsel duyumlarla yüzleşme" diyoruz. Bir diğer varsayım ise dikkatimizi ayarlamayı öğrenebildiğimiz ve dikkatimizi ne vakit ve nereye odakladığımızı bilmemizin duygularımızı da düzene sokmamıza yardımcı olduğudur. George bunu, geçmişte yaşadığı travma anılarından bunaldığında "tam-burada-ve-şu-anda-taşı"na odaklanarak başarmıştı. Yine de, farkındalık meditasyonu için bir diğer potansiyel eylem mekanizması da "üst biliş," yani düşünce ve duygularımızın bizi gasp etmesine izin vermektense, geri çekilip onları izleme becerisini gösterebilmektir.

Farkındalık durumunun nasıl işe yaradığını gösteren belki de en etkili açıklama, bunun hayat hakkında zaman içinde birtakım faydalı içgörülere sahip olmamızı sağlamasıdır. Bu içgörülerden biri bizim her şeyin nasıl değiştiğini, değişimle *kavga* ettiğimizde kendimiz için nasıl acı yarattığımızı ve bilmeden nasıl bir *benlik* duygusu oluşturduğumuzu keşfetmemizi kolaylaştırır. Bu en sonuncu içgörü faydalıdır çünkü uyanık anlarımızın büyük bir bölümünü kırılgan egolarımızla övünerek ya da onu bir saldırıya karşı korku içinde savunarak geçiririz. (Bu kafa karıştırıcı ama önemli konuya 4. ve 5. Bölüm'ün sonlarına doğru daha çok yer verilecektir.) Hayata dair bu içgörüler derinleştikçe ve sabitleştikçe, başarıyı ve başarısızlığı soğukkanlılıkla kabul etmemiz, duygusal acılarımıza "bu da geçer" zihniyetiyle katlanmamız ve hayatımızın her bir değerli anını yakalama cesaretine sahip olmamız da kolaylaşacaktır. Diğer bir deyişle yoğun bir meditasyonla elde ettiğimiz sezgisel içgörüler bizim dünyayla daha az savunucu ve daha esnek bir ilişki oluşturmamızı sağlamamıza yardım edecektir.

**Farkındalık Ne Değildir**

- *Farkındalık gevşemeye çalışmak değildir.* Hayatımızda neler olup bittiğinin farkında olduğumuz vakitler gevşemek, özellikle de zor durumda kaldığımızda pek kolay olmayabilir. Buna rağmen, kendimiz hakkında daha çok şey öğrendiğimizde içimizde uyanan duygular bizi daha az şaşırtmaya başlar. İçsel deneyimlerimizle daha az tepkisel olan bir ilişki kurarız. Duygusal fırtınalarımızı teşhis edebilir ve onların gelip geçmesine daha kolaylıkla izin verebiliriz.
- *Farkındalık bir din değildir.* Farkındalık, Budist rahibeler ve keşişler tarafından 2.500 yılı aşkın bir süredir uygulanmaktadır ama deneyimlerin anbean yaşanması uyanıklığını arttıran herhangi bir amaçlı aktivite de aslında bir farkındalık egzersizidir. Farkındalık alıştırmalarını dinin bir parçası olarak da, olmadan da uygulayabiliriz. Çağdaş bilimsel psikoloji, farkındalığı psikoterapideki şifa verici temel unsurlardan biri olarak görmektedir.
- *Farkındalık sıradan yaşamın ötesine geçmek demek değildir.* Farkındalık, hayatımızın, ne kadar saçma ya da sıradan olursa olsun, her bir anıyla samimi bir temas kurmamız demektir. Basit şeyler bu tür bir uyanıklık durumunda, olağanüstü bir şekilde sıradan oldukları için, çok özel olabilirler. Tam olarak dikkat kesildiğiniz takdirde, örneğin yediğiniz yemeğin tadı ya da bir gülün rengi daha da yoğunlaşacaktır. Farkındalık aynı zamanda kişinin sıradan olanı ya da hayatın sivri köşelerini baypas etmeden, kendisini de daha iyi deneyimlemesi demektir.
- *Farkındalık düşüncelerin zihinden boşaltılması demek değildir.* Beyin her daim düşünce üretir – onun işi budur. Farkındalık bizim düşünce ve duygularımızla daha uyumlu bir ilişki kurmamıza izin verir ve zihnimizin

nasıl çalıştığını daha derinden anlamamızı sağlar. Düşüncelerimizle fazlaca mücadele etmediğimiz için daha az düşünceye sahipmişiz gibi *hissedebiliriz.*

- *Farkındalık içine girmek zor değildir.* Zihninizin hiç durmadan dalıp gittiğini keşfettiğinizde moraliniz bozulmasın. Zihnin bunu yapması doğaldır. Kendi dalıp gitmelerinin farkına varması da doğal bir olaydır. İronik olarak, farkındalık içine girmediğinizin çaresizliğini yaşadığınız anda bile farkındalık içine girersiniz. Farkındalık alıştırmalarını mükemmel bir şekilde yapmak mümkün değildir ama başarısız olmak da mümkün değildir. Zaten o yüzden buna "alıştırma" denmektedir.
- *Farkındalık acıdan kaçmak demek değildir.* Bu kabul etmesi en zor olan fikirdir çünkü kendimizi daha iyi hissetme isteğimiz olmadan çok ender olarak bir şey yaparız. Farkındalıkla ve kabul etmekle kendinizi daha iyi *hissedeceksiniz* ama bunu acıdan kaçmamayı öğrenerek yapacaksınız. Acı kızgın bir boğa gibidir: onu küçük bir yere kapatırsanız iyice vahşileşir ve kaçmaya çalışır. Ama açık bir alana koyduğunuzda, sakinleşir. Farkındalık acı için duygusal bir açık alan yaratır.

## GÜNLÜK HAYATTA FARKINDALIK ALIŞTIRMALARI YAPMAK

Günlük hayatta farkındalık durumuna bizim "formel olmayan" dediğimiz meditasyon alıştırmalarıyla ulaşılır. Bilinçli farkındalıkla geçen kısa anlar gün boyu biriktirdiğimiz stresi önemli ölçüde azaltabilir. Birkaç saniye için bile olsa, *olduğunu* hissetmek güzel bir duygudur.

"Formel olmayan" alıştırma, dikkatimizi şimdiki anda olup bitene istemli olarak odaklamayı seçmemiz anlamına gelir. *Anbean yaşanan herhangi bir deneyim, farkındalık için uygun bir obje oluşturur.* Bu, kuşları dinlemeniz, yemeğinizi tatmanız, yürürken ayağınızın altındaki toprağı hissetmeniz, ellerinizle araba direksiyonunu sıkı sıkı kavramanız, fiziksel duyumsamalar için bedeninizi taramanız ya da nefes alıp verişinizi fark etmeniz anlamına gelebilir. Hatta ayak parmaklarınızı oynatmak kadar basit bir şey de olabilir. Şimdiki an bizi zihinsel meşguliyetlerimizden kurtarır, asla yargılamaz ve sınırsız bir şekilde eğlencelidir.

Kısa süreli farkındalık egzersizlerini kesinlikle hafife almamalısınız. Psikoloji literatüründe yer alan bir raporda, hafif bir zihinsel geriliği ve ruh hastalığı olan James isimli 27 yaşındaki bir erkekten bahsedilmektedir. Bu kişi birkaç kez saldırgan davranışları nedeniyle hastaneye yatırılmıştı. Hastanede olduğu bir keresinde James'e günde iki kez olmak üzere 5 gün süreyle farkındalık eğitimi ve bir haftalık da ödev verilmişti. Eğitim sırasında James'e şunlar söyleniyordu:

- Ayaklarınız yere dümdüz değecek şekilde ayakta durun ya da oturun.
- Normal bir şekilde nefes alıp verin.
- Öfkelenmenize yol açan bir şey düşünün.
- Dikkatinizi ayaklarınıza odaklayın ve sakinleştiğinizi hissedene kadar bekleyin.

James bu "ayak tabanları" meditasyonunu öfkelendiği her vakit yaptı. Bir yıl sonra, saldırgan davranışı önemli ölçüde azalmış ve ona verilen ilaçların sadece bir kısmını almaya başlamıştı. Bakıcıları bile onu artık bir ruh hastası olarak görmüyorlardı.

## Kişiye Özel Farkındalık Egzersizleri

Farkındalık egzersizlerini kendinize özel bir hale getireceğiniz vakit, en dikkat etmeniz gereken husus onları sizin için olabilecek en keyifli hale getirmektir. Bilinçli farkındalık hoşça vakit geçirdiğimiz zaman bize doğal olarak gelecektir.

Tüm farkındalık egzersizleri üç temel bileşenden oluşur:

- Durdurmak
- Gözlemlemek
- Geri döndürmek

### *Durdurmak*

İlk olarak, ne yapıyorsak onu durdurmamız gerekir. Telefonda biriyle tartışıyorsanız, bir an sessiz kalın. Trafikte sıkışıp geç kalacağınızdan endişelendiğinizde, derin bir bilinçli nefes alabilirsiniz. *Yavaşlamak* da farkındalığı kolaylaştırır. Yemeğinizi daha yavaş yerseniz, ne yediğinizin daha çok farkına varır ve bedeninize karnınızın doyduğunu size haber vermesi için bir şans tanımış olursunuz. Yürüyüş temponuzu yavaşlattığınızda da, etrafınızı daha iyi görmeniz mümkün olur.

### *Gözlemlemek*

Gözlemlemek olan bitenden kopmak ya da aşırı tarafsız kalmak demek değildir. Tam tersine, deneyimlerinizle yakinen ilgilenmeniz ve "katılımcı bir gözlemci" olmanız gerekir. İçinizde fokur fokur kaynamakta olan bir hayat var ve siz onun tam orta yerine düşmüşsünüzdür ama yine de onu gözlemlemeniz mümkündür.

Eğer dileğiniz sakinleşmek ise, nefes gibi tek bir gözlem noktasına sahip olmanız faydalı olur. An'da ne hissettiğinizi keşfetmek ve anlamak istiyorsanız, duyumsamalar için bedeninizi tarayabilir ve belki de duygularınızı etiketleyebilirsiniz: "öfke," "korku," "keder," gibi… (Duygu farkındalığı konusuna bir sonraki bölümde daha fazla yer verilecektir.)

### *Geri Döndürmek*

Dikkatinizin gündüz hayallerine kapılıp gittiğini fark ettiğiniz vakit, onu yeniden ve nazik bir şekilde odak nesnenize geri döndürün. Doğadaysanız ve daha çok çevre farkındalığı içinde olmak istiyorsanız dikkatinizi tekrar tekrar ormandaki seslere çevirebilirsiniz. Sebze doğradığınız vakit, dikkatinizi parmağınızla bıçak arasındaki mesafeye odaklamak istediğinize rahatlıkla bahse girerim. (Parmağımız bıçağa ne kadar yaklaşırsa, farkındalık içine girmek de o kadar kolaylaşır!)

### Bilinçli Nefes Alıp Vermek

Kendinizi şaşırıp kalmış ya da kafası karışmış gibi hissettiğiniz vakit, durumu bilinçli bir nefes alarak kurtarabilirsiniz. Yaptığınız şeyi durdurun ve nefesinizi hissedin. Dilediğiniz her an ve her yerde, örneğin kırmızı ışıkta arabanızda beklerken, bir iş toplantısı sırasında ya da çocuğunuz öfke krizine tutulduğunda, bilinçli nefes alabilirsiniz. Kendinize nefes alma gibi kişiyi sarıp sarmalayan bir deneyimin içine dalma izni verin. Sakinleştiğiniz ve zihniniz berraklaştığı vakit, daha sonra ne yapacağınızı seçmek için kendinize bir şans tanıyın. Bilinçli nefes alıp vermek tüm egzersizlerin en kolayı ve farkındalık tekniklerinin içinde en yaygın olanıdır. Asıl zor olan şey, koşuşturmalı hayatlarımızın içinde bunu yapmayı *hatırlamaktır.*

### Farkındalıklı Yürüyüş

Yürüyüş meditasyonu, özellikle de tüm gün boyunca oturmuşsanız ve biraz egzersize ihtiyacınız olduğunu hissediyorsanız, çok hoş bir pratik olabilir. Yürüme pratiğinizi 20-30 dakikalık formel bir meditasyon şeklinde, ya da örneğin otobüs durağına yürürken veya arabanızdan markete giderken ani bir çıkışla yapabilirsiniz. Ayaklarınız kaldırıma değdiği andan itibaren meditasyon yapmaya başlayabilirsiniz. Ama ormanda yapılan bir yürüme meditasyonu doğanın güzelliklerine özel bir kapı açacağı için çok daha hoş olur.

---

*BUNU DENEYİN: Farkındalıklı/Dikkatli Yürüyüş*

10 dakika ya da daha fazla bir süre boyunca yürümeye çalışın. Evinizde her seferinde en az 20-30 adımlık bir mesafede ileri geri ya da bir daire halinde yürüyebileceğiniz sakin bir yer bulun. Vaktinizi yumuşak bir çabayla şimdiki anın farkındalığı içine girmek için kullanmaya karar verin.

- Bir an için hareketsiz durun ve dikkatinizi bedeninize odaklayın. Ayakta durma pozisyonunda olduğunuzu fark edin. Bedeninizi hissedin.
- Ağır ağır ve istemli olarak yürümeye başlayın. Bir ayağı kaldırmanın, öne doğru bir adım atmanın ve diğer ayak yerden kalkarken onu yere koymanın nasıl bir duygu yarattığını hissedin. Diğer ayakla da aynı şeyi yapın. Ayağınızı kaldırma, adım atma ve yere koyma hissini tekrar tekrar yaşayın. Bu işe odaklanmak için "kaldır," "adım at" ve "yere bas" sözcüklerini kullanmakta kendinizi özgür hissedin.
- Zihniniz dalıp gittiği vakit, yürümenin fiziksel duyumsamalarına yumuşakça geri dönün. Daha hızlı hareket etmek gibi bir ihtiyaç hissederseniz, bunu sadece zihninize kaydedin ve yürümenin yarattığı duyumsamalara geri dönün.
- Bütün bunları yumuşaklıkla ve minnet hissiyle yapın. Görece küçük olan ayaklarınız kocaman bedeninizi taşımaktadır; tüm gövdeniz kalçalarınızın üzerindedir. Bir mucize olan yürüme olayını deneyimleyin.
- Yürüdüğünüzün farkındalığı içinde, boşlukta ağır ağır ve kayar gibi hareket edin. Bazı insanlar dikkatlerini dizlerine ya da münhasıran ayak tabanlarına verdiklerinde bunu yapmayı daha kolay bulurlar.
- Yürüyüş alanınızın sonuna geldiğinizde bir an için durun, bilinçli bir nefes alın, bedeninize odaklanmış olarak bekleyin ve ters yöne dönün.
- Meditasyon süresinin sonunda, kendinizi gün boyunca bedensel duyumsamaların farkındalığı içinde kalmaya davet edin. Bir sonraki aktivitenize başlarken yürüyüş duyumsamalarınızın farkında olun.

---

Bu egzersizi önce evinizde ve çok yavaş yürüyerek yapın. Daha sonra dışarı çıktığınızda normal bir hızla yürüyün. Ayağınızın yere bastığını hissetmek, özellikle de acele içinde ya da duygusal olarak üzgün olduğunuz vakitlerde odaklanmanızı kolaylaştırabilir. Bazı insanlar yürürken sadece nefeslerine odaklanmayı tercih ederler. Bunun da bir mahsuru yoktur. Yaptığınız tüm farkındalık egzersizlerinde, sizin için en iyi olanı keşfetme denemelerinde bulunmak için kendinizi özgür hissedin.

Bir sonraki bölümde, dikkatimizi duygulara çevireceğiz: Duygular nedir? Nereden gelirler? Onlarla baş etmek için farkındalığı ne şekilde kullanabiliriz ve bu yöntem neden işe yarar?

# 3

## *Zor Duygularla Baş Etmek*

*Nasıl olur da duygular kısa bir yaz gecesinin bir yarısında bizi öfkeyle ve gülümseyerek uyandıran otların, balıkların, benzin tankerlerinin ve metroların şarkı çığıran canlığının bir parçası olmaz?*

-JANE HIRSHFIELD, *şair*

2. Bölüm'deki egzersizleri uygularken dikkatinizin çapasını bedeninize attığınızda gelen huzur hissini keşfetmiş olabilirsiniz. Bu, duygularınızı düzenlemek, yani dikkatinizi sabitlemek için atacağınız ilk adımdır. Bir sonraki adım ise zor duygulara yönelmektir.

Bunu neden yapmak isteyelim ki? Ne yazık ki, zor duygular herkesin hayatının bir parçasıdır, o yüzden de bu duygularla elimizden gelen en iyi şekilde baş etmemiz gerekir. Eğer kendi duygularımızdan kaçarsak, huzur bulmamız asla mümkün olamaz. Tuttuğunuz futbol takımının sizi hayal kırıklığına uğratmasının ya da arabanızın beklenmedik bir anda bozulmasının yarattığı hüsran türünden zor duygular, kendiliklerinden kaybolup gidebilirler. Bir ebeveyne duyduğunuz öfke ya da bir araba kazasında yaşadığınız korku gibi diğer bazıları ise sizi asla terk etmeyebilir. Huzura sadece bu duygulara taze bir bakış açısıyla baktığımızda ve bu duygularla olan ilişkilerimizde değişiklikler yaptığımızda erişebiliriz.

Korku, öfke ve nefret gibi pek çok duygu baş etmesi "zor" olan duygulardır ama bunların hiçbiri doğal olarak "yıkıcı" değildir. Zor duygular en azından bize içte ve dışta ne olduğuna dair bilgi verirler. Duygular, onlara sıkı sıkı sarıldığımız ya da onları kendimizden uzaklaştırmaya çalıştığımızda yıkıcı olabilir ve daha büyük zihinsel ya da fiziksel acıya yol açabilirler. Örneğin, öfkeye sıkı sıkı sarılmak kendinizi emniyette ve özgüvenli hissettirebilir ama sevdiklerinizle tartışma yaşamanıza ve mide sorunlarına sahip olmanıza da neden olabilir. Benzer şekilde, içten içte fokur fokur kaynadığınız halde öfkeli *olmamaya* çalışmak da aynı etkiyi yapar. Bunun sağlıklı alternatifi, duygularınızı farklı bir şekilde, yani açık, uyanık ve öz şefkatli bir şekilde "kucaklamak"tır.

Duygularımızın üstesinden gelmek için kendimizi bu duygulara açık tutarak gelecekteki bir zamanda huzur ve sükûnet bulmaya çalıştığımızda, şu anki hayatımızı mahvediyor da olmayız. Kitabımızın bu bölümünde, duygularınızla günbegün, şimdide ve burada dengeli bir ilişkiyi nasıl kurabileceğinizi öğreneceksiniz.

## ACIYI NASIL YARATIRIZ

Bize rahatsızlık veren duyguların belli belirsiz algılanabilen kaynaklardan çıktığını bildiğimiz takdirde, bunlarla baş etmek için daha iyi bir pozisyonda olur ve suyu baştan kesebiliriz. Size kendi evliliğimden bir hikaye anlatayım:

Karımın bir kalça kemiği ameliyatından sonra hastaneden çıkıp eve gelmesini dört gözle bekliyordum. Özellikle de onun başkalarına bağımlı biri olmaktan hazzetmediğini bildiğim için, bu kritik dönemde ona olan sevgimi göstermek istiyordum. İçimden, "Ona ne kadar iyi bakabileceğimi göstermek için bu bulunmaz bir fırsat," diye geçiriyordum.

Karım bir gündüz insanıdır ama ben öyle değilim. Yine de hastaneden çıktığı ilk gün sabah erken kalkmaya karar verdim. Onun rehabilitasyon gereçlerini – yürütücüsünü, varis çoraplarını ve özel ayakkabılarını – düzenlerken oldukça gerildiğimi ve hırçınlaştığımı hissetmiştim. Bende sabah hipoglisemisi var. Ne yazık ki yataktan kalkar kalkmaz bir bardak meyve suyu içmeyi o gün unutmuştum. Yine de işime devam ettim çünkü en azından bir sonraki saat boyunca ona ne kadar iyi bir hayat arkadaşı olduğumu göstermek için can atıyordum. O yüzden de sesimi çıkarmadım ve gerilim içinde olduğumu ondan gizledim. Karım yüzümü buruşturduğumu fark etmişti. Hemen sonra da ben onun üzgün olduğunu fark ettim. Önce, "Benim nasıl bir ruh hali içinde olduğumu nasıl fark etti?" diye düşündüm. "Çoraplarını çekerken yeterince nazik değil miydim yoksa?"

Karıma hayal kırıklığı yaşattığım için kendimden utandım ve ona bakma konusundaki kapasitemi sorgulamaya başladım. Kendime, "Yaşlandığımızda halimiz ne olacak?" diye sordum. Bu arada, karım da çok talepkar davrandığını düşünerek endişelenmeye başlamıştı ama bir an önce bağımlılıktan kurtulmak için evdeki o ilk sabahında rehabilitasyon gereçlerinin kullanımında ustalaşmak istiyordu.

Sonra kendimi eleştirdim ve ("galiba ben iyi bir bakıcı değilim"), sabah bu kadar erken saatte benim yardımıma ihtiyaç duyduğu için dürtüsel olarak karımı suçladım. "Benim bir gündüz insanı olmadığımı *bilmesi* gerekirdi," diye içimden geçirdim. "Ama yine de, nasıl olur da hastaneden geldiği ilk gün bile onu böyle suçlayabilirdim? Gün *onun* ihtiyaçlarını karşılama günüdür, lanet olsun, benim değil! Belki de bu iş bir iki dakikaya kadar biter." Ama işimiz bir iki dakikaya kadar bitmedi.

Nihayet, ayakkabılarını şiş ayaklarına geçirmek için mücadele ederken bilinçli bir farkındalık anı aniden üzerime çöktü. İçimden bir sesin, "Eyvah, bu iş hızla kötüye gidiyor. Boğazımıza kadar batağa battık!" dediğini duydum. Bu ses insanın karısının hastaneden çıktığı ilk gün duymak isteyebileceği türden bir ses değildi.

Sonra içime derin bir nefes çektim ve ağzımdan bilinçli olarak sevgi dolu dua sözcükleri döküldü. "Karım ve ben acıdan kurtulalım," dedikten sonra karıma dönüp bir bardak meyve suyu almam gerektiğini söyledim. Geri döndüğümde kendimi çok daha iyi hissediyordum. Böylece yardım etme çabalarıma devam ettim.

Orada ne olmuştu? Huzursuzluğum (1) basit bir algıdan başlayıp (2) kaçınmaya dönüşmüş, (3) güçlü bir duygu hissetmeme neden olmuş, (4) o duygunun içinde sıkışıp kalmama yol açmış ve (5) beni sonradan pişman olabileceğim bir eyleme neredeyse girişme aşamasına getirmişti. Bu duyguyla mücadele etmek için çıktığım yolun başından en sonuna kadar attığım her bir adım sorunun daha da artmasına neden olmuştu.

Kan şekerimin düşük olması ilk başlarda gerilmeme neden olmuştu (algı). Bu özel sabahta kendimi öyle hissetmek istemiyordum (kaçınma), o yüzden bunu göz ardı etmek istedim ama kendimi daha da kötü hissettim (güçlü duygu). Karım bana rahatsızlık verdiği için üzülüyordu Bu da benim kendimden utanmama yol açtı (daha da güçlü duygu). Utanç içinde kıvranmaya (sıkışıp kalma) ve kendimi eleştirmeye başladım ("Galiba ben iyi bir bakıcı değilim." Hemen hemen aynı anda karımın kusurlu olduğunu düşündüm. Neredeyse bir şeyler söyleyerek ona karşı kaba bir davranışta bulunacaktım (eylem). Ne kadar kötü hissettiğimi bilinçli bir uyanıklıkla fark ettiğim an, bu kontrol edilemez helezona müdahale etmenin kilit noktasını oluşturmuştu. Tüm bu olaylar dizisi, birkaç dakika içinde olup bitmişti.

Kendimizi allak bullak hissettiğimizde genellikle içimizde bir dizi olay olur. Düşünceli hastalarımdan biri bana bunalıma girdiği vakit zihninin şu şekilde çalıştığını söylemişti:

- Bu duygudan *hoşlanmıyorum.*
- *Keşke* böyle hissetmeseydim.
- Böyle bir duyguya sahip *olmamalıydım.*
- Böyle bir duygum olması *yanlış.*
- *Kötü* biriyim!"

Duygular onlarla kavga ettikçe güçlenir ve genellikle kişinin kendisini kınamasıyla sonuçlanır – "Kötü biriyim!"

O yüzden bu olumsuz asosiyasyon (çağrışım) zincirini ne kadar erkenden kırabilirsek, o kadar iyi olur. Duygularımız "yukarı yönde" akarken, hoş olmayan bir duygulanımdan bir tiksintinin yükseldiğini hissettiğimiz anda, sakin kalmamız ve kendimizi kontrol etmemiz mümkündür. Güçlü duyguların girdap yaptığı sularda sürüklenirken bile, kendimizi acımızın pençesinden kurtarabilme şansımız hâlâ vardır ama bu pek de o kadar kolay değildir.

## DUYGULARIN ÇAPASINI BEDENE ATMAK

Yukarıdaki kısa hikayede gördüğünüz gibi, duygular biraz beden, biraz da zihindir: Beden nasıl düşündüğümüzü etkiler ve düşünmek de bedenimizi... Duygular kendilerini her zaman bedende ifade ederler. Eğer gerilim ve titreme gibi zor bir duygunun bedensel bileşenini teşhis edebilirsek, gereksiz bir zihinsel ıstıraba kapılmaktan kaçınabiliriz. (Bu sürecin nörolojik bir açıklaması bir sonraki bölümde verilecektir.) Yoğun duyguların şiddeti bile beden farkındalığıyla azaltılabilir.

**Özgür İrademiz Var mı?**

1999 yılında Benjamin Libet, "beyinlerinin ne kadar hazır" olduğunu ölçmek için yaptığı bir beyin çalışmasına katılan kişilere parmaklarını ya da bileklerini rastgele sallamalarını söylemiş ve beynin herhangi bir kas hareket etmeden 550 milisaniye *önce* aktive olduğu gibi şaşırtıcı bir gözlemde bulunmuştur. Deneklerin hareket etme niyetlerinin *farkına* varmaları ise fazladan bir 350-400 milisaniye sürmüştü. Bu da onlara parmaklarının ya da bileklerinin hareket etmesi için yaklaşık 200 milisaniye bırakıyordu. Anlaşıldığı kadarıyla, beyinlerimiz ne yapacağımızı biz yapmadan önce biliyor! Nörolojik bir perspektiften baktığımızda, özgür irade bir yanılsamadan ibaret ama yeterince önceden haberimiz olduğu takdirde, eli kulağında olan bir eylem için yine de bir "veto gücümüz" bulunmakta.

Keder örneğini ele alalım. Kederli insanlar göğüs bölgelerinde bir gerilim ya da boşluk hissederler ve örneğin, kaybettikleri sevdikleri olmadan yaşamaya devam etmek istemediklerini düşünürler. Kederin fiziksel yanını – göğüs bölgesindeki kas gerginliğini – yönetmek, zihinsel yanını yönetmekten çok daha kolaydır. Bunun nedeni, düşünmeyi düşündüğümüzde, tüm dikkatimizi buna verir ve genellikle kendimizi de biraz fazladan yargılarız. Bu duyguyu bedenimizde teşhis ettiğimiz ve onun içinde yumuşadığımız vakit ise, kendimizi keder gibi güçlü duygularla tanımlanan zihinsel meşguliyetlerden kurtarmaya başlayabiliriz.

Hastalarımdan biri duygusal anlamda bunaldığında, tipik olarak o duygunun bedeninin neresinde yerleşik olduğunu onunla birlikte keşfederiz. Bu genellikle herkes için farklı bir yerdir ama öfke duygusu genellikle boyunda bir gerilim, üzüntü göğüste bir daralma ve utanç üst bedende ya da başın içinde yer alan bir boşluk olarak hissedilir. Özellikle de korku gibi pek çok duygu karın bölgesinde kendisini hissettirir; heyecan yaşayanların midelerinde kelebeklerin uçuşması, korku ve stres yaşayanların ise bağırsaklarının bozulması sıklıkla rastlanan bir durumdur.

Beden ağır hareket ettiği ve somut bir şey olduğu için, bedenin farkındalığı içine girmek kolaydır. Duygu farkındalığı ise beden farkındalığından biraz daha zordur; düşünce farkındalığı ise ikisinden de daha zordur. Duygularımızın bedenimizin neresinde yerleşik olduğunu bulursak, dikkatimizi oraya odaklar ve bunların bizi oradan oraya savurmasının önüne geçeriz. Aşağıdaki egzersiz bunu yapmanız için size yardımcı olacaktır. Aslında bu egzersizin temelinde daha önce öğrenmiş olduğunuz farkındalık pratikleri yatmaktadır.

---

### *BUNU DENEYİN: Bedendeki Duygu Farkındalığı*

Bu egzersiz 10 dakika alır ve en çok, zor bir duygu yaşadığınızda işe yarar. Kendinizi mutlu hissettiğinizde, sizi genellikle rahatsız eden öfke, korku ya da suçluluk gibi bir duyguyu seçin. Bu egzersizi ilk kez yaptığınızda, *makul* zorlukta bir duygu seçin. Rahat bir pozisyon bularak işe başlayın, gözlerinizi kapatın ve rahatlamak için üç kez nefes alın.

Bir koltukta oturduğunuzu ve kendinizi dışarıdan seyrettiğinizi hayal edin. Bedeninizin birtakım duyumsamalarla titreştiğini hissedin. Bedeninizin ve bu duyumsamaların tam o anda oluşan dünyasının içine girin.

Şimdi dikkatinizi kalbinizin olduğu bölgeye odaklayın. Dilerseniz elinizi kalbinizin üzerine koyun.

Nefesinizi kalbinizin olduğu yerde bulun ve nefes farkındalığı uygulamasını yapmaya başlayın. Nefes alıp verirken göğsünüzün inip kalktığını hissedin. Zihniniz dalıp gittiğinde, onu yeniden nefes alıp verme duyumsamalarınıza geri getirin.

Birkaç dakika sonra dikkatinizi nefesinize odaklayın ve sizi zorlayan duyguyu hatırlayın. Dilerseniz bu duyguyu hangi *koşul* altında yaşadığınızı da kendinize hatırlatabilirsiniz.

Şimdi farkındalığınızı tüm bedeninizi içine alacak şekilde genişletin. O duyguyu hatırlarken, onu en çok hissettiğiniz yeri bulmak için bedeninizi tarayın. Gerilim ya da rahatsızlık hissettiğiniz yerlerde durarak bedeninizi gönül gözünüzle baştan aşağı tarayın.

Şimdi de bedeninizde bu duygunun kendisini en güçlü şekilde ifade ettiği noktayı bulun. Zihninizin içinde o noktaya doğru hafifçe eğilin. Doğal bir şekilde nefes alıp vermeyi sürdürün ve duyumsamanın orada, olduğu gibi kalmasına izin verin. Dilerseniz, nefes alıp verirken elinizi kalbinizin üzerine koyabilirsiniz. Nefesinizin yumuşak ve ritmik hareketinin bedeninizi teskin etmesine izin verin.

Bir duygunun sizi bunalttığını hissederseniz, kendinizi daha iyi hissedene kadar nefesinizi izlemeye devam edin ve sonra yeniden o duyguya dönün.

Meditasyon sürecinin sonuna doğru birkaç dakika boyunca nefes alıp verin ve sonra yavaşça gözlerinizi açın.

---

O duygunun bedeninizin sizin ilk başta düşündüğünüzden daha farklı yerlerinde hissedilebildiğini fark ettiniz mi? Bedenin rahatsızlık veren duygulara karşı nasıl direndiğini gördünüz mü? Gerilim olan yerlere yargılayıcı olmayan bir farkındalık getirdiğinizde bedeniniz sakinleşti mi? Bu egzersizi zor bir duygu deneyimi yaşadığınız her an uygulayabilirsiniz. Bedenin salıverdiği bir duygunun çekip gitmesine, zihin de izin verir.

Bazen hissettiğiniz duygunun tonuna bir *isim vermek* iyi olabilir. Örneğin, bedeninizdeki duygulanımları tararken, onları "nahoş," "hoş" ya da "nötr" diye tanımlayabilirsiniz. Ya da nahoş bir duygulanım hissettiğinizde "ay!" diye bağırabilirsiniz. Duygulanımlara bir isim vermek, onların sizi yutmasına izin vermeden onlarla *birlikte* olmamızı sağlar.

Aşağıdaki egzersizi az önce yaptığınıza ekleyebilirsiniz. Bu sizin zor duyguların yarattığı fiziksel rahatsızlıkla istemli olarak daha dostça ve daha yumuşak bir ilişki geliştirmenizi sağlar.

---

### *BUNU DENEYİN: Yumuşa, İzin Ver ve Sev*

Yine rahat bir pozisyon bularak egzersize başlayın, gözlerinizi kapatın ve rahatlamak için üç kez derin nefes alıp verin.

- Farkındalığınızı bedeninize ve şimdiki anda oluşmakta olan duyumsamalara getirin. Sonra kalp bölgenizde nefesinizi bulun ve her nefesinizi bilinçli bir farkındalıkla izleyin.

- Birkaç dakika sonra dikkatinizi nefesinizden çekin ve sizi zorın duyguyu bedeninizin en çok neresinde hissediyorsa- oraya odaklanın.

- Bedeninizin o noktasını *yumuşatın.* Ağrıyan bir adalenize sıcak kompres yapar gibi ve gevşemesi gerektiğine dair bir düşünce içine girmeden o adalenizin yumuşamasına izin verin. Bu esnada, bu süreci güçlendirmek için kendinize sakin bir şekilde "yumuşa... yumuşa...yumuşa..." diyebilirsiniz.
- Sıkıntının orada kalmasına *izin verin.* Duygunun ortadan kalkması isteğinizi terk edin. Bırakın sıkıntı, bir konuk gibi, dilediği gibi gelip gitsin. O esnada tekrar tekrar, "İzin ver... izin ver... izin ver," diyebilirsiniz.
- Şimdi de bu kadar ıstırap çekmenin bir karşılığı olarak kendinize biraz sevgi verin. Sevginizi bedeninizin stres altında olan bölgesine de yönlendirebilirsiniz. Bedeninizin, sevdiğiniz bir çocuğun bedeni olduğunu düşünmek de buna yardımcı olabilir. Bu sırada, "sev... sev... sev..." diyebilirsiniz.
- "Yumuşa, izin ver ve sev." "Yumuşa, izin ver ve sev." Bu üç sözcüğü bir mantra gibi kullanın ve kendinize acınıza doğru sevgiyle eğilmeniz gerektiğini hatırlatın.
- Bir duyguyla ilgili olarak çok fazla sıkıntı yaşıyorsanız, kendinizi daha iyi hissedene kadar nefesinize odaklanmaktan vazgeçmeyin.
- Hazır olduğunuz vakit, gözlerinizi *yavaş yavaş* açın.

---

Bedene karşı yumuşak, izin verici ve sevgi dolu bir yaklaşım içinde olmak, farkındalık içinde olmak demektir. Böyle yapmakla bedenimizin içgüdüsel bir eğilimle gerilmesini ve sıkıntıyı reddetmesini önlemiş oluruz. "Yumuşama" fiziksel düzeyde, "izin verme" zihinsel düzeyde ve "sevme" duygusal düzeyde gerçekleşir. Hepsi bir araya geldiklerinde bedenin sıkı sıkıya tutunduklarını salıvermesini sağlarlar. Bu egzersizin bazı bölümlerini diğerlerine göre daha kolay bulmuş olabilirsiniz. O zaman onları yapmakla yetinin. Örneğin, sadece "yumuşamak ve izin vermek" size daha mantıklı gelebilir.

"İzin vermek" *düşüncelerin* serbestçe gelip gitmesine rıza göstermek anlamına da gelir. Anbean izlenmesi zor olduğu için ben düşünceleri fazla vurgulamadım. Buna rağmen düşüncelerimizin duygularımızın üzerinde çok büyük bir etkisi vardır. Kendinizi sürekli olarak, "Ben bir aptalım" diye azarlarken nasıl iyi hissedebilirsiniz ki? Zihninizdeki bu yıpratıcı sözcüklerin farkına vardığınızda (bir sonraki bölümde bunları nasıl saptayacağınızı da göreceksiniz) bunların ortaya çıkmasına ve şefkat farkındalığı içine girdiğinizde de ortadan kaybolmasına izin verin.

Meditasyon yaparken kendinizi fazla zorlamamaya ya da fazla teknik davranmamaya özen gösterin. Bu egzersizi yönetme tarzınız, bedeninize verdiğiniz mesajın aynısını içermelidir. Adalelerinizi yumuşatmak istiyorsanız, egzersizi yumuşak bir şekilde yapın. Her tür düşüncenin zihninize girip çıkmasını istiyorsanız, arka koltuğa geçip nehrin akışını izleyin. Kendinizi rahat bırakın. Acele etmeyin ve kendinizle sevgi dolu bir arkadaş olmanın dışında herhangi bir beklenti içine girmeyin. Candan dilekler, sizi zorlayan duygular içinde olsanız dahi kendi çaplarında şifa vericidirler.

## DUYGULARI ETİKETLEME SANATI

Şu ana kadar duyumsamaları etiketlemenin sizi bedeninize nasıl odakladığını ve zihninizin sürekli olarak aynı şeyleri düşünmesini nasıl önlediğini görmüş olmalısınız. Şimdi de biraz daha ileri gidip, belirli duyguları nasıl isimlendireceğimize bakacağız. Bu egzersiz, kendinizi duygularınıza kaptırmamanızı sağlayacak ve onları "sadece birer duygu" olarak görmenize yardımcı olacaktır.

Son bölümde size "ses farkındalığı" egzersizinde duygulara isim verme eğiliminden vazgeçmeniz talimatını vermiştim. Bunun, bu bölümün vurgulamak istediği şeye ters düştüğünü düşünebilirsiniz. Aradaki fark şudur: Farkındalık objesi, pek çok şeyin çıkardığı ses gibi nötr bir nesne olduğu vakit, etiketleme durumu bizi bunları sadece ses olarak deneyimlemekten uzaklaştırır. Ama bizi rahatsız eden bir şey olduğunda, etiketleme işi bir duygunun bizi boğmasına izin vermeden birkaç adım gerilememize ve onunla ilişki içine girmemize olanak tanır. Duyguları "yalnızlık," "üzüntü," "korku" ve "kafa karışıklığı olarak etiketlemek bize sıkıntı veren duygularla başa çıkmamızı kolaylaştırır.

## Not Etme

"Not etme" terimi, dikkati içsel bir deneyime doğru çevirmek için kullanılan kapsayıcı bir terimdir. Birkaç saniye boyunca "fark ettiğiniz" bir duyumsamayı, bir düşünceyi ya da bir duyguyu sözcükler olmadan (ya da "hah!" "oh, evet" şeklinde) ya da bir sözcükle 'etiketleyerek' not edebiliriz.

Bizi zorlayan içsel deneyimleri görmezden gelebilir ya da onlardan uzaklaşmaya çalışır ve çapalarımızdan biri olan nefesimize geri dönebiliriz. Bu bazen iyi bir fikir olabilir. Diğerlerini bertaraf ederek tek bir obje üzerinde odaklanmak, zihnimizi en azından şimdilik sakinleştirir. Yine de eninde sonunda bizi zorlayan korku gibi duygularla baş etme durumunda kalacağımız için "not etmeyi" öğrenmek yararlı olur. "Not etmek" duygularla baş etme olayını emniyet içinde yapabilmemizi sağlar: "Bu, korku! Evet, ama *sadece* korku!" Hastalarımdan biri şöyle demişti: "Çapa atmak 'karargahta olmak' gibidir, 'not etmek' ise "yolculuk yapmaya' benziyor."

Uygulama esnasında not etmek çapa atmakla alternatif olarak *yer değiştirir* ve her birkaç saniyede bir onun yerini alır. Bedeninizden (nefesinizden ya da bir diğer çapanızdan) uzun süreli uzaklaşmayın. Dikkatimizi çapamızın yerine bir duygunun üzerinde yoğunlaşmasına izin verdiğimiz zaman, bu duygu hakkında daha çok şey öğreniriz ama zihnimizin sakinliğini ve istikrarlılığını kaybederiz. Ama hem not eder, hem de çapamızı atarsak, bizi zorlayan duyguları keşfe çıktığımızda dikkatimiz de sabit ve dengeli olur.

*Etiketleme* yaparken, olumsuz duygulara onları not ederken

yaptığımızdan daha çok ilgi göstermemiz gerekir. Etiketlemek deneyimlediklerimize belirgin bir unvan vermek anlamına gelir. Bizi onların içine daha çok sokar ama aynı anda bize bir mesafe ve perspektif de sağlar. Güçlü bir deneyim yaşarken, ona yüksek sesle bir isim verebilir ya da dudaklarınızı hafifçe kıpırdatarak, örneğin "öfke," "öfke," "öfke" diyebilirsiniz. Duygunuz güçlü değilse, aynı etkiyi yakalamak için ona zihninizin içinde sessizce isim vermeniz de yeterli olabilir.

Deneyimlerimize isim vermenin pek çok yolu vardır. Bunların içinde en yaygın olanı, duygusal çatışmalardan görece olarak özgür olduğunuzda, düşüncelere daldığınız vakit "düşünüyorum" diyerek çapanıza geri dönmektir. Aynı şeyi "duyumsuyorum" ya da "hissediyorum" diyerek de yapabilirsiniz. Nasıl hissettiğinizi tanımlamak için o duyguya kapılmamak ve ondan tiksinmemek için "hoş," "nahoş" ve "nötr" gibi etiketler de kullanabilirsiniz. Belli belirsiz ve tanımlaması güç bir rahatsızlık hissettiğinizde ise "canım acıyor," "ah!" ya da "beni rahatsız ediyor" diyebilirsiniz. Amacımız acıyı durdurmak değildir; bizim yapmak istediğimiz şey biraz rahatlamak için ne zaman ıstırap çektiğimizi *bilmektir.* Etiketlemek, duygulara göndermede bulunmak demektir.

Hemen hemen tüm içsel deneyimlere bir isim verilebilir. Luis isimli, dikkat eksikliği bozukluğu olan bir hastam vardı. Bu kişi "en büyük sorunum kendimi hırpalamak," demişti bana. Çocukken ev ödevini tamamlamadığı ve genellikle huzursuz davranışlar sergilediği için ona yapılmış olan tüm eleştirileri içine atmıştı. Sonunda, formel ve formel olmayan meditasyonlarında özeleştiri yaptığı her sefer bu durumunu isimlendirmeye karar vermişti. Ona, "kendini ne zaman hırpaladığını nasıl biliyorsun, Luis?" diye sormuştum. Luis, "karnımda bir gerilim ve göğsümde anksiyete hissediyorum ya da çocuklarıma soğuk davranıyorum. Sonra kendimi eleştirmeye başlayacağımı hissettiğimde de, "kendimi hırpalıyorum," diyorum. Bu basit isim verme pratiği Luis'in özeleştirel düşüncelerinden rahatsız olmamasını sağlamıştı.

*Nasıl* isim verdiğimiz de önemlidir. Bir duyguyu "endişeli dikkat" ya da "sakin dikkat" şeklinde tanımlayabiliriz. Endişeli dikkat korku dolu bir geri çekilmeye neden olabilir, sakin dikkat ise etrafımıza bakmamız için bize bir miktar alan tanır. Bu, karanlıkta kalan bir çocuğun durumuna benzer. Kendinize, "hava karanlık ve ortalığı görmek zor" dediğinizde durumu sakin bir dikkat şeklinde tanımlıyorsunuz demektir; bu sizin berbat bir korkuya boyun eğmenizi, tehlikeyi kendi zihinsel yorumlarınızla abartmanızı ya da "büyük bir bebek" olarak tanımlayarak kendinizi suçlamanızı önler. Endişeli dikkat ise, "AH HAYIR, HİÇBİR şey göremiyorum! Kim bilir orada neler vardır!" türünden bir etiketlemedir ve rahatsızlığı dehşete dönüştüren bir dizi düşüncenin oluşmasına neden olur.

Duygularınızı etiketlerken *yumuşak* ve *kabullenici* bir ses tonu kullanın. Kendinizi bir duyguya bir köpek gibi havlarken bulursanız, o duyguyu def etmek gibi gizli bir gündeminiz var demektir. Bu da bizim yapmak istediğimizle taban tabana zıt bir şeydir. Yumuşak ve nazik bir etiketleme tarzı, zihnin nahoş bir deneyimin yok olmasını isteme eğiliminden kaçınmasını sağlar. Ayrıca bu konunun üzerine fazla da gitmeyin yoksa dikkatinizin sizi rahatsız eden bir duyguyu salıvermek yerine iyice sarıp sarmalaması ihtimal dahilindedir. Acele etmeyin ve sakin olun.

## Duygular için Sözcükler

Duyguları etiketlemek onları yönetmek ve ilişkilerde becerikli davranışlar sergilemek için güçlü bir yoldur. Bu yöntem, mantıklı kararlar verebilmemiz için sakin olmamızı sağlar. Ebeveynler üzüntü çeken küçük çocuklarına "sözcüklerini kullan" derler. Ruh sağlığı klinikleri "aleksitimisi" olan, yani duygularını tanımlayacak sözcüklerden yoksun, bir başka deyişle duygu sağırlığından mustarip yetişkinler için dersler organize ederler. Örneğin, eğer bir erkek, "utanıyorum," diyemiyorsa, çok büyük bir olasılıkla öfkelenecek ve mantıksız davranışlar sergileyecektir. Düşünülecek olursa, duygular için uygun sözcükler bulma becerisinin "konuşma terapisi" endüstrisinin temelini oluşturduğu görülür. Beyin üzerine yapılan araştırmalar, duyguları ifade etmek için sözcükler bulmanın, beynin stres tepkisi veren bölümünü devre dışı bıraktığını göstermiştir.

**Duygulara İsim Vermek Beyni Sakinleştiriyor**

Farkındalık meditasyonu duygularımızı dengelememize nasıl yardımcı oluyor? Nörolojik bir mekanizmayla mı? David Creswell ve California Üniversitesi'nden arkadaşları duyguları etiketlemenin beyni nasıl sakinleştirdiğini fonksiyonel manyetik rezonans görüntüleme (fMRI) yöntemini kullanarak göstermişlerdir. Otuz katılımcıya duygusal anlamda acı çeken insanların fotoğrafları gösterilmiş ve onlardan gözlemledikleri duyguya bir isim (örneğin, "öfkeli" ya da "korkmuş") vermeleri istenmiştir. Kontrol koşulundaki katılımcılar onlara gösterilen yüzlere bakmışlar ve yüzlerin altındaki sözcüklerin arasından Harry ya da Sally gibi yüzüne baktıkları kişinin cinsiyetine uyan bir isim seçmişlerdir. Araştırmacılar, yüzdeki ifadeye bir duygu etiketi verildiği vakit, beynin tehlike anında alarm veren bölümü olan amigdalanın, aynı yüze bir erkek ya da kadın ismi verildiği zamana göre *daha az* aktif olduğunu göstermişlerdir. Prefrontal korteksin bazı bölümleri, özellikle de orta hat denilen bölümü (duygularımıza ne zaman start emri vereceğimizi düzenlediğimiz vakit aktive olan beynin "medial" bölümü), amigdala daha az aktif olduğu sırada daha fazla aktifleşiyordu. Bu da prefrontal korteksin amigdalanın aktivitesini engellediğini gösteriyordu.

Katılımcılardan ayrıca bir farkındalık ölçüm formunu doldurmaları istenmişti. Prefrontal korteks aktivitesinin amigdalayla olan ters orantılı ilişkisi yüksek derecede farkındalık içinde olan katılımcılarda daha az farkındalık içinde olanlara göre daha *fazlaydı*. (Prefrontal korteksin "default ağı"nın (otomatik pilota takılı olma durumu) içinde mi yoksa dışında mı olduğu belli değildir. 'Default ağı'nın tanımlanması ve medial prefrontal korteksin farklı bölümlerinin fonksiyonlarını filtrelemek için daha çok araştırma yapılması gerekmektedir.) Creswell'in araştırması, bir arkadaşla konuştuğumuzda, günlüğümüze yazdığımızda ya da duygularımızı sözcüklere döktüğümüzde kendimizi neden daha iyi hissettiğimizle ilgili olarak nörolojik bir "aksiyon mekanizması"nın varlığını akla getirmektedir.

Duygular için kullanılan en iyi sözcükler, genellikle kişisel anlam taşıyan ilginç küçük ifadelerdir. Örneğin, kendimi ajite hissettiğimde, bu duyguya meşe palamudu toplayıp saklarken oraya buraya koşturan küçük kemirgeni ima eden "sincapsı" sözcüğünü kullanabilirim. Bazı insanlar, boğazlarında bir yumru varmış gibi hissettiklerinde eski İbranice dilindeki *ferklemt* sözcüğünü, öldürücü bir öfke duygusu yaşadıklarında da "nükleer bombardıman" sözcüğünü kullanmayı severler. Ne kadar çok pratik yaparsanız, duygu sözcüklerinin kullanımının o kadar nüanslı ve hatta şiirsel olabildiğini görürsünüz.

Psikologlar son 100 yıl boyunca hangi insani duyguların diğerlerine göre daha temel olduğunu saptamaya çalışmışlardır. Ne var ki, (örneğin korku, sevgi, öfke; mutluluk, keder; ya da sevgi, sevinç, şaşkınlık, öfke, keder, korku gibi) temel duygular dizisini diğerlerinden ayırmak için psikolojik ya da biyolojik olarak herhangi inandırıcı bir neden yokmuş gibi gözükmektedir. Bizim amaçlarımız doğrultusunda önemli olan şey, sözcüğün ne gibi bir *işlev*e sahip olduğu, yani duyguyu ne ölçüde yakaladığı ve onun etrafında ne kadarlık alan açtığıdır.

İngilizcede benim bulabildiğim en kapsamlı duygu sözcükleri listesi 800'den fazla sözcüğü kolay referans oluşturması için kategoriler halinde düzenleyen dilbilimci ve bilgisayar mühendisi Steven J. DeRose tarafından derlenmiştir. DeRose duyguları etiketlemek için isimler yerine (örneğin, "korku," "hüsran"), duygunun bedensel olarak nasıl algılandığını anlattıkları için sıfatlar ve fiiller (örneğin, "korkmuş," "kaynıyor") kullanmayı tercih etmektedir. Nitekim "endişeleniyor ve endişelendi" örneklerinde olduğu gibi, "-yor" ekiyle ile biten sözcükler, "-di" ekiyle bitenlere göre "deneyimin o anki hali"yle daha çok ilgilidir. Yine de, bazen duygudan biraz *daha* uzakta olmayı, yani onu tam oluştuğu anda hissediyor olmamayı isteyebilirsiniz. O zaman farklı durumlar için hangi sözcüğü kullanmanızın uygun olacağını yine kendiniz seçmelisiniz. (DeRose'un duygu sözcükleri listesinin tamamını Ek A'da bulabilirsiniz.)

Bu kitap olumsuz duygularla nasıl baş edilebileceği konusuna odaklanmıştır ama yine de olumlu duygularımız da dahil olmak üzere *tüm* duygularımıza isim vermeniz faydalı olabilir. Bunun nedeni de olumlu duygularımızın değişime tabi olmaları ve değiştiklerinde de genellikle olumsuz duygulara dönüşmeleridir. Örneğin, yeni giriştiğimiz bir ilişkinin en tutkulu günlerinin 4-6 ay sonra sona ermesi bizde hayal kırıklığı yaratır. O yüzden olumlu duygulara isim verebiliyorsanız, bunları olumsuz duygular için yaptığımız gibi fazla iddialı olmayan sözcüklerden seçmek daha iyidir. Böylece, bu duygular değişime uğradığında hüsrana uğramaktan da kendimizi korumuş oluruz.

Duyguların doğası gereği olumlu ya da olumsuz olmadığını da unutmamak gerekir. Tam tersine, bunlar onları kışkışlamaya çalıştığımız sürece olumsuz olurlar ve sonunda da yıkıcı hale gelirler. Istırabın 1. Bölüm'de verilen formülünü (Acı x Direnç=Istırap) şu şekilde de yazmak mümkündür:

Zor Duygular x Direnç = Yıkıcı Duygular

Öfke, korku, nefret gibi olumsuz duygular olarak tanımladıklarımız size rahatsızlık vermediği müddetçe pek de kötü değillerdir. Tersine, onları farkındalıkla ve şefkatle karşılayabilmemiz mümkündür. Olumlu ve olumsuz duyguların üzerinde 5. Bölüm'de daha fazla duracağız.

## Duygular Üzerinde Meditasyon Yapmak

Utanç, öfke, çaresizlik, hissizlik, terk edilmişlik, reddedilmişlik ve dehşete kapılmışlık gibi daha yoğun olan olumsuz duyguların bazılarının teşhis edilmesi güç olabilir çünkü bu duygular bizi içlerine çekip tüketebilirler. Örneğin, "utanç" hissettiğimizde ("ben kötü biriyim"), bu duyguya tanık olan kişi buhar olup uçmuş ve ortada etiketlendirme işini yapacak kimse kalmamış gibidir. Zaman içinde, bedenimizde nasıl hissettiğimizi anlayarak ve ona bir isim vererek, bu utanç duygusuna hakim olabiliriz. Bu sözcüğü ("utanç," "utanç," "utanç" diye) birkaç kez dilimizin üzerinde yuvarlayarak söylediğimizde etiketleme olayı giderek kolaylaşır ve bu duygu da üzerinde çalışılabilecek bir hale gelir.

Aynı şey "nefret" gibi güçlü bir duygu için de geçerlidir. Şu örneğe bir göz atın:

Caroline 4 ve 5 yaşlarındaki iki kız çocuğunun annesiydi. Caroline'ın annesi sabırlı bir kadındı ve çocukluk döneminde Caroline'a karşı fazlaca bir bıkkınlık emaresi göstermemişti. Ama Caroline'ın annesinden farklı bir mizacı vardı: Hırslı bir tarih profesörü ve mükemmel bir sporcuydu. Kendisini en iyi hissettiği zamanlar, en hareketli olduğu anlardı ama işler planladığı gibi gitmediği vakitler huysuz bir kadın oluyordu.

Caroline'ın hayat arkadaşı, onun büyük kızı Emma'ya karşı giderek artan bıkkınlığıyla baş edebilmesi için tek başına birkaç terapi seansına katılmasını önermişti. Terapi sırasında Caroline bana bir itirafta bulunmuş ve bir kere daha "Senden nefret ediyorum, anne," diye bağırdığı takdirde Emma'ya katlanamayacağını söylemişti. Emma özellikle de yemek ve banyo yapma vakti geldiğinde hiç uyumlu davranmıyordu. Eşinin Emma'yla bir sıkıntısı yoktu ama Caroline daha uyumlu davranışlar sergileyen diğer kızına oranla, Emma'ya karşı daha asabi davranıyor ve sürekli olarak onu görmezden geliyordu.

Annelik yapma konusunda Caroline'ın rol modeli, onun hissettiklerini asla yaşamamış olan kendi annesiydi. Caroline nihayet en karanlık sırrını hıçkırıklar içinde bana açtı: "Emma'dan bazen *nefret* ediyorum ve onun çekip gitmesini istiyorum!" Yaşadıkları Caroline için çok fazlaydı. Sevmek istediği bir kişiden nefret etmeye ve bu konudaki çaresizliğine katlanamıyordu. Nasıl bir insan onun hissettiklerini hissederdi?

Bir tıp tarihi bilimcisi olan Caroline'a, ünlü psikiyatrist D. W. Winnicot'un 1951 yılında yazmış olduğu "Kontr-transferanstaki (Karşı aktarımdaki) Nefret" başlıklı makaleyi hatırlattım. Winnicot bu yazısında anneler ve psikanalistler de dahil olmak üzere hastalara bakan kişilerin ihtiyaç içinde olan bencil insanlara bakma uğruna kendi ihtiyaçlarını nasıl bir kenara attıklarını anlatıyordu. Bu durum, doğal olarak bir tür hınç ve hatta nefret duygusu bile uyandırabiliyordu. Nefret duygusunun kabul edilemez olduğu – hatta ayıp sayıldığı – durumlarda sorunlar çıkabiliyor ve yardımcı ile yardım etmek istediği kişiler arasındaki ipleri gerilebiliyordu.

Caroline bu mesajı ciddiye aldı ve evine gitti. Emma'ya karşı bir nefret hissettiğinde bu duyguyu daha açıkça duyumsamak için kendisine izin vermeye karar verdi. Şaşırtıcı bir şekilde, Emma'dan giderek daha çok hoşlanmaya başladı. Emma da daha uyumlu davranışlar sergiliyordu. Caroline'ı tekrar gördüğümde, nefret duygusunun o anda ona hangisinin sıkıntı yaşattığına bağlı olarak bir çocuğundan ötekine zıpladığını ama kafasını buna takmadığını ve Emma'yla iyi vakit geçirmeye başladığını söyledi.

Caroline'ın yaptığı, duygularını etiketleme gücünü kabullenici bir yaklaşımla kullanmaktan ibaretti. Kendi çocuğundan nefret ettiğini hissetmek özsaygısı açısından Caroline için tam bir şok olmuştu ama tüm annelerin zaman zaman öyle hissettiğini fark ettikten sonra gevşemiş ve çocuğundan keyif almaya başlamıştı. İlk olarak nasıl hissettiğini tanımlayan bir sözcük bulması ve daha sonra da bunu kabul etmesi gerekmişti.

Aşağıdaki farkındalık egzersizi, duygularınızı fark etmek ve onları etiketlemek için kendinizi eğitmenizi mümkün kılacak olan bir yöntemdir.

---

### *BUNU DENEYİN: Duyguları Etiketlemek*

Bu meditasyon 20 dakika sürmektedir. Kendinize rahat ve sakin bir yer bulun, vakur bir pozisyon alın, rahat bir şekilde ama dik olarak oturun. Gözlerinizi kapatın ya da yarı kapalı tutun. Bedeninizi rahatlatmak için birkaç derin nefes alın.

- Bedeninizin farkındalığı içine girin ve dikkatinizi duruşunuza ve bedeninizin içinde oluşmakta olan duyumsama dünyasına odaklayın.
- Elinizi kalbinizin üzerine getirin ve nefesinize bilinçli bir farkındalık getirin. Kalbinizin içinden nefes alıp verin. Bunu 5 dakika boyunca yapın. Dilediğiniz an elinizin yavaşça kucağınıza düşmesine izin verin.
- Şimdi nefesinizi salıverin ve dikkatinizi kalp bölgesinden ayırmayın. Kendinize "Ne hissediyorum?" diye sorun. Dikkatinizi bedeninizdeki en güçlü duyguya odaklayın. Bu, bir duygunun fısıltı halindeki bir şekli bile olabilir. Bedeninizi bir anten olarak kullanın.
- Bu en güçlü duygunuza bir isim verin. Eğer bu egzersizi yaparken içinizde herhangi bir güçlü duygu duymadan oturuyorsanız, belki de bir "gönül rahatlığı" içindesinizdir. Belki de sadece "meraklı"sınızdır. Sonunda muhtemelen "arzu," "üzüntü," "endişe," "zorlanma," "yalnızlık," "gurur," "şehvet," ya da "gıpta" gibi başka bir duygu bulacaksınızdır.
- Bulduğunuz sözcüğü iki üç kere *yumuşak ve nazik bir ses tonuyla* tekrarlayın ve tekrar nefesinize dönün.
- Rahatlamış bir şekilde nefesiniz ile duygularınız arasında gidip gelin. Bir duygunun dikkatinizi nefesinizden almasına izin verin ve sonra tekrar nefesinize dönün. Eğer yoksa, ille de bir duygu bulmaya çalışmayın. Daha sonra, nefes alırken muhte-

mel duygulara karşı açık olun. Bir duygunun sizi bunalttığını hissederseniz, kendinizi daha iyi hissedene kadar nefesinize odaklanın.

- 20 dakika geçtikten sonra, yavaşça gözlerinizi açın.

---

Farkındalık meditasyonunu bu şekilde yaptığımız takdirde içsel hayatımız olağanüstü ilginç bir hale gelebilir. Bu egzersiz sırasında sıkıldığınızı hissederseniz, ona "sıkkın" etiketini takabilirsiniz. Onunla önyargısız bir şekilde yeterince oyalanırsak can sıkıntısı her vakit farklı bir şeye dönüşebilir. Can sıkıntısının gerisindeki gölgelerin içinde genellikle nahoş ya da size aşina olmayan bir duygu yatar. Duyguları etiketleme pratiği bizi, rahatsızlık karşısında bocalamayan ve duygusal deneyimlerinde ince nüanslar arayan birer şaire dönüştürebilir.

Bir duyguya ne kadar isabetli bir etiketleme yaparsak, ondan o kadar kolaylıkla "ayrılabiliriz". Ama lütfen en mükemmel etiketi bulma konusuna saplanıp kalmayın; bu konuda çok fazla düşünmeyin. "Yeterince iyi" olan bir etiket bulun ve tekrar nefesinize dönün. Herhangi bir etiket, farkındalığınızı şimdiki anda tutmak için yeterli olacaktır. Daha doğru olan bir etiket muhtemelen daha sonra aklınıza gelecektir. Gelmezse de endişelenmeyin. Önemli olan egzersizin sizin için kolay olmasıdır; o yüzden rahat olun ve acele etmeyin.

Öte yandan, egzotik bir tabiat parkında günübirlik gezintiye çıkmış bir botanikçi misali, önünüze çıkan her duyguyu kataloglamaya da kalkmayın. 20 dakikalık bir meditasyon sürecinde, üç ya da dört duygudan daha fazlasını hissetmeyebilirsiniz. O nedenle daha fazlasını istemeyin ve o duygulara odaklanın. Örneğin, meditasyon yaparken sabırsız davrandığınız ve keşke başka bir şey yapıyor olsaydım diye düşündüğünüz vakit, yani içinizde yükselen bir duygunun bedeninize nasıl yansıdığını hissettiğinizde, "sabırsızlık" ya da "zorlanma" sözcüklerini kullanabilir ve daha sonra yeniden nefesinize odaklanabilirsiniz. Eğer egzersizi doğru yaptığınız konusunda bir şüphe içindeyseniz, bu duygu her ortaya çıktığında "kuşkulu... kuşkulu... kuşkulu" sözcüğünü tekrarlayabilirsiniz. Meditasyon süreciyle ne şekilde bağ kurduğunuzu anlatmak için bazı sözcükler bulmak da ilginç olabilir. Aslında, bu duygu pekala sizin o sırada hissettiğiniz en güçlü duygu olabilir. Sizin göreviniz ise şimdiki anda hissettiğiniz en güçlü duyguyu tanımaktan ibarettir.

### Günlük Hayatta Etiketleme Yapmak

Formel meditasyondaki etiketleme süreci, günlük hayatta yapılan etiketlemenin giriş müziğidir. Örneğin, bir antropolog arkadaşım kalabalık bir akademik izleyici grubuna bir PowerPoint sunumu yapmaktaymış. Bir ara, slaytlardan birinin boş gelmesi üzerine dehşete kapılmış. Aslında, bu sunum yapan her kişinin kabusudur! Arkadaşım bir anda kendisini yüksek sesle "korku... korku... korku..." diye bağırırken bulmuş. Akabinde salonu iyi niyetli kahkahalar doldurmuş ve arkadaşım potansiyel bir felaketin eşiğinden dönmüş...

Günlük hayatımızda etiketlemeyi nasıl yapmalıyız? Yapmanız gereken şey, şu ana kadar yapmakta olduğunuz farkındalık egzersizlerinin temel izlemekten ibarettir: Durun, gözlemleyin ve geri dönün. Güçlü bir duygu hissettiğiniz anda, o anda yapmakta olduğunuz işi bırakın, derin bir nefes alın, dikkatinizi göğüs bölgenize odaklayın, hissettiğiniz duyguyu gözlemleyin ve ona verdiğiniz ismi yumuşak ve sevgi dolu bir ses tonuyla iki üç kez tekrarlayın. O duygu sizi bırakana kadar dikkatiniz çapanızı attığınız yer ile o sözcük arasında gidip gelsin.

## TRAVMA ÜZERİNDE ÇALIŞMAK

Kendinizi duygulara açmak, özellikle de bir trafik kazası geçirmiş ya da bir şiddet suçuna maruz kalarak travma yaşamış bir kişiyseniz, ustalık isteyen bir iştir. Amerika Birleşik Devletleri'nde yaşayanların yüzde 25'inden fazlası travma geçirmiştir. Kadınların yüzde 20-25'i ve erkeklerin yüzde 5 ile 10'u arası çocukken cinsel tacize uğramıştır. Dahası, travma sübjektif, yani kişisel bakış açısıyla ilgili olan bir durumdur, o yüzden de sevilen bir kişinin ölümü, bir motorlu taşıt kazası, geçirilen bir ameliyat ya da bir boşanma, duygusal anlamda yaralanmaya neden olmuş olabilir. Böyle bir durumun kapsamı içine pek çok kişi girer.

Sessiz sakin oturup gelebilecek olan duyguları kabul etmek için beklerken, büyük bir ihtimalle birtakım travmatik olaylar aklımıza gelecektir. Eğer sakin ve dengeli bir ruh hali benimseyebilirsek, bu son derece sağlıklı bir durumdur ama bunalır ve aynı travmayı sanki şimdiki anda da oluyormuş gibi hissedersek bunun bize zararı bile olabilir. Travmatik anıları onların bizi tüketmesine izin vermeden buyur edebilmenin bir yolu da farkındalıktır. Ancak farkındalık pasif bir aktivite değildir. Uyanıklığımızı ve dikkatimizi nasıl kullanacağımızla ilgili olarak akıllı kararlar vermemiz gerekir.

Dikkatimizi *içimize* de *dışımıza* da odaklayabiliriz ve *tek* bir odağımız olabileceği gibi *bir açık alan odağımız* da olabilir. Dikkatimizi tekrar ve tekrar tek bir nesne üzerine, örneğin nefesimize odaklarsak sakinleşiriz. Bunun nedeni rahatsız edici düşünceleri terk etmiş ve zihnimizin bir maymun gibi oradan oraya zıplamasını durdurmuş olmamızdır. Uyanıklık alanımızı başka düşüncelere ve duygulara açtığımızda ise, bizi etkileyen bazı anılarla ve duygularla karşılaşmamız kaçınılmazdır. O yüzden günlük hayatta vuku bulan yığınla duyguyla yeni bir ilişki kurabilmek için içsel manzaramızın nasıl olduğunu öğrenmemiz faydalı olur. Buna rağmen açık alan uyanıklığımızı, tek odaklı uyanıklığımızla dengelemezsek, yani çapamızı nefesimize ya da başka nesneye akatarmazsak, bunalmamız işten bile değildir.

Travma geçirmiş kişiler için dış bir nesneye odaklanmak, içteki bir nesneye odaklanmaktan daha kolaydır. Dikkatimizi travmanın depolandığı bedenimizin içine odakladığımızda kötü anıların yüzeye çıkması daha büyük bir olasılık haline gelir. Dikkatimizi bedenimizin dışındaki bir şeye, örneğin kuş cıvıltılarına odakladığımızda, kendimizi daha sakin hissederiz. Bedenin *yüzeyi,* örneğin dokunma duyusu da içsel uyanıklığa göre daha fazla sakinleştiricidir.

(2. Bölüm'deki) George travmatik anılara daldığını hissettiğinde bileğinin etrafına, çekebileceği lastik bir bant takmıştı. "Kumun üzerine geçmişle gelecek arasında bir çizgi çekmek istiyorum ve bu lastiği çekmek beni şimdiki zamana geri getiriyor," demişti. George aynı zamanda en güçlü duygusunu ("korku... korku... korku... diye) etiketlemenin onu bu korkunun olay örgüsünün ağlarına takılmaktan kurtarıyordu.

Gerçek bir bunalıma girdiğimizde, dikkatimizi dengede tutmak için yapılması gereken en iyi şey dikkatimizi, bir mum ya da bir müzik parçası gibi, tek bir *dış* nesneye odaklamaktır. Bedeninize yakın olmak sizi rahatlatıyorsa, o zaman George'un bileğine taktığı lastik bant ya da onun "tam-burada-ve-şu-anda-taşı" gibi doku duyunuza hitap eden bir nesne, farkındalığınızı şimdiki ana getirebilir. Daha sonra, bir tek nefesinize odaklanarak devam etmeyi deneyebilirsiniz. Uyanıklık alanınızı duygularınızı düzenlemek için odaklı bir dikkatle nasıl çalışacağınızı bildiğiniz andan itibaren, aşamalı olarak bedensel duyumsamaları kapsayacak ve duygularınızı etiketleyebilecek kadar genişletebilirsiniz. Duygularınızı keşfetmeye hazır olsanız bile, birkaç saniyede bir çapanıza (nefes, ses, dokunuş) sığınmaya devam edin. Bu şekilde zihinsel istikrarınızı *ve* duygusal uyanıklığınızı geliştirmiş olursunuz.

Farkındalık egzersizini yaparken karşınıza bir travma anısı çıkarsa, lütfen kendinizi zorlanmanız gerekirmiş gibi hissetmeyin. Zamanlama ve kendini emniyette hissetme durumlarının hayati bir önemi vardır. Çocukluk dönemlerinde travma yaşamış olan pek çok kişinin, yapmaları gerektiğini düşündükleri şeyi kendilerini kötü hissetseler de, dişlerini gıcırdata gıcırdata yapmak gibi bir alışkanlıkları vardır. Farkındalık egzersizlerini her zaman kendinize şefkat göstererek yapmalısınız. Bunaldığınızı hissettiğinizde, lütfen bir süre ara verin.

Bu da öz şefkatin bir türüdür. Bundan sonraki bölümlerde, en ihtiyaç hissettiğiniz anlarda kendinize nasıl şefkat göstereceğinizi öğreteceğiz. Ama lütfen şunu hatırınızda tutun ki, bu egzersizle ilgili olarak içinizde bir kuşku ya da endişe varsa, en iyisi bir farkındalık meditasyonu uzmanına ya da psikoterapiste danışmanızdır.

Beden ve duygu farkındalığının ne olduğunu bu ve bir önceki bölümlerde öğrenmiş bulunuyorsunuz. Bilinçli farkındalık, dikkatimizi ve uyanıklığımızı beceriyle yönetmek için uyguladığımız bir yöntemdir. Dikkatin düzenlenmesi doğrudan, duyguların da düzenlenmesine yol açar. Bir sonraki bölümde, öz şefkati derinlemesine keşfetmeye başlayacağız. Farkındalık konusunda temel bilgilere sahip olmak bize çok yararlı olacaktır. Öz şefkat, farkındalık alıştırmalarının – şu anki deneyimin kabullenici bir şekilde farkında olmak gibi –

bilumum şifa verici özelliklerini, içermektedir ama onu gerçekten de eşsiz kılan özellik, yoğun ve rahatsız edici duygularla baş etmek istediğimizde ortaya çıkar.

# 4

## *Öz Şefkat Nedir?*

İçinizdeki en derin şeyin sevecenlik olduğunu bilmeden önce
Diğer en derin şeyin keder olduğunu bilmeniz gerekir.

- NAOMI SHIHAB NYE, *şair*

Birkaç haftadan beri formel olan ve olmayan farkındalık meditasyonunu yapıyorsanız, hayatınızdaki huzur ve mutluluğun da artmış olduğunu muhtemelen fark etmiş olmalısınız. Ama bir yandan da, buna yeterince vakit ayıramadıysanız ya da işe yaraması için gerekli olan disiplini göstermediyseniz, cesaretinizi kaybetmiş gibi hissediyor da olabilirsiniz. Özellikle de güç koşullar içinde yaşamaktaysanız, bu yaklaşımın size ne kadar yardımcı olacağından kuşku duyuyor bile olabilirsiniz. Eğer öyleyse, lütfen hemen boyun eğmeyin. Aslında bu egzersizlere öz şefkat eklemek, sonucun size muğlak göründüğü hallerde ve içinizde sadece minik bir ümit kıvılcımı kaldığında tam da ihtiyacınız olan şeydir. Bazen *tam anlamıyla* ümitsiz bir halde olmak ve sadece daha sonra olacakları merak etmek bile daha iyi sonuç verebilir. Eğer siz de öyle bir durumdaysanız, lütfen sonraki bölümlere yumuşak bir geçiş yapın.

Güç duygularla baş etmek için kullanabileceğimiz üç tür farkındalık temelli beceri vardır: (1) odaklı farkındalık, (2) açık alan farkındalığı ve (3) sevgiyle dolu şefkat. Şu ana kadar ilk ikisini öğrenmiş bulunmaktasınız. Tek bir nesne üzerine odaklanmak zihnimizi sakinleştirir ve ona istikrar kazandırır. Açık alan farkındalığı ise bizim günlük güçlüklere dengeli ve eşit bir şekilde yanıt vermemize yardım eder. Bu iki beceri hayatımızda neler olup bittiğini görmemizi sağlar; bunun sonucu olarak deneyimlerimizi dostça ve huzurlu bir şekilde "kucaklarız."

Birine sevgiyle davranmak onun *mutluluğunu i*stemektir. Şefkat ise *ıstıraptan kurtulmasını, özgür olmasını* dilemektir. Herhangi bir yerde ve herhangi bir zamanda sevecen olabiliriz ama ıstırap olmazsa şefkat de olmaz. O nedenle, şefkat sevecenliğin bir altkümesidir.

Şefkat, yüreğin bir başkasının ıstırabına *titreyerek yanıt vermesi* ve bu ıstırabın hafifletilmesini istemesidir. Istırap çekerken kendimize yardım etmek istediğimizde deneyimlediğimiz duygu ise öz şefkattir.

## NE KADAR ÖZ ŞEFKATLİYİM?

Farkındalık, akademik psikoloji alanında giderek daha fazla ilgi ve merak uyandıran bir konu haline gelmiştir. Öz şefkat üzerine yapılan çalışmalar da onun peşi sıra gitmektedir. Öz şefkatle ilgili araştırmaların bir hedefi de bu duygunun hayattan keyif alma, başarısızlıkla baş etme, özsaygı ve dirayet gibi diğer kişisel karakter özellikleriyle nasıl bir ilişki içinde olduğunu saptamaktır. Austin, Teksas Üniversitesi'nde psikolog olan Kristin Neff çoğu öz şefkat çalışmalarında kullanılmakta olan Öz Şefkat Ölçeği'ni geliştiren kişidir. Bu ölçeğin, *kendine iyi davranmak, insanların ortak halleri olduğunu bilmek* ve *farkındalık* gibi öz şefkatin anahtar özellikleri ile bunların tersi olan *kendini yargılama, kendini tecrit etme* ve *aşırı özdeşleştirme* gibi özellikleri ölçen altı alt ölçeği bulunmaktadır.

### Kendine İyi Davranmak

Kendine iyi davranmak, kendini yargılamanın tersidir. Örneğin, "Kendi kusur ve eksiklerime karşı hoşgörülüyüm," ifadesi, Öz Şefkat Ölçeği'nde "Kendimde hoşlanmadığım birtakım şeyler gördüğümde, kendi kendimin canını sıkarım" ifadesinin tersine tekabül eder. İşler dilediğimiz gibi gitmediğinde kendimizi yargılamak ve yaramızın üzerine tuz dökmek gibi bir alışkanlığımız vardır. Ama öz şefkatli olan bir kişi güçlüklere ve engellere katılıkla ve eleştiriyle değil, sıcaklıkla ve anlayışla yaklaşır.

## İnsanların Ortak Halleri Olduğunu Bilmek

Başımıza bir talihsizlik geldiğinde, büyük bir olasılıkla bu dünyada böyle bir ıstırap çeken tek kişi olduğumuzu düşünürüz. Ayrıca da bu şanssızlıktan sorumlu tek kişinin kendimiz olduğunu hissederek utanırız. Yoğun duygularımız yatıştığında ve resmin tamamını gördüğümüzde, her şeyin istisnasız "*benim yüzümden*" ve "*benim hatam nedeniyle*" olmadığını, birtakım *evrensel nedenlere* bağlı olduğunu görürüz. Bütün olaylar, daha küçük bir ölçüde de olsa, birbiriyle bağlantılı olarak akıp gider. Deneyimlerimizi başkaları da paylaşır. İnsan deneyimlerinin ortak olduğunu anlamak kişinin yalnızlık ve tecrit edilmişlik duygusundan kurtulmasını sağlar.

Öz şefkatli olduğum vakitler, Öz Şefkat Ölçeği'nin "Kendimi bir konuda yetersiz hissettiğimde, yetersizliğin çoğu insanın paylaştığı bir durum olduğunu kendime hatırlatmaya çalışıyorum," ifadesinin altına imzamı atıyorum demektir. Kendimi yalnız ve tecrit edilmiş hissettiğimde ise, büyük bir olasılıkla şu ifade doğrudur: "Moralim bozuk olduğunda, insanların çoğunun muhtemelen benden daha mutlu olduğunu hissetme eğilimi içinde oluyorum."

## Farkındalık

Bilinçli farkındalık egzersizlerinde öz şefkat nasıl ki *örtülü* bir şekilde var ise, farkındalık da öz şefkatin içinde aynı şekilde mevcuttur. Farkındalık özgür uyanıklıktır. Acı veren düşünceleri ve duyguları dengeli ve eşit bir şekilde kabul etmemizi sağlar. Farkındalığın tersi olan aşırı özdeşleştirme ise kendimizi duygusal tepkisellik içinde bulduğumuzda meydana gelir. Acı, algılamayı sınırlar. Bilinçli farkındalık ise ne vakit acı çektiğimizi, ne vakit kendimizi eleştirdiğimizi ve ne vakit kendimizi tecrit ettiğimizi fark etmemizi sağlar ve bize bir çıkış yolu gösterir.

Öz Şefkat Ölçeği'ndeki farkındalıkla ilgili bir cümle şöyledir: "Moralim bozuk olduğu vakit, duygularıma merakla ve çekinmeden, açıklıkla yaklaşırım." Farkındalık durumunun tersini ise şu ifadede bulmak mümkündür: "Moralim bozuk olduğu vakit, saplantılı oluyor ve yanlış olan her şeye kafamı takıyorum."

## ÖZ ŞEFKAT DOĞAL MIDIR?

Kişisel deneyimlerimiz tersini söylese de, *öz şefkat dünyanın en doğal şeyidir.* Her yaşayan varlığın içinde mutlu ve ıstıraptan uzak olma isteği vardır. Annemizden süt emdiğimizde, kendimizi yalnız hissedip ağladığımızda ve pembe bir Cadillac satın almak için para biriktirdiğimizde aslında bu içgüdüye yanıt veriyoruzdur. Her yaptığımız şey, hatta başkalarına yardım ettiğimizde aldığımız keyif bile, kendimizi daha iyi hissetme isteğimizle ilintilidir. Dolayısıyla öz şefkat egzersizi bizim davranış repertuarımıza yeni bir şey eklemiyor ve sadece içimizde doğal olarak var olan güven içinde, mutlu ve sağlıklı olma, huzurlu bir yaşam sürme isteğimizin ateşini körüklemektedir ama bunu bizim kısa vadeli zevkler yaşama ve acıdan her ne pahasına olursa olsun uzak durma eğilimimizden çok daha fayda sağlayacak şekilde yapmaktadır.

Öncelikle kendimizi daha iyi hissetmeyi *hak ettiğimizi* fark etmemiz gerekir. *Gerçekten de* kötü hissettiğimizde, çoğumuz kendimize şefkat göstermek yerine cezalandırma yoluna gideriz. Eleştiri üstüne eleştiri yaparız. ("Bu kadar aptal olmasaydım, başıma bu gelmezdi"). Istırap her zaman kişisel bir kusuru gösteriyormuş gibi davranır ve bu kusurun aslında insan hallerinin olgusal bir gerçeği olduğu görmezden geliriz.

İyi hissetmek istemenin doğal bir içgüdü olduğunu kendimize hatırlatırsak, işler kötü gittiğinde kendimizi paylamakta daha insaflı olabiliriz. Bir yerinizi incittiğinizde, yaranızı temizleyip bantla sarmaz mısınız? O zaman, duygusal anlamda acı çektiğinizde de aynı şeyi neden yapmayasınız?

Nitekim başımıza kötü işler geldiğinde, *üç* talihsiz tepki gösterme eğiliminde oluruz: Bunlar *öz eleştiri yapma, kendini tecrit etme* ve *sadece kendiyle ilgilenme*dir. Neff'in öz şefkate dair üç unsuru bizi bunların tam da aksi istikametine, yani kendine sevgi göstermeye, deneyimlerimizin insanlığın ortak halleri olduğunu bilmeye ve olumsuz deneyimlere dengeli bir şekilde yaklaşmaya doğru yönlendirir.

Neden bu tür bir tepki gösteriyoruz? Ben olaya şöyle bakıyorum: Tehlikeye verdiğimiz içgüdüsel tepki, yani stres tepkisi, "savaş, kaç ya da olduğun yerde donup kal"dan oluşur. Bu üç strateji bizim fiziksel olarak ayakta kalmamızı sağlar ama bunlar bizim ruhsal ve duygusal işlevselliğimize uygulandığı vakit, başımız derde girer. Karşımızda korunmamız gereken bir düşman yoksa dikkatimizi kendimize veririz. "Savaş" özeleştiri, "kaç" kendini tecrit etme ve "donup kal" sadece kendimizle ilgilenmemiz haline gelir ve kendi düşüncelerimiz içinde hapsolup kalırız.

Bilim insanları yakın tarihlerde strese verilen yeni bir içgüdüsel tepki daha keşfetmişlerdir. Bu, "hizmet et ve dost ol" tepkisidir. Bir tehdit baş gösterdiğinde, bazı insanlar çocuklarına karşı korumacı (hizmet edici) bir tutum ve sosyal temas (dost olma) arayışı içine girerler. Savaş-ya da-kaç ve hizmet et ve dost ol şeklindeki yanıtların ikisi de erkeklerde de kadınlarda da ortak bir durumdur ama kadınların erkeklere göre hizmet et ve dost ol yanıtına daha fazla eğilimli olduğu görülmektedir. Hizmet et ve dost ol yanıtı oksitosin hormonuyla ilintilidir ve kadınlarda baskın olan östrojen hormonu oksitosin hormonunun etkilerini arttırmaktadır. O yüzden, kadınların kendilerini öz şefkate (kendileriyle dost olmaya) erkeklere göre daha yatkın hissetmesi daha büyük bir olasılıktır. Yine de oskitosin savaş-ya da-kaç yanıtının zararlarına karşı bir tampon oluşturduğuna göre, öz şefkat stresten çeken herkesin geliştirmesine değecek olan bir beceridir.

Öz şefkatin doğal olmadığını ya da elde edilmesi güç bir şey olduğunu düşünen bir grup insan, çocukluklarında ihmal edilmiş ya da tacize uğramış, yani gelişme yıllarında çok stres altında kalmış olan kişilerdir. Bu kişilerin öğrenme süreci biraz daha uzun sürebilir. Travma geçirmiş pek çok kişi iyi hissetmeyi hak etmediklerini ya da kendilerini iyi hissetmek için karşılarına yeterince fırsat çıkmadığını düşünürler. Dahası, duygusal acıyı güvenli dozlarda deneyimlemekte güçlük çekerler. Acı veren duygular daha eski acıları da beraberlerinde getirir. Örneğin, bir ilişkinin bozulması çocuklukta depolanmış bir yalnızlık ve utanç dalgasını tetikleyebilir ve kişinin odaklanma ve iş görme becerisini yok eder.

Erken çocukluk döneminde travma yaşamış kişiler ise diğer insanlara, evcil hayvanlara ya da küçük çocuklara karşı hatırı sayılır bir şefkat ve sevgi gösterirler. Hemen hemen herkesin doğal olarak şefkat hissettiği bir kişi ya da bir şey vardır. Sonraki bölümlerde de göreceğimiz gibi, kendinize şefkat göstermek ilk başlarda size zor gelse de, başkalarına karşı hissettiğiniz şefkati, kendinize yönlendireceğiniz bir araç olarak kullanabilirsiniz.

Öz şefkati tanımlamak bazen çok zor olabilir ama mutlu ve ıstıraptan kurtulup özgür olmak kişiye doğuştan gelen bir özellik olduğu için bunu sonsuza dek görmezden gelmek mümkün değildir ve esas itibarıyla bir miktar başarı elde etmek de kesinlikle mümkündür. Hayatını çocuk büyütmeye ve toplumdaki insanlara yardım etmeye adamış olan benim kendi annem bile öz şefkat egzersizlerini yapmaya başladı. 83 yaşında olan annem bana, "*Kendimi* sevebileceğim aklıma bile gelmezdi!" dedi. Annem yaşla birlikte yargılayıcı ve huysuz olmaktan ziyade yumuşayan kişilerden biridir ama öz şefkat egzersizlerinin yaşlanmanın getirdiği sorunlarla sakin bir şekilde baş etmesine yardımcı olduğunu ilk söyleyenlerden biri olmuştur.

## ÖZ ŞEFKAT BENCİLLİK MİDİR?

Pek çoğumuz kendimize ilgi gösterdiğimizde biraz suçluluk hissi içine gireriz. "Benden daha kötü durumda olan onca insan var! Onlarınkinin yanında benim sorunlarım solda sıfır kalır. Sıkıntımı içime atmalı ve şikayet etmeyi kesmeliyim."

Her zaman sizden daha kötü durumda bulunan birilerinin olacağı da doğrudur, mümkün olan her zaman başkalarına yardım etmeye çalışmamız gerektiği de... Yine de bu, sizin kendinizle ilgilenecek vakit bulamayacağınız anlamına gelmez. Hepimizin bir miktar bakıma ihtiyacı vardır ve bunun için kendimize biraz vakit ayırmak ahlaki açıdan bir kusur işlemek anlamına gelmez. Öz şefkat konusunda ustalaştığımızda, bunun için ayırmamız gereken süre birkaç saniye ya da bir dakikadır. Sorunlarımızı başkalarınınkilerle karşılaştırmak, kendi acımızı inkar etmenin ve kişisel acıdan kaçınmanın örtük bir yolu olabilir. Bu da bize sıkıntı veren konulara gereğinden fazla asılmamıza neden olabilir.

Dünyanın dört bir yanına yaptığım yolculuklardan, Birleşik Devletler'de yaşayan kişilerin kendilerini kötü hissettiklerinde özellikle mahcup oldukları izlenimini edinmiş bulunmaktayım. Bu insanlar bir hata yaptıklarını ve kişiliklerinin onları bir şekilde hayal kırıklığına uğrattığını düşünüyorlar. Birleşik Devletler'deki bazı dini gruplar maddi kazanımlarının Tanrı'nın onları sevmesi sayesinde gerçekleştiğine inanmaktadır. Yeni Çağ teolojileri kötü talihi kötü karma, yani daha önceki kötü davranışların sonucu olarak açıklamaktadır. Bu kültürel faktörler ıstıraba sevgiyle yaklaşmak yerine kurban kişinin diğerlerinden ayrılmasına ve suçlanmasına hizmet etmektedir.

*"Son sıralarda kendimi şefkatli bir ruh hali içinde buluyorum."*

Bazı insanlar da öz şefkatin kişiyi bir koza gibi sardığı ve bu kozanın daha bencil ve ben-merkezci olmalarına neden olup, onları izole ettiği ve diğer insanlardan kopardığı gibi bir endişe içindedirler. Aslında tam tersi bir durum söz konusudur: Kendimize karşı ne kadar açık yürekli olursak, hayatın diğer yönlerine karşı da o kadar yakın hissederiz. Başkalarına sevgi duymanın *temelinde* öz şefkat yatar. Kendi kişisel özelliklerimizi kabul ettiğimizde, başkalarını da daha kolaylıkla kabul ederiz. Örneğin, kendimi modaya uygun giyinmemekle eleştirmeye hazır olduğumda, büyük bir ihtimalle sokakta gördüğüm kötü giyimli kişiler hakkında da kötü şeyler düşünürüm. Ama kapıdan çıktığımda tüm kusurlarıma rağmen mütevazı olur ve kendime sevgiyle yaklaşırsam, karşılaştığım kişileri de sevecen gülücüklerle selamlarım.

Kusurlarımızı kabul etmemiz, davranışlarımızı daha iyi olacak şekilde değiştiremeyeceğimiz ya da değiştirmememiz gerektiği anlamına gelmez. *Kabul etmek şimdiki andadır.* Hepimizin geliştirmemiz gereken yönleri vardır ve gelişmek zorundayızdır. Ne kadar beceriksiz, kusurlu ve cahil olursak olalım, *bugünkü* halimizle dost olmakla işe başlayabiliriz. Kendimizi anbean ve tam olarak kabul etmek uyum sağlamamızı ve yolumuzu gitmek istediğimiz yöne çevirmemizi kolaylaştırır.

Kendinizi böylesine radikal bir şekilde kabul etmeye hakkınız var mı? İstemli ve bilinçli bir farkındalık egzersizi yaptığınızda göreceğiniz gibi (Bakınız 6. Bölüm), zaman zaman bedeninizin her bir hücresi kendinize odaklanmanızın temel ahlaki yasalara aykırı olduğunu söyleyecektir. Sözcüklere gerek duymayan tüyler ürpertici bir duygu yükselecektir içinizde. Bu tiksinti duygusu büyük bir acı çektiğinizde azalır gibi olur ama kendinizle ilgilenmenize karşı gelişen o kültürel direncin derinliği, farkındalıklı, yani ilgili ve tepkisel olmayan bir içebakış yapmanıza değecektir. Bazen de entelektüel bir yolculuk yapmak gerekebilir: "Bu ailede dört kişi var; arada bir kendime odaklanmazsam, bana kim odaklanacak?!"

**Empati ve Öz Farkındalık**

Anlaşıldığı kadarıyla, empati kurmak ve kendi durumumuzun farkındalığı içinde olmanın, beynin *insula* dediğimiz bölgesinde ortak bir nörolojik temeli vardır. Bir kuru erik büyüklüğünde olan insula, serebral korteksin her iki yanında, oldukça derinlere gömülü bir durumdadır. İngiltere'deki Sussex Üniversitesi'nden Hugo Critchley empati gücü yüksek olan insanların sağ insulanın frontal bölgesindeki gri maddenin daha fazla olduğunu saptamıştır. Ayrıca empati ölçeğinde yüksek puan alan kişilerin kendi kalp atışlarını izleme, yani bedenlerinin içinde neler olup bittiğini bilme konusunda başarılı olduklarını gözlemlemiştir. İnsula'nın duyumsamaları uyanıklık haline getirdiği ve bu uyanıklığın sosyal etkileşimde empati olarak kullanılabildiği anlaşılmaktadır.

Phoenix, Arizona'daki Barrow Nöroloji Enstitüsü'nden Arthur Craig ise bedensel duyumsamaların insulanın arka bölümüne girdikten sonra güven, küçümseme ve kibir gibi birtakım sosyal duygular haline geldiğini öne sürmüştür. Yani insula duyumsamalarımız ile duygularımızın arasında bir "aracı", yani bedenimiz ile zihnimiz arasında bir link görevini görmektedir. Bedensel duyumsamalarımızı bilinçli olarak fark etmenin 3. Bölüm'de belirttiğimiz rahatsız edici duygulardan bizi nasıl kurtardığının muhtemel bir açıklaması belki de insulanın meditasyon vasıtasıyla ayarlanabilmesidir.

Bazı insanlar öz şefkatin kişinin kendisine acıması ile aynı şey olduğunu ileri sürürler. Öz şefkatin ilk etapları gerçekten de bir miktar acıma içerir. Bunda da yanlış olan bir durum yoktur. Bob Dylan'ın "Dağdaki Gök Gürültüsü" isimli şarkısındaki şu satır benim çok hoşuma gider: "Tanrı aşkına, kendinize acıyın!" der o şarkıda. Yine de, kişinin kendisine acıması etrafımızdaki dünyayı adeta daraltır, bizi diğer insanlardan koparır. Öz şefkat ise bizim canlı varlıkların arasında ıstırap çekmenin evrenselliğini görmemizi sağlar. Öz şefkatin ayrıca dengeli ve farkındalık içeren bir havası vardır. Ne iyimserdir ne de kötümser. Örneğin hasta olduğunuzda, öz şefkat hastalığınızın sonuçlarını bir felaket haline getirmenize neden olmaz. Tam tersine, hastalığınıza sadece sevgi dolu bir şekilde yaklaşmanızı sağlar.

Nihayet, öz şefkat bencillik demek değildir çünkü tam anlamıyla kişisel bir olgu değildir. Bir oda dolusu insanın içinde en fazla acı çekene, en iyi tanıdığımıza ya da yardım edebilmemizin en çok mümkün olduğu kişiye yardım etmek mantıklı bir davranıştır. Bazen o kişi sizsinizdir; bazen de başka biridir. Uçakla ilgili bir analog kullanmak gerekirse, kabindeki hava basıncı düştüğünde, oksijen maskesini önce kendimize takmamız gerekir.

## FARKINDALIK VE ÖZ ŞEFKAT

Öz şefkat egzersizi acıya direnen ve keyif bulmaya yönelik inatçı eğilimlerimizi yontmak için kullanabileceğimiz özel bir yöntemdir. Uyanıklık ve akıllılıktan ziyade, kalbimizin motivasyon ve duygu gibi özelliklerinin vurgulandığı bir farkındalıktır. Farkındalığın ve öz şefkatin ortak iyileştirici özelliği, kişide duygusal acılarla aşamalı olarak bir dostluk kurmaya doğru giden bir değişimi sağlamalarıdır. Farkındalık, "acını hisset" der, öz şefkat ise "acının ortasında *kendini bağrına bas*!" Bunların ikisi de hayatlarımızı bütün kalbimizle kucaklamanın birer yoludur.

Farkındalık; duygudaşlık, bağışlayıcılık, duyarlılık ve sevgi gibi duyguları devreye sokarak öz şefkatin yolunu açabilir. Kalbimizi açmak için, önce gözlerimizi açmamız gerekir.

Kadim kültürüne, sevecen insanlarına ve zengin meditasyon geleneklerine hayran olduğum Hindistan'ı pek çok kez ziyaret ettim. Bu ülkede tek *hoşlanmadığım* şey dilenme olayıdır. Bazı dilencilerin, cüzam nedeniyle burnu düşen adam örneğinde olduğu gibi, gerçekten de insanın yüreğini dağlayan sorunları vardır, ama bunların çoğu küçük çapta fırsatçı kişilerdir. Hindistan'daki dilenciler, içler acısı durumları ya da turistleri sürekli olarak manipüle etme alışkanlıkları nedeniyle bana her zaman stres vermişlerdir. Kendimi her daim bir ikilemde bulmuşumdur: Biraz para vermeli miyim? Öyle yaparsam sahtekarlığa destek mi vermiş olurum? Vermezsem, bu benim bencil biri olduğumu mu gösterir?

Bu şekilde stres içinde geçirdiğim birkaç yıldan sonra, bir dilenciyle karşılaştığım anda nasıl bir mücadele içine girdiğim kafama dank etti. Kendime, "Şurada bir dilenci var; işte yeniden gerileceğim ve kafam karışacak," demeye başlamıştım ama kendi bedenime kabullenici bir şekilde odaklandığım anda biraz olsun rahatladım. Bir dilencinin gözlerine gerçek bir gülücükle bakabildiğimi görmek beni şaşırtmıştı. Onlara arada bir para verdiğim oldu. Bazen de hiç vermedim. Bu yöntem, nefesimi tutarak bakışlarımı onlardan kaçırmaktan daha iyiydi. Üstelik de bazı dilenciler için bir gülücük almak para almaktan daha değerli gibiydi.

Bilinçli farkındalık benim ihtiyaç içinde olan ya da olmayan tüm dilencileri geçimini sağlamak isteyen sıradan insanlar olarak görmemi sağladı. Önüme çıkan sahte dilencilere saftirik bir şekilde para verdiğim için kendimi yargılamaktan vazgeçtim ve kalbimi gerçekten de ihtiyacı olanlara açık tuttum. İçsel tepkilerimin farkına varmak, hem kendime ve *hem de* başkalarına şefkatle yaklaşma deneyimi yaşamam için bana bir alan açtı.

Farkındalık egzersizi genellikle öz şefkatle sonuçlanır. Örneğin, Jon Kabat-Zinn'in 8 haftalık farkındalık eğitimi (farkındalık temelli stres azaltma) programına katılmış olan psikoterapistlerin yaptığı bir araştırmada, eğitimden geçen kişilerin öz şefkat duygusunda önemli bir artış olduğu gözlemlenmiştir. Ama öz şefkatin farkındalık egzersizi sırasında kendi kendine gelmesini bekleyemeyiz. Yoğun bir duygusal acı içindeyken ve yardıma ihtiyaç duyarken, örtülü duran öz şefkat *meziyetini* belirgin hale getirmemiz gerekir. Yani doğrudan kendimize iyi davranabilir ve sevgi gösterebiliriz. Bundan sonraki bölümler size farkındalık meditasyonu egzersizine öz şefkat duygusunu nasıl ekleyeceğinizi gösterecektir.

Farkındalık meditasyonuna ne ölçüde öz şefkat katmak gerektiği kişiden kişiye ve zamandan zamana değişen bir şeydir. Uzun süreden beri farkındalık meditasyonu yapan pek çok kişinin öz şefkat gücüne ancak onlarca yıldan sonra erişebildiklerini ve daha önceden bu egzersizi "kesin sonuç vermediği" gerekçesiyle aşağıladıklarını biliyorum. Öte yandan, farkındalık meditasyonunu bir tek içlerini silme sevecenlikle doldurduktan sonra ve bu egzersizi tüm canlıların iyiliğine adadıktan sonra yapanlar da vardır. Bana gelince, ben meditasyon yapmaya 1970'li yılların ortalarında başladım, *başkalarına* karşı iyi ve sevgi dolu olma egzersizleri yaparak uzun yıllar geçirdim ve şimdi şefkat bölümü ağır basan farkındalık ile şefkat karışımı bir egzersiz yapıyor ve *hem* kendime *hem de* başkalarına şefkat göstermeye odaklanıyorum.

Meditasyon sırasında sevecenlik unsuru olmadan, sadece odaklı ve açık alanlı bir uyanıklıkla çalışmak da kişiye bazen huzur verebilir. Duygusal bir karmaşa yaşadığımızda, dikkatimizi rahatsız edici duyguları göz ardı etmek için nasıl kullanacağımızı bilmek çok büyük faydalar sağlar. Bunun için, ne hissediyor olursak olalım tekrar ve tekrar nefesimize odaklanmamız gerekir. Travma geçirmiş olan kişiler ise dikkatlerini emniyetli olan iç ve dış yerlere odaklayabileceklerini bilmekten mutluluk duymaktadırlar.

Buna rağmen, dikkatimizi düzenleyemeyecek ya da nefesimizi bile bulamayacak kadar üzgün olduğumuz zamanlar olabilir. O zaman ne yapmalıyız? Kendimizi o kadar kötü hissederiz ki, çivili bir yatakta yatıyormuşuz gibi gelir bize. Bir sonraki bölümde, kendimize fiziksel, zihinsel, duygusal, ilişkisel ve ruhsal açıdan nasıl ilgi ve sevgi göstermemiz gerektiğini anlatacağım.

Öz şefkat *motivasyonla* birleştiğinde, dikkatle olduğundan daha iyi işler. Bu, kendimize karşı gösterdiğimiz bir *iyi niyettir*. Öz şefkat, sorunlarımızı kendimiz halledene kadar, hiçbir tavsiyede bulunmadan sıkıntılarımızı dinleyen sevgi dolu bir arkadaş gibidir. Öz şefkat alıştırmalarından fayda bulmak için dikkatimizi düzene sokmakta çok da usta olmamız gerekmez. İçimizin acıdığını bilmemiz yeterlidir.

Nazik ev sahibi metaforu, öz şefkat dediğimiz o muhteşem sevecenlik ve farkındalık karışımını çok güzel anlatmaktadır. Bir 13.yüzyıl şairi olan Rumi'nin şu şiirine bir göz atın:

Bu insan dediğin bir misafirhane.

Her sabah yeni biri gelir.
Sevinç, bunalım, tamahkârlık
Veya anlık bir farkındalıktır gelen
Beklenmeyen misafirler gibi.
Karşıla hepsini, ağırla onları!

Evini altüst etseler ve
Eşyalarını alıp giden,
Bir kederler kalabalığı olsalar bile.
Yine de her birine onurla davran,
Kim bilir, belki de yeni bir haz getirmek için
Boşaltmışlardır evini.
Gelen bir karanlık düşünce, utanç ve haset de olsa,

Karşıla onu kapıda gülerek
Ve buyur et içeri.
Kim gelirse gelsin, minnettar ol ona,
Zira her biri öte taraftan
Gönderilmiştir bir rehber olarak.

"Karşıla hepsini, ağırla onları!" İyi niyet, iyi olsun kötü olsun, *tüm* duygular için alan yaratır. Bir duyguyu diğerine tercih ediyor değiliz. Yani bazı duyguları itekleyip, diğer bazılarını şekere bulamıyoruz. Nazik bir ev sahibi nasıl ki evine gelenleri geldikleri andan daha mutlu olarak kendi evlerine gönderiyorsa, iyi niyet de duygularımıza daha iyi bir şekil verme eğilimi içindedir.

## "ÖZ BENLİK"E ÖZEN GÖSTERMEK

Öz şefkatin farkındalık egzersizlerine yaptığı en önemli katkı belki de kişinin dikkatini kendi "öz benliğine" odaklamasını sağlamasıdır. Acımız büyük olduğunda, bu acının içinde sürüklenir ve kendimizi onunla özdeşleştiririz. Bu arada "öz benliğimiz" de acı çeker. Kabul etme objemizi, ev sahipliği yaptığımız ("sevinç, bunalım ve tamahkarlık" gibi) birtakım duygulardan, tıpkı Linda'nın yaptığı gibi ev sahibine odaklamalıyız.

Linda'ya kısa bir süre önce meme kanseri tanısı kondu. Ölümden özellikle korkmuyor olması dikkat çekiciydi, ameliyat olasılığı da onu çok korkutmuyordu. Bekar bir anneydi. Tek endişesi 19 yaşındaki kızının hayatını bir ebeveyni olmadan yaşamak zorunda kalabilecek olmasıydı. Linda bu düşünceye katlanamıyordu. Zihni sürekli onunla meşguldü. Korkusu kızı içindi. Linda bu düşünceler aklından geçtiğinde *kendisinin* ne kadar acı çektiğini fark edip, nefesini dışarıya verip bir miktar gevşeyebiliyordu. Stresinin seviyesini fark etmek bile korkusundan kurtulmasına yardım ediyordu. Linda, daha sonra kızını en kötü senaryoya nasıl hazırlayabileceğini yaratıcı bir şekilde düşünmeye başladı. En sevdiği teyzesi onu yanına alır mıydı acaba? O kötü şey başlarına gelmeden önce kızı da kendisine bir hayat arkadaşı seçerdi belki de...

Kendimizi duygusal bir kaosun içindeki resme koymak bir çözüm bulmak için atılacak ilk adımdır. Bu pek kolay bir iş değildir. Güçlü duyguların kıskacı altındayken, dikkatimizi sadece burnumuzun ucundaki şeylere odaklar, geride ne olduğunu umursamayız. "İşte, *bu* bir sorun!" "*Bu adam* tam bir baş ağrısı!" İhtiyacımız olan sevgi dolu dikkati bir türlü kendimize veremeyiz.

Örneğin, çiftler bir çekişme içindeyken, her biri diğeri tarafından görülmek için bir mücadele içine girer. İlişkisel çatışmalar en sonunda "Bana bak, bana bak!" durumuna indirgenir. Her bir partner diğerinin neden olduğu acıyı ona onaylatmak ister. Bu iyi sonuç vermeyecek olan bir arayıştır çünkü birbirimizi suçlamaya başlarsak karşı tarafın bizi kabul etmesi imkansızlaşır. Daha iyi bir seçenek, dikkatimizi yeniden odaklamak, *ilk önce* kendi ıstırabımıza şefkatle yaklaşmak ve partnerimizin acısına daha sonra kulak vermektir.

## Kişisel Kırılgan Noktalarımız

Hepimizin işler iyi gitmediğinde alevlenen kişisel kırılgan noktaları vardır. Bunların nerede olduğunu bilmezsek, günün birinde başımıza iş açabilirler. Örneğin, işimi kaybettiğimde bilinçaltımda sürekli olarak, "Ben başarısızın tekiyim," diye düşünürsek, "başarısız" olma durumuyla baş etmek bizi yeni bir iş bulmaktan daha fazla zorlayabilir.

Öz şefkat en çok duygusal acıyla bağlantılı olan sorunlar kabul edildiğinde etkili olur. Savunmasız yönlerimizin nerede olduğunu anlamak, özellikle de sıcağı sıcağına her zaman pek kolay olmayabilir. Columbia Üniversitesi'nden Jeffrey Young, işin hamaliyesini yapıp bizim için genellikle erken çocukluk dönemine kadar uzanan ve birbirine geçmiş yumaklar halindeki yoğun duyguları, düşünceleri, duyumsamalar ve davranışları içeren 18 kişisel 'şema'* hazırlamıştır. Şemaların bazıları, muhtemelen kontrol edici ve yasaklayıcı eğilimdeki bir *davranışla*, bazıları ise güven eksikliği ya da terkedilme korkusu gibi bir *duyguyla* başlamaktadır. Şemalardan hangisinin bizi ilgilendirdiğini bilirsek, bunlar bizim üzerimizdeki kontrollerini kaybederler.

---

### *BUNU DENEYİN: Şemalarım*

Lütfen aşağıdaki şemalara bir göz atın ve size en çok uyanları saptayın. Bazen size uyan iki ya da üç şema söz konusu olabilir.

1. *Terk edilmişlik/İstikrarsızlık:* Yakın ilişkilerim insanların istikrarsızlığı ve öngörülemez olması nedeniyle sona erecek.
2. *Güvensizlik/Kötüye Kullanılma:* Başkaları beni incitebilir ya da beni kötü bir şey için kullanmaya kalkabilir.
3. *Duygusal Yoksunluk:* Anlayış, destek ve ilgi gibi ihtiyacım olan şeyleri başkalarından alamıyorum.

---

* Şema: Zihinsel yapılarımızı belirleyen şemalar bebeklikten başlayarak gelişirler ve hayat boyu sürerler. Örneğin, çocukluğunda sevgi görmeyen bir çocuk Duygusal Yoksunluk Şeması geliştirir ve başkalarına bağımlı hale gelebilir.

4. *Kusurluluk/Utanç:* Ben kusurlu, kötü ya da bir şekilde başkalarından değersizim, bunlar da beni sevilmeyen bir kişi yapıyor.
5. *Tecrit Edilme/Yabancılaşma:* Bu dünyada esas itibarıyla yalnızım ve başkalarından farklıyım.
6. *Bağımlılık/Yetersizlik:* Yardım almadan basit işler yapabilecek, kararlar alabilecek ve kendi başımın çaresine bakabilecek durumda değilim.
7. *Zarara ve Hastalığa Karşı Savunmasızlık:* Her bir yerde tehlike kol geziyor ve ben bu durumu önleyemiyorum.
8. *Yapışıklık/Gelişmemiş Benlik:* Diğerleri, özellikle de ebeveynlerim gibi kişiler, beni yönlendirmezse kendimi bomboş ve kaybolmuş gibi hissediyorum.
9. *Başarısızlık:* Ben, akranlarıma göre temelde yetersiz (aptal, beceriksiz) biriyim ve başarısız olmam kaçınılmaz.
10. *Haklılık/Benmerkezcilik:* Bu başkalarını rahatsız etse de, elde ettiğim her şeyi hak ediyorum.
11. *Yetersiz Öz Denetim/Öz Terbiye:* Küçük hayal kırıklıklarına katlanmakta bile güçlük çekiyorum, bu da beni arıza çıkarmaya ya da içime kapanmaya itiyor.
12. *Boyun Eğme:* Başkaları tepki verecek diye ihtiyaçlarımı ve duygularımı bastırma eğilimi içindeyim.
13. *Kendini Feda Etme:* Başkalarının acılarına karşı aşırı duyarlıyım, o yüzden de onları rahatsız etmemek için kendi acılarımı saklama eğilimindeyim.
14. *Onay Bekleme/Kabul Arama:* Benim için birinin bana hayran olması ve ilgi göstermesi gerçekten doyurucu olan şeylerden daha önemli.
15. *Olumsuzluk/Karamsarlık:* İşlerin ters gitmesine ve yapmam muhtemel olan hatalara odaklanıyorum.
16. *Duygu Baskılama:* İyi ya da kötü, tüm duygularımı açığa vurmaktan kaçınıyorum ve daha rasyonel bir yaklaşımda bulunma eğilimine giriyorum.
17. *Acımasız Standartlar/Aşırı Eleştirellik:* Ben mükemmeliyetçi biriyim, zaman ve liyakat odaklıyım ve işleri yavaştan almakta güçlük çekiyorum.

18. *Cezalandırıcılık:* Sinirli ve sabırsız olma eğilimindeyim ve insanların hataları için cezalandırılmaları gerektiğine inanıyorum.

---

Hayatınızda baskın olan *bir* şemayı seçin ve bunun hangi durumda gündem dışı kalacağını yazın. Sonra (1) bedeninizde yükselen *duyumsamaları*, (2) şemayla uyum içinde olan *duyguları*, (3) *düşünmeniz* muhtemel olan şeyleri ve (4) şemanıza göre tipik olarak nasıl *hareket ettiğinizi* yazın. (Eğer yukarıda verilen şemalardan hiçbiri size uymuyorsa, kendiniz bir şema yaratın.)

Yıkıcı düşüncelerinizi anlamaya çalışmak, kötü hissetmenize neden olan zihinsel temaları saptayabilmek için şunları yapabilirsiniz: Örneğin, şemanız "karamsarlık" ise, "neden canımı sıkıyorum ki, ne gerek var? Bu zaman kaybından başka bir şey değil," gibi, karamsarlığınıza destek veren neler söylediğinizi kendinize sorun. Şemanız "sosyal tecrit" ise, önünüze büyük bir fırsat çıktığında belki de "Falanca için bu iyi olabilir ama ben farklıyım," diye düşünüyor olabilirsiniz. Meditasyon yaparken düşüncelerinizin tamamının peşine düşmek hemen hemen imkansızdır ama tekrarlayan temalar bir kere saptandıktan sonra daha kolay hatırlanır. Sadece, bu düşüncelerin oluşmasını ve yok olmalarını ferah bir uyanıklıkla gözlemleyin.

Şemalarımızı kabul etmek bir farkındalık durumudur ve aktif bir şemanın tam ortasındayken kendimize karşı nazik olmamız öz şefkattir. Şemaları da duygulara yaptığımız gibi etiketlemenin, duygularla baş etmenin çok etkili bir yolu olduğunu görmüş bulunuyorum çünkü bu olay bir yığın yıkıcı düşünceyi, duyguyu ve davranış biçimini tek bir anlayış dolu uyanıklık patlamasıyla yok etmektedir: "Ah, evet, işte yine aynı şeyi yapıyorum, yine başarısız olacağım!" ya da "İşte, bağımlılık şemam yine karşıma çıktı!"

Bir şemanın hayatımızda nasıl ortaya çıktığını tam olarak

gördüğümüz vakit, onu anlamamız daha büyük bir olasılık taşır. Birini üzmekten korktuğum için kendime, "Bilmiyorum, *sen* ne yapmak istiyorsun?" diye sorduğum vakit, "kendime boyun eğdirme" modunda olduğumu bilirim. Bir raporu patronuma teslim etmeden önce tekrar tekrar okumaktan vazgeçmiyorsam, o vakit de "acımasız standartlar" modundayım demektir. Bir davete gideceğimde korku hissine kapılıyorsam, "sosyal istenmezlik" moduna girmiş olabilirim. Şemaları önce *görmeli* ve *hissetmeli,* ondan sonra onları *salıvermeliyiz.*

## Öz Benlik Diye Bir Şey Var mıdır?

Şemalar kişiliğin bir parçasıdır. Hepimizin kendimize özgü bir kişiliği, yani başkalarınınkinden ayrı hisseden bir öz benlik duygusu vardır. Kişiliğimiz biz büyüdükçe gelişir ve zaman içinde bir tutarlılığa kavuşur. Bir okul buluşmasında eski arkadaşlarınızdan biriyle nasıl kaynaştığınızı bir hatırlayın. Odanın bir ucunda belirdiğinde onu ilk bakışta tanımamış olsanız bile, zaman durmuş gibidir. Bazı yönlerimiz zaman içinde değişir ama diğer bazı şeyler aynı kalır.

İlginç bir şekilde nörobilimciler beynin içinde bir "öz benlik" olmadığı konusunda hemfikirdir. Almanya, Frankfurt'taki Max Planck Enstitüsü'nden Wolf Singer'ın ifade ettiği gibi, beyin "şefi olmayan bir orkestra"dır. Beynin her bir tarafı aktivite içindedir ama bu uğultulu kargaşadan ayrı bir bilinç hissinin nasıl ve nereden çıktığı yanıtı olmayan bir sorudur. Ayrıca, içsel düşünce merceğimizden zihinsel aktivitemize dikkatli bir şekilde baktığımızda da oluşan ve yok olan anlık deneyimlerden başka bir şey göremeyiz. Orada "öz benlik" diye bir şey yoktur, sadece o düşünce, bu duyumsama, o duygu, bu izlenim vardır. Bilinçlilik deneyimi bile gelip giden bir şeydir. Pek öyleyse, ben kimim?

"Öz benlik" duygusu duygusal bir acı yaşadığımızda spontane olarak oluşur. Örneğin, ölümden korkuyorsanız, kendinize "kim" ya da "ne" olduğunuza dair temel sorular sorabilirsiniz. *Kimdir* ölen kişi? Duygularınız başkaları tarafından incinirse, kulaklarınızın duyduğunun doğru olup olmadığını merak edersiniz. "Ben kimim?" Bunun tersi de geçerlidir: Bir "akış" içindeyken, yani sakin sakin, neşeyle ve üretken bir şekilde bir işle meşgulken, "ben"in kim olabileceğine dair bir ilgi duymayız ya da bunu önemsemeyiz.

Düşünecek olursak bu mantıklı bir durumdur. "Öz benlik" hemen hemen her zaman bedenle ilişkilendirilen bir şeydir ve bedenlerimiz hayatta kalmak için inşa edilmiştir. Fiziksel bir tehlike karşısında hayatta kalma savaşı veririz. Duygusal bir sıkıntımız olduğunda da egolarımızı korumak için mücadele ederiz. Aşırı katı bir "öz benlik" duygusundaki sorun ("Ben gencim," "Ben zekiyim"), bu duygunun hayat değiştikçe bizim esenliğimize müdahale etmesidir. Uzun vadede huzurlu ve mutlu olup olmayacağımız ise, hayatımızdaki başarısızlık, hastalık, yaşlılık gibi birtakım değişikliklere uyum sağlamamıza bağlıdır. Sürekli olarak hakaret ve incinmeye karşı bir mücadele içinde olmak çok stresli bir durumdur.

İronik bir şekilde öz şefkat yolunda ilerleyebilmemiz için bir "öz benlik"e ihtiyacımız vardır. Eğer etrafımızda kendini eleştirme ya da tecrit etme yaklaşımının acısını hissedecek hiç kimse yoksa, değişim de mümkün olamaz. Istırap çekmesine ve kendisini kanıtlaması için bir neden kalmayana kadar, "öz benliğimize" karşı yumuşak ve nazik bir davranış biçimi geliştirebilir ve bunu onu reddetmeden ve aşırı ödüllendirmeden yapabiliriz.

"Öz benliksiz" olma durumu Budist psikolojisinde kişiye ümit veren bir mesajdır. Aslında bunun anlamı "sabit" bir benlik olmamasıdır. Bizim şemalarımız bile oluşur ve yok olur. "Öz benliksiz" olma nosyonu, bizim "hiç kimse" olduğumuz anlamına da gelmez. Biz her şeyin bir parçasıyız. Daha mutlu olmak ve değişen koşullara daha iyi uyum sağlayabilmek için yapmamız gereken şey, sabitlediğimiz ve özgürlüğümüzü kısıtlayan öz imgelerimizi ve davranış kalıplarımızı değiştirmemizdir. Bir çocukla birlikte olduğunuzda bir çocuk gibi, yaşlı biriyle birlikteyken yaşlı biri gibi ya da genç bir kadınla birlikteyken genç bir kadın gibi hissetme iznini kendinize veriyor musunuz? Zaman zaman ya empati yoluyla ya da farklı durumlar ve hayatta oynadığımız pek çok rol nedeniyle başka birileri – genç/yaşlı, zeki/aptal, güzel/çirkin, iyi/kötü, başarılı/başarısız – olabiliyoruz. Bunun böyle olmasına izin mi vermeliyiz yoksa kendimizin en favori versiyonuna bağlı kalmalı ve hayatlarımıza ek bir yük mü bindirmeliyiz?

İronik olarak, ıstırap çeken "öz benlik"e karşı ne kadar şefkatli davranırsak, o da o kadar esnek olur. Örneğin, sönük bir konuşma yaptıktan sonra ağzımdan çıkan her bir sözcüğü zihnimde evirip çevirip tekrar tekrar düşünüyorsam, birinin "Konuşman tam da yemek sonrasına rastladı. Ne bekliyorsun ki? Herkes biraz kestirmek için can atıyordu herhalde," gibisinden sevecen bir yorumu duymak iyi olmaz mıydı? Başkalarından ya da kendi içimizden gelen şefkat hissi sıkıntılı anlarımızda kendimizi kabul etmemizi sağlar. Böylece, işlerin ters gitmesine neden olan etkenlerin ne kadar karmaşık olduğunu görmeye ve evrenin merkezinde olmadığımızı anlamaya başlarız. Simone Weil'in dediği gibi, "Kendimize yöneltiğimiz şefkat hissi, alçakgönüllülüktür."

## ARAŞTIRMALAR NE GÖSTERİYOR?

Öz şefkat üzerine yapılan araştırmalar bu hissin hayatımızdaki olumsuz olayların etkisini yumuşattığını göstermektedir. Kendilerine şefkat gösterebilen kişiler çabalarının boşa gittiğini gördüklerinde kendi paylarına düşen sorumluluğu almaları gerektiğini diğer insanlara göre daha fazla *kabul* ederler. Ayrıca, kendi karakterlerindeki istenmeyen özellikleri de fark ederler ama bunlar saplantı haline getirmezler. Örneğin, öz şefkatli birinin akademik bir başarısızlığa uğradığında, bu durumu gelişmek için bir fırsat olarak görmesi çok büyük bir olasılıktır.

İlginç bir şekilde, öz şefkatli insanlar güçlü bir özsaygıya sahiplerdir ama özsaygılarının başkalarının onları nasıl değerlendirdiğiyle özel bir ilintisi yoktur. Öz şefkatten kaynaklanan özsaygı, değerlendirmelere nasıl *yanıt* verdiğimizle bağlantılıdır. Kötü bir değerlendirme almak, o konuyu tekrar tekrar düşünmek ve özeleştiri yapmak yerine, sempati görmek ve rahatlatılmak için bir fırsat yaratır. Öz şefkati olan kişiler o nedenle başarısızlıktan ve reddedilmekten daha az korkarlar. Güçlü bir özsaygının narsisizmle karşılıklı bir ilinti içinde olduğu düşünülmektedir ama öz şefkatin narsisizmle hiçbir ilintisi yoktur. Öz şefkatli kişiler kendileriyle ilgili iyi duygulara sahip olmak için gösterişli olmalarına gerek olmadığını bilirler.

Öz şefkat, duyguları düzene koyma konusunda diğerlerine göre daha tutarlı olan bir yöntemdir. Moralimiz bozuk olduğu vakit, (örneğin, "her geçen gün kendimle ilgili olarak daha da iyi hissediyorum" gibi) olumlu sözcükler kullanarak ille de kendimizi toparlamaya çalışmamıza gerek yoktur. Tam tersine, öz şefkatli kişiler deneyimlerinin gerçekliğine yumuşaklıkla ve iyilikle erişirler. Bu da bir mücadele içine girmelerini gereksiz kılar.

Kristin Neff ve meslektaşları kendi geliştirdikleri ölçeğe göre öz şefkatin, akıl, kişisel inisiyatif, mutluluk, iyimserlik, olumlu etki ve başa çıkma ölçümleriyle, farkındalık ölçeğinde elde edilen ölçümlere nazaran daha güçlü bir korelasyona sahip olduğunu göstermişlerdir. Öz şefkat hayattan keyif alma, duygusal zeka ve sosyal bağlanmayla bağlantılıdır ve özeleştiri, depresyon, anksiyete, ruminasyon, düşünce baskılama ve mükemmeliyetçilikle ters bağlantılıdır. Öz şefkatin psikolojik esenliği haber verdiği açık seçik ortadadır.

**Öz Şefkatin Diyete Etkisi**

Öz şefkat konusunda önde gelen araştırmacılardan olan Duke Üniversitesi'nden Mark Leary ve Luisiana Üniversitesi'nden Claire Adams öz şefkatin insanların sağlıksız yiyeceklerden kaçınmasına yardımcı olduğunu bulmuşlardır. Bu araştırmacılar bütün katılımcıların tatlı çörek gibi "yasak yiyeceklerden" kaçınma arzularını ölçmek için onları bir "sınırlı beslenme" sınavına tabi tutmuştur. Katılımcılar daha sonra farklı gruplara ayrılmış ve bazılarından bir tatlı çörek yemeleri istenmiştir. Daha sonra onlara neden bir tatlı çörek ve hatta dilerlerse *birkaç* tatlı çörek yemeleri gerektiğine dair uydurma bir hikaye anlatılmıştır. Daha sonra bazı katılımcılara "Bu tatlı çöreği yediğiniz için umarım kendinize fazla acımasız davranmazsınız. Arada bir herkes zararlı bir şey yiyebilir ve bu araştırmadaki herkes de zaten bunlardan yiyor..." denmiştir. Sınırlı beslenme diyetinde olan bu kişiler bir tatlı çörek yedikten sonra bu mesajı dinleyince daha az stres hissetmişler ve daha sonra daha az sayıda tatlı çörek yemişlerdir. Öz şefkat, rejim bozulduğunda tutulması gereken sağlıklı bir yol gibi görünmektedir. Rejimdeki kişiler, kafaları "nahoş duygularla ve düşüncelerle dolup taşmadığı" vakitler, kendilerini daha iyi hissetmek için daha çok yemek yemek yerine, rejim hedeflerine daha iyi odaklanabilmektedirler.

Klinik bilim insanları şimdi öz şefkat *eğitiminin* insanların hayatına önemli değişiklikler getirip getirmediğini araştırmaktadır. İngiliz Psikolog Paul Gilbert kendilerinden çok utanan ve çok özeleştiri yapan kişileri rahatlatmak için 12 haftalık bir şefkatli zihin eğitimi (Compassionate Mind Training/CMT) programı geliştirmiştir. Pilot çalışma ümit verici sonuçlar vermiştir. CMT programı çok özeleştiri yapan kişilerin kendilerini yatıştırma yoluyla olumlu duygular yaratmakta güçlük çektiği ve bunun muhtemelen çocukken yeterince rahatlatılmamış ve kendilerini güvende hissetmemiş oldukları varsayımına dayanmaktadır. Oksitosin ve opiatlar, toplumsal bağlantılarla ve okşama, sarılma ve toplumsal destek gibi ilgi gösteren hareketlerle aktive hale gelmektedir. Gilbert halihazırda öz şefkat eğitiminin teskin edici etkilerinin temelinde bu nörohormonların yatıp yatmadığını araştırmaktadır.

Öz şefkat araştırmaları farkındalık araştırmalarına göre henüz emekleme safhasındadır ama bu araştırmaların geleceği parlak görünmekte ve ümit vermektedir.

Şu ana kadar öz şefkatin acıya karşı verilen sağlıklı ve doğal bir yanıt olduğunu öğrenmiş bulunmaktasınız. Duygusal anlamda ne kadar çok mücadele edersek, özeleştirinin ve sadece kendimizle ilgilenme durumunun kıskaçları bizi o kadar daha çok sarar. Duygusal özgürlüğe giden yol acı çeken "öz benlik"e şefkat göstermeyle başlar. Bir sonraki bölümde öz şefkati hayatımıza getirebilmek için hangi yollara başvurmamız gerektiğini göreceksiniz.

# 5

## *Öz Şefkate Giden Yollar*

*Bir vakit gelecek ki,*
*Kendi kapının önüne gelecek,*
*Aynanda gördüğün kendini*
*Büyük bir coşkuyla selamlayacak*
*Ve onun konukseverliğine*
*Gülümseyerek karşılık vereceksin.*
- DEREK WALCOTT, *şair*

Öz şefkat uygulamasını anlamanın en iyi yolu, onun kendi acılarımızı hafifletme *arzumuzu* güçlendirdiğini görmektir. Bu temel arzu, kendimize dikkat etmenin pek çok yolunu açar bize. Öz şefkat uygulaması onu akıllıca uyguladığımızda bize keyif verir ve uygulama isteğimiz onu uyguladığımız ölçüde artar. Zaman içinde, uygulamaya yönelik ilk motivasyonu güçlendiren ve derinleştiren olumlu bir döngü oluşur. Bizim tek yapmamız gereken bir yerden başlamaktır.

Hayatta olmanız kendinize iyi baktığınızı göstermektedir. Ama kendinizi korumanın ötesinde, esenlik duygunuzu güçlendirmek için ne yapıyorsunuz? Kendi menfaatinize *aykırı* olan bir şey yapıyor musunuz? Olumlu duygularımızı, yani bizi mutlu eden duyguları, acıya direnç gösterme alışkanlıklarına kendimizi kaptırmadan nasıl geliştirebiliriz? Nihayet, geçmişimizi – acıyı beslemekten başka bir işe yaramayan zihinsel kalıplarımızı – gerilerde bırakmamız mümkün müdür? Bu bölümde, öz şefkati hayatınızın içine katacak ve sizi gereksiz sıkıntılardan kurtaracak yöntemleri geniş bir yelpaze halinde sunacağız.

## ÖZ ŞEFKATE GİDEN BEŞ YOL

Öz şefkati hayatımızın içine sokmanın beş kilit yolu vardır. Bunlar (1) fiziksel, (2) zihinsel, (3) duygusal, (4) ilişkisel ve (5) ruhsal yollardır. Her birinde birden fazla uygulama opsiyonu bulunur. Bunları hayatınıza entegre etmek için benimseyebileceğiniz hazırlık niteliğinde olan birkaç fikri aşağıda bulabilirsiniz:

### Bedeninizin İçinde Yumuşamak

*Fiziksel* olarak kendinize nasıl bakıyorsunuz? Stres altındayken bedeninizle nasıl bir ilişki içinde oluyorsunuz? Bunun şefkatli yanıtı, fiziksel sıkıntının içinde kendinizi kasmak değil, tam tersine yumuşamaktır. Şefkat yumuşak ve sevecendir. İşler kötü gittiğinde, *yumuşamaktan* başka bir çare yoktur.

Potansiyel bir tehlikeyle karşı karşıya kaldığında adalelerimiz dünyaya karşı sert bir kabuk oluşturarak bedenimizi korur. Ne yazık ki, beynimiz tehlikenin içeriden mi yoksa dışarıdan mı geldiğini ayırt edemez, o yüzden endişeniz sadece sınavda ne kadar başarılı olacağınızla ilgili bile olsa, adaleleriniz düğümlenip sertleşir. Kaskatı kesilen bu adaleler bir süre sonra bedendeki tüm sistemlerin üzerine gereksiz stres yükleyebilir.

Eğer meditasyon sırasında ya da sessiz sakin otururken kendinizi gergin hissediyorsanız, karın adalelerinizi yumuşatmayı deneyin. Bırakın yumuşacık ve rahat olsunlar. Bedeninizin başka bir yerinde gerginlik hissediyorsanız, o bölgenin de yumuşamasını sağlayın. Bu egzersiz, 3. Bölüm'de denediğiniz "Yumuşa, İzin Ver ve Sev" egzersizine benzer. Yumuşamakla "gevşemeye çalışıyor" değilsiniz çünkü o da kendinizi olmadığınız gibi hissettirmek için sizi sıkıştırır. Tek yapacağınız şey yumuşamaktır.

Aynı şeyi nefesiniz için de yapın. Gergin olduğunuzda sık sık ve kısa nefesler alırsınız. Nefesinizi biraz yumuşatmayı deneyin. Bunu belki de nefes alırken karnınızı şişirerek ve nefesinizi çok yavaş yavaş dışarı vererek yapabilirsiniz. Nefes almak için sarf ettiğiniz vaktin iki mislini nefesinizi vermek için sarf edin. Bunu yaptıktan sonra yeniden sık sık ve kısa nefesler almaya başlarsanız, endişe etmeyin.

Stres altındayken bedeninizi teskin etmek ve rahatlatmak için yapabildiğiniz her şey, fiziksel öz şefkat kategorisine girer. Belki biraz kestirmek, sağlıklı gıdalar tüketmek, idman yapmak, ılık bir banyo almak, seks yapmak, güneşlenmek, tatile çıkmak, köpeğinizi şımartmak ya da masaj yaptırmak isteyebilirsiniz. Sertleşmiş yerlerinizi yumuşatmak için neler yapabileceğinizi hayal etmek için kendinize bir iki dakika verin.

Kişinin kendisiyle fiziksel olarak ilgilenmesi zihni de arındırır. Yeterince uyuyor musunuz, doğru düzgün besleniyor musunuz ve idman yapıyor musunuz? İdman yapmak söz konusu olduğunda beden ile zihin arasında genellikle ters bir ilişki vardır. Beden hareketsiz olduğunda zihin koşturup durur ve zihin sakinleştiğinde beden harekete geçer.

**Elleri Sıcak Olanın, Yüreği de Sıcaktır**

Yale Üniversitesi'nde yapılan bir araştırmada Lawrence Williams ve John Bargh elleri sıcak olan kişilerin duygusal sıcaklığa da sahip olduğunu keşfetmişlerdir. Kırk bir lisans öğrencisine, deneyi yapan kişiyle birlikte asansörde çıkarken soğuk ya da sıcak kahveyle dolu birer fincan tutmaları söylenmiştir. Daha sonra, çalışma odasında aynı öğrencilerden on farklı kişilik özelliği taşıyan hayali bir kişiyi değerlendirmeleri istenmiştir. Ellerinde sıcak kahveyle dolu bir fincan tutan kişiler, soğuk kahveyle dolu olanı tutanlara göre (bonkör, ilgili, vb.) daha ılımlı değerlendirmeler yapmışlardır.

İkinci bir çalışmada, katılımcılara ellerinde tuttukları

sıcak veya soğuk bir terapötik yastığın ne kadar etkili olabileceğine dair bir tahminde bulunmaları söylenmiştir. Bu kişilere ayrıca çalışmaya katıldıkları için ödül olarak kendilerinin tüketebilecekleri ya da bir arkadaşlarına verebilecekleri birtakım yiyecekler verilmiştir. Soğuk yastığı tutan katılımcılar verilen ödülü kendilerine saklamayı tercih ederken, sıcak yastığı tutanların ödülü bir arkadaşlarına vermeyi tercih ettiği gözlemlenmiştir.

Görüldüğü kadarıyla, fiziksel sıcaklık zihinsel sıcaklıkla yakından ilintilidir. Bu durum, çocukluk döneminde fiziksel sıcaklık ile ilgi görmek arasında bir çağrışım geliştirilmiş olmasından kaynaklanıyor olabilir. Yakın tarihlerde yapılan araştırmalar, beynin insula bölümünün hem fiziksel hem de psikolojik sıcaklığın algılanmasıyla bağlantılı olduğunu göstermiştir. O yüzden sıcak bir fincan çay içtiğimizde ya da ılık bir banyo yaptığımızda büyük bir olasılıkla duygusal anlamda da kendimizi ısıtıyoruz demektir.

Bazı insanlar antidepresan ya da anti-anksiyete ilaçlarının öz şefkat uygulamasında ne işi olduğunu merak ediyorlar. Çok basit: Yapabileceğiniz en şefkat içeren şeyin ne olduğunu kendinize sorun. Kendimizi gerekli ilaçlardan mahrum etmek bir tür kendimizi cezalandırma ya da utandığımız veya "doğal" bir bedene sahip olma saplantımız uğruna ihtiyaçlarımızı ihmal etmek anlamına gelmez mi? Bunun tersi de geçerlidir: İlaç almak ılımlı bir duygusal kaçınma şekli de olabilir. Aldığınız ilaçların size daha işlevsel olma ve sağlıklı davranış değişiklikleri yapmanıza izin verip vermediğini düşünün. Eğer ilaç almadan yaşamaya hazır olduğunuzu hissediyorsanız, lütfen bu durumu doktorunuza danışın.

Öz şefkat uygulaması yapmanın en doğal yolu tam da şu anda yapmakta olduğunuz şeydir. Kendimize nasıl ilgi göstereceğimizi şimdiden düşünürsek, gücümüzü daha da arttırır ve baskı altında kaldığımızda kendimize iyi alışkanlıklarımızı hatırlatabiliriz. Lütfen *gerçek* ilginin ne olduğunu iyi anlamaya çalışın. Bu, sizi daha iyi hissettiren türden bir ilgidir. Örneğin, pek çok yetişkinin aksine, sabahları bir fincan kahve yerine bir fincan sıcak çikolatayı tercih edebilirsiniz. Sizi tam olarak neyin yatıştırdığını ve rahatlattığını en iyi siz bilebilirsiniz. Bazı insanlar masaj yaptırmaktan hoşlanır, bazıları ise kısa bir şekerleme yapmayı tercih eder. Peki ya siz? Çok stres altındayken ya da işler gerçekten de ters gittiğinde ihtiyacınız olan şeye özellikle dikkat edin.

> *Fiziksel olarak kendinizle nasıl ilgileniyorsunuz? Bedeninizde biriken gerilim ve stresi salıvermek için yeni yollar düşünebilir misiniz?*

## Düşüncelerinize İzin Vermek

Özellikle zihniniz meşgulken ya da zihninizin içindeki düşünceler bir yarış halindeyken kendinizle *zihinsel* olarak nasıl ilgileniyorsunuz? Buna verilecek en şefkatli yanıt, bir an durmak ve düşüncelerinizin gelip gitmesine "izin" vermek, yani direnç göstermekten vazgeçmektir. Bizim istediğimiz şey, sıkıntı veren fikirlerin zihnimize doğal ve kolay bir şekilde girip çıkabileceği bir zihinsel alan yaratmaktır.

Gereksiz günlük sıkıntıları salıvermek için ne yapmak gerekir? Kadim bir strateji, bir *mantra* kullanmaktır. "*Mantra*"-nın sözcük anlamı "akıl için araç"tır. Bu teknikten fayda sağlamak için kulağınıza yabancı gelen bir sözcük kullanmanız gerekmez. "Bu da geçer" ve "Ânı yaşa" gibi çok bilinen *mantra*lar vardır. Doris Day bir şarkısında *Que sera sera*, yani "Ne olacaksa olacak" *mantra*sını kullanmıştır. Bu sözcük gruplarını kullanmak, sözcüklerin anlamı ve odaklanmanın gücü nedeniyle zihni teskin eder. Dikkatimizi tek bir sözcüğe ya da bir sözcük grubuna odakladığımızda, zihnimize çengel atan düşüncelerden kurtuluruz. Bazı insanlar zihinlerinde sürekli olarak "Evet" sözcüğünü tekrarlamaktan fayda bulurlar. Karamsar olan kişilerin ise özellikle "işte bir sorun daha" *mantra*sından keyif aldıkları görülmektedir.

Hangisinin ruh halinizle başa çıkmanızı sağladığını bulana kadar çeşitli *mantra*lar deneyebilirsiniz. Örneğin, önemli kararlar almakla ilgili saplantıları olan kişilerde "Bilmiyorum... bilmiyorum... bilmiyorum," *mantra*sı işe yaramaktadır. Utanç duygusu için kullanılabilecek bir *mantra* da "Nasıl bilebilirdim ki?" olabilir. Kabul edilmeme korkusu yaşayan biri için "Eh, o zaman beni dava et!" *mantra*sı uygun olabilir. Bir *mantra*yı kullandığınız vakit ses tonunuzla denemeler yapın. "Eh, o zaman beni dava et" kendinden fazla emin bir *mantra*dır, "Nasıl bilebilirdim ki?" ise tevazu ifade eder. Öz şefkat geliştirmek için, "Kendine karşı iyi ol" ya da "Bana özen göster" *mantra*larını deneyebilirsiniz.

Gözlerinizin önüne bazı şeyler getirmek de rahatsız edici düşünceleri salıvermemize yardım eder. Örneğin, düşüncelerinizin yaprak olup bir nehrin üzerinde yüzdüğünü ve her bir yaprağın zihninize takılmış olan bir şeyi alıp götürdüğünü hayal edin. Ya da gökyüzü olduğunuzu farz edin, düşünceleriniz de bu gökyüzünden geçen, bir kısmı koyu renkli ve ürkünç görünümlü, bir kısmı da hafif ve uçar gibi olan bulutlar olsun.

Düşüncelerimize hafifçe tutunmak için uygulayacağımız bir başka güçlü strateji ise ölümü düşünmektir. "Sadece bir aylık bir ömrüm olsaydı, kendimi nasıl hissederdim?" Ölüm söz konusu olduğunda endişelerimizin pek azı gözümüze önemli görünür. Benzer şekilde, hayatta en çok neye değer verdiğimizi (mutlu çocuklara sahip olmak, sağlıklı olmak, huzurlu olmak, vb.) kendimize sorduğumuzda, daha küçük şeyleri göz ardı edebiliriz.

*Özellikle stres altındayken, zihninizle nasıl ilgileniyorsunuz?*

*Düşüncelerinizin daha kolaylıkla gidip gelmesi için denemek istediğiniz yeni bir strateji var mı?*

Nihayet sıkıntı veren düşüncelerden mustarip olduğumuzda, *beyinlerimiz* için şefkat geliştirebiliriz. Beyinlerimiz beden ağırlığımızın sadece %2'sini oluşturur ama o kadar çok çalışır ki, oksijenimizin yüzde 25'ine ihtiyaç duyar. Bazen aşırı çalışan beynimiz gündüzden kalan işlerini tamamlamak için bizi gece de uyanık bırakır. Obsesif-kompulsif (saplantılı) eğilimlerini, aşırı çalışan beynine şefkat geliştirerek hafifleten bir hekim tanıyorum. Bu kişi, obsesif bir düşünceye daldığı vakit, "Zavallı beyin, yine aynı şey oluyor, değil mi? Ne kadar gereksiz yere yoruluyorsun!" diyordu.

## Duygularınızla Dost Olmak

Duygusal halinizle nasıl ilgileniyorsunuz? Şefkatli yöntem size acı veren duygularınızla dost olmak, yani onlarla kavga etmekten vazgeçmektir. Bunu nasıl yapabileceğinizi pek çok sözcükle ifade edebiliriz: *empati, kaygılı ilgi, sevecenlik, ilgi, bağışlayıcılık, merhamet, hayırseverlik, düşüncelilik, hoşgörü, destek, kabul etme, anlayış, dostluk, sempati.*

Brian sağlığı konusunda saplantılı endişeleri olan orta yaşlı bir erkekti. Bir yeri ağrıdığında hiç vakit kaybetmeden doktora giderdi. Bu anksiyete durumunu idare edebilmek için, yerel bir meditasyon merkezine giderek farkındalık meditasyonunu nasıl yapacağını öğrenmişti. Ben de ona şefkat meditasyonu tekniklerini öğrettim. Eşinin ve benim tutarlı bir gelişme dönemi olarak tanımladığımız birkaç aylık bir süreden sonra, Brian bana "Biliyor musunuz," dedi, "bugüne kadar öğrenmiş olduğum hiçbir şey bana fayda etmedi."

Bunun üzerine ona, "fayda etmediğine nasıl karar verdiniz?" diye sordum. O da "Orama burama saplanan her bir ağrı ya da sancının beni öldüreceğini sanarak anksiyeteye kapılıyorum! Her seferinde beni teskin etmesi için karıma gittiğim için, o da bu durumdan bıktı usandı," diye yanıt verdi.

Bu konuşma Brian'ın anksiyete durumunu daha derinlemesine tartışmamıza ve aşağıdaki şu noktalara değinmemize neden oldu:

- Brian'ın anksiyetesi çocukluğunda yaşadığı ciddi sağlık sorunları ve ailesindeki obsesif-kompulsif kişilik bozukluğu nedeniyle doğal bir olaydı.
- Anksiyete durumu hayatta beğensek de beğenmesek de başımıza gelebilir.
- Brian'ın favori anksiyete hali saplantılı olmaktı.
- Duygularla tartışmamız mümkün değildir. Böyle bir şey onları daha da berbat bir hale getirir.
- Hayatta herkes acı çeker. Brian'ı en çok zorlayan şey, sağlıkla ilgili anksiyete durumunda olmak idi.
- Terapideki hedefimiz Brian'ın daha az anksiyeteye sahip olması değil, anksiyete durumunu daha fazla kabullenici olmasıydı.
- Anksiyetesini daha fazla sevecenlikle ve daha az kaçınmayla idare etmeyi öğrenmesi gerekti.

Brian daha sonra, "Yani bana yapmam gereken tek şeyin *kendime acımak* olduğunu mu söylüyorsunuz?" dedi. Ben de ona, "Eh, evet, bir yerden başlamak gerek," diye yanıt verdim.

Brian, bir an için psikolog Steven Hayes'in "yaratıcı ümitsizlik" olarak tanımlayabileceği bir durum yaşadı ve zor durumunun iyileşmesi yolundaki ilk adım da böylece sevgiyle atılmış oldu.

Brian'ın kendisine göstermeyi öğrendiği sempati gibi, *bağışlayıcılık* da kişinin duygusal anlamda kendisine ilgi göstermesinin önemli bir tarafıdır. Pek çoğumuz hata yaptığımız vakit kendimizi bağışlamakta güçlük çekeriz. Kendimize merhamet etmeyiz. Kendimizi bağışlamanın bir yolu, "En yakın arkadaşım bu işe ne derdi?" ya da meşhur tabiriyle "İsa (Buda, Krişna) ne derdi?" diye sormaktır. Başkalarının merhametli bakış açıları bizi ruminasyondan (aynı konu üzerinde tekrar tekrar düşünmek) çıkarabilir.

Bu kitabın büyük bir bölümü rahatsızlık veren duygulara ve kendimize karşı nasıl daha dostane bir tavır içine girebileceğimizle ilgilidir. Kendimize keyif veren aktiviteler bulmak da faydalı olabilir. Birkaç örnek verelim:

- Müzik dinlemek
- Tatile çıkmak
- Uçurtma uçurmak
- Seks yapmayı düşünmek
- Bir roman okumak
- CD satın almak
- Araba kullanmak
- Bahçede çalışmak
- Bisiklete binmek
- Sinemaya gitmek
- Lezzetli yemekler pişirmek
- Deniz kabukları toplamak

> *Duygusal olarak kendinizle nasıl ilgileniyorsunuz?*
>
> *Denemek istediğiniz yeni bir yöntem var mı?*

Angarya havasında olanların yerine, *doğası itibarıyla* keyif veren aktivitelere girişmek kendimize duygusal anlamda ilgi gösterme yöntemlerinden biridir.

Bundan sonraki iki bölümde sizi kendinize duygusal açıdan ilgi göstermek için gece veya gündüz, dilediğiniz saatte uygulayabileceğiniz temel bir uygulama olan sevgi dolu nezaket meditasyonuyla tanıştıracağız.

## Başkalarıyla İyi İlişki Kurmak

Başkalarıyla iyi ilişki kurmak, kişinin kendisine ilgi göstermesinin bir başka yoludur. Kişinin diğer insanlara bağlanmış olduğunu hissetmesinin, Neff'in öz şefkat tanımlamasının bir bileşeni olduğunu unutmayın. Gerçekten yalnız olsak da olmasak da, kendimizi zaman zaman diğer insanlardan izole olmuş gibi hissedebiliriz.

İzole edilmişlik duygusu sıradan bir mutsuzluğu çaresizliğe ya da minör bir anksiyeteyi yılgınlığa dönüştürebilir. Yalnız yaşayan ve sağlık sorunları olan yaşlılar kendilerini öyle hissederler. Onlara göre her yeni semptom, yaklaşmakta olan bir tehlikenin habercisidir. Destek ağımızın inceldiğini hemen fark edemeyebiliriz çünkü tecrit bir ihmal hatasıdır, *göremediğiniz* bir sorundur. O yüzden, ilişki dünyamıza özellikle dikkat vermemiz gerekir.

Başkalarıyla ilişki kurarken *nasıl* bir yöntem kullandığımız da içten içe nasıl hissettiğimizi derinden etkiler. Örneğin, yalan söylediğimiz, bir şey çaldığımız ya da birilerini dolandırdığımız bir günün gecesinde iyi bir uyku çekmemiz pek olası değildir. Bu tür davranışlar kişinin kısa vadede ayakları üzerinde durmasını sağlayabilir ama duygusal sağlığına pek fayda sağlamaz. İlk olarak, bizi kendimizden uzaklaştırır ve kendimizle kavga etmemize neden olur. Bunun sonucunda da diğer insanlardan uzaklaşırız.

İlişkilerde nazik olmak, başkalarına yardım etmek istememiz ve onlara zarar vermekten kaçınmamız demektir. Dalai Lama, bize iyi davranmaları konusunda başkalarına da esin verdiği için bu ilkeyi "zekice bencil" olarak tanımlar. Sevgi dolu, sıcacık bir etkileşimin anısı bize sonsuza dek süren bir mutluluk verebilir.

Hindistan'ın Mumbai kentinin varlıklı bir ailesinden gelen Shanti isimli 9 yaşındaki kızın hikayesi geldi aklıma. Shanti, doğum gününde babasıyla birlikte sahilde yürüyormuş. Oralarda her zaman dilenen ve para için çeşitli numaralar yapan insanlar olur. Shanti, doğum günü olduğu için babasından dondurma almasını istemiş. Babası da bunu kabul etmiş. Dondurma satıcısına doğru giderlerken dilencilerden biri onlara seslenmiş. Bunun üzerine Shanti babasından dilenciye biraz para vermesini istemiş. Babası ona bir seçenek sunmuş: Parayı dondurma almak için kullanabilir ya da dilenciye verebilirmiş. Shanti bir an düşünmüş ve babasından parayı o yabancı adama vermesini istemiş. O gece daha sonra babası onu yatağa yatırırken Shanti tatlı bir sesle, "Biliyor musun, dilenciye para vermemiz günümün en güzel anıydı!" demiş. Gördüğünüz gibi Shanti, başkalarına iyilikte bulunmanın insana uzun vadeli bir mutluluk verdiğini çok erken yaşlarda keşfetmişti.

Davranışlarımızın başkaları üzerinde pek çok farklı şekillerde, iyi ya da kötü etkisi olur. Örneğin, hayatta kalmamız diğer canlılar ya da bitkileri yememize bağlıdır. Bir mezbahada çalışan mültecileri tedavi eden Kansaslı bir psikiyatrist tanıyorum, Bana hastalarının haftanın 5 günü ve tüm gün boyunca hayvanları öldürdükleri için travma geçirdiklerini söylemişti. Yemek yediğimiz vakit, genellikle onu bizlere temin eden insanlarda yarattığı duygusal etkiyi aklımıza getirmeyiz. Ama bizler de hayat döngüsünün içine dahil olduğumuz için, elimizden geldiğince acıyı azaltmaya ve başkalarına bilerek ya da bilmeyerek zarar verdiğimiz için kendimizi bağışlamaya çalışmalıyız. Bunu kendi iyiliğimiz için yapmalıyız.

**Başkaları İçin Para Harcamak**

Kanada'daki British Columbia Üniversitesi'nden Psikolog Elizabet Dunn ve meslektaşları *Science* dergisinde, temel ihtiyaçlarımızı karşılamış olmak kaydıyla, paramızı başkaları için harcamanın, bizi kendimiz için harcamaktan daha fazla mutlu ettiğini yazmışlar ve bu varsayımı üç şekilde incelemişlerdir: Ulusal çapta bir anket yaparak, şirketlerinden kâr ortaklığı ikramiyesi alan kişiler arasında yapılan bir ankette ve insanlara harcamaları için para verip gün sonunda nasıl hissettiklerini ölçerek.

Ulusal anket çalışmasında, 632 Amerikalıdan genel olarak ne kadar mutlu olduklarını, gelirlerini beyan etmeleri ve paralarını nerelere harcadıklarını söylemeleri istenmiştir. Katılımcıların kazanç durumu göz önüne alınmadan yapılan bu ankette, başkaları için harcadıkları paranın (yardım, armağan) mutlulukla ilişkili, kendileri için harcadıkları paranın ise (faturalar, masraflar, kendilerine aldıkları armağanlar) mutlulukla ilişkili olmadığı saptanmıştır. Ummadıkları bir ikramiye alıp da ekonomik bir sürpriz yaşayan katılımcılarla ilgili araştırmada ise, ikramiyelerinden büyük bir bölümünü başkalarına dağıtanlar 6-8 hafta sonra daha büyük bir mutluluk yaşamışlardır. Yaşadıkları mutluluğun öngörücü unsuru ikramiyenin miktarı değil, onu nasıl harcadıkları olmuştu. Nihayet kendileri ya da başkaları için harcasınlar diye akşamüstü saat 5'te ellerine 5 ya da 20 dolar verilen kişilerden sadece 5 dolar verilenlerin mutluluk duygularında önemli derecede farklılık olmuştur.

*Başkalarıyla olan ilişkilerinizde nasıl ve ne zaman gerçek mutluluğu tadıyorsunuz?*

*Bu bağlantılarınızı zenginleştirmek için başka bir yöntem var mıdır?*

Başkalarına yardımcı olmaya çalışmak bir alışkanlık haline gelebilir ve hatta ölüm anında insana mutluluk bile verebilir. Bir Zen ustası bir keresinde korkmadan ölmek için şu tavsiyede bulunmuştur: Son nefesinizde kendinize "Nasıl yardımcı olabilirim?" diye sorun. Son anınızda kendinizle ilgili herhangi bir kaygınız olmadığını hayal edin. Ne kadar huzurlu hissederdiniz, öyle değil mi?

## Ruhunuzu Beslemek

"Maneviyat" sözcüğüyle tipik olarak hayatımızın elle tutulamayan taraflarını, yani Tanrı'yı, ruhu, değerlerimizi (sevgi, huzur, doğruluk) ya da kutsal bağlantılarımızı anlatmak isteriz. Çoğu insan için ruhsal uygulamaların amacı kişinin mükemmel ve yüce bir varlığa ya da kişinin bencilce arzularını ve kişisel kısıtlamalarını azaltacağını umduğu bir sürece yakınlaşmasıdır. Bu yaklaşım aslında maneviyata tepeden aşağı bir yaklaşımla bakmaktır. Diğer bazı insanlar ise günlük hayatın mucizesiyle, yani burnumuzun ucunda vuku bulmakta olan kusurlu gerçeklilikle yakın temasın var olduğu, aşağıdan yukarıya bir yaklaşım benimsemişlerdir. Maneviyata önem veren kişilerin çoğuysa, hayatlarında *her iki* yaklaşıma da ihtiyaç duyduklarını, hem yüce ve mükemmel bir varlığın onları coşkunluğa sevk etmesini, hem de sıradan gerçekliğe bağlı kalmayı istediklerini belirtmişlerdir.

Bu iki yaklaşım ortak bir yöntemi paylaşır: Kendimizi daha hafife almayı. "Öz benlik", Tanrı'yı sevmekle ve dünyevi var oluşun değerli ama geçici doğasını derinden anlamakla yontulur. Bunun sonucu olarak bu dünyada korumamız ve yüceltmemiz gereken daha az bir "öz benlik"e sahip oluruz. Bu, hem kendimiz hem de başkaları için müthiş bir rahatlama getirir. Kişinin ruhsal olarak kendisine bakması ilkesinin ardında değerlerimize, yani "öz benliğimizi" yüceltmekten vazgeçmemize olan adanmışlığımız yatmaktadır.

Bazı insanlar kendileriyle ilgilenmelerinin dine aykırı olduğuna inanırlar. Çoğu dini gelenek *başkalarına* şefkat göstermenin önemini vurgular. "Komşunu da kendin gibi sev." Yine de bu sözü söyleyen adam bile çevresindeki kalabalık artınca dağlara kaçmıştır.

Çoğu dinde, kişinin *başından beri* kendisini sevdiği ima edilir. Buda şöyle demiştir:

> Zihnin tüm yönlere yaptığı yolculukta
> Kişi kendisinden daha değerlisini bulamaz
> Herkes kendisi için en değerli olandır
> O yüzden de kendisini seven kişi başkasına zarar
> vermemelidir.

Nitekim, kişinin kendisini sevmesi, başkalarını sevmenin ne demek olduğunu göstermek için genellikle *örnek* olarak kullanılır.

Ama günümüzde insanlar kendileri hakkında çelişkili duygular yaşamaktadırlar. Kendimizi sevdiğimizi varsaymak şimdilerde artık pek kolay değildir. Bu kitap da zaten bu boşluğu doldurmak için yazılmıştır. Belki de spontane ve karşılıksız

> *Ruhsal anlamda kendinizle ilgilenmek için ne yapıyorsunuz?*
>
> *Ruhsal tarafınızı ihmal ediyorsanız, yapmayı hatırlamak istediğiniz başka bir şey var mı?*

sevgi için verilebilecek daha iyi bir örnek, evcil hayvanımıza ya da masum bir çocuğa karşı duyduğumuz doğal hislerdir. Bu duygunun peşinden gitmek, bize kendimizi nasıl daha çok seveceğimizi de gösterir. Bir kez kendimizi sevmeyi yeniden öğrenirsek, bu sevgiyi daha dolu dolu bir şekilde başkalarına da verebiliriz.

Ruhsal olarak kendimizle ilgilenmemiz, genellikle önem verdiğimiz değerleri geliştirmek için vakit ayırmamız anlamına gelir. Eğer değerlerinize ilgi göstermezseniz, bilinçaltınızda bizim tüketici kültürümüzün değerlerini özümsersiniz. Keyif peşinde koşan ve maddiyatçı biri olursunuz. Sizin inancınızı paylaşan kişilerle düzenli olarak buluşuyor musunuz? Doğayla bütünleşmekten hoşlanıyorsanız, haftada bir gün olsun açık havaya çıkıyor musunuz? İbadetiniz sizi manen besliyor mu, yoksa bunu mecburiyetten mi yapıyorsunuz? Kendinizle ve başkalarıyla daha sevecen ve huzurlu ilişkiler içine girmeyi öğreniyor musunuz?

Bir ebeveyn nasıl çocuğunun hayatının her bir tarafıyla (fiziksel, zihinsel, duygusal, ilişkisel ve ruhsal) ilgilenmeye çalışırsa, biz de bu becerileri kendimizle ilgili olarak geliştirebiliriz. Eğer size çocukluğunuzda bu tür bir ilgi gösterilmediyse ya da öğrenmiş olduğunuz bu becerileri yetişkinliğe eriştikten sonra kullanmamaya başladıysanız, onları şimdi yeniden öğrenebilirsiniz. Bunun için sadece buna hevesli olmanız ve biraz yaratıcılık göstermeniz yeterlidir.

## ZARAR VERMEME İLKESİ

En temel düzeyinde, öz şefkat uygulaması kendimize zarar vermemek anlamına gelir. Kendimize zarar verdiğimizi fark etmemiz, kendimize daha nazik olmanın yollarını keşfetmemizden genellikle daha kolaydır. Aşağıdaki sorulara bir göz atın:

- Dişlerinizi nasıl fırçalarsınız? Nazikçe mi? Sert hareketlerle mi?
- Sabahları oradan oraya acele içinde koşturur musunuz?
- Egzersiz yapmadığınız için bedeniniz gergin ya da kasılmış gibi midir?
- Kendinizi bitkin hissediyor musunuz?
- Yemeğinizi tıka basa olana kadar mı yersiniz?
- Bütün gününüzü bilgisayarın önünde mi geçiriyorsunuz?
- Kendinizi mecbur hissettiğiniz için mi seks yapıyorsunuz?
- Çok fazla sayıda sosyal aktiviteye katılmaktan nefret mi ediyorsunuz?
- Televizyona çıkan politikacılara öfkeleniyor musunuz?
- Tatillerde aşırı para harcıyor musunuz?
- Annenizle *her* Pazar günü konuşmanız gerekiyor mu?

Şeytan ayrıntılarda gizlidir. Kendimize yaptığımız zararlı şeylerin çoğu bilinçaltı alışkanlıklarımızdır. Durup kendimize ne istediğimizi ya da bunu istememiz için iyi bir neden olup olmadığını sormayız. Şefkat uygulamasına başladığında kendinize ilk olarak "Bu bana zarar veriyor mu?" diye sormanız gerekir. Eğer öyle olduğunu düşünüyorsanız, uygulamayı bırakın. Kendini iyi hissetmenin nasıl bir şey olduğunu öğrendiğinizde ve bunu hak ettiğinizi düşündüğünüzde, kendinize zarar verdiğiniz anda kırmızı bir bayrak kalkacak ve büyük bir olasılıkla yapmakta olduğunuz işi bırakacaksınız.

Hepimizin sıkıntı veren ve çoğu bilinçaltında olan *zihinsel* birtakım alışkanlıklarımız da vardır. Örneğin, eğer dikkatiniz denetimsizse ve bir yerden bir yere kayıyorsa, ruhsal bozukluklarınız olur. Sürekli olarak geçmişi düşünür ya da gelecekle ilgili endişelere saplanır, kendinizi rahatsız edici duyguların kıskacında bulur ve mükemmel bir günü berbat edersiniz. Farkındalık meditasyonu gibi bir uygulama bu yaygın ruhsal acıları gideren bir panzehir olabilir.

Hayatımızda karmaşa yaratan bir zihinsel alışkanlık da *öz yargılayıcı* olmaktır. Bir iş ters gittiğinde zihninizi 10 dakika kadar izleyin. Büyük bir ihtimalle kendinizi eleştirdiğinizi fark edeceksinizdir. Neyin ters gittiğini bilmek ve hatalarımızı düzeltmek kuşkusuz faydalı bir şeydir ama genellikle bunun oldukça ötesine geçeriz. Kendimizi yargılamakla ilgili olarak ne yapabiliriz? "Kendini yargılamaktan vazgeçmek" bir çare değildir çünkü bu sefer de kendinizi yargıladığınız için kendinizi yargılayacaksınızdır. (Unutmayın ki, direnç gösterdiğiniz şey, varlığını sürdürür.) En iyi çözüm yargılamalara "tanık" olmak ve onların gelip gitmelerine izin vermektir.

---

### *BUNU DENEYİN: Öz Yargılamaları Saymak*

Bu egzersiz için sıradan bir gününüzün 15 dakikasını ayırın. Zihninizin dalıp gideceği, örneğin araba kullandığınız ya da tek başınıza yemek yediğiniz vakti seçin. Kendinize, "Bundan sonraki 15 dakika boyunca her dakika başında öz yargılayıcı bir düşünceye dalıp dalmadığımı kendime soracağım," deyin. Bipleyen elektronik bir aletiniz varsa, onu her dakika başı bipleyecek şekilde kurun. Düşüncelerinizin *içeriğini* hatırlayacağım diye kendinizi sıkmayın. Kendinizi kaç kez eleştirdiğinizi öğrenmek için zihninizde bir çetele tutun ya da saymak için parmaklarınızı kullanın.

---

Öz yargılayıcı düşünceleri teşhis etmek kolay değildir çünkü bunlar çok hızlı oluşurlar. Bazen bedene odaklanmanın yararı olabilir: Midenizde bir gerginlik hissediyorsanız, belki de eleştirel bir düşünce içine girmişsinizdir. Bu fiziksel gerilimi hissetmeden önceki ana dönüp, birkaç saniye orada kalmanın bir mahsuru yoktur. İronik olarak, öz yargılayıcı olduğunuzu fark etme *niyetinde* olmanız, zihninizde neler olup bitenlerin çoğunu kaçırsanız bile bu alışkanlığın yok edilmesinde yardımcı olur.

## TADINI ÇIKARMAK

Tadını çıkarmak "kişinin hayatındaki olumlu deneyimlerle ilgilenme, onlar için müteşekkir olma ve onları misliyle arttırma yeteneği"ne sahip olanların ruh halini anlatmak için kullanılan bir terimdir. Tadını çıkarmak bir tür öz şefkattir. Tadını çıkarmanın tersi kendi tekerinize çomak sokmaktır. Aşağıdaki şu sorulara bir göz atın:

- Size yapılan bir iltifatın tadını çıkarmak için kendinizi özgür bırakıyor musunuz?
- Son zamanlarda lezzetli bir yemeğin tadını çıkarmak için yavaş yiyip oyalandınız mı?
- Belirli kişilere karşı duyduğunuz sevginin keyfini çıkarabiliyor musunuz?
- Taze sonbahar havasını derin bir nefesle içinize çekmeye eğilimli misiniz?
- Mutlu olduğunuzda yüksek sesle kahkaha atar mısınız?
- Elde edilen bir başarı nedeniyle gurur duymakta bir mahsur var mıdır?
- Önemli anlarınızı ileride hatırlamak için fotoğraf çeker misiniz?
- Hayatın tadını çıkarmayı gerçekten bilen arkadaşlarınız var mı?

Olumlu deneyimlerimize çok fazlaca bel bağlamamamız gerekir çünkü bunlar bitince acı hissederiz. Ama onarı kaybetmekten korktuğumuz için mutlu anlardan *kaçınmamız da* doğru değildir. Olumlu deneyimlerin keyfini çıkarmak cesaret isteyen bir iştir.

Emily Dickinson'ın şu şiirine bir göz atın:

> Keder'in içinde bata çıka yürüyebilirim…
> Balçık gibi olsa da…
> Buna alışkınım ben…
> Ama bir zerrecik Sevinç

Ayaklarımın dibinde dağılıp parçalanıyor...
Ve ben bir yana eğiliyorum... sarhoşum...

Olumlu ve olumsuz deneyimlerinizin *tümüne* kapıyı açmak için hazır mısınız?

Tadını çıkarmak farkındalığın bir varyasyonudur. Deneyiminizin tadını çıkarmak demek, ona yapışıp kalmak ya da onu gereksiz yere uzatmak değil, *tam anlamıyla onun içine girmek* demektir. Farkındalığın amacı olumlu ya da olumsuz deneyimlerin kancasına takılmak değil, olan biteni tam ve eksiksiz olarak oldukları gibi bırakmaktır. İleri bir ruh halindeyken, kederin ve üzüntünün bile tadını çıkarabiliriz. Araştırmalar keyifli deneyimlerin tadını çıkarmanın, günlük mutluluğumuzun temel düzeyini yükselten bir alışkanlık haline gelebileceğini göstermektedir.

**Mutluluk İçin Araya Girip Katkıda Bulunmak**

Pozitif psikolojinin babası sayılan Martin Seligman ve arkadaşları mutluluğu arttırmak için uygulanan beş farklı stratejinin ne kadar etkili olduğunu anlamak için bazı testler yapmışlardır. Beş yüz yetmiş yedi katılımcı internet üzerinden bir hafta boyunca egzersiz yapmak için gönüllü olmuşlardır. Bir tanesi karşılaştırma grubu olmak üzere, farklı görevleri olan altı grup vardı. Görevlerden ikisi mutluluğu önemli ölçüde arttırıyor ve depresyonu azaltıyordu. Bu görevler şunlardı:

- **İmzanızı taşıyan güçlü yönlerinizi yeni bir şekilde kullanmak.** Katılımcılar internet üzerinden en belirgin beş kişisel özelliklerini, yani "imzalarını taşıyan güçlü yönlerini" öğrenmek için bir sınava tabi tutuldular. Örnekler arasında "tevazu," "oyunculuk," ve "öğrenme aşkı" vardı. Daha sonra katılımcılara bu güçlerini haftanın her bir gününde yeni ve farklı bir şekilde kullanmaları söylendi.

- **Hayattaki üç iyi şeyi sıralamak.** Katılımcılara o gün onların başına gelen üç iyi şeyi yazmaları ve bir hafta boyunca her gece bunlarla neden karşılaştıklarını düşünmeleri söylendi.

İlginç bir şekilde, mutluluktaki en büyük *ilk* artış, "minnettarlık ziyareti" adı verilen başka bir stratejide gerçekleşti. Bu stratejide katılımcılar onlara özellikle nazik davranmış (ama kendisine teşekkür edilmemiş) olan birine bir mektup yazıp gönderdiler. Ama bu duygusal desteğin etkisi üç aydan sonra yok oldu. Diğer iki tekniğin etkisi ise 6 ay sonra bile hissedilir bir durumdaydı. Aksine söz vermiş olmalarına rağmen, katılımcıların çoğu mutluluk müdahalelerini bir haftayı aşkın bir süre boyunca devam ettirdiler ve tüm katılımcılar içinde en mutlu olanlar onlar oldu.

## OLUMLU DUYGULAR GELİŞTİRMEK

Duygusal manzaramız bizi mutlu eden olumlu ve bize acı veren olumsuz duygulardan oluşur. Olumlu duygular geliştirmek, kendimiz için yapabileceğimiz şefkatli bir şeydir. Ama bunu farkındalık içinde yapmalıyız, olumsuz duyguları itekleyerek ve sadece olumlu olanlara sıkı sıkı sarılarak değil. Göreceğiniz gibi, olumlu duyguların değerini anlamak ve onlardan keyif almak iyi bir şeydir.

### Olumlu Duygular Hangileridir?

Olumlu duyguların en azından *iki* dikkate değer özelliği vardır: İnsana kendisini iyi hissettirirler ve bireyi aşıp onun ötesine geçerler. Örnek vermek gerekirse duygusal yakınlığı, neşeli, canlı ve ümitli olmayı, sürprizler yaşamayı ve huşu duymayı sayabiliriz. Mutlu insanlar çevrelerine bağlı olduklarını hissederler, mutsuz insanlar ise ondan ayrılmış olduklarını. Çoğu olumlu duygunun içinde başkalarına duyulan saygı da vardır.

Örneğin şefkat, bağlı kalmanın güç olduğu zamanlarda bile bizi başkalarıyla temas halinde tutan bir duygudur.

Olumsuz duygular insana kendini kötü hissettirir ve bizi diğerlerinden ayırır. Bunlara örnek olarak nefret, öfke, tiksinti, suçluluk, üzüntü, utanç, anksiyete ve acıma duygularını sayabiliriz. Öfke insanları uzaklaştırır, üzüntü ise içimize kapandığımız takdirde çevreden kopmamıza neden olur. Örneğin, acıma duygusu şefkatten *biraz* daha az olumlu olan bir duygudur çünkü kendimizi acı duyan kişiden ayrı hissettiğimizi ima eder. Birine "acıdığımız" vakit, yardım etmek için harekete geçeriz ama büyük bir olasılıkla kendimizi o kişiyle eşit ya da aynı düzeyde görmeyiz.

Üzüntü "yumuşak" bir duygudur, yani bu duyguda başkaları için bir açıklık ve yardım almaya hazır olma durumu vardır. Öfke ve nefret ise, tam tersine, "katı" duygulardır ve bu duygunun içinde başkalarını elinin tersiyle itmek vardır. Üzüntü, suçluluk, terk edilmişlik, utanç gibi yumuşak duygularla arkadaş olmamız, onları yaşamamız ve kendiliklerinden geçene kadar onları hissetmemiz gerekir. Öfke ve nefret gibi katı duygulara ise farklı bir şekilde yaklaşılmalıdır. Öfkeye ve nefrete gitmeleri için "izin verir," onları "terk ederiz." Yumuşak duygular ise onları *yaşadığımızda* üzerlerinde çalışılabilecek bir hale gelirler. Katı duyguları salıverdiğimizde, genellikle bunların altında yumuşak duygular buluruz. Örneğin, öfkenin altında sıklıkla bir bağlanma özlemi, korku, hüzün ya da kayıp duygusu vardır.

Olumsuz duygular bizi bir sorunla ilgili olarak uyardığı için faydalı bir işlevde bulunurlar. Olumsuz duygular hissettiğimizde duygusal ya da fiziksel sağlığımız tehlikeye düşebilir. O yüzden dikkatli olmamız gerekir. Örneğin, yakın korumalar saldırıya uğradığında korku hissetmenin o anda karatede bir siyah kuşağa sahip olmaktan daha iyi olduğunu bilirler. Korku bize nereye gitmememiz ve ne zaman kaçmamız gerektiğini söyler. Aynı şekilde, keder de bize fark edilmediği takdirde ailemizin sağlığını tehlikeye atabilecek bir ilişki kopukluğuyla ilgili bir uyarıda bulunabilir. O yüzden olumsuz duyguları *elimine* etmememiz gerekir. Yapmamız gereken şey onlara yapışıp kalmamaktır.

## Olumlu Duyguları Beslemek

Görüldüğü kadarıyla olumlu duyguların pek çok faydası bulunmaktadır. 225'in üzerinde yayımlanmış makalenin incelenmesi, olumlu duyguların mutlulukla bağlantılı olduğunu, mutlu insanların hayatta başarılı ve talihsizlikler karşısında dayanıklı olma olasılıklarının daha yüksek olduğunu göstermiştir. Bunlar genellikle daha yaratıcı, ırklar konusunda daha az önyargılı, işte başarılı olma olasılıkları yüksek ve mutlu ilişkiler kurabilen kişilerdir.

**Duygusal Beyin**

Duygular orta beyindeki limbik sistemde oluşur.

Limbik sistem yavrularıyla bağ kurma, grup halinde iş görme ve birbirleriyle karmaşık yöntemlerle iletişim kurma ihtiyacında olan memelilerde gelişmiştir. Bunu, hayatta kalması büyük ölçüde korku, açlık ve sekse bağlı olan timsahın duygularını nasıl sergilediğiyle karşılaştırın. Sürüngenlerin limbik sistemi tam olarak gelişmemiştir ve içgüdüsel dürtülerine duygu katmaya yeterli değildir. En gelişmiş beyin insanlarınkidir ve neokorteks dediğimiz üst tarafı tamamıyla rasyonel bir şekilde düşünmemizi ve bilinçli olmamızı sağlayan sinir hücreleriyle kaplıdır.

Beynin duygudan sorumlu bölgesinden gelen sinyaller neokortekste tahlil edilir ve duygu merkezlerine geri gönderilir. Örneğin, orta beyindeki badem şekilli bir yapı olan amigdala, yolun kenarında durmakta olan bir ip parçasını aniden tehlikeli bir yılan olarak algılayabilir. Amigdala bedene kaçmasını söyler ve aynı zamanda neokortekse durumu daha iyi tahlil etmesi için bir mesaj gönderir. Eğer neokorteks yılanın sadece bir ip parçası olduğuna karar verirse, amigdalaya alarm durumunu kaldırması için bir sinyal gönderir. Böylece, rasyonel beynimiz duygusal tepkiselliği kontrol altına almış olur.

İnsan bedeni mutlu olmak için değil, hayatta kalmak üzere inşa edilmiştir. Suskun limbik sistemlere sahip olanlarımız muhtemelen karşılarına çıkan zorlukları sağ salim atlatamamışlardır. Limbik sistem bize direnmemizi ve her köşede karşımıza çıkan fiziksel rahatsızlıklardan kaçınmamızı söyler. Ne var ki aynı şeyi duygusal sıkıntılar için de yapar. Limbik sistemimize duygusal acılara direnmenin amaca ulaşmayı zorlaştıran bir durum olduğunu öğretebilmemiz için bol miktarda zihinsel iradeye sahip olmamız, yani neokorteksi harekete geçirmemiz gerekir.

Bundan 2.500 yıl önce Buda'nın karşılaştığı durum tam da buydu. Buda, acıya direnmenin sorunlarımızı katladığını öğretirken, 5 milyon yıllık insan evrimini aşmaya çalışıyordu. Hayatının amacı insanı acıdan kurtaracak, uygulanabilir bir psikolojik yöntem keşfetmekti. Budist psikolojisi, farkındalık bilimi ve kabul etme temelli psikoterapi, neokortekse duygusal rahatsızlık hissini zalimce bertaraf etmek yerine, "dikkate" almayı öğretir. Sara Lazar, Richard Davidson, Norman Farb ve arkadaşları tarafından yürütülen nörobilimsel çalışmalar farkındalığın ve şefkat meditasyonunun limbik sistemin işlemesini ve yapısını nasıl değiştirdiğini göstermektedir.

### Gülümseyerek Mutlu Olun

Psikologlar LeeAnne Harker ve Dacher Keltner insanların arasındaki duygusal farklılıkların hayatlarının gidişatına şekil verip vermediğini araştırmışlardı. Mezun oldukları üniversitenin 1958 ve 1960 yıllıklarındaki fotoğraflardan 21 yaşındaki kadınların gülümsemelerinin yoğunluğunu ölçtüler. Gülümsemenin yoğunluğuna, gözlerin kenarında kaz ayağı şeklinde kırışıklıklar ve dudakların ucunda da yukarıya doğru kıvrımlar olmasına bakarak karar veriyorlardı. Daha sonra 27, 43 ve 52 yaşlarına geldiklerinde aynı kadınlara sağlıkları hakkında sorular sormuşlardı. Üniversite yıllığında yoğun bir şekilde gülümsemiş olan kadınlar, bu yaşlarda da mutlu olduklarını söylemişlerdi. (Mutlulukla bağlantılı olan fiziki cazibenin etkisi veri analizinde göz önüne alınmamıştı.) Güçlü bir şekilde gülümseyenlerin "daha organize, zihinsel olarak daha odaklı ve başarıya yönelmiş olduğu ve yinelenen uzun süreli olumsuz deneyimlerden daha az etkilendiği" gözlemlenmişti. Bu kişilerin 27 yaşına kadar evlenmiş ve 30 yıl sonra da evliliklerinden hoşnut olmaları da büyük bir olasılık olarak ortaya çıkıyordu.

Kentucky Üniversitesi'nden Deborah Danner ve arkadaşları da bir başka şaşırtıcı araştırmada 180 Katolik rahibenin 1930'lu yılların sonlarında ya da 1940'lı yılların başında 22 yaşlarındayken manastıra girdiklerinde yazdıkları otobiyografileri incelemişlerdi. El yazısıyla yazılmış olan bu hayat hikayeleri içerdikleri olumlu ve olumsuz duygulara göre sınıflandırılmıştı. Örneğin:

- Rahibe 1 (düşük düzeyde olumlu duygulara sahip): "26 Eylül 1909 tarihinde doğdum. Beşi kız ikisi erkek olan yedi çocuğun en büyüğüyüm... Adaylık yılım Baş Manastır'daki Notre Dame Enstitüsü'nde Kimya ve İkinci Sınıf Latincesi öğreterek geçti. Tanrı'nın izniyle, Mezhebimiz, dinimizin yayılması ve kendi kişisel mutluluğum için elimden geleni yapmaya niyetliyim."
- Rahibe 2 (yüksek düzeyde olumlu duygulara sahip): Hayatıma gerçek anlamda Tanrı'nın bana paha bi-

çilmez değerde bir lütufta bulunmasıyla başladım... Notre Dame Enstitüsü'nde aday rahibe olarak çalıştığım geçen yıl benim için çok mutlu bir süreçti. Şimdi Meryem Anamızın Kutsal Giysisini giymeyi ve Kutsal Sevgiyle bütünleşmiş bir hayat yaşamayı dört gözle bekliyorum."

Bundan altmış yıl sonra, araştırmacılar otobiyografilerinde görece daha düşük düzeyde olumlu duygular ifade eden rahibelerin %54'ünün, daha yüksek düzeyde olumlu duygular ifade edenlerin ise %26'sının ölmüş olduğunu keşfetmişlerdir. Bu durumda, erken yetişkin dönemlerde olumlu duygulara sahip olmak uzun ömürlü olmakla ilintili gibi görünmektedir.

Bu araştırma aynı zamanda olumlu duyguların bizim büyük resmi görmemizi sağladığını da göstermektedir. Hayatta kalmayla ilgili olan menfaat duyguları görüş alanımızı daraltmamaktadır. Bu da uyanıklık alanımızda olan bitenin farkındalığı içinde olmak istediğimiz takdirde, asgari bir mutluluk standardının var olması gerektiğini göstermektedir. Meditasyon öğretmenleri bunu bilirler, öğrencileri meditasyona göndermeden önceki teke tek görüşmelerde onlara sevgi ve destek verirler. Psikoterapi de aynı şekilde işler. İnsanın biraz daha mutlu olmasını sağlar ve hayatın sorunlarını keşfetmesi ve bunlara hakim olması için ona cesaret verir.

Asıl sorun duyguların dengesini olumlu yöne nasıl çevireceğimizdir. Aşağıdaki hikaye bunu güzel bir şekilde anlatmaktadır:

Bir akşam yaşlı bir Çeroki erkek torununa insanların içindeki savaştan bahsetti. "Oğlum, hepimizin içinde savaşan iki 'kurt' vardır," dedi.

"Bunlardan biri Kötü'dür. Onun içinde öfke, haset, kıskançlık, üzüntü, pişmanlık, aç gözlülük, böbürlenme, kendine acıma, suçluluk duygusu, güceniklik, aşağılık kompleksi, yalanlar, boş gurur, üstünlük duygusu ve ego vardır.

"Diğeri ise İyi'dir. Onun içinde ise neşe, huzur, sevgi, ümit, dinginlik, tevazu, iyilik, iyi niyet, empati, bonkörlük, doğruluk, şefkat ve inanç vardır."

Torun bir an düşündü ve sonra büyükbabasına sordu: "Savaşı hangi kurt kazanır?"

Yaşlı Çeroki, "Hangisini beslersen," demekle yetindi.

Duygularımızı nasıl besleriz? Bir duygu, özü itibarıyla güçlendirebileceğimiz ya da zayıflatabileceğimiz bir alışkanlıktır. O bir "şey" ya da bir "cisim" değildir. Örneğin, öfkenin sifonunun çekilmesini bekleyen bir duygu rezervuarı olduğunu varsaydığımız hidrolik model, eldeki verilere uymamaktadır. Araştırmalar bir öfke gösterisinin bizim yeniden öfkelenme olasılığımızı aslında güçlendirdiğini göstermektedir. Öfkeyi yatıştırmanın yegane yolu o alışkanlığı beslemeyi durdurmaktır.

Peki o zaman, öfke gibi olumsuz bir duyguyu kendimiz nasıl oluyor da farkında olmadan besliyoruz? Şu ya da bu neden oldu ve bununla ilgili olarak ne yapmam gerek türünden saplantılara kapılarak öfkeyle mücadele ettiğimizde, o duygumuzu beslemiş oluyoruz. Eğer yadsıdığımız bir duygu hâlâ zihnimizin bir köşesinde duruyorsa ya da kendimizi güçlü ve haklı hissettiğimizde öfkeye sıkı sıkı sarılıyorsak, yine onu besliyoruz demektir. Kısacası, direnç olumsuz duyguları besler. Zihnimizde onları kusarak geri çıkarmaya çalışmaktan vazgeçersek hafiflerler ve biz de farkındalıklı ve şefkatli bir yaklaşım içine girmiş oluruz.

*Olumlu* duyguları nasıl besleyebiliriz? Olumlu duygular biz şimdiki anı tam ve eksiksiz olarak deneyimlediğimizde doğal olarak oluşur. Öfke bile ona direnç göstermediğimiz takdirde olumlu bir şeye dönüşebilir çünkü öfke bize dünyamızla ilgili önemli bilgiler verir. Tüm deneyimlerimizle farkındalık içinde ve şefkatle geçinme alışkanlığı neşe, huzur, cömertlik ve sevgi gibi olumlu duyguların (duygusal alışkanlıkların) temelini oluşturur.

## Bencil Olmama Bilgeliği

Olumlu duygular geliştirebilmek için uysal bir öz benlik duygusu gerekir. Korumamız ve savunmamız gereken ne kadar az "öz benlik" duygumuz olursa, hoşgörü, cömertlik ve kabul etme gibi olumlu sosyal nitelikli duyguların oluşma olasılığı bir o kadar artar. Tam tersine, kendimizi sabit bir imgeyle ya da belirli bir ideolojiyle özdeşleştirmişsek, psikolojik olarak hayatta kalmak için hiç durmadan savaşma ihtiyacı hissederiz.

Akıl, kendimiz de dahil olmak üzere her şeyin nasıl değiştiğinin doğrudan farkında olmayı da içerir. Çağdaş Hint bilgesi Nisagradatta Maharaj şöyle yazmıştır:

> Sevgi, "Ben her şeyim der."
> Akıl, "Ben hiçbir şeyim," der.
> Hayatım bu ikisinin arasından akar."

Kendimizi geçici olaylar (isimler yerine fiiller) olarak görme yönünde değiştirirsek, bir adım geriye çekilip bu akışın devam etmesine izin veririz. Böylece, çabalarımız hayatımızın koşullarına hakim olmaktan, her bir anımızı tam yönleriyle ve yürekten karşılamayı öğrenmeye doğru kayar.

**Öz Benliğe Yönelik İşler ve Beyin**

Kişisel deneyimlerle bağlantı oluşturmak için nörolojik olarak birbirinden farklı iki yol vardır: (1) anbean, yani "deneysel" yöntemle bağlantı oluşturmak," (2) "öz benliğe yönelik" ya da "öyküsel" olarak bağlantı oluşturmak. Toronto Üniversitesi'nden Norman Farb ve arkadaşları her iki modu da çağrıştıran işler yapan kişilerin beyinlerini taramışlardır. Katılımcılara "kendine güvenen" ve "melankoli" gibi sıfatlar gösterilmiş ve (1) bedenlerinde ve zihinlerinde neler olduğunu hissetmeleri ya da (2) bu özelliğin onlara uyup uymadığına karar vermeleri istenmiştir.

Beklenildiği üzere, ikinci gruptaki "öz benliğe yönelik" işler, beynin dalıp giden ve "default ağı"yla (otomatik pilota takılı olma ağıyla) ilgili olan bölümünü harekete geçirmiştir (Bakınız 2. Bölüm). Buna karşın, şimdiki an farkındalığı katılımcıların bu ağın medial prefrontal korteksini (geçmişi gelecekle bağlayan ve "öz benlik"e tutarlılık kazandıran alanlarını) *devreden çıkarmalarına* yardım etmiş ve bunun yerine insulayı ve lateral beyin alanlarını (beden farkındalığıyla daha yakından ilintili olan bölgeleri) devreye sokmuştur. İlginç olarak, farkındalık meditasyonu eğitimi almış olan kişiler, bu devreye sokup çıkarma işini acemilere göre daha ustaca başarmışlardır. Bu araştırma beyinlerimizi öyküsel düşünceyi, yani günlük olayların "öz benliğimizi" nasıl etkilediğiyle daha az meşgul olma ve bunun yerine şimdiki an farkındalığının getirdiği duygusal özgürlüğü deneme konusunda eğitebileceğimizi göstermektedir.

## ÇOCUKLUĞA UZANAN KÖKLER

Mutluluk düzeyimizi yükseltmek gerçekten de mümkün olabilir mi? Çocukluk döneminde taşları döşenen kalıtımsal özelliklere dayalı duygu kalıplarıyla baş etmek çok mu zordur? Ve çocuklar birbirlerine karşı nazik olmayı nasıl öğrenirler?

### Değişebilir miyiz?

Psikolog Sonia Lyubomirsky ve arkadaşlarının yaptığı yeni araştırmalar genel mutluluk düzeyimizin genlerimize, içinde bulunduğumuz koşullara ve maksatlı aktivitelerimize bağlı olduğunu göstermiştir. "Mutlu genler" mutluluğumuzun neredeyse yarısından sorumludur. "Koşullar"ın (kişinin çocukluğundaki koşulların ve evli olup olmadığı, iyi para kazanıp kazanmadığı, dindar olup olmadığı ve sağlıklı olup olmadığı gibi şimdiki andaki koşulların) payı ise sadece %10'dur. En ilginç kategoriyi, "maksatlı aktivite" dediğimiz ve aktivitelerimizi ve hayata bakışımızı içeren %40'lık bölümü oluşturmaktadır. Bu kategoriye egzersiz yapmak ve dostlarımızla vakit geçirmek gibi *yaptığımız* şeyler, minnettarlık ya da nezaket gibi duyguların oluşması gibi bir *düşünce* tarzı geliştirmek ve ilgi alanlarımıza ve değerlerimize ne kadar *meşgul o*lduğumuz gibi şeyler dahildir.

Bu, pek çoğumuzun inandığının aksine, piyangoda kazanmanın (koşullar) size hayat boyu mutluluk vermeyeceğini göstermektedir. Paranızı, örneğin mandolin çalmayı öğrenmek ya da kilisenizde, tapınağınızda ya da caminizde gönüllü olarak çalışmak gibi (maksatlı aktivite) size keyif veren işler için *harcamadığınız takdirde*, çok büyük bir olasılıkla size eskiden mutluluk veren (ve genleriniz ve diğer koşullarınız tarafından belirlenen) şeylere geri döneceksiniz demektir. Hissedilir şekilde daha mutlu olmak istiyorsanız, yeni bir BMW edinmek ya da yeni bir eş bulmak gibi belirli bir nesne ya da hayat koşuluna odaklanmaktansa, maksatlı aktivitelerde bulunmanız, vaktinizi nasıl harcayacağınızı ve nasıl düşüneceğinizi belirlemeniz gerekir. Yeni bir BMW ya da yeni bir eş edinirseniz, mutluluk düzeyinizi yükseltmek için hiç olmazsa bunların tadını elinizden geldiğince uzunca bir süre çıkarmaya çalışın. Maksatlı aktivite geliştirmek 1. Bölüm'de dile getirdiğimiz hedonik yürüme bandının panzehiridir.

## Kendimizle İyi Geçinmeyi Öğrenmek

Öz şefkat uygulaması maksatlı bir aktivitedir ve erken çocukluk deneyimlerimizle yakından bağlantılıdır. Kendimize nasıl davrandığımız kısmen ebeveynlerimizin bize nasıl davranmış olduğuna bağlıdır. O yüzden hayatımızın erken yıllarındaki koşullar, öz şefkat gücünü tam olarak kullanma yeteneğimizi etkiler.

Bir çocuğun, bakımını üstlenen (bakımveren) kişilere nasıl

uyum sağladığıyla ilgili bilimsel araştırma "bağlanma kuramı" olarak bilinir. Bu kurama John Bowlby, Mary Ainsworth ve Mary Main öncülük etmiştir. Örneğin, çocuğun hayatındaki en önemli bakımveren, duygusal olarak ona yanıt veriyorsa ve onun duygularını bir ayna gibi "yansıtabiliyorsa" ("Evet, üzgün olduğunu biliyorum, canım"), çocuk üzgün, öfkeli, kormuş, heyecanlı, neşeli, yorgun, vb. olmanın nasıl bir şey olduğunu ve bir dolu duyguyu hissetmenin hiçbir *mahsuru* olmadığını öğrenir. Tam tersine, eğer çocuk öfkelendiğinde bakımveren de sinirlenirse, ebeveyniyle bağını tehdit ettiği için çocuk öfkesini hasıraltı eder. Böyle bir çocuk yetişkin olduğunda, öfkesine şefkatle yaklaşmak yerine, öfkesi yüzünden kendisini eleştirecektir.

Ebeveyn, çocuğu olumsuz bir duygu ifade ettiğinde onu sabırla onaylarsa, çocuğun öz bilinci emniyetli bir şekilde gelişebilir. Bu tür çocuklar başkalarıyla birlikteyken kendilerini güvende hissederler. Örneğin, güvenli bağları olan bir çocuk oyuncaklarla dolu olan bir odayı keşfetmeye koyulur ama ebeveyni odadan çıkar çıkmaz stres belirtileri gösterir. Ebeveyn geri geldiğinde çocuk yeniden onunla fiziksel temas kurar ve yatıştıktan sonra oyununa devam eder. Bu çocuklar başkalarına bağlanmanın değerini bilmeyi öğrenirler.

Ebeveyn odadan çıktıktan sonra stres belirtisi göstermeyen ve geri döndüğünde onunla fiziksel temas kurmayan çocuk, büyüdüğünde yalnız kalır ya da ilişki kurmayı önemsemez. Ebeveyninin odadan çıkması konusunda gereksiz endişe duyan, çevresini keşfedemeyen ve ebeveyni geri döndüğünde de huzur bulamayan çocuk ise ileride öfkeli, pasif ya da kendisini yatıştırmakta ya da teskin etmekte zorluk çeken ve her şeyden korkan bir yetişkin olacaktır. Bu tür sözlü olmayan duygusal alışkanlıklar yetişkinliğe çocukluktan transfer olurlar.

Bizler küçükken bize bakan önem verdiğimiz kişilerin imgelerini içselleştiririz. Bir kız çocuğunun annesi ona karşı sabırlı davranmış ve ona ilgi göstermişse, o çocuk annesini rol modeli olarak içinde taşıyacak ve hem kendisine hem de başkalarına karşı aynı şekilde davranacaktır. Tutarsız ya da istismarcı bir ebeveyn çocuğun kendisine karşı nazik olmasını ve hatta iyi hissetmenin kabul edilebilir bir duygusal hal olduğunu anlamasını bile güçleştirebilir. Çocukluklarında istismara uğrayan ve "tembel" ya da "kötü" olarak tanımlanmamak için canlarını dişlerine takarak çalışmaları gerektiğini düşünen yetişkinler tanıyorum. Bunlar adeta robotlaşmışlardır ve daha az çalışmakla birlikte kendilerinden memnun olan kişilerden hiç hazzetmezler. Bize bakan kişilerin içselleştirdiğimiz imgelerini, düşüncelerini ve davranışlarını yetişkinlik yıllarımıza taşırız. Eski müşterilerimden biri olan Andrew buna güzel bir örnektir.

Andrew bir kış gecesi geç saatlerde çaresizlik içinde telefonla beni aradı. Kamyonuyla işten eve gidiyordu. Hafif bir yağmur yolun buzlanmasına neden olmuştu. Trafik ışığında durmak için yavaşlamaya çalışırken, kamyonu önünde duran arabaya arkadan çarpmıştı. Kimsenin canı yanmamıştı ama önündeki arabanın bagaj kısmı ezilmişti. Bu kaza Andrew'un, araba sigorta poliçesini 1.000 dolarlık indirimli olacak şekilde yenilemek için karısına ısrar etmesinden ve onu razı etmesinden bir hafta sonra olmuştu. Andrew paradan çok, başına böyle bir talihsizlik geldiği için üzgündü.

Andrew küçük bir çocukken sık sık istenilmediği hissine kapılıyordu. Kolejdeyken, masraflı olur gibi sudan bir gerekçeyle ebeveynlerinin onun tatilde eve gelmesini istemediklerini hatırlıyordu. Eğer gelmesine izin verilmiş olsaydı Andrew 12 saatlik bir otobüs yolculuğunu göze alacak kadar ailesiyle birlikte olmayı istiyordu.

Andrew beni aramakla önemli bir adım atmış oluyordu çünkü işler kötü gittiğinde genellikle yalnız kalmayı yeğleyen ve kendisini eleştiren bir kişiydi. Ama bu tür tepkilerin ona zarar verdiğini öğrenmeye başlamıştı ve bunları tekrarlamak istemiyordu. Telefonla yaptığımız görüşmede, bana benzer sorunlar yaşayan bir arkadaşına neler söyleyebileceği üzerinde kafa yordu. Öyle bir arkadaşına ince buz üzerinde yürüyecek kadar aptal olduğunu söyleyebilir miydi? *Hayır,* bunu *asla* yapamazdı. Andrew arabasıyla ilgili sorunun herkesin başına gelebileceğini idrak etmişti. Olan biten bir *araba* kazasıydı ve işte o kadardı!

Andrew telefonu kapatmadan önce, annesinin rahatını her bozduğunda örneğin, bisikletini kaldırıma çarpıp tekerlek jantını yamulttuğunda sözlü olarak istismara uğradığını hatırladı. Duygusal anılarının canlandığını hissetmiş ve çocukken ona reva görülen davranışı taklit etmeye başlamıştı. Bunun üzerine, bu tür bir sorunla karşı karşıya geldiğinde "ilk önce şefkat" ilkesiyle yanıt vereceğine dair kendisine söz verdi.

Bu örnekte gördüğünüz gibi, Andrew çocukluktan kalma duygusal alışkanlıklarını yeni bir tavırla, yani öz şefkatle karşılamayı öğreniyor ve şimdiki anda olup biten her şeyle, ebeveynlerimiz bize öğretmemiş olsa bile baş etmenin mümkün olduğunu gösteriyordu. Anbean deneyimlerimizle, farkındalıkla ve yumuşaklıkla yaklaştığımız ve onlarla iyi geçindiğimiz takdirde, kalıtımın ve zorlu bir çocukluğun etkilerini de hafifletmemiz mümkün olabilmektedir.

Artık öz şefkati hayatınıza nasıl entegre edeceğinizi ve bunun neden önemli olduğunu geniş bir bakış açısıyla görebiliyor olmalısınız. Ama öz şefkat konusunda yazılanları okumakla yetinmek bir yemek tarifine göz gezdirmek gibidir: İştahınız kabarır ama açlığınızı bastıramazsınız. Bundan sonraki iki bölümde sevgi dolu nezaket uygulaması üzerinde duracağız. Bu, şefkati zihninizin en derin yerlerinde geliştirmek için çok eskilerden beri uygulanan bir egzersizdir. Şu ana kadar okumuş olduğunuz tüm farkındalık öz şefkat ilkelerini toplu halde bu egzersizde bulabileceksiniz. Lütfen bu egzersizi *yapmak* ve sevgi dolu nezaketin bedeniniz ve zihniniz için neler yaptığını *hissetmek* için kendinize biraz vakit ayırın. Bunu hak ediyorsunuz.

# II. KISIM

## Sevgi Dolu Nezaket Uygulaması

# 6

## *Kendimize İlgi Göstermek*

Bir tohuma olan inancım büyüktür. Şurada bir tohum olduğuna dair beni ikna et, mucizeler beklemek için hazır olayım.

- HENRY DAVID THOREAU, *yazar-doğa bilimci*

Henry David Thoreau 1860'lı yılların başlarında "bir tohuma olan inancını" dile getirdiğinde, pek çok bitkinin tohumsuz olarak ya da kökleri olmadan oluştuğuna dair genel görüşe meydan okuyordu. Doğanın dikkatli bir gözlemcisi olan Thoreau ise farklı bir düşünceye sahipti. İnsan davranışlarını iyi gözlemleyen biri de öz şefkatli insanların sürekli olarak öz şefkat tohumları diktiğini, narin dallarını beslediklerini ve hoşa gitmeyen rekabet unsurlarını ayıkladıklarını görebilirler.

Kitabımızın bu bölümünde size dünyanızı algılama ve onunla olan ilişkilerinizi dönüştürme gücü olan bir meditasyon uygulamasını tanıştıracağız. Bunun ismi *sevgi dolu nezaket meditasyonu*dur ve formel oturmalı meditasyonda ya da formel olmadan gün içinde de uygulanabilir. Bu bölümde özeleştiri yapmak, kendinizden şüphe etmek ya da kendinizi tecrit etmek yerine, sevgi dolu nezaketin tohumlarını ekmeyi öğreneceksiniz. Bir sonraki bölümde ise başkalarıyla olan ilişkilerinize odaklanacağız.

Sevgi dolu nezaket meditasyonu bu kitapta gördüğünüz uygulamaların özünü oluşturmaktadır. Bir tek bu bölüm üzerinde bir hafta kadar oyalanmak ve uygulamayı kendi başınıza denemek isteyebilirsiniz. Bölümler arasında mola verin ve okuduklarınızın deneyimlediklerinizle uyum halinde olup olmadığına bir bakın.

## SEVGİ DOLU NEZAKETİN KISA BİR TARİHÇESİ

Pali dilindeki *metta* sözcüğü dilimize *sevgi dolu nezaket* olarak çevrilebilir. (Pali dili, Buda'nın öğretilerinin 1. yüzyılda, yani ölümünden 400 yıl sonra kaydedilmiş olduğu dildir.) *Metta* aynı zamanda "dostluk," "sevgi," "hayırseverlik" ve "iyi niyet" anlamlarını da kapsamaktadır. Daha geniş anlamı ise "evrensel, bencil olmayan ve herkesi kucaklayan sevgi"-dir. *Metta* ve *sevgi dolu nezaket* sözcükleri, bu kitapta alternatifli olarak kullanılmaktadır.

Sevgi dolu nezaket geliştirmeyle ilgili ayrıntılı talimatlar ilk kez 5. yüzyılda Budist keşiş Buddhaghosa tarafından *Visuddhimagga ("Arınmaya Giden Yol")* isimli eserde tanıtılmıştır. Bildiğimiz kadarıyla, Buda sevgi dolu nezaket (*metta*) meditasyonuyla ilgili olarak pek az yönlendirici olmuştur. Bizim bugün uyguladığımız *metta,* Buda'nın ormanda yaşamaktan korkan bir grup keşişe yaptığı konuşmanın Buddhaghosa tarafından ayrıntılı hale getirilmiş şeklidir. Aşağıdaki satırlar bu konuşmadan alınmıştır:

> Tüm canlılar mutlu ve güven içinde olsun, kalpleri erdemli olsun!
>
> Güçsüz ya da güçlü, uzun ya da kısa boylu, iri ya da zayıf yapılı, küçük ya da büyük, istisnasız her şey; görünen ya da görünmeyen, uzakta ya da yakında olan; doğmuş ya da doğacak olan tüm canlı varlıklar mutlu olsun!
>
> Kimse kimseyi kandırmasın, kimseyi hor görmesin.
>
> Öfke anında ya da kötü niyetle hiç kimsenin kötülüğünü istemesin.

Bir anne nasıl ki çocuğunu bir tehlike anında kendi hayatını hiçe sayarak korur, herkes tüm canlılara karşı sınırsız iyilikle dolu bir kalp geliştirsin.

Herkesin sonsuz sevgiye dair düşünceleri tüm dünyayı kaplasın; bu düşünceler dünyanın altına, üstüne, bir ucundan diğer ucuna kadar hiçbir engel tanımadan, nefret ve düşmanlık duyguları olmadan yayılsın,

Uyanık olduğu müddetçe, ister ayaktayken olsun, ister yürüyor, ister oturuyor ya da yatıyor olsun, herkes farkındalık içinde olmalıdır. En onurlu yaşam tarzının bu olduğu söylenir.

Buda esas olarak, sevgi dolu nezaketin korkunun panzehri olduğunu öngörmüş ve keşişlerini bu özelliklerini geliştirmek için bu konuşmayı hep hatırlamalarını istemiştir.

Buda'nın tanrı değil, insan olduğunu akılda tutmak gerekir. Buda'ya tanrı olup olmadığı sorulduğunda o sadece uyanık olduğunu söylemekle yetinmiştir. (*Buda* "uyanık olan" anlamına gelmektedir.) Buda M.Ö. 563 yılında bir prens olarak dünyaya gelmiş ama 29 yaşındayken rahat evini yurdunu bırakıp, özellikle de hastalığın, yaşlılığın ve ölümün getirdiği ıstırabın nasıl önlenebileceğini bulmak için yollara düşmüştür. Altı yıl sonra bir ağacın altında meditasyon yaparken, aniden "aydınlanmış," ıstırabı nasıl kendi zihinlerimizde oluşturduğumuzu ve bunu nasıl yok edebileceğimizi görmüştü. Hayatının geri kalan 45 yılını da insanlara bunu öğreterek geçirmişti.

Buda öğrencilerinden onlara söylediği her şeyi "gel ve gör" diyerek, yani kendi deneyimlerine dayanarak sınavdan geçirmelerini istemişti. Erken dönem Budist metinlerini okursanız, Buda'nın bir dini lider olmaktan çok bir psikolog olduğunu görürsünüz. Zihnin ayrıntılı bir haritasını çıkartmıştı; yaklaşımı objektif bir içsel gözlemciliğe dayanmaktaydı ve sözlerinin ardındaki motivasyon, duygusal acının hafifletilmesiyle ilgiliydi. Bu anlamda, modern psikoloji bugünkü durumunu

Buda'nın 2.500 yıl önceki içgörülerinin dikkatlice incelenmesine borçludur.

1960 ve 1970'li yıllarda, "baby boomer'lar"* reşit olduklarında, yeni bir tür bilgelik arayışı içinde olan bazı cevval Batılı maceraperestler, Hindistan'a ve Güneydoğu Asya'ya gittiler. Bunlardan iki seyyah, Sharon Salzberg ve Joseph Goldstein Hindistan'a gittiklerinde farkındalık meditasyonunu keşfettiler. Sonra ABD'ye döndüler ve Tayland'da keşişlik yapmakta olan arkadaşları Jack Kornfield'la birlikte Manhattan'ın kırsal bölümünde bir meditasyon merkezi açtılar. Görüşleri çok kişi tarafından benimsendi. Sharon, *Lovingkindness* isimli kitabıyla *metta* meditasyonunu çok sayıda Batılı okuyucuya ilk kez tanıştırdı. Bu klasik eser, konuyla ilgili olarak daha ayrıntılı bilgi sahip olmak isteyenler için önemli bir kaynak oluşturmaktadır. Batılı bir Budist perspektif sunan bu kitap gerçekten de son derece esin vericidir ve uygulama konusunda da çok değerli öneriler getirmektedir.

*Metta* uygulamasında *öz şefkat*in önemini ilk kez vurgulayan kişi Buddhaghosta'dır. Buddhaghosta öz şefkatin amacının, "öz benliğimizi" ıstırabı arttırmaktan başka işe yaramayan bir şekilde yüceltmek değil, sıradan mutluluk emelimizle bağlantı kurmak olduğunu söylemiştir. Kendimize ilgi gösterme içgüdümüzün farkına vardığımız an, başkalarında da var olduğunu görür ve onların esenliği için de çalışmaya başlarız.

Bu kısa tarihçenin verdiği mesaj, bu uygulamayı kendi ihtiyaçlarınıza uyacak şekilde ayarlamakta özgür hissetmeniz gerektiğidir. Buda sevgi dolu nezaketi geliştirmek için sabit bir yapı ya da dil önermemişti ve sizin de bu uygulamayı körü körüne yapmanızı istemezdi zaten. Bu bölümde sevgi dolu nezaket meditasyonunu nasıl yapacağınızı ve bu uygulamadan azami faydayı nasıl sağlayacağınızı öğreneceksiniz.

---

* Amerika Birleşik Devletleri'nde 1946-1964 yılları arasında doğan kişiler

## FARKINDALIK İLE *METTA*YI KAYNAŞTIRMAK

*Metta* uygulaması farkındalık temeli üzerine inşa edilmiştir. Farkındalığın şimdiki anda neler olduğunun bilincinde olmak demek olduğunu hatırlayacaksınız. Canımız sıkkın olduğu vakit, genellikle dikkatsizizdir, yani rahatsız olduğumuzun ve o duygunun bizi *incittiğinin* farkında olmak yerine kişisel hikayelerimizle meşgulüzdür ("Jenny'ye kızgınım çünkü o bana *şunu* söyledi ve bana *bunu* yaptı!" Farkındalık – eğer hissedilecek bir acımız varsa – acımızı hissetmemiz ve dramatik olaylar dizisinin dışında kalmamız anlamına gelir. *Metta* uygulamasında, bu attığımız ilk adımdır. Rahatsızlığımızın farkında isek ve kendimizi ona açmışsak, iyilik ve şefkat bize adeta akarak gelir.

Acıya açık olmak, ona direnç göstermemek, ondan kaçınmamak ve kendini kapana sıkışmış gibi hissetmemek pek kolay bir iş değildir. 3. ve 4. Bölüm'de okuduğunuz stratejiler size yardımcı olabilir. Zor bir duygunun yapısını anbean bedensel deneyimlerle (kalbim atıyor, bedenimin şurası burası seğiriyor) bertaraf edebiliriz ya da o duyguyu (öfke, korku) etiketleyebiliriz. Ayrıca duygunun yoğunluğunu düzene koymak için uyanıklığımızın yönünde – bedenimizin içinde ya da dışında – çalışabiliriz. Yine de, hayatımızın olağanüstü güç dönemlerinde bu farkındalık tekniklerinde hedefi tutturamayabiliriz. Paramparça olduğumuzu hissettiğimizde, bir şeyin bizi toparlaması gerekir. İşte *metta* özellikle de bu pratiği günlük hayatta uyguladığımız takdirde, tam da bunu yapmak içindir.

Sevgi dolu nezaket meditasyonu *bağlanma* gücünü kullanır, farkındalık meditasyonu ise *dikkat* gücünü. *Metta* da farkındalık da bizim hayatımızda olup bitene yaklaşma tarzımızı dönüştürür çünkü bunlar "ilişkisel" uygulamalardır, ama *metta* özellikle de acı çeken kişiye odaklanır. Çok yoğun acı çektiğimiz zamanlarda, başka birinin bizi tutmasını, bize sarılmasını isteriz. Bu "diğer kişi" gerçek ve fiziki bir insan olabilir ya da aynı şekilde etkili olabilecek kendi şefkatli yönümüz olabilir. İçimizde bir sıcaklık ve sevgi duygusu uyandırabilirsek, zor zamanlarımızı kolaylıkla atlatmak için kendimizi ikna edebiliriz. *Metta* meditasyonu bize kendimizle daha iyi arkadaş olmamızı öğretir.

Farkındalık ya da *metta* meditasyonlarını adanmış bir şekilde uygulayanlar da benzer bir ruh hali, yani "sevgi dolu bir şefkat uyanıklığı" ya da "farkındalıklı bir şefkat" durumu geliştirirler. Bir Zen deyişine göre, "Sevecenlik uyanıklığın bir ürünüdür ve uyanıklık da sevecenliğin temelini oluşturur." *The Lives of Others* isimli film, bir diğer kişiye büyük bir itinayla yaklaştığımızda sevecenliğin nasıl oluştuğunu anlatmaktadır. (Dikkat! Filmin kilit olayını anlatarak seyretme zevkinizi kaçırabilirim!) Bu müthiş filmde, bir Doğu Alman gizli polisi kurbanının tavan arasındaki odasını günler boyu dinleme cihazlarıyla dinledikten sonra, aniden kendisini ona karşı bir sempati duyarken bulur. İşte, birine özenli dikkat gösterildiği vakit, olan budur. Gün boyu hastalarının sorunlarını dinleyen terapistlerin duyduklarından bunalmadıklarını düşünmek mümkün müdür? Burada da aynı ilke geçerlidir: *Bir kişiye uzunca bir süre özenli bir dikkat odaklarsanız, içinizde sevginin ve şefkatin sessiz enerjisinin yükseldiğini hissedersiniz.*

Sevgi dolu nezaket meditasyonu tek-odaklı meditasyonun bir türüdür. Az sonra göreceğiniz gibi, burada dikkatimizin çapası olarak nefes yerine sözcükleri kullanıyoruz. Zihnimiz sözcüklerden uzaklaşıp dalgınlaştığında, onun dalıp gitmesine neden olan şeyi bir kenara not eder ve yeniden sözcüklere döneriz. Yoğun *metta* meditasyonunu uygulamaktayken kişiliğinizin (kıskançlık, nefret, korku, özeleştiri gibi) sığ yönleriyle ilgili de pek çok şey keşfedersiniz. Eğer bu duygular fazlaca yoğun bir hal alırsa, dikkatinizin çapasını yeniden nefesinize atabilirsiniz.

Bazı insanlar farkındalık meditasyonu ile sevgi dolu nezaket meditasyonunu birer kitap desteği gibi kullanırlar, yani meditasyonlarına sevgi ve şefkat dolu sözcüklerle başlarlar ve o sözcüklerle bitirirler. Bu, farkındalık meditasyonu yapan kişilerin kendilerine karşı daha ılımlı olmalarına yardım eder ve onların daha az çaba gösterip hayattan daha fazla keyif almalarını sağlar. *Önceliği* sevgi dolu nezaket meditasyonuna veren (benim gibi) insanlar, ilk başta nefes ve beden meditasyonuyla başlayabilirler ve *metta* uygulamasına daha sonra geçebilirler çünkü bu meditasyon dikkati sabitleştirir ve zihni sakinleştirir. Zaten sevgi dolu nezaket ve farkındalık uygulamalarının birbirini nasıl tamamladığını siz kendiniz de fark edeceksiniz.

Aşağıdaki egzersiz bu bölümde vereceğimiz tek egzersiz olacak. Lütfen bunu yapmak için vakit ayırın. Talimatları baştan sona okuyun, sonra kitabı elinizden bırakın, gözlerinizi kapatın ve uygulamayı denemeye başlayın. Bunu yapmak bu bölümün geri kalanını sizin için çok daha anlamlı kılacaktır.

---

### *BUNU DENEYİN: Sevgi Dolu Nezaket Meditasyonu*

Kendinize sevgi dolu bir şekilde dikkat vermek için 20 dakikanızı ayırın. Rahat bir pozisyonda, olabildiğince dik olarak ve gevşemiş bir şekilde oturun. Gözlerinizi kapatın ve dikkatinizi göğsünüzde kalbinizin olduğu yere odaklayın. Şimdi ağır ağır ve rahat bir şekilde kalbinizle üç kere nefes alın.

- Kendinizi, otururken gözlerinizin önüne getirin. Koltukta oturma pozisyonunuzu dışarıdan seyreder gibi not edin. Otururken bedeninizde oluşan duyumsamaları hissedin.
- Her canlı varlığın huzur ve mutluluk içinde yaşamak istediğini hatırlayın. Şu derin anlamlı dilekle bağlantı kurun: "Mutlu ve acıdan uzak olmak isteyen her canlı varlık gibi ben de mutlu ve acıdan uzak olayım." Bu sevgi dolu dileğin sıcaklığını hissedin.
- Şimdi koltuğun üzerindeki görüntünüzü hayal etmeyi sürdürerek ve kalbinizdeki bu güzel duyguları kaybetmeden, şu sözcükleri sesiz ve yumuşak bir şekilde tekrar edin:

*Güven içinde olayım.*
*Mutlu olayım.*
*Sağlıklı olayım.*
*Rahat bir hayat yaşayayım.*

- Ağzınızdan çıkan her sözcüğün aklınızda olan şeyi tam olarak ifade ettiğinden emin olun. Eğer gerekirse, anlaşılabilir olmaları ve anlamı deneyimlemek adına bunları birkaç kere üst üste tekrarlayabilirsiniz (güven içinde... güven içinde... güven içinde.")
- Acele etmeyin. Kendi görüntünüze gönül gözünüzle bakın, sevgi dolu kalbinizin keyfini yaşayın ve ağzınızdan çıkan sözcüklerin anlamının tadını çıkarın. Zihninizin dalıp gittiğini hissettiğinizde, ki bu birkaç saniye sonra olacaktır, sözcükleri yeniden tekrarlayın. Sözcükler anlamlarını yitirince, kendinizi yine koltukta otururken hayal edin ve bu sözcükleri bir kere daha kendinize sunun. Hem koltukta oturan görüntünüz hem de sözcükler belirsizleşir ve muğlaklaşırsa, elinizi kalbinizin üzerine koyun ve içinizi sevgi dolu nezaketle doldurma niyetinizi kendinize hatırlatın. "Canlı her varlığın istediği gibi, ben de mutlu ve acıdan uzak olayım." Sonra da kullandığınız sözcük öbeklerine dönün. Kendinizi kaybolmuş gibi her hissettiğinizde bunlara dönün.
- Bu uygulamayı yaparken kendinizi rahat bırakın. Kendinizi aşırı zorlamayın. Sevgi dolu nezaket duygusu dünyanın en doğal şeyidir. Dikkatinizi dağıtacak şeyler her zaman olacaktır. Bunları fark ettiğinizde onlara gitmeleri için izin verin ve yeniden sözcük öbeklerinize dönün. Dikkatiniz dağıldığında, kendinize sevgi vermeye geri dönün. Kendi başınıza oturmak kendisini iyi hissetmeyen bir arkadaşınızla birlikte oturmak gibidir; arkadaşınızı iyileştiremezsiniz belki ama ona hak ettiği sevgiyi ve davranışı sunmuş olursunuz.
- Şimdi de gözlerinizi yavaş yavaş açın.

## İYİ NİYETE KARŞI İYİ DUYGULAR

Sevgi dolu nezaket duygusu insanın öğrenebileceği bir beceridir. Bazı insanların bu konuda doğal bir yeteneği vardır. Buna rağmen çoğumuz sevgi dolu nezaket meditasyonunu ilk başka biraz tuhaf bulabiliriz. Neden mi?

Bu güçlüğün temel nedeni, kendimizi nasıl hissetmemiz gerektiği konusunda birtakım beklentilerimizin olmasıdır. Neyse ki Sharon Salzberg bize şunu hatırlatmaktadır: "Sevgi dolu nezaket meditasyonu hiçbir şey hissetmediğiniz vakit bile işe yarar." Bunun nedeni bu meditasyonun en derinlerimizdeki motivasyonla, yani iyi niyetle harekete geçiyor olmasıdır. İyi niyetler bazen iyi duyguları harekete geçirir, bazen de hoş duygularımıza kendinden kuşkulanmak ya da kendini eleştirmek gibi bazı engeller getirir, bazen de hiçbir şey uyandırmazlar.

Sevgi dolu nezaket uygulaması bizim nasıl hissettiğimizi doğrudan etkilemez ama bize duygularımızın kendiliğinden değişmesini sağlayan bir huzur verir. Bu kitabın başında bahsettiğimiz Michelle'in hikayesini hatırlıyor musunuz? Michelle, utangaçlığını ona bakanlardan gizleme isteğinden vazgeçmek için terapi görüyordu ve bu kolay bir süreç değildi ama onun iyileşmesinde sevgi dolu nezaket meditasyonunun çok etkisi olmuştu. Michelle önce kendisine şefkat vererek yüzünün kızarmasını kontrol etme ihtiyacını gidermeyi öğrenmişti. Utangaç bir kişi olarak görülme riskini göze almış ve kendisini ancak ondan sonra yeterince iyi hissetmeye başlamıştı.

Sevgi dolu nezaket meditasyonu yaparken kendinizi nasıl hissedeceğinizi düşünmekten vazgeçin. *Metta* meditasyonunu yaptığınız sırada iyi duygulardan yoksun olmak cesaretinizi kırıyorsa, cesaretiniz kırıldığı için kendinize şefkat gösterin:

"Güven içinde, mutlu ve sağlıklı olayım ve rahat bir hayat yaşayayım," deyin. Dikkatinizi istediğiniz şeyden ve hissettiğiniz duygudan, "iyi olmayan"dan çekin. Unutmayın ki her bir güzel sözcükle büyüyecek ve zamanı geldiğinde iyi bir duygu haline gelecek olan bir tohum dikiyorsunuz. Niyet önce, duygular ise daha sonra gelir.

Olumlu değişiklikler siz bu değişiklikleri çok az beklediğinizde gelecektir. Örneğin, *metta* meditasyonunu öğrendikten sonra yaptığım ilk konuşmada, kendimi şöyle söylerken bulmuştum: "Ben ve buradaki herkes mutlu ve acıdan uzak olsun." Ondan sonra da endişemin önemli ölçüde azaldığını fark ederek hayretler içinde kalmıştım. Belirli sözcük öbeklerini birkaç yıl boyunca *metta* meditasyonu sırasında kullandıktan sonra, çok daha mutlu oldum ve işler kötü gittiğinde daha az üzüldüm. Kitabın Giriş bölümünde de dediğim gibi, öz şefkat size doğru anlarda cesaret veren iyi bir arkadaşınızın yanınızda olması gibidir.

## SÖZCÜKLERİN GÜCÜ

Sözcükler eylemlerden daha güçlü olabilir. Kırılan bir kemik birkaç ayda iyileşebilir ama kırıcı bir sözün açtığı yara hayat boyu iyileşmeyebilir. Duyduğumuz sözcüklerin çoğu *içimizden* geçenlerdir. Genelde konuşkan bir kişi değilseniz bile, zihniniz sürekli olarak gevezelik yapar. Kendinize, "Sen işe yaramaz pisliğin tekisin," türünden incitici şeyler söylerseniz, acı çekersiniz. Eğer "Bu çok iyiydi!" gibi güzel şeyler söylerseniz, mutlu olursunuz. *Sözcükler deneyimlerimize şekil verirler.* Sevgili dolu şefkat meditasyonunda sözcükleri odak noktamız olarak kullanmamızın gerisindeki mantık da budur.

Bu dört sevgi dolu nezaket cümleciği bir araya geldiğinde, geniş çapta hayat deneyimine karşı yumuşak bir tavır takınmamızı sağlarlar. Örneğin, tehlikede olduğunuzda, güvende olmayı istersiniz; eğer duygusal anlamda üzüntülüyseniz, ferahlamak istersiniz; fiziksel bir rahatsızlığınız varsa, sağlıklı olmak istersiniz; ve günlük ihtiyaçlarınızı karşılamak için bir mücadele veriyorsanız, daha az sorun sahibi ve daha rahat olabilmeyi istersiniz.

*Metta* cümlecikleri bütün bu alanı kapsar ve kullanabileceğiniz cümlecikler bunlarla kısıtlı olmadığı gibi değiştirilemez de değillerdir. Buddhaghosta işe bundan neredeyse 1.500 yıl önce şu cümlelerle başlamıştı: "Mutlu ve acıdan uzak olayım" ve "Düşmanlıktan, beladan ve kaygılardan uzak kalayım ve rahat bir hayat yaşayayım." Bu uygulamayı daha iyi anlamaya başladığınızda, kendi cümleciklerinizi yaratmak isteyeceksiniz. İşte size birkaç örnek:

Kendimi olduğum halimle seveyim.
*Gerçekten* mutlu olayım.
Bu belirsiz dünyada huzur bulayım.
Mutluluğum giderek çoğalsın.
Mutluluğa ve ona neden olan şeylere sahip olayım.
Hiçbir şeye karşı aşırı bağlılık ya da tiksinti hissetmeden huzur içinde yaşayayım.
Kederden özgür olayım.
Fiziki acıdan özgür olayım.
Kendime kolaylıkla bakayım. Seveyim ve sevileyim.
Benim sevgili varlığım, sen de mutlu ve neşeli ol.

Burada anlatmak istediğimiz şey, içinizde yumuşak duyguların uyanmasını sağlayan sözcükleri bulmanız gerektiğidir. Bunlar şiirsellik içeren sözcükler olabileceği gibi, sıradan sözcükler de olabilir. Kolayca tekrar edilebilen basit sözcükler seçmek daha iyidir. Myanmar'ın baskıcı hükümetine karşı ayaklanan Budist keşişler 22 Eylül, 2007 tarihinde Aung San Suu Kyi'nin evinin önünde toplanmışlar ve şu ilahiyi söylemişlerdi:

Tüm tehlikelerden tamamıyla özgür olalım.
Tüm kederlerden tamamıyla özgür olalım.
Yoksulluktan tamamıyla özgür olalım.
Kalbimizde ve zihnimizde huzur olsun.

*Metta* cümlecikleri insanın yüreğini koşullar korkunç dahi olsa huzura ve esenliğe kavuşturur.

Bu cümlecikleri hayatınızdaki günlük güçlükleri aşmak için değiştirerek kullanabilirsiniz. Örneğin, size utanç veren bir durumda yakalanırsanız, "Kendimi olduğum gibi kabul edebileyim," cümlesini tekrarlayabilirsiniz. Öfkeli olduğunuzda, "Güven içinde ve öfkeden uzak olayım," deyin. Dileklerinizin belirli bir getiriye yönelik bir talep yerine geçmemesi için, örneğin "Seçtiğim üniversiteye kabul edilebileyim!" şeklinde fazla ayrıntılı olmaktan kaçının. Sevgi dolu nezaket yüreğimizin gösterdiği bir eğilimidir, çevremizi düşüncelerimizle manipüle etme çabası değil.

Formel meditasyon uygulamanızda, yani spesifik olarak sevgi dolu nezaket geliştirmek için oturma pozisyonunu aldığınızda, *aynı metta* cümleciklerini tekrar tekrar kullanmayı deneyin. *Metta* meditasyonu odaklanmış bir dikkat uygulamasıdır ve bu uygulama boyunca zihniniz sadece *metta* cümleciklerini tekrarladığınızda sakinleşecektir. Kendinizi sevgi dolu bir şekilde bu uygulamaya verirseniz, bir sürü yeni *metta* cümleciğinin adeta akarak size geldiğini göreceksiniz. Bu harika bir deneyimdir ama her zamanki ruh halinize geri döndüğünüzde, lütfen alışagelmiş cümleciklerinizi kullanın.

Dikkatinizi odaklamanın yanı sıra, sevgi dolu nezaket meditasyonunun bir de kişiyi derin düşüncelere daldırma bileşeni vardır. Tefekkür meditasyonu, örneğin kutsal kitaptan bir bölüm okuyup, bunu gizli katmanlarını ortaya çıkarana kadar zihninizde evirip çevirip düşünmeniz gibi, bir fikrin derindeki anlamını keşfetme yöntemidir. Özenle seçilen *metta* cümlecikleri böyle işlerler; aynı sözcüğün üzerinde tekrar tekrar kafa yorarsak, sonunda onun anlamına doğrudan ve içgüdüsel olarak vakıf oluruz. Bu biraz vakit ister; uzunca bir süre diktiği lalelerin açmasını bekleyen bir kişi gibi bekler ve hiçbir şey görmeyebiliriz ama sonunda beklememize değecektir.

*Metta* sözcükleri anlamlarıyla bütünleştiğinde, meditasyon yapan kişinin üzerine sessiz bir mutluluk hissi çöker. O gün hiç ummadığınız bir anda, kendinizi "Ah, bu *ne* büyük bir mutluluk!" diye düşünürken bulabilirsiniz. Psikoterapi esnasında, yanağımdan bir damla gözyaşı akarken, "Ah, bu *şefkatin* ta kendisi!" diye geçiririm içimden. Bunun içinde ne kendini beğenmişlik, ne de bir utanç duygusu vardır. Bu sadece bir deneyimdir. Sevgi dolu nezaket cümlecikleri ve deneyim zaman içinde kaynaşırlar.

**Şefkat Meditasyonu ve Beyin**

Richard Davidson ve arkadaşlarının yaptığı bir çalışmada 10.000-50.000 saat arası "göndergesiz şefkat meditasyonu" (canlı varlıklara yardım etme konusunda koşulsuz olarak, hazır ve nazır olma) deneyimi olan keşişler, sadece bir haftalık eğitimi olanlarla karşılaştırılmışlardır. Her iki gruptakilerin de başlarına 128 EEG elektrotlu birer başlık takılmış ve meditasyona başlamaları söylenmiştir. Deneyimli keşiş grubundakilerin beyinleri acemi keşişlere göre (yoğun odaklı bir uyanıklık hali gösterecek şekilde) 30 misli daha güçlü olan gama dalgaları yaymıştır. Dalga kalıpları beyinlerinin olağanüstü geniş alanlarını kapsıyordu ve birbirlerininkiyle senkronize bir durumdaydı. Bu alışılmadık beyin durumu deneyimli meditasyoncular tarafından süratle etkinleştirilebilmekteydi ve dinlendikleri vakit bile devam ederek "default modu"na (otomatik pilot moduna) geçmiyordu. Ayrıca en fazla deneyime sahip olan keşişler en yüksek seviyeli gama dalgalarına sahipti. Davidson'ın bu araştırması yoğun bir uygulamayla beyin aktivitesi üzerinde şaşırtıcı bir kontrol sağlamamızın mümkün olduğunu ve sevecenlik duygularını bir nesne olmadan ya da herhangi bir koşula bağlı kalmak gerekmeksizin kendi istediğimiz vakit uyandırabileceğimizi göstermektedir.

Davidson'ın laboratuvarında, duyguları algılayan beyin devrelerinin meditasyon yoluyla güçlendirilip güçlendirilemeyeceğini anlamak üzere bir başka çalışma daha gerçekleştirilmiştir. Bu çalışmada 10.000 saati aşkın bir sürelik göndergesiz şefkat meditasyonu deneyimi olan on altı keşiş, sadece 2 haftalık bir eğitimden geçirilmiş olan on altı acemiyle karşılaştırılmıştır. Meditasyon yapanların beyni birtakım seslere (stresli bir kadının sesi, gülen bir bebeğin sesi ve bir restoranın arka planından gelen sesler) tepki verirken fMRI yöntemiyle imgelenmiştir. Deneyimli keşişlerin beyinlerinin insula bölgesinin (empatiden ve beden farkındalığından sorumlu olan bölgenin) ve temporal parietal kavşağının (özellikle başkalarının duygularının algılandığı bölgenin) stresli kadın sesine acemilere göre daha fazla tepki verdiği gözlemlenmiştir. Deneyimli keşişler (olumlu, olumsuz ve nötr) bilumum duygu uyandıran sesleri daha güçlü bir şekilde algılamışlardır. Bu da şefkat meditasyonunun beynin sadece acıyı değil, bilumum duygusal uyarıcıları işlemden geçirmeye uyumlu bir hale getirdiğini göstermektedir.

Önemli olan, cümleciklerin gerisindeki *yaklaşım*dır. Sözcükler kendimizi nasıl hissettiğimizi tam olarak yansıtamayabilir çünkü sahte sözcükler yaratabilir ve bu sözcükleri kullanarak gerçeği saptırabiliriz. Arkadaşlarımdan biri bir keresinde sevgi dolu nezaket meditasyonunun evcil köpeğiyle konuşmak gibi bir şey olduğunu söylemişti. Köpeğinize bazen sevgi dolu bir sesle "sefil yaratık" diye seslenebilir ve bunun bedelini hiç ödemezsiniz. Öte yandan, köpeğinize azarlar gibi "seni seviyorum" derseniz, o da masanın altına kaçar. Hangi sözcükleri seçtiğiniz köpeğinizin umurunda bile değildir; o sadece sizin ne yapma niyetinde olduğunuzla ilgilenir. Bir keresinde "Köpeğimin benim olduğumu düşündüğü kişi olmak istiyorum!" diye yazan bir araç arkası yazısı görmüştüm. Nasıl oluyorsa, köpeklerimiz bizim *en derinlerdeki* niyetlerimizi bilirler ve ruh hallerimizden dolayı bizi bağışlarlar. *Metta* meditasyonunda asıl motivasyonunuza, yani mutlu ve acıdan özgür olma isteğinize bağlı kalın ve kendinizi sözcüklerle boğmayın. Yüreğimizi ne kadar sevgi dolu nezakete yaklaştırırsak, beyinlerimiz için bu o ölçüde bir alışkanlık haline gelecektir.

## KENDİNİZE ÇIKAN YOLU BULMAK

Sevgi dolu nezaket meditasyonunu yaparken muhtemelen kendinize odaklanmakta güçlük çekmişsinizdir. Bu, zihninizin doğal olarak dalıp gitmesine bağlı olabilir ama daha çok işlemin ikircikli olmasıyla ilgilidir. Çoğumuz kendimize sevgi vermeyi tuhaf ya da güç buluruz.

Bu egzersizi yıllardan beri yapmakta olmama rağmen, *metta*yı kendime odakladığımda ben bile zaman zaman kendimi suçlu hissediyorum ("Bu çok bencilce bir şey.") Bu bana çocukluğumdan olduğu kadar, içinde yaşadığım kültürden de gelen bir duygudur. Kendime yönelttiğim sevgi dolu nezaketin beni daha iyi bir insan yaptığını biliyorum, o yüzden de kendime "ileride daha fazla ilgiye ihtiyaç duymamak için kendine şu anda ihtiyacın olan ilgiyi göster!" diye hatırlatıyorum. *Visuddhimagga*'da da "Ben nasıl mutlu olmak istiyor ve acıdan korkuyorsam, yaşamak istiyor ve ölmek istemiyorsam, diğer canlılar da benim gibi düşünüyorlar," diye yazmaktadır. Kendimizi sevgi dolu nezaketin *dışında* bırakmamalıyız. Eğer sevgi dolu nezaketi kendinize yönelttiğiniz için suçluluk hissi duyuyorsanız, kendinize odaklanmanın yanlış olduğunu ya da sadece başkalarına ilgi göstermeniz gerektiğini size ailenizde kimin söylediğini kendinize sorun.

Son bölümde de belirttiğimiz gibi, dini geleneklerde de

kendimizi sevmemiz başkalarına nasıl davranacağımıza *örnek* olarak verilmektedir. "Komşunu kendini sevdiğin gibi sev." Kişinin kendisine şefkat göstermesi sürecin sonu değil, başlangıcıdır. Başkalarına ilgi göstermenin verdiği neşe, kendimize ilgi göstermenin verdiğinden daha yoğundur ve daha uzun sürer çünkü bizi daraltılmış bir "öz benlik" duygusundan özgür kılar. Ayrıca Dalai Lama'nın dediği gibi başkalarını sevmek için karşımıza öyle çok fırsat çıkar ki! Ama acı çektiğimizde, ki bu sıklıkla olur, kendimizi de sevmeyi bilmemiz gerekir.

Kendimize sevgi dolu nezaket vermememizin bir diğer nedeni de bunu hak etmediğimizi düşünmemizdir. Kendini değersiz görme duygusu, sevgi dolu nezaket öğretmenleri de dahil olmak üzere hemen hemen herkeste vardır.

Bir grup Batılı bilim insanı ve Budist öğretmen 1990 yılında Hindistan'ın Dharamhala şehrindeki bir konferansta Dalai Lama'yla buluştular. Sharon Salzberg, diğer meditasyon öğretmenlerinin adına, değersizlik hissi ve kendilerinden utanç duyan öğrencilerine nasıl yardımcı olabileceklerini Dalai Lama'ya sordu.

Dalai Lama bu soruyu anlamamış gibi göründü; o yüzden de tercümanıyla karşılıklı olarak bu konuda bir süre konuştular. Ona sorulan sorunun ne olduğunu tam olarak anlayınca Dalai Lama hayretler içinde kaldı ve gruba böyle bir durumun gerçekten de olup olmadığını sordu. Gruptakiler bu durumun sadece öğrencileri için değil, *kendileri* için de geçerli olduğunu söylediler. Bunun üzerine Dalai Lama herkese tek tek, "Bu sizin için de geçerli mi? Ya sizin için?" diye sordu. Bir kişinin kendisini sevmemesini anlamakta güçlük çekiyordu.

Dalai Lama'nın neden bu kadar şaşırdığını zaman zaman kendime sormuşumdur, zira Kristin Neff'in bir araştırması öz şefkat yoksunluğunun sadece Batılılara özgü bir şey olmadığını düşündürmektedir. İronik olarak, sevgiyi en çok ona en çok ihtiyacımız olduğu zaman kendimizden esirgemekteyiz.

Sevgi dolu nezaket meditasyonunu kendimize ilgi göstermek için nasıl kullanabiliriz? İşte size birkaç öneri:

## Kendimizi Acıya Açmak

Acı bize yardım eder. Kendimizi acıya açtığımız vakit, şefkat de dağlardan akan bir nehir gibi bize gelir. Kendimizi kötü hissettiğimizde, *metta* sözcüklerinin bizi yatıştırmakta gizemli bir etkisi vardır. İnsanların çoğu kendilerini *iyi* hissettiklerinde sevgi dolu nezaket uygulamasından şikayet ederler ("Fazla vıcık vıcık," "Bunlar *sadece* sözcüklerden ibaret") ama kendilerini kötü hissettiklerinde bu cümlecikler onlara çok rahatlatıcı gelir. *Metta* meditasyonu bir kriz anına kadar hep çantada keklik olarak gördüğünüz hayat arkadaşınız gibidir. *Metta* meditasyonunun mutlu olduğunuzda ve olmadığınızda size farklı gelip gelmediğini siz kendiniz de keşfedebilirsiniz.

Acı düşündüğünüzden de fazla elinizin altındadır. Beden gün boyunca bilinçli ya da bilinçsiz olarak hiç durmadan stres biriktirir. Stres altında olduğumuzu biliyor olmamız, bir mitten ibarettir; stres bedenimizde ve zihnimizde yıkım yaratırken ve hayatımızın kısalmasına ve zor günler yaşamamıza neden olurken onu görmezden geliriz. İşte farkındalık burada devreye girer: *metta* meditasyonunu yapmadan önce, bedeninizi şöyle hızlıca bir tarayın ve gerilimli noktalarını saptayın. Bu arada kendinizle duygusal olarak da iletişim kurun: "Kendimi nasıl hissediyorum?" Bedeninizde ve zihninizde hissettiğiniz rahatsızlıkları kabul edin ve uygulamaya ondan sonra başlayın,

Sevgi dolu nezaket meditasyonunu acıdan kurtulmak için yapmak yaygın bir hatadır. Huzur bulmaya giden ilk adım acının farkında olmak ve kendini ona açmaktır. Şimdiki anda duygusal bir acı içindeyseniz (Bu *gerçekten de bana acı veriyor!*") size sempati gösteren derin bir yanıt da muhtemelen gelecektir ("Tanrım, beni acıdan uzak tut!") Ama işin başından beri acıya karşı çıkıyorsanız, kendinizi "Durdur, durdur, durdur, *lütfen* acıyı durdur!" diye bir talepte bulunurken bulursunuz. Bu da son derece anlaşılır bir durumdur ama başarı şansı olmayan güç bir işe girişmişsiniz demektir.

Bu uygulamayı yaparken sabırlı olmalısınız. Bu konuda güzel bir Musevi hikayesi vardır:

Müritlerinden biri hahama sorar: "Tevrat bize neden 'bu sözcükleri yüreğinizin üzerine koyun' der? Bu kutsal sözcükleri neden yüreğimizin içine koymamızı söylemez?"

Haham yanıt verir: "Çünkü olduğumuz halimizdeyken, yüreklerimiz kapalıdır, o yüzden de o kutsal sözcükleri yüreğimizin içine koyamayız. Onları yüreklerimizin üzerine koyarız. Yüreğimiz bir gün açılacak ve sözcükler de o zaman onun içine girecektir."

Yüreğimiz açıldığında en iyi müttefikimiz acımızdır.

**İyi Özellikler Bulmak**

Doğal olarak iyi özelliklere hayranlık duyarız. Örneğin, en çok hayranlık duyduğumuz tarihi kişiler, ille de askerler ya da siyasetçiler değil, iyi ahlaklı dehalardır. Aynı şekilde, kendimizle vakit geçirmekten daha çok kendimizle ilgili iyi bir şeyler düşündüğümüzde hoşlanırız. Kendimiz hakkında kötü şeyler düşündüğümüzde ise dikkatimizi öz imgemizi tehdit eden bu içsel unsurlardan uzaklaştırma yoluna gideriz. Meditasyonunuzun başında, ailenize sadakatle bağlı olmanız, sorumluluk duygusuyla hareket etmeniz, hayvanlara karşı şefkatli olmanız ve hatta espri gücünüz gibi iyi özelliklerinizden bir iki tanesini kendinize hatırlatın. Kendinize verdiğiniz dikkate değdiğinizi o zaman daha iyi hissedersiniz.

**Sevgi Dolu Nezaket Olumlu Kaynaklar Yaratır**

North Carolina Üniversitesi'nden Barbara Fredrickson ve arkadaşları 7 hafta boyunca sevgi dolu nezaket meditasyonu yapmış olan kişileri, bekleme listesinde olan kişilerle karşılaştırdıkları bir çalışma yapmışlardır. Bu çalışmada *metta* meditasyonunun sevgi, neşe, minnettarlık, ümit, keyif alma ve huşu duymak gibi birtakım olumlu duyguların yanı sıra farkındalık, sorun çözme yeteneği, geleceği keyifle bekleme, çevre konusuna hakim olma, kendini kabul etme, hayatta bir amacı olma, sosyal destek alma, başkalarıyla olumlu ilişkiler içinde bulunma ve fiziki açıdan sağlıklı olma gibi geniş bir kişisel kaynak yelpazesine sahip olma yeteneğini arttırdığı görülmüştür. Dahası, kişisel kaynaklarında bu tür bir artış olan kişilerin daha mutlu oldukları ve daha az depresyon belirtileri gösterdikleri gözlemlenmiştir. Bu çalışma, sevgi dolu nezaket meditasyonunu uygulayanların olumlu duygularının, meditasyon yaptıkları süre boyunca her saat tutarlı olarak artış gösterdiği de görülmüştür. Bu kişiler olumlu duygu üretme açısından güven telkin eden ve kendilerini adaptasyon etkisinin (hedonik yürüme bandı etkisinin) önüne geçiren bir beceri geliştirmişlerdir.

## Başkalarıyla Bağ Kurmak

Kendisini bile zar zor besleyebilmesine rağmen çok sevgili köpeği için canını bile vermeye hazır olan bir kadın tanıyorum. Köpeği için sevgi dolu nezaket meditasyonu yapmaya başlamıştı. "Ginger mutlu ve neşeli olsun," diye başlamıştı ama sonra bu düşüncesinin içine kendisini de yerleştirdi: "Ginger *ve* ben mutlu ve neşeli olalım." Sonra, "*Biz* mutlu olalım," demeye başladı ve nihayet "Ben..." dedi. Öz şefkat konusunda *kendimize bazen biraz sinsice yaklaşmamız* gerekebilir.

Başkalarına şefkat göstermek de bizi kendimize karşı şefkatli olma havasına sokabilir. Sizinkine benzer türde bir acı içinde olan sevdiğiniz birini düşünün. Daha sonra *metta* cümleciklerinizin içine kendinizi de yavaş yavaş sokun. "*Sandra* güvende olsun ve hiç incinmesin..." *Sandra ve ben* güvende olalım..." "*Biz...*" "*Ben...*" Geçmişte çok sevmiş olduğunuz birinin, örneğin bir çocuğun ismini de zikredebilir ve o kişi hasta olduğunda ya da acı çektiğinde nasıl hissettiğinizi kendinize hatırlatabilirsiniz. İçinizdeki doğal şefkat duygusunu yüreğinizin içinde tutun ve kendinizi o karışımın içine katın.

Sevgi dolu bir yaklaşım içine girmenin bir diğer yolu belki de bir çocukluk fotoğrafınızdan esinlenerek *kendinizi* küçük bir çocuk olarak gözlerinizin önüne getirmektir. Değer verdiğiniz bir imge, sevgi dolu bir ruh haline esin verebilir. Kendinizi çocukluk halinizle bir masa başında hayal edebilir, bu imgeyi birkaç hafta boyunca kullanabilir, huzurlu bir şekilde seyredebilir ve hazır olduğunuzda onu da meditasyonunuzun içine alabilirsiniz. Örneğin, bir psikoterapi hastamın kendisini gözlerinin önüne yapayalnız bir çocuk olarak getirmesi, onda daha önceleri yoksun olan öz şefkatin oluşmasına esin vermişti.

Öz şefkat duygusu, somut bir ifadeyle başlandığında bazı insanlara daha kolay bir şekilde gelmektedir: "*Tüm canlılar* mutlu olsun." Sonra bu isteğe kendimizi de dahil ederiz: "Ben *ve tüm canlılar* mutlu olalım." Hatta duygusal anlamda daha da mesafeli olup, kendi isminizi kullanarak da başlayabilirsiniz: *Ben* huzurlu ve mutlu olayım," demek yerine, "*Sam* huzurlu ve mutlu olsun," diyebilirsiniz.

İlişkilerinizde bir travma yaşamışsanız ve insanlar hakkında çelişkili duygular içindeyseniz, doğadan seçtiğiniz bir ağaç ya da okyanus gibi sevdiğiniz bir nesne üzerine meditasyon yapabilirsiniz ("Bu *ağaç* sağlıklı ve güçlü olsun.") Sonra yavaş yavaş evcil bir hayvana geçiş yapın (*Ginger* sağlıklı ve güçlü olsun") ve nihayet kendinize geçin ("*Ben...*") Buradaki ilke şudur: Sizi gülümseten bir kişi ya da şeyle bağ kurun ve uygulamanıza oradan devam edin. Yüreğinizin sesini dinleyin ve daha sonra kendinizi bu resmin içine sokun.

Sevgi dolu nezaket uygulamanızın objesi, sizin sergilediğiniz *yaklaşımdan* daha önemsizdir. Beyniniz büyük bir olasılıkla her bir anki deneyimlerini tekrarlayacaktır. Eğer kendinizi streste hissediyorsanız, stresin ne olduğunu öğreniyorsunuz demektir. Eğer sevgi dolu hissediyorsanız, sevgi dolu olmayı öğreniyorsunuzdur. Gerisi teferruattır.

## ÜÇ BÖLÜMLÜ AHENKTE SEVGİ DOLU NEZAKET

*Metta* uygulamasının üç teknik bileşeni bulunmaktadır: (1) sözcükler, (2) duygular ve (3) imgeler. *İmgeler* bize bir hedef verir, *sözcükler* en derin dileklerimize esin verir ve *duygular* ise dile getirdiklerimize dair sözcük öncesi içgüdüsel sezgilerdir.

İnsanlar bu üç bileşenin bazılarını diğerlerine göre daha kolay uygularlar. Örneğin, sözel yeteneği olan kişiler sözcüklerle rahat ederler. Hisleri güçlü olanlar için duygular uygundur. Görsel yeteneği olan kişiler ise imgeleri kolayca gözlerinin önüne getirebilirler. Eğilimlerimizi bilmek o yüzden önemlidir. Örneğin, ben görsel bir kişiyim ve imgeleri aklımda kolaylıkla tutabilirim. Meditasyon sırasında kendi imgemi tazelediğimde, sözcüklerin anlamı da derinleşir ve (iyi niyete *direnme* durumu da dahil olmak üzere!) duygularım da daha da güçlenir. İyi olduğumuz yönü vurguladığımızda bu uygulama daha bir güç kazanır.

İdeal olarak *metta* uygulamasının bu üç bileşeninin, yani sözcüklerin, duyguların ve imgelerin bir arada çalışmasını isteriz. Bileşenler arasında *gidip gelmek* uygulamaya da hayatiyet kazanır. Örneğin, sözcükler anlamsızlaştığında, imgenin üzerine odaklanarak amacınızı tazeleyebilirsiniz. Duygular kurumaya başladığında ise sözcüklerin anlamlarıyla bir bağ kurabilir, onları yavaşça tekrarlayabilir ve söylediklerinizin tadını çıkarabilirsiniz. Duygulardan sözcüklere, sözcüklerden duygulara gidip gelin ve arada bir de kendinize imgeleri hatırlatın. Meditasyon yaparken yaratıcı olun. Burada önemli olan şey sevgi dolu nezaket yaklaşımına mümkün olan desteği vermektir.

## Sözcükler

Cümleciklerinizi iyi niyetinizi yansıtacak, yumuşak ve nazik bir ses tonuyla söylemeniz gerekir. Onların bir mum ışığı havasında olmasına izin verin. Formel olmayan günlük meditasyonlarınızda cümleciklerinizi yüksek sesle ve bir şarkı havasında söyleyebilir, sevdiğiniz bir şarkının melodisine uyarlayabilirsiniz ama sesinizi yükselttiğinizde bunu herhangi bir kötü duyguyu kovalamak için değil, hayatınızda olan biteni *kucaklamak* için yaptığınızı unutmayın.

Cümlecikleri, tek tek yankılanacak şekilde yavaş yavaş söyleyin. Aceleyle okuduğunuz bir şiirin de içinizde yeni bir duyguya esin vermesini bekleyemezsiniz. *Metta* uygulaması sırasında söylediklerinizin üzerinde derin derin düşünmek için kendinize zaman tanıyın. Kendinize şefkat göstermenin dışında bir şey yapmak için herhangi bir çaba içine girmeyin.

Kendinizi iyice meditasyon yapmaya verdiğinizde, kullandığınız cümleciklerin hantal ve sıkıcı olduğunu fark edebilirsiniz. O vakit bunları kısaltarak, örneğin "güvenli, huzurlu, sağlıklı, kolay" gibi birkaç anahtar sözcüğe indirgeyebilir ya da "sevgi, sevgi, sevgi" diyerek belirli bir sözcüğü tekrar tekrar söyleyebilirsiniz. Burada sezgilerinizi kullanın ve işinize yarayan, tercihan hoşunuza giden ve tekrarlaması kolay olan sözcükleri bulun.

Bir noktada, sözcüklerin içi boşalır gibi olacak ya da size mekanik bir tınıya sahiplermiş gibi gelecektir. Dikkat objeleri genellikle öyledir, yani yeterince tekrarlanınca adeta şarjları boşalır. Bu ille de onların değişmesi gerektiğini göstermez. Uygulamanın *duygu* yerine *istek* yönüne bağlı kalın. Uygulamanın enerji merkezini ana motivasyonunuz oluşturur. Kendinize *neden* meditasyon yaptığınızı hatırlatın: Mutlu ve acıdan uzak olmak için, öyle değil mi? Kendinizi mutlu ve huzurlu bir hayat yaşamak isteyen sürüyle insandan biri olarak görün. Sonra da "güven içinde olayım," türünden kişisel *metta* cümleciklerinizi bu esin kaynağının içine boşaltın.

*Metta* cümlecikleriyle ilgili bir başka sorun da bazı insanlar için bir anlam ifade etmemesidir. Kendinize, "Mutluluk ve huzur beklentisi içinde nasıl olabilirim? Bu hiç gerçekçi değil! Stres ve huzursuzluk günlük hayatın birer parçası değiller mi?" diye sorabilirsiniz. Bu söyledikleriniz, elbette ki doğru. *Metta* uygulamasının en zor tarafı belirli bir *getiri* elde etme çabası içinde olmadığımızı anlamaktır. Bu uygulamanın tek ödülü sevgi dolu bir yaklaşıma sahip olabilmektir. *Metta* cümleciklerinin aslında söylemek istediği şunlardır:

- Her zaman mutluluk ve huzur beklentisi içinde olmanın gerçekçi olmadığını biliyorum ama *mümkün olduğu her vakit mutlu ve huzurlu olayım.*
- *Tam şu anda* sağlıklı ve acıdan uzak olmak istiyorum ama gelecek benim kontrolüm atında değil.

Kurduğunuz cümlecikler zihinsel açıdan inanılır olmalıdır, akla uygun gelmelidir, yoksa zihnimiz sessiz bir tartışma içine girer ve görevine odaklanamaz.

## Duygular

Duygular, sevgi dolu nezaketle ilgili sezilerdir. Sevme isteği bazen sıcak duygularla, bazen de onlar olmadan gelir. Arzu bir duygu değildir ve duygularımız arzularımızdan çok daha az öngörülebilirlerdir. Mutluluk *arzusuna* her zaman başvurabiliriz ama ona denk gelen duygular ara sıra ve tek tük oluşur.

Sevgi dolu duygular oluştuğunda bu duyguları asıl motivasyonumuzu güçlendirmek için kullanabiliriz. Sürdükleri müddetçe bu duyguların tadını çıkarın ve onların üzerinde kalıp oyalanın. Sevecen duygularla dolu olduğunuzda sözcükler konu dışı kalır ama bu duygular geçip gittiğinde yine sözcüklere dönün. Sıcacık duygular iyi bir yemek gibidir; iyi bir yemekten keyif alacakken neden daha az besleyici olan bir yemeğe fit olasınız ki?

Sezgisel ve duygusal olan kişiler duyguların tadını entelektüel olanlardan daha fazla çıkarırlar. Bedeninizin ne kadar farkında olursanız, iyi duygularınızdan o kadar keyif alırsınız. Beden ve duygu farkındalığı konusunda özellikle "Farkındalık ve Bedensel Duyumsamalar" (2. Bölüm) ve "Bedendeki Duyguların Farkındalığı İçine Girmek"le (3. Bölüm) ilgili uygulamaları öğrenmiş bulunmaktasınız. Bu uygulamalar en entelektüel tipteki kişilerin bile sezgisel ve duygusal yönlerini güçlendirir.

Meditasyona yeni başlayan kişilerin bazıları, Richard Davidson'ın deneyindeki deneyimli meditasyoncular gibi, sırf düşünce yoluyla şefkat duyguları üretebilirler ama bu oldukça ender rastlanan bir durumdur. Genellikle böyle bir duygunun oluşabilmesi için bazı *koşullar* yaratmamız gerekir. Örneğin, sevdiğiniz bir kişiyi düşündüğünüzde, *metta* için bir ortam yaratmış olursunuz: *Acı çeken* sevdiğiniz birini düşündüğünüzde de şefkat duygusu oluşur. Sevgi dolu nezaket uygulamasının duygularla ilgili olan kısmında bir miktar "metod oyunculuğu"* gerekir: Şimdiki ana gireriz ve cümleciklerle imgelerin bizim üzerimizde çalışmasına izin veririz. Bu egzersizi ne kadar çok uygularsanız, o kadar çok sevgi dolu nezaket ve merhamet duygusuna erişirsiniz. Bunlar, binlerce saatlik uygulamadan sonra adeta siz kendinizi Tanrı'ya emanet etmişçesine size geleceklerdir

Kendinizi sevgi dolu duygulara açabilmek için bu basit stratejilerden de faydalanabilirsiniz:

- Meditasyon yapmadan önce aşk şarkıları dinleyin.
- Uygulamayı içinize sinen, hoş bir yerde yapın.
- Fiziksel olarak rahat bir konumda olun.
- Bedeninizi gevşetin.
- Dudaklarınıza hafif bir gülücük kondurun ve gözlerinizi kısın.

* Canlandırılacak karakterin oyuncunun bir parçası olması esasına dayanan bir oyunculuk yöntemi. Sarhoş birini canlandıracak oyuncunun sete alkollü gelmesi gibi.

- Kendinizi gözlerinizin önüne getirin ve iyi bir ruh halinde olduğunuzu düşünün.
- Evcil hayvanınızı kucağınızda tutun.
- Elinizi kalbinizin üzerine koyun.
- Cümlecikleri yürekten söyleyin.

Bu küçük değişiklikler meditasyonunuzun geri kalan kısmı için sıcak ve dostane bir gündem yaratmanız için size yardımcı olacaktır. Bir kere daha tekrarlamak gerekirse, lütfen sevgi dolu duyguların hemen gelmesi *beklentisi* içine girmeyin. Burada sadece onların kendiliğinden oluşması için belirli koşullar yaratıyoruz.

## İmgeler

Sevgi dolu nezaket duygusunun uygulamanız sırasında uyanıp uyanmayacağı büyük ölçüde dikkatinizi odakladığınız kişiye bağlıdır. Uygulamanın başındayken, "başka kişiler" kendimizi sevmek için bize daha kolay yollar sunarlar. Meditasyon yapan kişiler arasında kendilerine karşı doğal bir şefkat duygusuyla dolu olanlar oyuna daha avantajlı başlarlar. Bir sonraki bölümde, derin duygular beslemediğiniz ya da birlikte olması zor olan kişilere odaklandığınızda neler olduğunu göreceksiniz. Yine de kendinizi sizi zorlayacak olan işlere maruz bırakmadan önce kendiniz için sevgi dolu nezaket duygusunu uyandırmakta beceri sahibi olmanız gerekir. Sabırlı olun. Kişinin *metta* uygulamasının ilk iki üç yılını sadece kendisini sevmeyi öğrenmek için geçirmesi rastlanılmayan bir durum değildir.

Daha önce size kendinize sevgi vermeden önce *başka* kişilerle nasıl bağlanacağınıza dair bazı önerilerde bulunmuştuk. Genel anlamda (dostane bir hava yaratmak için) sizi gülümseten ya da (şefkat duygunuzu geliştirmek için) yüreğinizi eriten biriyle başlayın. Basit, hoş ve komplike olmayan bir ilişki seçin. Eğer seçtiğiniz kişiyle cinsel ilişki içindeyseniz, örtülü bir bağlantı ortaya çıkıp odaklanmanızı bozabilir. Bu kişi hayatta olmayan biriyse, kayıp duygusu sinsice müdahale edebilir. Seçtiğiniz imgenin sizde bir duygu karmaşası yaratmadığından emin olun.

İmge ne kadar berrak olursa, oluşan duygular da o kadar güçlü olacaktır. *Kendi* imgenizi yarattığınızda, kendinizi gönül gözünüzle ve o anki halinizle görün ve bedeninizi hissedin. (Kendinizi eleştirmemek kaydıyla, gözlerinizi açıp bedeninize bakabilirsiniz.) Yüz ifadenizi zihninize kaydedin ve kendinize iyi özelliklerinizi hatırlatın. Kendinizi tam olarak kabul edin. İçinizden gülümsemek geliyorsa, gülümseyin. Başka bir kişiye odaklanmışsanız, o kişinin mevcudiyetini tüm duyularınızla hissetmek için kendinize biraz vakit tanıyın. Net ve berrak bir hal aldığı andan itibaren, bu imge zihninizde bir titreşim yaratacak ve uzun süre orada kalacaktır.

Dünyada sevgi dolu farkındalık içinde tutmakta en fazla zorlanacağınız kişi genellikle sizsinizdir. Hiç beklemediğimiz, uzun süre önce unuttuğumuz birtakım düşünce ve duygular da bizi gafil avlayabilir. Erkek kardeşinize layık gördüğünüz o utanç verici davranışınız ya da evliliğinizde yaşadığınız bir sadakatsizlik epizodu aklınıza geliverir. Bütün bunlara rağmen, kendimizden o anda hoşlanmasak da elimizdekilerle yetinmeliyiz. Kendimizi gözlerimizin önüne getirir, güzel dileklerde bulunur, cümleciklerimizin ürettiği iyi duyguların tadını çıkarır, imgemiz üzerinde odaklanır, cümleciklere döner, gerektiğinde bizim için odaklanması daha kolay olan birine geçer, sonra yine kendimize döner ve bu şekilde devam ederiz. Bu uygulama esnek olmayı gerektirir ama eninde sonunda her güçlüğe katlanarak kendimize sevgi vermeyi öğreniriz. İyi niyetimizi tekrar tekrar davet ederek bütün bu rahatsız edici düşüncelerin, duyguların ve sözcüklerin gerisinde olan, doğal iyiliklerimizi keşfederiz. Bu büyük bir başarı gibi görünebilir ama evcil hayvanlarımız bizi öyle görmüyorlar mı? Bunun aynısını elbette kendimiz için de yapabiliriz.

## YANGIN PATLAMASI

Bir yangında oksijen azaldığında açık olan kapıdan giren taze hava bir patlamaya neden olur. İtfaiyeciler buna "yangın patlaması" derler. Sevgi dolu nezaket uygulaması yaptığımızda da aynı şey olur. Kalplerimiz (kendimizden nefret etme, kendimizden şüphe duyma gibi nedenlerle) acıyla kavrulurken, uygulamaya başladığımızda kullandığımız sempati dolu sözcükler kalplerimizin kapısını açar ve bizi zorlayan duyguların patlamasına neden olur. Bunlar, *metta* uygulamasının *yarattığı* duygular değildir; biz sadece bu duyguları kapıdan çıkarken hisseder ve kabul ederiz. Bu da bizim iyileşme sürecimizin bir parçasıdır.

Bu fenomen öyle yaygındır ki hastalarım ve başka kişiler bunu anlatmak için farklı metaforlar kullanmışlardır:

- "*Metta*, kızgın tavaya soğuk su damlatmak gibidir. Su cızırdar ve tavanın üzerinde daireler çizerek kayar. Bu iyi bir şeydir ama bunun iyi bir şey olduğunu *anlamak* vakit alır."
- "Mutlu olayım," demek mayınlı araziye girmek gibi bir şeydir!"
- "Sevginin ışığı 'Ben sevilmeyen biriyim. Rahatına düşkün biriyim' duygusunu kusmamı sağlıyor."
- "Sevgi çift tarafı keskin bıçak gibi; hem şimdiki andaki acıyı kesip atıyor, hem de geçmişten gelen acıları dilim dilim doğruyor."

Terapistler değersizlik ve utanç duyguları nedeniyle acı çeken kişilerle çalışırken onların bu tür bir süreçten geçtiklerini fark ederler. Eğer bir terapist "Babana böyle kafa tutmakla büyük bir cesaret göstermiş oldun," gibi nazik ya da hayranlık belirten bir şey söylerse, değersizlik hissiyle mücadele eden bir hasta kendisiyle alay edildiğini ya da terapistin onun üzerinde hakimiyet kurmak istediğini sanabilir. Aslında bu onun terapistin samimiyetsiz biri olduğunu düşündüğünden değil, nazik sözcüklerin geçmişten gelen "Sen korkağın tekinden başka bir şey değilsin" türünden olumsuz duyguları anımsatmasından kaynaklanmaktadır. İşte yangın patlaması dediğimiz şey tam da budur.

Bildiğimiz her şeyi, başka bir şeyin tezatı olarak düşünürüz. Örneğin, kaya serttir, onun için ayak parmağımızın yumuşak olduğunu biliriz. Kendileriyle ilgili olarak olumsuz duygularla dolu olan kişilere söylenen sevgi dolu sözcükler bütün o çelişkili fikirlerin patlamasına neden olur çünkü bu fikirler yoğunlukları nedeniyle onlara nazik yorumlardan daha sahiciymiş gibi gelir. Böylece güzel bir yorum da kolaylıkla maksatlı yapılan bir hakaret gibi algılanabilir. Böyle bir durum meditasyon sırasında olursa, kendi samimiyetimizden kuşkulanırız.

Sevgi dolu nezaket meditasyonu sırasında kendimize karşı iyi duygular içine girince patlayan gizli duygularla nasıl baş edeceğimizi de bilmemiz gerekir. 4. Bölüm'de dile getirdiğimiz "şema"ları hatırlıyor musunuz? Bazılarımız özümüzde utanç, yalnız, terk edilmiş, tecrit edilmiş ya da bir şeylerden yoksun bırakılmış hissederiz. Çocukluktan gelen bu şartlanmış çekirdek inanışların sevgi dolu nezaket meditasyonunda ortaya çıkması kaçınılmazdır. Peki bu eski yaralarla ve duygularla nasıl başa çıkabiliriz?

**Birinci kural** ***kötü duyguların oluşacağını beklemektir.*** Duygusal dengenizi koruduğunuz sürece, karşılaşacağınız şey uygulamanıza bir engel *oluşturmaz.* Eğer üzüntü, hayıflanma ya da kendinden şüphe duymak gibi bir duygu oluşursa, o anda acı çektiğinizi kabul edin ve her zaman kullandığınız cümleciklerle kendinize iyi niyet gösterin. İşin hikaye faslına aklınızı takmamaya çalışın. Acı çektiğiniz *için* kendinize iyi davranın. Kötü duyguları kışkışlamaya çalışmayın. Kendinize odaklanın, duygularınıza değil. *Metta* uygulaması kendinize sempati göstermenizi sağlar. Kendinizi nasıl hissederseniz hissedin, her bir an bu uygulamayı yapmak için değerlendirebileceğiniz bir fırsattır.

**İkinci kural *dengenizi korumaktır.*** Oluşan duyguların çok güçlü olduğunu düşünürseniz, *metta* uygulamanızda daha da şevkli olmaya çabalamanız gerekmez. Size çok rahatsızlık veren duygularla savaşmak için *metta*yı yoğunlaştırmak gibi bir tuzağın içine düşmeyin. Sonuçta, o yaptığınız sevgi dolu nezaket pratiği değil, bir savaş olur ve sizin kendinizi daha da kötü hissetmenize neden olur. Belki biraz geri çekilmeniz ve kendinize dostlarınızla akşam yemeği yemek ya da deniz kenarına yolculuk yapmak gibi daha farklı ve daha az içsel olan şekilde sevgi vermeniz gerekebilir. Duygusal anlamda pelte gibi olduğunuzu hissetmeniz, kesinlikle bir işarettir. O vakit, biraz geri çekilmeniz ve kendinize farklı şekilde iyi davranmanız, belki de 5. Bölüm'de önerdiğimiz aktivitelerden birini yapmanız gerekir.

**Üçüncü kural *farkındalığı uygulamaktır.*** Meditasyonunuzu devam ettirmeyi aklınız kesiyorsa, yeniden nefesinize odaklamayı ya da çapanızı (ses, temas) başka bir yere atmayı deneyebilirsiniz. Buna rağmen, farkındalık uygulamanızı tıka basa sevgiyle doldurmayı unutmayın. 2. ve 3. Bölüm'de öğrendiğiniz becerileri kullanın. Hissettiğiniz duyguya bir isim verin ("Ah, kıskançlık," "Ah, mahcubiyet," "Ah, öfke"). Bu duyguyla oyalanırsanız, onun peşinden suçluluk duygusunun arkasındaki öfke ya da öfkenin arkasındaki korku gibi başka bir duygu ortaya çıkıverir. Duyguya bir isim vermek yeterli olmazsa, duygunun karnınız, göğsünüz ya da boğazınız gibi, bedeninizin neresinde olduğunu saptayın ve onun tonunu tanımlayın ("nahoş"). Sonra kendinize daha fazla *metta* verin.

Meditasyon sırasında ortaya çekirdek duygulardan biri ya da bir şema çıkarsa ona da "terk edilme," "güvensizlik," "kusurluluk" ve "yetersizlik" gibi bir isim vererek etiketleyebilirsiniz. İlk nesnenizden (cümleciklerden) uyanıklık halinin en zorlayıcı nesnesine (şemaya) gidip gelin. Bir Zen metaforunu oluşturan alevler içinde oturan bir lotus çiçeği gibi deneyimlerinizin ortasında oturuyor olun. Eski anılar da sizin bilinçli uyanıklığınızın içinde yer bulabilmek için gelebilirler. Örneğin, mükemmeliyetçi bir insansanız, size ilk kez ne vakit "yeterince iyi yeterince iyi sayılmaz," dendiğini duyduğunuzu hatırlarsınız. Kronik olarak öfkeli bir kişiyseniz, kendinizi hataları için insanların kesinlikle cezalandırılmaları gerektiğini söyleyen kişiyi düşünürken bulabilirsiniz. Yalnız bırakılmak sizi dehşete düşürüyorsa, sizinle ilgili olarak çok endişe duyan bir kişi pat diye aklınıza geliverir. Bunları oldukları anda sadece not edin ve zihinsel çapanıza geri dönün.

Dikkatinizi dağıtan herhangi başka bir şeye karşı genel olarak nasıl bir tutum içine giriyorsanız, yangın patlamasına da aynı şekilde ilgilenip ilgilenemeyeceğinize bir bakın: Acele etmeden, telaşa kapılmadan ne olup bittiğini not edin ve cümleciklerinize dönün. Lütfen kusurlarınızı ortadan kaldırmak için fazla zorlanarak kendinize eziyet etmeyin. Bilge bir kişinin bir keresinde dediği gibi, "Duyarlılığınıza özen gösterin. Bir çiçeği çekiç darbeleriyle açtıramazsınız."

## BİR DUA GİBİ

Sevgi dolu nezaket meditasyonu ile dua etmek arasında benzerlikler vardır. Danışanlarımdan birine *metta* uygulamasının nasıl gittiğini sorduğumda, bana "Çok kolaymış. Dua etmeyi zaten biliyorum," demişti. Bazıları da "Mutlu ve acıdan uzak olmayı istediğimde Tanrı'ya da dua edebilir miyim?" diye sormuşlardır. Benim yanıtım da her seferinde, "Evet, elbette," olmuştur. Sevgi dolu bir niyet geliştiren her şey *metta* uygulamasıdır. Ama işin bir püf noktası da vardır.

Bir rahatsızlıktan mustarip olan Paula isimli bir kadın tanıyorum. Bu kadın hastalığından kurtulmak için hiç durmadan dua ederdi. Bir gün bana, "Hep hayal kırıklığına uğradım, o yüzden de artık dua etmiyorum," dedi. Daha sonra ise *metta* uygulamasını keşfetti ve hayatını değiştirme beklentisi içinde olma tuzağına düşmeden dua etmenin güzelliğini hissedebildiği için bu uygulamaya büyük bir hevesle sarıldı. *Metta,* çabaları için bir *sonuç beklentisi* içine girmeden teslim olmayı öğretmişti Paula'ya. Geleneksel dua iki türdür: Teslim olma ("(Göklerdeki Babamız), Egemenliğin gelsin") ya da sonuç bekleme ("Lütfen bu hastalığı iyileştir"). *Metta* Paula'nın ("Aziz Tanrım, ben..." diye başlayan bir duanın "... beni hastalığımdan kurtar!" tarzında) bir emirle bitmemesinin mümkün olduğunu fark etmesini sağlamıştı. Teslim olma türündeki dualar bizim için neyin iyi olduğunu ya da işlerin nasıl yürümesi gerektiğini bilmediğimizi varsaymaz; bu dualar bir sonucu kontrol ya da manipüle etme çabasından ziyade, kalbimizin bir eğilimini gösterir. Diğer bir deyişle, içinde bulunduğumuz hali ve dileklerimizi biraz daha hafife aldığımıza işaret eder.

**Duanın Bir Kaçınma Yöntemi Olarak Kullanılması**

Wichita Devlet Üniversitesi'nden Robert Zettle ve arkadaşları acının kabul edilmesinin acıya katlanmayı kolaylaştırıp kolaylaştırmadığını bilmek istiyorlardı. Bir anket kağıdının üzerine ölçekler koydular ve katılımcıları deneyimden kaçınanlar ("Anksiyete kötü bir şeydir") ya da kaçınmayanlar ("Duygularımdan korkmuyorum") olarak gruplara ayırdılar. Sonra her iki gruptakilere bir ellerini 5 dakika boyunca soğuk (40 derece F) suyla dolu bir kabın içine koymaları söylendi. Araştırmacılar katılımcıların ellerini ne kadarlık bir süre boyunca soğuk suda tutabildiklerini ölçtüler. Daha sonra, katılımcılar bir anket formunu doldurarak bu deney sırasında neler düşündüklerini anlattılar.

Tahmin edildiği üzere, her iki gruptakiler de acıya eşit derecede duyarlı olmalarına rağmen deneyimden kaçınmayanlar soğuk suya deneyimden kaçınanlara göre daha uzun süre tahammül ettiler. Deneyimden kaçınanlar felaket tellallığı yapmak gibi (Bu korkunç bir şey ve düzeleceğini de hiç tahmin etmiyorum") kendilerine yardımcı olmayan zihinsel stratejiler kullanmışlar ve dua edip ümit beslemişlerdi ("Bu acının bitmesi için dua ediyorum"). Kısacası, acı deneyimini yaşamayı kabul edebilen kişiler bu acı gitsin diye dua etmeden de acıya daha uzun süreler dayanabilmişlerdir.

*Metta* duanın dinsel olmayan bir türüdür. İnsanların çoğu üstün ve yüce bir güce inanmayı isterler ama bunu bir türlü başaramazlar. Danışanlarımdan biri, "Tanrı'ya inananları kıskanıyorum!" demişti. *Metta* teistlerin olduğu kadar teist olmayanların da derin isteklerinin yakınında kalmaları ve koşulsuz türden bir sevgi geliştirmeleri için fırsattır. Şair Galway Kinnell'ın sözleriyle, "Tomurcuk her şeyin simgesidir... çünkü her şey kişinin kendisini kutsaması sayesinde içeriden çiçeklenir." Tomurcuğun tomurcuklanmak için kendisinden başka bir şeye ihtiyacı yoktur. Bizim de en iç doğamız iyi niyetle ve sevgi dolu nezaketle döllenince güzelleşecektir.

## OTURMAK YOK

Sevgi dolu nezaket uygulaması günlük hayatın içinde, bir koltuğa ya da sedire oturmadan yapılır. Herkesin formel oturmalı meditasyon yapmak için ne vakti vardır ne de mizacı buna uygundur. Formel olan meditasyon ile formel olmayanın arasında bir tercih yapmanız gerekirse, gündelik hayatın içinde en az 16 saat olduğunuz günlerde, mümkün olduğu kadar sıklıkla yapmanız daha iyi olur. Çoğu kişinin azami fayda sağlamak için formel *metta* meditasyonunu yapmaya ihtiyacı yoktur. Duruş pozisyonunuz ne olursa olsun, sevgi dolu nezaket meditasyonunun her anı beyninizi eğitir. Ayrıca size şu ana kadar vermiş olduğumuz ilke ve pratik önerileri günlük hayatınızı yaşarken uyguladığınız sevgi dolu nezaket meditasyonu kadar oturmalı meditasyon için de geçerlidir.

Eğer sevgi dolu nezaket meditasyonunu formel bir oturmalı meditasyon şeklinde yapmak isterseniz, ne kadar vakit ayırmanız gerekir? Sabahları 20 ile 30 dakika arasında yapılan sevgi dolu nezaket meditasyonu genellikle yeterlidir ve bu süre günün geri kalanının gidişatını da belirler. Bazı insanlar 10 dakikanın bile yeterli olduğunu söylüyorlar. Genellikle kısa iki oturmalı meditasyon, uzun (30-45 dakikalık) tek bir oturmalı meditasyondan daha iyidir çünkü bazı insanlar meditasyon süresi uzun olduğu takdirde sinir sistemlerinin etkilendiğini, asabileştiklerini ve huzursuz olduklarını söylemektedirler. O yüzden en doğrusu hangisinin iyi olduğuna sizin kendinizin karar vermenizdir.

Beynin yapmakta olduğu şeyleri alışkanlık haline getirdiğini aklınızdan çıkarmayın. Eğer koltukta oturmak sizde stres yapıyorsa, beyniniz "otur ve stresli ol" alışkanlığını geliştirir. Sevgi dolu nezaket geliştirdiğiniz takdirde, beyniniz de sevgiyi deneyimlemeyi öğrenmeye başlar. Biz de o yüzden, *metta* meditasyonu yapan kişilerin sevgi ve şefkat dolu olmayı *amaç* edinmelerini destekliyoruz.

Kullanacağınız cümleciklerin üzerinde gece ya da gündüz, günün her saatinde çalışabilirsiniz. Örneğin ben *metta* cümleciklerimi uyumadan bir iki dakika önce ve uyandıktan sonra teklifsiz bir şekilde tekrarlamayı seviyorum. Kadim *Visudhimagga* metninde *metta*nın kişinin derin bir uykuya dalmasını, güzel rüyalar görmesini ve meditasyon yapan kişinin başkalarının gözünde değer kazanmasını sağladığı yazmaktadır. Bunu anlamak zor değildir. Öfke ve korku duyguları olmadan uyuduğumuzda rüyalarımızın güzel olması daha büyük bir olasılıktır ve başka insanları takdir ettiğimizde de onların bizden hoşlanmamaları güçtür (ama imkansız değildir!).

Sevgi dolu nezaketi keşfetmek için en iyi zaman, kendinizi gerçekten de kötü hissettiğiniz zamandır. Naomi Shihab Nye, "Sevecenlik" isimli şiirinin son iki kıtasında şöyle demektedir:

Şefkatin içimizdeki en derin şey olduğunu bilmeden önce,
Kederin diğer en derin şey olduğunu bilmen gerekir.
Kederle uyanmalısın.
Ve sesin tüm kederlerin en ince tellerini yakalayana kadar
Konuşmalısın onunla.

İşte o zaman sadece şefkat bir anlam ifade eder,
Ayakkabı bağlarını bile bağlayan odur,
Odur seni sokağa gönderip mektup postalatan, ekmek aldıran
Sadece şefkat dünyanın kalabalıklarından
Kaldırır başını ve seni bekliyordum der sana,
Sonra da her yere gelir peşinden,
Bir gölge ya da bir dost gibi…

Yüreğin kedere açık olması insanın kulağına korkunç bir şeymiş gibi gelebilir ama şefkat bir insanın kötü zamanlarında hep yanında olan, hiç değişmeyen, sevgi dolu bir dostu olabilir. İncindiğinizi, başarısız olduğunuzu, hayal kırıklığına uğradığınızı ya da reddedildiğinizi düşündüğünüzde, kendinize yumuşak bir sesle, "Güven içinde olayım, mutlu olayım, sağlıklı olayım, rahat bir hayat yaşayayım," deyin.

Öz şefkat ile *kendini bağışlayıcı* olma arasında yakın bir ilişki vardır. Hayatta sürekli olarak hata yaptığımız için bağışlayıcı olmamız elzemdir. Bazen doğru şeyi yaptığımız vakit bile birilerinin incinmesine neden olmak gibi zor durumlarda kalabiliriz. Bir patronun, yanında çalışan ahlak bozucu birini işten atmak zorunda kalması ya da bir annenin uyuşturucu kullanan oğluna para vermemesi gibi… Başkalarına bilerek ya da bilmeyerek acı verdiğimizde kendimizi nasıl affederiz? Atacağımız ilk adım, öfkeyle ya da kendimizi haklı çıkarmaya çalışarak olayı saptırmak yerine, pişmanlık duygumuza yüreğimizi açmak olmalıdır. Ondan sonra da kendimize sözcüklerle ya da hareketlerle şefkat göstermeliyiz.

1. Bölüm'de sorunların bel ağrısı, uykusuzluk, ilişkisel çekişmeler ve kalabalık önünde konuşma tedirginliği gibi

birtakım sıkıntılara direnç gösterdiğimiz için oluştuğuna dair verdiğimiz örnekleri hatırlıyor musunuz? Bu yaygın durumlar aslında sevgi dolu nezaket uygulamasını yapmak için mükemmel fırsatlar oluştururlar. *Metta* meditasyonu mücadele içinde olan *kişiyi* rahatlatır ve bu durum onun belirli bir sorunuyla baş etme yöntemini değiştirir. Örneğin, eğer belim ağrıdığında kendime, "Güven içinde olayım, huzurlu olayım, güçlü olayım, rahat bir hayat yaşayayım," dersem, kendime verdiğim huzur ani bir acı karşısında hissettiğim anksiyeteyi azaltır. Böylece, "endişe dolu ilgi"den "sevgi dolu ilgi" durumuna geçeriz, yani en az direnç gösterdiğimiz yola girmiş oluruz.

Ertesi gün için endişelenip uykusuzluk çektiğiniz gecelerde, uykusuzluk nedeniyle mutsuz olduğunuz *için* kendinize sevgi dolu nezaket göstermeyi deneyin. Uykuya değil, üzüntü ve korku duygularınıza odaklanın ve *metta* cümleciklerinizi üst üste tekrarlayın. Uykusuzluk, beyninizi öz şefkat gibi faydalı bir şey yapmak üzere eğitmek için mükemmel bir fırsat sunar. Bu, yatma pozisyonunda yapılan bir meditasyondur.

Bir ilişkide kendinizi bocalarken bulduğunuzda, bir mola verin ve kendinize sizi bu kadar inciten şeyin ne olduğunu sorun. Hayat arkadaşınız tarafından görmezden gelindiğiniz, söylediklerinize itibar edilmediği ya da size saygısızlık edildiği için mi? Mutlu olmayı ve acı çekmemeyi hak ettiğinizi unutmayın. Hissettiğiniz duyguyu tanımlayabilir misiniz? İhtiyacınız olan sevgiyi ve bağları kendinize verin, hem de hemen şimdi, tam şu anda... Bunun için belki de *metta* cümleciklerini kullanabilirsiniz. Sonra, kendinizi biraz daha iyi hissedince, hayat arkadaşınıza dönün ve onunla konuşun.

**Sevgi Dolu Nezaket Meditasyonu Bel Ağrısını Hafifletir**

Duke Üniversitesi Tıp Faültesi'nden James Carson ve arkadaşları, sevgi dolu nezaket meditasyonunun bir tedavi stratejisi olarak kullanılıp kullanılmayacağını görmek için bir pilot çalışma yapmışlar ve ilk olarak bel ağrısının tedavisi üzerinde çalışmışlardır. Carson ve arkadaşları katılımcıları haftada doksanar dakikalık sekiz grup toplantısında bir araya getirerek eğitmişler ve katılımcılar kendi evlerinde odyoteyplerle metta meditasyonu yapmayı sürdürmüşlerdir. Carson metta meditasyonun bel ağrısını hafiflettiğini ve meditasyon süresi arttıkça (günde 10-25 dakika arasında) katılımcıların ağrı düzeyinin seans sonunda düştüğünü gözlemlemiştir. Uzun süreli meditasyon ayrıca ertesi gün katılımcıların daha az sinirli olmasını da sağlamıştı. Yaşlı ve yatalak annesinin bakımından bıkkınlık duyan katılımcılardan biri, "Şimdi onun odasına girdiğimde, yumuşadığımı hissediyorum," demiştir. Bir iş adamı da görüşünü, "Kalbimde başkaları için bu kadar yer olduğu aklımın ucundan bile geçmiyordu," diyerek belirtmiştir.

Kalabalık önünde konuşma yapma tedirginliğinden mustaripseniz, sahneye çıkarken ya da sahneye çıkma *düşüncesi* zihninize her geldiğinde hem kendinize hem de sizi dinleyen kişilere sevgi dolu nezaket gösterin ve sahneye öyle çıkın. ("*Hepimiz* mutlu ve acıdan uzak olalım"). Dinleyicileriniz sizin şefkatli ruh halinize, rahat konuşmanız için size şefkat sunarak karşılık verebilir! Endişeli halinizin devam etmesine izin verdiğiniz takdirde, endişeli olduğunuzu bile unutabilirsiniz. Thomas Merton'un Taoist bilge Chuang Tzu'yu yorumlarken dediği gibi:

> Ayakkabı ayağa uyarsa
> Kim hatırlar ayağı.
> Kemer bele tam geldiğinde,
> Karın unutulur gider.
> Yürek haklı olduğunda da,
> "Onun için" olan da, "ona karşı" olan da çıkar akıldan.

## *METTA* NE DEĞİLDİR

Sevgi dolu nezaket uygulaması hakkında artık yeterli ön bilgilere sahip olduğunuza göre, şimdi gereksiz yere komplike bir hale getirilmemesi için onun ne olmadığına bir göz atalım. *Metta şunlar* değildir:

- *Bencil.* Başkalarını sevmek için atılacak ilk adım kendimizi sevmektir. Kendimizde bulduğumuz hatalar, başkalarında da vardır. *Metta* bize şartlar ne olursa olsun, davranışlarımıza daha iyi bir şekil verirken bile, kendimize karşı nazik olmamızı öğretir.
- *Kayıtsız. Metta* korku ve öfke gibi içgüdüsel eğilimlerimizi bastıracak olan iyi niyetimizin bir gücüdür. *Metta* bizi kötü alışkanlıklarımızdan kurtarır. Acıdan ders almamızı ve acıya ustalıkla karşılık vermemizi sağlar.
- *Olumlu onay.* Onay, "her geçen gün daha da güçleniyorum!" gibi kendimizin de inanmadığımız şeyleri söyleyelim diye bizi yüreklendiren bir çabadır. *Metta* ise içinde olduğumuz durumun olduğundan daha iyi olduğuna kendimizi inandırmamız demek değildir. Uygulamanın pürüzsüz olması için söylediğimiz cümleciklerin akla yatkın olması gerekir.
- *Sadece bir mantra. Metta* cümlecikleri bir *mantra* gibi tekrarlanmasına rağmen, o kadar basit değildir. *Metta dikkat* gücünü kullanmanın yanı sıra, bağlanma, niyet ve duygularla da çalışır (bu konu bir sonraki bölümde daha ayrıntılı bir şekilde verilecektir). Biz burada elimizden geldiğince sevecen bir yaklaşım geliştirmeye çalışmaktayız.
- *Hayatı çekilir hale sokan bir uygulama.* Tatlı bir şekilde düşünmeyi ve konuşmayı öğrenerek hayatımızdaki gerçekleri yumuşatmaya çalışıyor değiliz. Tam tersine, kendimizi trajediler de dahil olmak üzere insan deneyimlerinin derinliklerine daha kapsamlı bir şekilde açmak istiyoruz.

Bu da ancak acıya şefkatle karşılık verdiğimiz takdirde mümkün olabilir.

- *Acıma partisi.* Acıya açık olmak, halinden hoşnut olmak değildir. Ama bir *metta* uygulamasında sıkıntı içinde debelenmez, şikayet etmez ve aşırı derecede sızlanmayız. Tam tersine, acıya şefkatle açılmak hayatımızın tanıdık hikayesinin çengelinden kurtulmamıza izin verir.
- *İyi bir duygu. Metta*nın ana amacı iyi duygular değil, iyi niyet geliştirmemizi sağlamaktır. Duygular gelip gider ama varlığımızın temelinde mutlu ve acıdan uzak olmak gibi evrensel bir istek yatar. İşte biz buna bel bağlarız.
- *Bitkin düşürücü.* İnsan bir şeyin belirli bir şekilde olmasını istemekten ve kendisini bu fikre bağlamaktan bitkin düşer. Sevecenlik ve şefkat ise gerçeği kontrol etmekten uzak durur ve o yüzden mücadeleden çok, rahatlama sağlarlar.
- *Talepkar. Metta* denklemin her zaman sonuç tarafında değil, *dilek* tarafında bulunur. Olumlu sonuçlar da zamanla mutlaka gelecektir ama bizim burada yaptığımız, bize ya da başkalarına ne olursa olsun nazik bir yaklaşım geliştirmeyi öğrenmeye çalışmaktır. Dileğe bağlı kalmak ve sonucun ne olacağını düşünmemek koşulsuz sevginin ta kendisidir.

Umarım sevgi dolu nezaket uygulamasını günlük hayatınızın bir parçası haline nasıl getireceğinizi keşfedersiniz. Bu uygulama hayret edilecek kadar basittir ama onun içine merak ve esneklik katmak önemlidir. Burada verdiğimiz ana hatlar, bir başlangıç noktası oluşturmaktadır. Yüreğinizin sesini dinleyin ve Sharon Salzberg'in dediği gibi, "Neler olacağını görün."

Şimdi de dikkatimizi başkalarına, özellikle de en beklemediğimiz ya da istemediğimiz anlarda zihnimizde yuva kuran sıkıntı verici insanlara çevireceğiz.

# 7

## *Başkalarıyla İlgilenmek*

Yüksek düzeyde, aşırı şefkatli olmak, kişinin ileri derecede çıkarcı olmasından başka bir şey değildir.

- TENZIN GYATSO, 14. Dalai Lama

Bu bölümde kendinize ilgi göstermekle ilgili olarak öğrendiklerinizi, hayattaki tüm acıların ve mutlulukların kaynağı olan başkalarıyla ilişkilerinize nasıl uygulayacağınızı göreceksiniz. Öz şefkat sağlıklı ilişkiler yaşamanın, her zaman farkına varılmamakla birlikte, elzem olan bir unsurudur.

Bazılarınızın sevgi dolu nezaket meditasyonunu başkalarıyla, örneğin sizi doğal olarak gülümseten sevdiğiniz biriyle birlikte yapmaya başlamış olduğunuzu düşünüyorum. Peki ama hayatınızdaki zor insanlar ne olacak? Bu kişiler sevgi dolu nezaket ve farkındalık uygulamaları için oldukça büyük bir güçlük yaratırlar ama bir yandan da uygulamayı daha da derinleştirmek için size bir fırsat sunarlar. Bu bölümde, başkalarıyla olan ilişkilerinizi dönüştürmek için özsaygıya ve kendinizle ilgilenmeye dayalı sistematik bir yöntem öğreneceksiniz.

Pek çoğumuz başkalarına sevgi göstermenin, kendimizle ilgilenmekten daha kolay ve daha keyif verici olduğunu düşünürüz. Bazı okuyucular kendi duygusal ihtiyaçlarına odaklanabilmek için hâlâ özel bir izne ihtiyaç duyabilirler. Siz de bu kişilerin arasındaysanız, başkalarına sevgi göstermeyle ilgili olan bu bölüm size kendinize ihanet ediyormuşsunuz gibi hissettirebilir. Endişelenmeyin; başkalarının yoğun ve çelişkili taleplerinin arasında bile kendinizi resmin içinde tutmayı öğreneceksiniz.

"İyi de, bana rahatsızlık veren kişilerden *uzak dursam*, bu yeterli olmaz mı?" Sorunlu kişilerden kaçınmak genellikle iyi bir fikirdir ama bu, genel olarak etkili bir strateji değildir. Eğer ormanda inzivaya filan çekilmiş değilsek, sokakta, takside, markette, işyerimizde ve hatta aile toplantılarımızda zor insanlarla baş etme durumuyla karşı karşıya kalmamız kaçınılmazdır. Kayın validenizle, üvey babanızla, kız kardeşinizle ya da arkadaşınızla ne tür sohbetler ediyorsunuz? Bu sohbetler sırasında kendinizi nasıl hissediyorsunuz? Olumsuz duygularımızın verdiği sıkıntıyı ilk başta biz kendimiz hissederiz. Bir atasözünde dendiği gibi, "Keskin sirke küpüne zarar"dır.

Zihnimizin içindeki insanlarla olan ilişkilerimizi değiştirmek onlarla gerçek hayatta da baş etmek için atacağımız ilk adımdır. Orta yaşlı huysuz mahalle bakkalımız Rajiv için 3 gün boyunca sevgi dolu nezaket uygulaması yaptıktan sonra, bir gece geç vakit süt almak için oraya gittim. Kapıdan girdiğimde onu görür görmez yüzümde bir gülümseme belirdi. Her vakit normal olarak paramı ödedikten sonra oradan kaçar gibi ayrılırdım ama bu sefer biraz oyalandım ve onunla sohbet ettim. Ancak eve gittikten sonra neler olup bittiğinin farkına vardım. Anavatanından çok uzaklarda, gecenin geç vakitlerine kadar mutsuz insanlara bir şeyler satarak bir yaşam mücadelesi veren bu adama karşı önceleri hissettiğim hoşnutsuzluk hissi, yerini sessizce meraka ve ilgiye bırakmıştı. Rajiv benim bu çabalarımdan habersizdi. Başkalarıyla olan ilişkilerimizi dönüştürmek bizim kendimizle başlayan bir olaydır; içeriden destekli bir eylemdir.

Bu tür deneyimler bana hayatımdaki daha da zor kişilerle baş edebileceğime dair bir güven verdi. Bazı insanlar bana bir suçluluk duygusu veriyor, bazıları beni öfkelendiriyor, diğer bazıları da bir pişmanlık ya da özlem duygusu uyandırıyor. Ama sonunda bunların her biri tek tek içsel şefkatimin gücüne boyun eğiyorlar: "Nasıl ki ben mutlu ve acıdan uzak olmak istiyorsam, .... da mutlu ve acıdan uzak olmak istiyor." Başkalarına karşı hissettiğimiz olumsuz duygular bizi kendimizden ve onlardan uzaklaştırır, hoşnutsuzluk hissini tetikler. Başkaları için sevgi dolu nezaket uygulaması yapmak kendimi yavaş yavaş daha az yalnız ve hayata genel olarak daha fazla bağlı hissetmemi sağladı.

Bakın Buda ne demiş:

Kişi kendisine ilgi gösterirse, başkalarına da gösterir,
Başkalarına ilgi gösterirse, kendisine de gösterir.

Başkaları hakkında düşündüklerimiz, hissettiklerimiz ve onlara karşı davranışlarımız, bizim içten içe nasıl hissettiğimizi de belirler.

Bir uyarı: Kitabın bu bölümünü lütfen bir oturuşta bitirmeye çalışmayın. Birinci bölümde, başkalarına karşı sevgi dolu nezaket hissetmenin neden önemli olduğunu ve bunu nasıl başaracağınızı göreceksiniz; ikinci bölümde uygulamayı yapmaya başladığınızda karşılayabileceğiniz kaygılara yer verilmiştir; üçüncü bölümde ise bu uygulamayı günlük hayatınızın içine nasıl sokacağınızı göreceksiniz. Sizin bir "uygulayıcı-öğrenci" olmanızı salık veririm: Bir bölümü okuyun, orada yazılı olanları uygulamayı deneyin ve haftanın geri kalanını biraz uygulama yaparak ve biraz da okuyarak geçirin. Acele etmeyin – farkındalıklı öz şefkat yavaş yavaş oluşur. Bu ve bir önceki bölümlerde anlatılan sevgi dolu nezaket meditasyonu en iyi rahat bir ortamda ve 4-6 hafta boyunca yapılırsa tam olarak öğrenilebilir.

## BAĞLANMAYA GİDEN YOL

Sevgi dolu nezaket meditasyonunun dört şifa verici unsuru vardır: *niyet, dikkat, duygu* ve *bağlanma.* Temel niyetimizin gücünü arttırmak ("Tüm canlılar mutlu olsun") hayatımıza enerji verir ve anlam getirir; odaklanmış dikkat zihnimizi sakinleştirir ("Cümleciklere tekrar tekrar geri dön"); şefkat, sevgi ve nazik olmak gibi olumlu duygular bizi mutlu eder; bağlanma ise kendimizi daha huzurlu ve güvende (daha az yalnız, daha az korkmuş, insani değerlere daha bağlı) hissetmemizi sağlar. Daha önceki bölümlerde kişinin kendine nasıl bağlandığını görmüştük, şimdi de başkalarına nasıl bağlanacağınızı öğreneceksiniz. Şefkatle dolu sevgi meditasyonunun bağlanma unsuru dikkatimizi başkalarına verdiğimizde özellikle önem kazanır çünkü bu unsur kişinin hissettiği kopma acısını yatıştırmaktadır.

Çoğu kişi bağlanmanın hayatlarındaki rolünü anlamaz. Bu görünmez bir roldür. Arkadaşım ve meslektaşım Jan Surrey'in anlattığı gibi, bağlanmanın gelgitleri vardır, çünkü bizler bir bağlanır bir koparız ama ailelerimizle, işimizle ve diğer sorumluluklarımızla o kadar meşgulüzdür ki bunu fark etmeyiz. Bu bizim onu hissetmediğimiz anlamına gelmez. *Bir bağlantının kopması* insana acı verir. Hayat arkadaşınızın sizden önce uykuya dalması gibi güç algılanabilen bir şekilde olabileceği gibi, evlilikteki sadakatsizlik ya da istismar olayları gibi kişiyi perişan edecek kadar etkileyici de olabilir…

Bağlantının kopması genellikle gözden kaçar ama genellikle huzursuzluk, kendinden şüphe duyma, endişe ya da üzüntü şeklinde kendini gösterir. Kendinizi yalnız ve bağları kopmuş gibi hissediyorsanız, işyerindeki bir meslektaşınız, özellikle ikiniz de gece geç vakte kadar mesai yapıyorsanız, gözünüze karşı koyulamayacak kadar seksi görünebilir; aşırı yemek yeme ihtiyacı hissedebilir, alışveriş krizine tutulabilirsiniz. Kendinize bir aşk bulmak için Web sayfalarını tarar ya da kendinizi içkiye vurabilirsiniz. İşte o zaman Jimmy Carter'ın tavsiyesine uyarak "göremediğiniz şeyleri görmeye" çalışmanız gerekir. Sizin endişelenmenize neden olan şey gerçekten de bağlantınızın kopması mı? Öfkelenmenize, üzülmenize ya da cinsel olarak uyanmanıza da o mu neden oluyor? Eşiniz bir iş gezisinden döndüğünde kendinizi eski halinize dönmüş gibi hissediyor musunuz? Yoksa eşinizin yanındayken kendinizi daha da kopmuş gibi hissettiğiniz için ruh haliniz daha da mı kötü oluyor?

Bağlanmaların kopması en iyi ilişkilerde bile kaçınılmaz bir durumdur. *Hepimiz* bir dereceye kadar diğerleriyle bağdaşamayan kişileriz. Bunu anlamak zor bir iş değildir çünkü hepimizin DNA'sı ve çocukluk deneyimlerimiz birbirinden farklıdır ve farklı ekonomik, ırksal, etnik ve cinsiyet grupları içinde yaşamaktayız (ya da yaşamışızdır). Hayallerimiz hiç durmadan başkalarınınkilerle çarpışır. O yüzden her ilişkide bir kopma acısı yaşanması mümkündür.

Ama sıradan uyanık olma halinin en derin katmanında, hepimiz aynı kumaştan dokunmuşuzdur. Önemli bir meditasyon hocası olan Thich Nhat Hanh bunu çok hoş bir şekilde anlatmaktadır:

> Bir şairseniz, bu sayfanın üzerinde bir bulutun yüzdüğünü açık seçik bir şekilde görebilirsiniz. Bulut olmadan su olmaz; su olmadan ağaçlar büyüyemez; ağaçlar olmadan da kağıt yapmak mümkün değildir. O yüzden, burada bir bulut olmak zorundadır. Bu sayfanın mevcudiyeti burada bir bulutun var olmasına bağlıdır. Kağıt ve bulut birbirine öyle yakındır ki... Başka şeyler, örneğin güneş ışığını düşünelim. Güneş ışığı çok önemlidir çünkü o olmadan ormanlar büyüyemez ve bizler insanlar olarak güneş ışığı olmadan yaşayamayız. O yüzden bir oduncunun ağaç kesebilmek için gün ışığına, ağacın da kağıt olabilmek için gün ışığına ihtiyacı vardır. Daha derine baktığınızda... onun içinde sadece bulutun ve gün ışığının değil, diğer her şeyin olduğunu görürsünüz. Oduncunun yiyeceği ekmeğin yapıldığı buğday, oduncunun babası – her şey bu kağıdın içindedir... bu minik kağıt parçasının mevcudiyeti tüm kozmosun mevcudiyetini kanıtlar.

**Bağlanmanın Kopması ve Kültür**

60 milyon Amerikalı, yani nüfusun %20'si yalnızlıktan yakınmaktadır. Kendimizi ne ölçüde bağlanmış hissettiğimiz üzerinde kültürün büyük bir rolü vardır. Kanada'daki York Üniversitesi'nden Ami Rokach yaptığı bir ankette, Kuzey Amerika'daki erkeklerin ve kadınların kendilerini duygusal stres, sosyal yetersizlik, gelişme ve keşif, tecrit ve kendine yabancılaşma açılarından İspanya'daki muhataplarından daha yalnız hissettiklerini bulmuştur.

Aynı zamanda başkalarının onlara olan güvenini de kaybeder gibi görünmektedirler. Bu da yalnızlığın bir başka işaretidir. Wendy Rahn ve John Transue, lise son sınıf öğrencilerinin arasındaki güven duygusunun 1976-1995 yılları arasında düşüşe geçtiğini göstermişlerdir. Örneğin öğrencilerin %32'si 1976'da insanların genel olarak güvenilir olduğunu düşünürken, bu oran 1995 yılında %17'ye düşmüştür. Bu yıllar arasında ankete katılan genç yetişkinler insanların daha az yardımsever ve daha az adil olduğunu söylemişlerdir. Bunlarda görülen tecrit durumu ve güven yoksunluğu sosyal bağların uğradığı erozyonu göstermektedir.

Cornell Üniversitesi'nden Alan Hedge, iş güvensizliğinin ve sağlık hizmetlerindeki yetersizliğin yanı sıra, emeklilik ve eğitime dair sosyal programların görece eksikliğinin insanları, kişisel bağların yerine iş ve donanım güvenliğini vurgulamaya ihtiyaç duyan ve "bu yürüme bandı üzerinde göçebe gibi yaşayan bir toplum" haline getirdiğini söylemektedir.

Gökbilimci Carl Sagan bu görüşü şöyle yansıtmaktadır: "Bir elma turtasını sıfırdan yapmaya kalkışırsanız, ilk önce evreni yaratmanız gerekir."

İnsanın kendisini diğer insanlardan ayrı hissetmesi en derinlerdeki benlik duygusuna ters düşen bir durumdur. O yüzden öyle bir durumdayken acı çekeriz. İnsanın çocuklarıyla, hayat arkadaşıyla, tüm arkadaşlarıyla ve dünyadaki farklı ırklardan, kültürlerden, yaşlardan, cinsiyetlerden herkesle ve hayatta kalma ihtiyaçları bizimkilerle ne kadar çakışırsa çakışsın tüm canlı varlıklarla hiç kopmayan bir bağlanma duygusu içinde olması ne kadar harika bir şey olurdu.

**Empatiyle Fiziksel Bağlantı Kurmak**

Başka kişilerle empati kurmanın yapı taşlarını, (beynin özellikle empatiden ve içsel algılamadan sorumlu olan bölümü olan) insuladaki ve (hareket planlamadan sorumlu olan) premotor şeridindeki "ayna nöronlar" oluşturur. Ayna nöronlar, adalelerimizi kontrol eden motor nöronları taklit ederler. Empati şu şekilde oluşuyor gibi görünmektedir: Bir kişinin yüzünü gördüğünüzde, ayna nöronlar gördüğünüzü taklit ederler, böylece siz de diğer kişinin hissettiklerini hissedersiniz. Örneğin, birinin gülümsediğini görürseniz, ayna nöronlar yüz adalelerinizi gülümsetir, siz de gülümsediğinizi hissedersiniz ve diğer kişinin ne hissettiğini anlarsınız. Örneğin, fazla aktif olmayan ayna nöronlara sahip otizmli kişiler, bir filmdeki karakterlerin arasında neler olup bittiğini anlamakta ya da başkalarıyla görüştüklerinde "satır aralarını okumakta" zorlanırlar. Bu araştırmanın çıkarımları Daniel Goleman'ın duygusal zeka üzerine daha önce yazmış olduğu bir eserinin üzerine yazdığı *Sosyal Zeka* isimli kitabında çok güzel bir şekilde açıklanmıştır.

Başka birine odaklandığımız anda ayna nöronlarımız harekete geçer. Bu kişi mutlu mu, mutsuz mu? Dost mu, düşman mı? Kendimiz tam anlamıyla farkında olmasak bile o kişinin yüz ifadesindeki ya da ses tonundaki küçük bir değişikliği bile yakalar ve onun nasıl hissettiğini anlarız. Karıma çok kızmışımdır ama öfkemi belli etmeden yine de oturup mantık ve akıl çerçevesinde onunla konuşmak istiyorumdur. Gerçek duygularım yine de dışarı sızar. Belki gerekenden bir saniye daha uzun bir süre ona bakarım ya da gülümsememem gereken yerde surat asarım. Sonra karım hafiften bozuk çalar ve "Neden bu kadar alıngansın?" diye sorar. Ben de, "*Ben* mi? Asıl *sen* neden bu kadar alıngansın?" diye düşünürüm. Ne kadar gayret etsem de atom nöronlarım birbirleriyle iletişim içinde olmaya devam ederler. Belki de bir ilişkide sorunları tartışmak o yüzden bu kadar zordur. Kendinizi mutsuz hissederken bir konu açmak istediğinizde ya da konuyu açtıktan sonra kendinizi kötü hissettiğinizde, hayat arkadaşınız da kendisini sizin kadar kötü hissediyordur.

İnsulamız diğer insanların neler hissettiğini ve ne yapmaya niyetlendiklerini anlamamız için bize yardım eden ayna nöronlarla doludur. Az önce bahsini ettiğimiz araştırma, farkındalık ve *metta* meditasyonlarının her ikisinin de insulayı harekete geçirdiğini göstermiştir. Daniel Siegel kendi başımıza meditasyon yaptığımız vakit gerçek hayattaki ilişkilerimizde bağ kurma yeteneğimizin geliştiğini gösteren bu bulguları kişiyi düşünmeye sevk eden *The Mindful Brain* isimli kitabında bir araya getirmektedir.

Albert Einstein şöyle demiştir:

Bir insan bizim "evren" olarak tanımladığımız ve zaman ve uzayla kısıtlı olan bir bütünün parçasıdır. Kendisini, düşüncelerini ve duygularını diğerlerinden ayrı olarak deneyimler. Bu, onun bilincinin görsel yanılsaması gibi bir şeydir. Bu aldanma bizim için bir tür zindandır. Bu zindanda şahsi arzularımızla ve yakınımız olan birkaç kişiye gösterdiğimiz sevgiyle kısıtlanırız. Bizim görevimiz, şefkat halkamızı genişleterek tüm canlı yaratıkları ve doğanın tüm güzelliklerini kucaklamak ve kendimizi bu zindandan kurtarmak olmalıdır.

Böyle bir şey mümkün olabilir mi? Eh, bir anlamda olur. Bağlantımız koptuğunda acı çeksek bile, eğer *kendimizi bırakmazsak* bağlantımız devam ediyormuş gibi hissedebiliriz. Örneğin, erkek arkadaşınız sizi adam yerine koymadığında kendinize "O senden hoşlanmıyor, bu kadar basit!" diyebilmek büyük bir öz farkındalık ve özgüven ister. İçimizden hissettiklerimizi geçiştirmeye çalışmadığımız takdirde, karşımızdaki kişinin gözlerinin içine bakmaya devam edebiliriz. 1. Bölüm'deki Michelle ve Suzanne'ın hikayesi de insanın kendi ilişkisel acılarına tanık olmasının onun zihnini nasıl meşgul ettiğini göstermektedir.

## BAŞKALARI İÇİN *METTA* YAPMAK

Başkalarına sevgi dolu nezaket göstermenin değdiğine karar verdikten sonra, zor insanlarla ilgilenmek için temel bir eğitim gerekir. Bunlar vergi müfettişleri, eski eşler, telefon sapıkları ve benzer kişiler olabilir. Formel olan farkındalık meditasyonu bizi gerçek hayat için eğitir. Biz sevecen ve şefkatli olma alışkanlığımızı güçlendirmeye çalışırken, o da aynı anda duygusal yükümüzü ortaya dökerek bizi dönüştürür. Örneğin, yakın arkadaşlarınızdan biri işinde iyi bir maaş artışı aldığında onu kıskanabilir ya da sizden önce hamile kaldığı için kız kardeşinize öfkelenebilirsiniz. Meditasyon yapmaya başladığınızda, yani arkadaşınızın ya da kız kardeşinizin mutlu ve acıdan uzak olmasını dilediğinizde, hemen bu karşıt duygularla yüz yüze gelirsiniz. Bunlarla *yüz yüze* gelmeden önce barış yapmak çok daha iyidir, böylece kimse kendisini incinmiş ya da reddedilmiş hissetmez.

Sevgi dolu nezaket gösterme sanatında bizi eğiten altı kategori insan vardır. İşin püf noktası kolay bir hedefle işe başlamak, sevgi dolu nezaket gösterme alışkanlığımızı geliştirmek ve oradan devam etmektir.

1. *Öz benlik.* Genellikle derinizin altında olan kişisel kimliğiniz.

2. *İyiliksever kişi.* Bu kişi, sizi sürekli gülümseten bir akıl hocası, bir çocuk, manevi rehberiniz veya evcil hayvanınız olabilir ya da doğadan sizi mutlu eden bir şey seçebilirsiniz.

*"Sana küçük bir görev veriyorum, Kretchmer. Vergi Dairesi'ne sızmanı ve oraya merhamet tohumlarını dikmeni istiyorum.*

3. *Arkadaş.* Güven ve minnet duyduğunuz, sizi yüreklendiren ve hakkında olumlu duygular beslediğiniz biri.
4. *Nötr biri.* Tanımadığınız ve o nedenle de ne hoşlandığınız ne de hoşlanmadığınız herhangi bir canlı varlık.
5. *Zorbir kişi.* Size acı vermiş olan ya da hakkında olumsuz duygular beslediğiniz biri.
6. *Gruplar.* Yaşayan varlıklardan oluşan herhangi bir grup. Örneğin yukarıdaki listedeki, evinizdeki, işyerinizdeki, şehrinizdeki, vb. insanlardan oluşan gruplar.

Bir önceki bölümde kendiniz için yaptığınız sevgi dolu nezaket meditasyonuyla tanıştırmıştık sizi. Bazılarınız meditasyonunuzu yaparken "iyiliksever kişi"yi kendinize giden bir yol olarak kullanmıştınız. Meditasyonlarında "iyiliksever kişi"yi henüz kullanmayı denememiş olanlar için ilk olarak oradan başlayacağız ve sonra sekans halinde diğer kategorilere geçeceğiz. "Zor kişi"yi hallettikten sonra, sevgi dolu nezaketinizi başkalarına da sunmaya hazır hale geleceksiniz.

Bu egzersizden bütün olarak anlam çıkarmak ve onu ilginç kılmak için, kategorileri sırayla her gün 20 dakikalık bir meditasyonda denemenizi öneririm. Sonra geri döner ve bütün hafta boyunca her kategorinin üzerinde çalışırsınız. Bu bölümü lütfen sevgi dolu nezaket meditasyonuna *giriş* olarak düşünün. Eğer daha yoğun şekilde, örneğin 20 dakikadan daha uzun bir süre boyunca uygulamak isterseniz, lütfen kendinize nitelikli bir öğretmen bulun. Öğretmen dediğimiz kişi bu yolu sizden önce geçmiş, engelleri bilen ve size rehberlik edebilecek olan biridir.

## İyiliksever Kişi

Bu kategori başka bir kişiye özenli bir ilgi göstermekle başlar. İyiliksever kişi sizi gülümseten ve kalbinizi ısıtan kişidir. Bu kişi öğretmeniniz, manevi rehberiniz, bir çocuk ve bir evcil hayvan olabilir ya da doğada sevdiğiniz bir şeyi seçebilirsiniz. Sizi daha sonra hayal kırıklığına uğratması en az olası olan, sizi *tutarlı şekilde* ve sürekli olarak mutlu eden birini ya da bir şeyi seçin.

---

### *BUNU DENEYİN: İyiliksever Kişi*

Bu meditasyon 20 dakika sürecektir. *Metta* meditasyonuna 6. Bölüm'de anlatıldığı şekilde başlayın: Dikkatinizi göğüs bölgenize getirin, birkaç kez nefes alıp verin, kendinizi oturma pozisyonundayken gözlerinizin önüne getirin ve *tüm canlıların* mutlu ve acıdan uzak olmak istediğini kendinize hatırlatın. Sonra cümleciklerinizi 5 dakika boyunca tekrarlayın ya da doğrudan iyiliksever kişinize geçin.

- İyiliksever kişinizin görüntüsünü zihninizde canlandırın ve o kişinin huzurunda olmanın nasıl bir şey olduğunu hissedin. Bu güzel birlikteliğin tadını çıkarmak için kendinize izin verin. Ayrıca, iyiliksever kişinizin aynen sizin gibi savunmasız olduğunu, yani onun da hasta olabileceğini, yaşlanacağını ve öleceğini kabul edin.
- Kendinize, "Nasıl ki ben mutlu ve acıdan uzak olmak istiyorsam, sen de mutlu ve acıdan uzak ol," deyin.
- Yumuşak ve nazik bir tonla aşağıdaki sözleri söyleyin ve onların önemini hissedin:

*Güven içinde olasın.*
*Mutlu olasın.*
*Sağlıklı olasın.*
*Rahat bir hayat yaşayasın.*

- Zihninizin dalıp gittiğini hissederseniz, sözcüklere ve iyiliksever kişinizin imgesine geri dönün. İçinizde yükselen sıcacık duygularla oyalanın. Acele etmeyin. Dilediğiniz her an kendinize dönebilirsiniz, sonra hazır olduğunuzda yeniden iyiliksever kişinize dönersiniz.
- 20 dakika sonra ve meditasyonunuzu sona erdirmeden önce, şunları söyleyin:

*Ben ve tüm canlılar güven içinde olalım.*
*Ben ve tüm canlılar mutlu olalım.*
*Ben ve tüm canlılar sağlıklı olalım.*
*Ben ve tüm canlılar rahat bir hayat yaşayalım.*

- Yavaş yavaş gözlerinizi açın.

---

Kendinize dönük *metta* uygulamasıyla karşılaştırıldığında, iyiliksever kişinize odaklanmak genellikle daha hoş ve daha kolaydır. Ama eğer iyiliksever kişinize ilk kez odaklanmışsanız, bu egzersiz konusunda çelişkili duygular içine girebilirsiniz. Örneğin, bu özel kişiyle bu denli bir samimiyet içine girmeye hakkınız olmadığını düşünebilirsiniz ya da kendinizi başka birinin penceresinden bakıyormuşsunuz gibi hissedebilirsiniz. Size sıkıntı veren bu durum muhtemelen bir sonraki hafta geçecektir. Bu arada, gerektiği anda kendinize ya da farkındalık meditasyonuna dönmekte özgür olduğunuzu bilin, hislerinizi oluştukları anda hissedin ve onları kabul edin.

## Arkadaş

İyiliksever kişinizle bir hafta kadar çalıştıktan sonra, *arkadaş* kategorisine geçmeye büyük bir olasılıkla hazırsınızdır. Arkadaşlar yıllar içinde birbirlerine karşı bir güven duygusu geliştiren ve bundan dolayı da minnettarlık hissi duyan kişilerdir. Arkadaşlık yakın ve genellikle olumlu bir ilişkidir. Birkaç arkadaşınızı seçin ve her birinin görüntüsünü gözlerinizin önüne getirerek iyiliksever kişi için yukarıda verilmiş olan uygulama talimatlarını kullanarak kısa bir deneme yapın. Hangi arkadaşınızın en *mükemmel* olduğunu bulmak için bir gayret içine girmeyin, öyle bir şey zaten yoktur. Çoğu arkadaşınız, tüm hatalarına rağmen bu iş için uygundur. Bir tanesi üzerinde karar kıldıktan sonra, bütün bir hafta boyunca onun üzerinde çalışın. Her meditasyona odak noktası olarak kendinizle başlayın, sonra bir dakika kadar iyiliksever kişinize (ya da ikiniz arasında gidip gelin) ve sonra arkadaşınıza geçin.

Bu uygulamayı yaparken kaçınılmaz olarak sizi zorlayan duygular olacaktır. Eğer arkadaşınızı gerçekten seviyorsanız, "Güven içinde olasın," cümlesi onun güven içinde olmadığına dair içinizde bir endişe uyandırabilir. Belki de ameliyat geçirdikten sonra gelip sizi hastanede ziyaret etmediğini hatırlayıp ona karşı bir öfke hissedebilirsiniz. Ya da onun sizden daha fazla parası ya da daha mutlu bir evliliği olduğunu düşünüp haset edebilirsiniz. Bu tür olumsuz duygular dikkatinizi alıp götürürse, yavaşça *metta* cümleciklerinize geri dönün. Bu duygular baskın çıkmayı sürdürürse, o zaman arkadaşınızı bırakıp yeniden kendiniz ve iyiliksever kişiniz için *metta* meditasyonu yapmaya başlayın. Korku, öfke, kıskançlık, utanç ya da pişmanlık gibi herhangi bir nahoş duygu bile kendinizi sevmek için geçerli bir nedendir.

İnsanların zaman zaman arkadaşlarıyla ilgili olarak kafalarını karıştıran bir şey de *schadenfreude*dir. Bu, başkaları zor günlerden geçerken kişinin kendisini mutlu hissettiğini anlatan Almanca bir sözcüktür. İnsanların yakın arkadaşlarının başına talih kuşu konduğunu duyduğunda yaşadığı sevinç patlaması ironik olarak *schadenfreude* durumundan *çok daha az* yaygın olabilir. Böyle hissettiğiniz için utanç duymak yerine, sevecenlik ve şefkat duygularını geliştirmeye devam edin.

Kişinin bağlarının kesilmiş olduğunu hissetmesinin temelinde yatan şey *schadenfreude*dir. Arkadaşınızın hayat yolculuğunda olduğunuzu, yani kendinizi dışarıda kalmış gibi hissetmediğinizi bildiğiniz vakit, *schadenfreude* bile size mutluluk verir. "*O ve ben...*" diye başlayın. Arkadaşınızın başarılarına destek verebilirseniz daha da mutlu olursunuz. "Senin iyi talihin giderek artsın." Bu cümleyi tekrar tekrar söyleyin ve neler olduğunu izleyin.

### *Metta* beyni değiştirir ve Bizi Daha Şefkatli Yapar

Wisconsin Üniversitesi'nden Richard Davidson ve arkadaşlarının yaptığı bir pilot çalışmada, bir grup insan internet ortamında 2 hafta boyunca günde 30 dakika boyunca *metta* meditasyonu yapmak üzere eğitildiler. Bir karşılaştırma grubundaki insanlar da bu arada hayatlarındaki "bilişsel yeniden değerlendirme" durumlarını öğrendiler. İki hafta sonra, Öz Şefkat Ölçeği'nde (Bakınız 4. Bölüm) gelişme gösterenler sadece *metta* grubundaki kişiler oldu. Davidson daha sonra katılımcılara göz tümörü olan bir çocuk gibi acı çeken insan imgeleri gösterdi ve o sırada onların beyinlerinin fMRI ile taradı. *Metta* grubundaki kişilerin (beyinlerinin empatiden sorumlu bölgesi olan) insulalarında aktivite artışı gözlemlendi. İmgeleri izledikleri süre boyunca insulalarındaki hareketlilik arttıkça, katılımcıların esenlik ve öz şefkat ölçeğindeki puanları da arttı. Davidson daha sonra deneklere 165 dolarlık katılım ücretlerini seçtikleri bir hayır işine hibe edebileceklerini söyledi. İnsulalarındaki hareketlilik miktarı deneklerin ne kadar para hibe edeceklerinin adeta bir habercisiydi! Bu çalışma sadece 2 haftalık bir sevgi dolu nezaket meditasyonunun bile beyin aktivitesini değiştirebildiğini, insanları kendilerine ve başkalarına karşı daha şefkatli hissetmelerini sağladığını ve hatta onlara bir cömertlik duygusu verdiğini göstermiştir.

**Nötr Kişilere Sevgi Dolu Nezaket Göstermek**

Stanford Üniversitesi'ndeki araştırmacılar 7 dakikalık bir sevgi dolu nezaket meditasyonunun insanlardaki olumlu duyguları arttırdığını ve nötr (tanımadıkları) kişilere karşı bile bir bağlanma hissi geliştirdiklerini göstermiştir. Gelişigüzel doksan üç katılımcı deneysel bir sevgi dolu nezaket meditasyonu koşuluna ya da onunla kıyaslanabilir bir görüntü koşuluna tabi tutulmuşlardır. Sevgi dolu nezaket talimatı, sevilen iki kişinin meditasyon yapan kişinin her iki yanında durup ona sevgilerini göndermesi şeklindeydi. Katılımcı sonra gözlerini açtı ve sağlık, mutluluk ve esenlik dileklerini yansıtan cümlecikleri fotoğraftaki nötr kişiye hitaben söyledi. Kıyaslama koşulunda olanlar tanıdıkları kişilerin aynı şekilde, iki yanlarında olduğunu hayal ettiler ve onların görüntülerine, daha sonra da fotoğraftaki tanımadıkları kişinin görüntüsüne odaklandılar. Sevgi dolu nezaket grubu olumlu karşılık vermeye doğru önemli bir kayma gösterdi ve kendilerini fotoğraftaki nötr (tanımadıkları) kişiye daha bağlanmış, daha benzer özellikle sahip ve ona karşı daha olumlu hislerle dolu hissettiler.

## Nötr Kişi

Sıkıcı ismine rağmen bu son derece ilginç bir kategoridir ve dünyadaki 6.7 milyar (bu sayı her an artmaktadır) insandan, hayatınız boyunca karşılaşabileceğiniz herhangi birine karşı sevgi dolu bir şefkat geliştirme fırsatı oluşturur. Bu nötr kişi şu anda henüz tanımadığınız biridir, o yüzden de alışılagelmiş stereotip duyguların ve önyargıların ötesinde, bu kişiden görece olarak ne hoşlanırsınız ne de hoşlanmazsınız.

Meditasyonunuzun etkisini ölçebilmeniz için muhtemelen tekrar göreceğiniz bir kişiyi seçmek eğlenceli olabilir. Daha önce örnek olarak verdiğim Rajiv'de ben de tam öyle yapmıştım. Haftalar geçtikçe, hayvanları ve bitkileri de şefkat halkanızın içine almayı unutmayın. Örneğin ben bu kitabı yazarken *metta*yı mutfağımdaki meyve sinekleri için yapmıştım ve bir tanesi burnuma konduğunda içimi hiç beklemediğim bir şefkat hissi doldurmuştu. Nötr varlık, onu sevgi dolu nezaketimizin objesi haline getirdiğimizde uzun bir süre nötr olarak kalamaz.

Nötr kişiyle yaşayacağınız temel güçlük, sevgi dolu nezaket enerjisini sürdürebilmektir. Egzersizin tazelenmeye ihtiyacı olduğunda iyiliksever kişinize ya da kendinize dönebilirsiniz. Pratiğin sıkıcı bir hale gelmesine izin vermeyin, yoksa beyninize sıkıcı olma sanatını öğrenme yolunu açarsınız. Nötr kişinizi elinizden geldiğince net bir şekilde gözlerinizin önüne getirin, o kişinin mevcudiyetini deneyimleyin, cümleciklerinizi yavaşça ve yumuşak bir şekilde tekrarlayın, bu sözcüklerin önemini hissedin ve kendinize nötr kişinizin aynen sizin gibi savunmasız, acı çekebilen ve sonuçta ölecek olan bir kişi olduğunu hatırlatın.

## Zor Kişi

Nötr bir kişiyle yapılan *metta* uygulaması *genişlemesine*, zor kişiyle yapılan ise *derinlemesine* bir çalışmadır. Bizi incitmiş olan kişilere sevgi dolu nezaket gösterebilmek ve bunu devam ettirebilmek için, içimizin derinlerine inmemiz gerekir. O yüzden zor kişiler "sevgi dolu nezaket" yolunda ilerlerken bizim en "iyi arkadaşlarımız" olurlar.

Meditasyona başlarken ilk olarak, sizi kötü bir şekilde incitmiş ya da hayatınızı karartacak şekilde güçlükler çıkarmakta olan birini değil, *orta karar* zor olan birini seçin. Bu kişi, meditasyon sırasında gözlerinizin önüne rahatça getirebileceğiniz biri olsun.

*"Ya, demek öyle.. İyi de, Dalai Lama asla senin dırdırınla uğraşmak zorunda kalmamıştı."*

---

## BUNU DENEYİN: *Zor Kişi*

Bu meditasyon da 20 dakika sürecektir. Meditasyona daha önce anlatılan şekilde hazırlanın ve *metta* cümleciklerini 5 dakika kadar (dilediğiniz sırayla) kendinize ve iyiliksever kişinize yönelik olarak tekrarlayın.

- "Zor kişi'nizin görüntüsünü zihninizde canlandırın. O zor

kişinin de hayatta yolunu bulabilmek için bir mücadele verdiğini ve bunu yaparken size acı çektirdiğini kendinize hatırlatın. Kendinize, "Nasıl ki ben huzurlu ve acıdan uzak olmak istiyorsam, senin de iç huzuru bulmanı diliyorum," deyin.

- Cümlecikleri yumuşak bir ses tonuyla söyleyin ve söylediğiniz şu sözcüklerin önemini idrak ederken zor kişinin görüntüsünü zihninizde tutun:

*Güven içinde olasın.*
*Mutlu olasın.*
*Sağlıklı olasın.*
*Rahat bir hayat yaşayasın.*

- Kaçınma, iğrenme, öfke, suçluluk duygusu, utanç ve üzüntü gibi duygular çok çabuk oluşur. *Metta* cümlecikleri bu duyguların karşısında boş görünebilir. Hissettiğiniz duyguya bir isim verin '"üzüntü," "öfke") ve kendinize şefkat gösterme uygulamasına geçin ("Güven içinde olayım...") Kendinizi daha iyi hissettiğinizde, zor kişinize dönüş yapın ve bir kere daha deneyin.
- Kendinizle (ya da iyiliksever kişinizle) zor kişiniz arasında gidip gelin. Meditasyon seansınızı bir iyi niyet deneyimi olarak tanımlayabileceğinizden emin olun.
- Meditasyonunuza son vermeden önce, zor kişinizi salıverin ve şunları söyleyin:

*Ben ve tüm canlılar güven içinde olalım.*
*Ben ve tüm canlılar mutlu olalım.*
*Ben ve tüm canlılar sağlıklı olalım.*
*Ben ve tüm canlılar rahat bir hayat yaşayalım.*

- Şimdi de yavaşça gözlerinizi açın.

Bu güçlüğü üstlendiğiniz için kendinize prim verin çünkü bunu yaparak hayatınızın tüm alanlarına sevgi dolu nezaket getirmeye adanmış olduğunuzu yansıtmış oluyorsunuz.

Hayatınızdaki zor insanlar üzerinde çalıştığınızda şu düşüncelerle boğuşuyor olabilirsiniz:

- *"Zor kişimin mutlu olmasını istemiyorum. O ne olursa olsun değişmez!"* Zor bir kişiye sevgi dolu nezaket verdiğimizde onun kötü davranışını kabul ediyor ya da davranışlarının sonuçlarından kaçmasını umuyor değiliz. Tam tersine, biz o kişinin mutlu ve huzurlu bir insan olmasını diliyoruz. Cümleciklerinizin kulağınıza daha inanılır gelmesi için, bazı değişiklikler yapabilir ve örneğin "Michael iç yaralarını iyileştirsin ve mutluluğa giden yolu bulsun," tarzında bir şeyler söyleyebilirsiniz. Zor kişiniz ona daha sıcak davrandığınızda bile değişmeyebilir. Öyle olsa da uygulamanızın onun davranışlarına bağlı kalmamasına gayret edin.

- *"Zor kişimi aklıma bile getirmek istemiyorum!"* Pek çok kişi içgüdüsel olarak zor kişilerinin ortadan yok olmasını ya da ölmesini dilerler. Bir Tibet deyişi şöyle der: "Düşmanlarınızın ölmesini dileme zahmetine girmeyin; eninde sonunda nasıl olsa bunu yapacaklardır!" Güçlü bir tiksinme duygunuz varsa ve bu duygu bir türlü çekip gitmiyorsa, o zaman sizin için *daha az* zor olan bir kişiye geçin. İyiliksever kişiniz için yaptığınız meditasyonda onun görüntüsünü zihninizde canlandırıyordunuz ama zor kişiniz için *metta* meditasyonu yaparken, eğer kendinizi çok rahatsız hissediyorsanız, zor kişinin mevcudiyetini hissetmek gibi bir mecburiyetiniz yoktur. Cümleciklerinizi söylerken kendinizi rahat hissedin ve sevgi dolu nezaketin üstün gelmesine izin verin. O kişinin ön ismiyle birlikte soyadını da kullanarak araya duygusal bir mesafe koymak isteyebilirsiniz. Örneğin resmi olmayan ikinci tekil şahıs zamiri "*sen*" yerine "John iç huzuru bulsun..." diyebilirsiniz. Nihayet, dilediğiniz vakit her zaman iyiliksever kişinize (ya da kendinize) sığınabilirsiniz.
- *"Kendime sevgi dolu nezaket vermek için çok vakit harcıyorum!"* Bu mümkün değildir. Zor kişiniz için yaptığınız meditasyonun %95'i kendinize yönelik *metta* ise endişe etmeyin. Rahatsızlık verici duygular ("yangın patlaması") üzerinde çalışmak zor kişilerle yapılan *metta* uygulamasının büyük bir bölümünü kapsayabilir. Çektiğiniz acı arttıkça, kendinize daha fazla ilgi göstermeniz gerekecektir.
- *"Önce hayatımı en fazla zehir eden kişiden başlasam olur mu?"* Orta yolu seçmek her zaman daha iyidir. O yüzden en iyisi ne çok zor ne de çok kolay bir kişiyi seçin. Uygulamalarınızı tutarlı bir şekilde yaparsanız, sizi en zorlayan kişiler bile üzerinizdeki kontrolü kaybedeceklerdir. Sizi en çok zorlayan kişinin sevgi dolu nezaket üretme görevinden sizi alıkoyup koyamayacağına karar vermek için sezgilerinizi kullanın.

- *"Yapmak istediğim tek şey bağışlamak ve unutmak."* Bağışlayıcı olmak için acele etmeyin. Başkalarına karşı bağışlayıcı olmayı ancak kendinizi acılarınızı açık bir hale getirdiğinizde ve onları tamamıyla kabul ettiğinizde düşünün. Kendinizi hazır hissettiğinizde, aşağıdaki bağışlayıcı cümleleri tekrarlayın:

*Çok büyük kayıplar ve korkular yaşadım ve kendimden şüpheye düştüm. Yalnız ve kafası karışık biri oldum. Bilerek ya da bilmeyerek seni incitmek için yaptıklarımdan dolayı kendimi bağışlıyorum.*

Sonra zor kişinize geçin:

*Senin de acı çektiğini biliyorum. Sen de yalnızlıktan, yürek sancısından, umutsuzluktan ve kafa karışıklığından çektin. Bilerek ya da bilmeyerek beni incitmek için yaptıklarından dolayı seni bağışlıyorum.*

Bağışlayıcı cümlelerinizi *metta* uygulamasında yaptığınız gibi tekrarlayın ve gerektiği her vakit kendinize *metta* yapmaya dönün. Bağışlayıcılık, duygusal acılarımızla doğrudan yüzleşmemizi gerektirir, onu es geçmeyi değil.

Çocukluğunda amcası tarafından cinsel tacize uğramış olan Miranda isimli bir kadın tanıyorum. Bu adam 70'li yaşlarının ortalarındayken intihar ettikten sonra, meditasyon hocası, Miranda'ya amcasının onun hayatına getirdiği yaratıcılık ve umursamazlık gibi iyi şeyler için meditasyon yapmasını söyledi. Miranda amcasına karşı hissettiği çaresizliğin ve tatsız duyguların şifa bulduğunu görerek hayretler içinde kaldı. Ancak bu yaklaşıma girmek için, Miranda'nın yaptığı gibi, kişinin kendi acılarını kabul etmek için her yolu denemiş olması gerekir. Miranda'nın öğretmeni çok sevgi dolu bir insandı ve onun ne kadar acı çektiğini biliyordu. Bu da amcasını bağışlarken onu bir güvenlik ağıyla sarmalıyordu. Öyle olmasına rağmen, travmatik anılarının içinde kaybolduğu vakitler Miranda *metta* uygulamasını aralıklı olarak kesmek ya da bir tek kendisine odaklanmak zorunda kalıyordu.

- *"Biz ikimiz de iyi insanlarız ama aramızdaki ilişki tam bir karın ağrısı."* Bir ilişkideki kişileri ayrı bireyler olarak görmeyip, ilişkinize bir oluşum olarak bakabilirsiniz. İlişki "biz"dir. Bir ilişkiye karşı gösterilen sevgi dolu nezaket kendinizle barışık olduğunuzu ve diğer kişiyle barış yapmış olduğunuzu varsayar. Bu, diğerlerinin biraz önünde giden bir uygulamadır. Hazır olduğunuzda, "*Biz* güvende olalım, *Biz* mutlu olalım, *Biz* sağlıklı olalım, *Biz* huzur içinde yaşayalım," diyerek uygulamaya başlayabilirsiniz.
- *"Peki ya bahsini ettiğimiz o 'zor kişi' içinde yaşadığımız kültür ise?"* Duygusal acı genellikle ırkçılık, cinsiyet ayrımcılığı, eşcinsellik fobisi ve diğer önyargılar gibi sosyal sorunların içine gömülüdür. *Metta* cümleciklerinizde bunlara da değinebilirsiniz. "Sen ve ben önyargı acısından uzak olalım." Önyargı, cehaletin bir sonucu olduğu için, şu sözcükleri de kullanabilirsiniz. "Cehalet acısından hepimiz uzak olalım." Bu bağnazlık denkleminin her iki tarafındaki unsurlar, güven içinde olmak ya da daha mutlu olduğunu hissetmek için birbirinden uzak dururlar. Sevgi dolu nezaket uygulamasının içsel çalışmaları kişilerin insanca ilişkiler içine girmesi ve birbirleriyle yeniden bağlanması sürecini başlatabilir.
- *"Bir kategoriyi atlayabilir miyim ya da belirli bir kişiyle daha fazla vakit geçirebilir miyim?"* Kategoriler kural değildir ve size sadece rehberlik ederler. Sevgi dolu nezaketin enerjisini mümkün olduğunca canlı tutmak için sezgilerinizi ve sağduyunuzu kullanın. Sonuna doğru, uygulamayı uygun gördüğünüz herhangi bir şekilde yapabilirsiniz.

## Gruplar

Bu son kategoride birkaç kişiye aynı anda iyi niyet gösterme durumu vardır. Biz her bir meditasyon seansının sonunda sevgi dolu nezaket halkamızı genişletmek için uygulamamızı zaten bu şekilde yapmaktayız. "Ben ve tüm canlılar mutlu ve acıdan uzak olsun."

Bütün kategoriler üzerinde çalıştıktan sonra, herkesi zihninize davet edin ve onların tümüne birden aynı anda sevgi dolu nezaket gönderin. Ya da sanki bir yemek daveti veriyormuşsunuz gibi tek tek her birine sessizce, "Güven içinde olasın... *sen* güven içinde olasın... *sen* güven içinde olasın..." diyebilir ve oradan devam edebilirsiniz. Bu arada kendinizi de unutmayın. Benim davetimdeki konukların arasında Dalai Lama, bir çocukluk arkadaşım, mahalle bakkalındaki tezgahtar ve özellikle sinirime dokunan bir politikacı olabilir. Birbiriyle uyum içinde olmayan bu insanları aynı ortamda hayal etmek çok eğlenceli bir durumdur. Meditasyon yaparken her bir kişi üzerinde ne kadar uzun bir süre çalışırsanız, "grubunuz"u oluşturan insanları gözlerinizin önüne getirmeniz o kadar kolay olacaktır.

Bir araya getirdiğiniz bu insanların sahip olduğu ortak insani yönleri düşünün. Her biri nefes alıp veriyor; hepsi benzer insani duygular hissediyordur; hepsi arada bir acı çekiyor; hepsi mutlu olmak istiyor; ve hiçbiri sonsuza dek yaşamayacak. Onların hepsine esenlik dileyin: "Güven içinde, mutlu, huzurlu, sağlıklı olun ve rahat bir hayat yaşayın."

Evinizdeki, şehrinizdeki; ülkenizdeki ya da tüm dünyadaki insanlarla da başka gruplar kurabilirsiniz. Dünyanın dört bir tarafında yaşayan tüm canlı varlıklara, yükseklerdekilere (kuşlara) ve aşağılardakilere (böceklere ve kurtçuklara); görünen ve görünmeyenlere; tüm erkeklere ve tüm kadınlara; uzun ve kısa boylu tüm insanlara; şişmanlara ve zayıflara; yaşlılara ve gençlere odaklanabilirsiniz. Zıt özellikler taşıyan çiftler yaratabilirsiniz. "Grup" yaratmanın gerisindeki fikir, istisnasız ve hatta sizin göz ardı etme eğiliminde olduklarınız da dahil olmak üzere tüm varlıkların eşit olduğunu kabul ettiğinizi gösterir. Püf noktalarını bildiğinizde bunun özellikle içten ve eğlenceli bir uygulama olduğunu görürsünüz.

## KENDİNİZİ KAYBETMEDEN BAŞKALARINI SEVMEK

Her insan kendisiyle ilgilenmek ile başkalarıyla ilgilenmenin ve yalnız kalma ihtiyacı ile ilişki kurma ihtiyacının arasındaki sağlıklı dengeyi bulmalıdır. Örneğin, gün boyu iki küçük çocuğunun bakımını yapan bir kadının *son* istediği şey hayat arkadaşıyla seks yapmaktır. Onun gerçekten istediği, sessiz sakin bir yürüyüş yapmak ya da kendisine karşı *düşünceli* bir şekilde davranılmasıdır. Kendimizi kaybetmeden başkalarını nasıl severiz?

Başkalarıyla bağ kurma konusunda herkes farklı ölçülerde keyif alır. Kadınlar bağlanma konusunda erkeklere göre daha istekli gibi görünmektedir. *Metta* meditasyonundan da daha çok hoşlanır gibidirler. Bir erkeğin "*Metta*dan nefret ediyorum!" dediğini çok duymuşumdur ama bu sözleri bir kadından hiç duymadım. Erkek de olsanız, kadın da olsanız bağlanma konusundaki kişisel hoşgörünüzü tanıyın, kabul edin ve ona güvenin.

1981 yılında klinik psikoloji stajyerliğimi yaparken, gözetmenime rüyamda birtakım insanların oturduğum dairenin pencerelerine tırmandığını gördüğümü söylemiştim. O da bana "Sanırım senin bir tatile ihtiyacın var," demişti. Bu rüyayı son 28 yıl boyunca biraz özel alana ihtiyacım olduğu her vakit görmüşümdür. İlginç bir şekilde, katılımcıların birbirleriyle hiç konuşmadıkları, hatta göz temasında bile bulunmadıkları 7 günlük bir *metta* meditasyonu merkezinde de aynı şey oldu. Bu da bana sevgi dolu nezaket meditasyonunun aslında ne kadar "bağlanma"yla ilgili olduğunu, kişinin zihninin günlük hayattakiler gibi ilişkilerle nasıl dolduğunu öğretti. Ben de rüyamın verdiği bu işaretten yola çıkarak, "yeniden bağlanana" kadar, kendine yönelik *metta* ve farkındalık uygulamalarının yalnızlık ortamını arar oldum.

## Ne Vakit Kendime? Ne Vakit Başkalarına?

Acı içindeyken, önce kendinize şefkat gösterin. Yani önce şifa vericiye şifa verin. Bazen minik bir öz şefkat anı bile yeterli olabilir.

Bir ailenin tipik sabahına göz atın. Anne ve baba, çocuklarını okula hazırlamanın yarattığı zaman baskısı altında giderek yükselen stres seviyelerini fark etmeyebilir ve ağızlarından "Sean, neden *her zaman* işi zora sokuyorsun?" gibisinden bir şey dökülüverir. Böyle bir şey olduğunda, o anın felaketini elinizden geldiğince yumuşatmaya çalışın. Bir an düşünün ve "Ah, stres," deyin ve sonra da "Huzurlu olayım. Rahat olayım. *Hepimiz* huzurlu ve rahat olalım," diye ekleyin. Bu cümleleri sabah kalkmadan *önce* söylemeye başlayın. Sonra ihtiyacınız olduğu her an bunları kullanarak, kendinizi resmin içinde tutun.

Daha önce de belirtildiği gibi, şefkati sevecenlikten ayıran şey şefkatte acının mevcut olmasıdır. Şefkat kişinin *acıya* verdiği içten gelen bir karşılıktır. Kendi acınıza, başkalarının acısına ya da *başkaları* acı çekerken *sizin* de çektiğiniz acıya şefkat göstermeyi deneyebilirsiniz. Evdeki televizyonunuzda gösterilen yanan evleri, bağırsakları deşilmiş bedenleri ve aç kalmış çocukları gördüğünüzde nasıl hissettiğinizi bir düşünün. Akşam haberleri *metta* uygulaması yapmak için ideal bir fırsat yaratır. İçsel durumunuzun farkındalığı içinde kalın ("Bunu seyretmek bana acı veriyor!") ve kendinize ve ekranda gördüklerinize şefkat gösterin. (*Ben* güven içinde olayım. *Sen* güven içinde olasın. *Hepimiz* güven içinde olalım ve huzur içinde yaşayalım"). Bu uygulamayı bir arkadaşınızı hastanede ziyaret ettiğinizde de deneyin. "Endişeli dikkatinizi" *metta* uygulamasıyla "şefkatli dikkat"e dönüştürmek insana her zaman hoş bir huzur hissi verir.

Başkaları için *sevgi dolu nezaket* uygulaması yapmanın en doğal zamanı kendinizi sahiden mutlu hissettiğiniz, başkaları için ayırabileceğiniz sevgi enerjisine sahip olduğunuz vaktilerdir. Mutlu olduğumuzda başkalarının mutluluğunu dilemek daha kolaydır. Öyle yaptığınızda belki de başkalarını düşünerek bireyselliğinizin zindanından geçici olarak da olsa kaçabildiğiniz için kendinizi *daha da* mutlu hissedeceksiniz. Ama zamanlama çok önemlidir; duygularınızı besleyen kaynaklar düşük olduğu vakitler, en iyisi kendinize odaklanmanızdır.

Sosyal ortamlarda herkes gibi sizin de çekingenlik hissetmeniz ya da tedirgin olmanız, başkaları için sevgi dolu nezaket uygulamasını yapmak için bir başka mükemmel fırsat oluşturur. Bu uygulamayı neden öyle bir zamanda *başkalarına* yapmalısınız? Çekingen bir kişi bir davette ilginç bulduğu bir kişiyle sohbete girişebilir ama bunu yaparken asabi görünüp görünmediğine dair de endişe içindedir. İnsanlar sohbet ettikleri kişiler sadece kendileriyle ilgilendiklerinde terk edilmiş gibi hissederler. İronik olarak, utangaç olmayı böylesine büyük sorun haline getiren şey anksiyete hissi değil, sizi dinleyen kişiyle bağlantınızın kesilmesidir. Anksiyete hissine rağmen bağlı kalmaya devam etmek istiyorsanız, sevgi dolu nezaket uygulamasını deneyin. Kendi anksiyeteniz içinde gömülmüş olduğunuzu fark ettiğinizde, diğer kişinin gözlerinin içine bakın ve "*Sen ve ben* mutlu olalım," diye düşünün. Uygulamayı bu şekilde yaparsanız, bir iş görüşmesinde ya da ilk randevunuzda daha cesaretli olursunuz.

Başkaları için *metta* yapmak, *eski* ilişkilerdeki bağlantı kopukluklarına da şifa olabilir. Bir başka kişinin "kira bile ödemeden zihninizin içinde oturmasından" bıkıp usandınız mı? (Bu bir Anonim Alkolikler deyişidir.) Eski yaraların iyileşmesi, ilişkinin her iki yanındaki kişiye de şefkat göstermemizi gerektirir.

Helen 25 yıl önce kocasından boşanmış ve bir daha evlenmemişti. Eski kocası John'un evliliklerini sona erdiren bir aşk ilişkisi olmuş ve John daha sonra o kişiyle evlenmişti. Helen 75. yaş gününe yaklaşırken, içindeki öfkeyi daha fazla taşıyamayacağına karar verdi. Ölüm yatağını içindeki acı hissiyle paylaşmak istemiyordu. Bu azimle, öfkesinin dizginlerini gevşetmeye karar verdi.

Helen, kocasının aşk ilişkisinin ve boşanma sürecinin o ve ailesi için bir zamanlar nasıl bir travma yarattığını zihninden bir kere daha geçirmeye karar verdi. Bunu yaparken kendisini *metta* cümlecikleriyle rahatlattı: "Güven içinde olayım, huzur bulayım." Bu cümlecikleri tekrar tekrar söyleyerek uygulamayı 9 ay boyunca sürdürdü. Boşanmadaki kendi payına düşenler için de kendisini bağışladı: "Evliliğimizi dinamitlemek için yapmış olduğum her şey için kendimi bağışlıyorum." John'a da benzer şekilde hitap etti: "Büyük bir oranda kayıp ve terk edilmişlikle örselenen bir hayat geçirmiş olman nedeniyle, beni ve ailemizi yaralayan tüm yaptıkların için seni bağışlıyorum." Helen içindeki acı duygulardan yavaş yavaş kurtulurken, eski kocasıyla olan ilişkileri de düzene girdi. John 6 yıl sonra öldüğünde, Helen cenaze törenine katıldı ve onun ikinci karısıyla tanıştı. İçinde öfke namına pek az şey kalmıştı.

Eski ve sıkıntı veren bir ilişkiyi iyileştirmek cesaret ister ama Helen gibi bizim de bu sorunu ele *almamanın* ne kadar sakıncalı olduğunu görmemiz gerekir. Düşmanlarımızı sevmek ahlaki bir reçete değildir ama kendimiz için yapabileceğimiz en iyi şeydir.

*Metta* cümleciklerini eski erkek ya da kız arkadaşlarınız, ebeveynleriniz, size güçlük çıkaran kayınvalideler ve kayınpederleriniz, kardeşleriniz, eski arkadaşlarınız, komşularınız ve sizde gerilim yaratan herkes için kullanmayı deneyin. Bu, düşündüğünüzden daha kolaydır. Eğer bir ilişkide kendi davranışlarınız için utanç duyuyorsanız, acı veren bu duyguyu tanımak için özel bir çaba gösterin. Utanç, suçluluk duygusu ve pişmanlık teşhis edilmesi en zor olan duygulardır çünkü bu duyguları sürekli olarak içimize atarız. Öz şefkatin dışında kalan hiçbir duygu yoktur, bunu unutmayın. Sizi zorlayan duygularınız için kendinize şefkat gösterin. Ondan sonra, ilişkinin diğer yarısına da iyi niyetinizi gösterin.

Fiziksel, cinsel ya da sözlü istismar içeren travmatik ilişkilerle baş etmeye çalışmak özel bir beceri ister. En önemlisi, bu yolculuğunuzda duygusal kaynaklara sahip olduğunuzdan ve terapistinizin, arkadaşlarınızın ya da ailenizin desteğini aldığınızdan, kısacası hazırlıklı olduğunuzdan emin olmanızdır. Rahatsızlık veren anılar en iyi niyetlerimizi bile ezip geçebilir. Şefkat gösterme kapasitenizin ne zaman zayıflamaya başladığını ve kendinize odaklanmanız ya da uygulamayı ne zaman toptan bırakmanız gerektiğini anlayabilecek misiniz? Eğer uykusuzluk çekiyorsanız, duygusal açıdan pelte gibiyseniz, konsantre olmakta zorlanıyorsanız ya da olağanüstü bir korku içinde olup kendinizi tecrit ediyorsanız, fazla zorlanıyorsunuz demektir. Acele etmeyin ve güven içinde olun.

## Şefkat Yorgunluğu

Kendimizi başkalarına fazlaca adamamıza "şefkat yorgunluğu" denir. Bu terim genel anlamda doğru değildir çünkü şefkatin kendisi kişiyi yoran bir şey değildir. Şefkat yorgunluğu aslında "bağlanma yorgunluğu"dur. Çok çalışmamızın başarı ya da takdir edilme gibi *getirilerine* fazlaca bağlandığımız vakit kendimizi yıpratırız. Şefkat yorgunluğunun en kesin belirtileri (1) kendinizi vazgeçilmez sanmanız ve (2) yardım etmeye çalıştığınız kişilere karşı içinizde bir küskünlüğün olmasıdır. Şefkat yorgunluğu insana kötü hissettirir ve bu, kimseye yarayan bir şey değildir. Şefkat yorgunluğunun panzehri *öz şefkattir.* Duygusal kaynaklarınız tükendiğinde, kendinize bir mola verin ve elinizden gelen her şekilde, fiziksel, zihinsel, duygusal, ilişkisel ya da ruhsal olarak, kendinizle ilgilenin.

Şefkat yorgunluğuyla baş etmenin bir diğer yolu da *soğukkanlı olmaktır.* Aşırı bağlanma tuzağına düştüğünüz takdirde, bu durumdan kurtulmak için, "Her insan kendi davranışlarından sorumludur. Mutlu ya da acıdan özgür olmak, herkesin kişisel tercihidir," diye düşünün. Budistlerin ölçülü olmaya dair bu geleneksel görüşü kulağınıza adamsendeciliğin bir reçetesiymiş gibi gelebilir ama şefkat yorgunluğunun tuzağına düştüğünüz vakit, bu görüş duygusal özgürlüğünüz için satın aldığınız bir bilet görevi görecektir.

## Diğerkamlık ve Sizin Esenliğiniz

Psikolog Martin Seligman insanların mutluluğu yakalamak için üç farklı yol denediğini söylemektedir: Keyifli Hayat, Bağlanılan Hayat ve Anlamlı Hayat. Araştırmalar keyif unsurunun mutluluğa, hayata tamamıyla bağlanmaktan ya da anlamlı bir hayat yaşamaktan *daha az* katkı verdiğini göstermiştir. "Bağlanmak" demek, (5. Bölüm'de anlatılan 'imzanızı taşıyan güçleriniz' gibi) güçlerinizin farkında olmak ve bunları ilişkilerinize ve boş zaman aktivitelerinize dahil etmek demektir. Bir işte iyi olduğunuzda, onun içine gömülür, çok güzel bir deneyim yaşayarak işin "akıntısına" kapılırsınız. "Anlamlı hayat" ise, güçlerinizi *çoğunluğun iyiliği,* yani sizi aşan bir şey için kullanırsınız. Diğerkamlık ve *metta* meditasyonu işte bu ikinci kategoriye girmektedir.

Martin Seligman ve Michigan Üniversitesi'nden Chris Peterson'ın yarattığı bu kategoriler herkes için reçete olmak üzere değil, rehberlik etmek üzere geliştirilmiştir. Örneğin, bazı iyi niyetli insanlarda çoğunluğun iyiliğini gözetirken kendi zevklerinden vazgeçme eğilimi vardır. Bu da onları katı ve yargılayıcı yapar. Diğer bazı insanların ise başkalarına el uzatıp onların hayatında bir değişiklik yaratmanın keyfini yaşamak için biraz cesarete ihtiyaçları olabilir. Günlük aktivitelerin içinde boğulup gitmek, tatmin edici bir olay olmakla birlikte, evrensel olarak arzulanabilir değildir. Gelişmemiz için kafa karışıklığı ve şüphe dönemleri yaşamamız şarttır. Bu üç yaklaşımla ilgili fikirlerinizi hayatınıza denge ve mutluluk getirmek için kullanın.

## YANINIZDA TAŞIYIN

Sevgi dolu nezaket ve şefkat meditasyonları kolaylıkla günlük hayata entegre edilebilir. *Metta* cümleciklerini kullandığınız her an, formel olmayan türden bir meditasyon yapıyorsunuz demektir. Bu da hayatınızın sadece birkaç saniyesini alır.

**Yürüyüş Meditasyonu**

Yolda giderken *metta* meditasyonunu yapmanın en güzel şekli, kelimenin tam anlamıyla yürüyüş meditasyonudur. İster şehir içinde, ister ormanda yürüyün, zihniniz genellikle "default" modunda (otomatik pilot modunda) olacak, geçmişi hazmetmeye çalışacak (kim kime ne demiş?) ya da gelecekle ilgili planlar yapacaktır (angarya işler, akşamınızın nasıl geçeceği). Zihnimiz çoğu zaman etrafımızda gördüğümüz şeyleri eleştirir. Onun yerine, yürüyüş meditasyonu yaparak sevgi dolu nezaket ve şefkat duygularınızı geliştirebilirsiniz.

---

*BUNU DENEYİN: Yürüyüşlü Şefkat Meditasyonu*

Dilediğiniz bir yerde on dakika ya da biraz daha fazla yürümeyi planlayın. Bu zaman dilimini özellikle sevgi dolu nezaket ve şefkat duygularını geliştirmek için kullanın.

- Bir an ayakta durun ve dikkatinizin çapasını bedeninize atın. Ayakta durma pozisyonunda olduğunuzun farkında olun. Bedeninizi hissedin,
- Dünyadaki her bir canlının huzur ve mutluluk içinde yaşamak istediğini kendinize hatırlatın. Bu derin istekle aranızda bir bağ kurun: "Tüm canlılar nasıl ki mutlu ve acıdan uzak olmak istiyorlarsa, ben de mutlu ve acıdan uzak olayım."
- Yürümeye başlayın. Dik pozisyonda yürüdüğünüzün farkına varın. Bedeninizdeki duyumsamaları hissedin, özellikle yere basan ayaklarınızın üzerindeki baskıyı ve yüzünüze çarpan rüzgarı fark edin. Gözlerinizi yumuşak bir şekilde odaklayın ve normal hızda yürüyün.
- Birkaç dakika yürüdükten sonra, aşağıdaki sevgi dolu nezaket sözcüklerini tekrarlayın:

*Güven içinde olayım.*
*Mutlu olayım.*
*Sağlıklı olayım.*
*Rahat bir hayat yaşayayım.*

Bu cümlecikler dikkatinizin çapasını bedeninizde tutacak ve sevgi dolu nezaket yaklaşımına esin verecektir. Bu cümlecikleri attığınız her bir adımla ya da aldığınız her nefesle senkronize hale getirmeye çalışın. Cümlecikleri tek sözcük haline getirerek kısaltmak da işe yarayabilir: "güvende, mutlu, sağlıklı, huzurlu" ya da "sevgi, sevgi, sevgi, sevgi."

- Zihniniz dalıp gittiğinde, acele etmeden cümleciklerinize geri dönün. Varış noktanıza bir an önce gidebilmek için acele ettiğinizi fark ettiğinizde, yavaşlayın ve yeniden amacınıza odaklanın.
- Bunu sevecenlikle, özellikle de tüm bedeninizi taşıyan ayaklarınıza karşı bir minnet hissi duyarak yapın. Yürüme denen mucizeyi takdir edin.
- Birkaç dakika sonra, başkalarına sevgi dolu nezaket göndermeye başlayın. Aklınıza gelen kişiye şöyle deyin:

*Sen ve ben güven içinde olalım.*
*Sen ve ben mutlu olalım.*
*Sen ve ben sağlıklı olalım.*
*Sen ve ben rahat bir hayat yaşayalım.*

Ayrıca "Sen güven içinde olasın..." ya da "güven içinde... mutlu... sağlıklı... rahat..." ya da "sevgi... sevgi... sevgi... sevgi," diyebilirsiniz. Herkesi aynı torbaya koymayın; herkesi tek tek ele alın ve sevgi dolu nezaket duygunuzu canlı tutun.

- Nihayet sevgi dolu nezaket duygunuzun içine dünyadaki tüm canlıları, örneğin köpekleri, kedileri, böcekleri ve bitkileri dahil edin.

- Karşınıza çıkan tüm sevgi dolu ifadeleri kabul edin.

Yürümenin sonunda, bir an hareket etmeden durun ve "Tüm canlılar mutlu ve acıdan uzak olsun" diye tekrarlayın ve daha sonraki aktivitenize geçin.

---

Yürüyüşlü şefkat meditasyonu özellikle uzun süre hareket etmeden oturamayan ve gün boyunca bilgisayar önünde oturdukları için biraz egzersiz yapmak isteyen kişiler için çok uygundur. Bu konudaki yaygın sorulardan biri de şudur: "Biriyle konuşma durumunda kalırsam ne yapmalıyım?" Kendinizi sohbetin içine gömün ve meditasyon yapma isteğinizin zihninizin bir köşesinde demlenmesine izin verin: "Sen mutlu ve acıdan uzak olasın."

*Metta* cümlecikleri spontane bir şekilde zihninizde dönüp dururken kalbiniz de sevgi dolu bir şefkatle dolup taşacaktır. Sonra, biriyle karşılaştığınızda, ağzınızdan çıkan sözcükler bu cümleciklerle uyum halinde olacaktır. Örneğin, "Sağlıklı olasın," sözcüklerinden oluşan sessiz *mantra*yı "Geçen hafta grip olduğun için üzgünüm," şeklinde değiştirebilirsiniz. Sadece nazik bir şeyler söylemekle kalmayacak, onları derinden hissetmiş de olacaksınız.

## Diğer Günlük Uygulamalar

Kalça ameliyatından sonra karıma yardım etme çabalarımla ilgili 3. Bölüm'de anlattığım hikayeyi hatırlıyor musunuz? Bu aile içi çıkmazda beni kurtaran şey farkındalık ve sevgi dolu nezaket meditasyonları olmuştu. Karımın şiş ayaklarına ayakkabılarını geçirme mücadelesini verirken, bir anda bir farkındalık içine girmiş ("Eyvah, bu iş hızla kötüye gidiyor") ve kendime şefkat göstermeye ("O ve ben acıdan uzak olalım,") başlamıştım. Bu *metta* cümlecikleri karıma yardım etmek için kendimi aşırı zorlamaktan kurtarmak için ihtiyacım olan ek cesareti bana vermiş ve gidip bir portakal suyu alarak daha duygudaş bir ruh haliyle görevime geri dönmüştüm.

*Metta* uygulaması uykuya ya da uykuya yakın bilinç hallerine de nüfuz edebilir. Ben bu cümlecikleri genellikle uyumadan önce ve sabah uyandığımda söylüyorum. Bu alışkanlık, karımın ani ateş basmalarında üzerimizdeki battaniyeyi fırlatıp atmasına ilk başlarda duyduğum öfkeyi de yok etti. Öyle ki gecenin bir yarısında omuzlarımı örten battaniyenin aniden yok olması üzerine, artık çarşafı ucundan tutup ona biraz rüzgar vermek için sallayabiliyor ve "Östrojen eksikliği berbat bir şey değil mi?" gibisinden bir şeyler söyleyerek oldukça duygudaş bir tavır takınabiliyorum. Bunun küçük çapta bir evlilik mucizesi yarattığını söyleyebilirim.

Sevgi dolu nezaket uygulamanızda bir miktar farkındalık meditasyonu bulundurmanız her zaman iyidir. Bu, kendinizi berbat hissettiğinizde, Darlene'in keşfettiği gibi, sizin hiçbir şeyi değiştirmeden bedeninizin içinde kalmanızı sağlayacaktır.

Darlene'in hayat arkadaşı Jackie hafif bir depresyondan geçiyordu. Darlene onun ev ofisinde çalıştığı vakitler iki çocuklarının bakımını Jackie üstleniyordu ama Darlene ofise her girdiğinde, Jackie kendisini terk edilmiş hissediyordu. Darlene ise suçluluk duygusuna kapılıyor ve yaşadığı stres mide ağrısı ve ishal olarak kendini gösteriyordu. Zaman içinde Darlene tek başına ofiste daha fazla kalmaya başladı. Bu sorunu nihayet Jackie'ye anlattığında, Jackie Darlene'i işine bakması ve suçluluk duygusuna kapılsa dahi işini yapması gerektiği konusunda temin etti. Top bir kez daha Darlene'deydi.

Darlene soruna farkındalıkla ve sevgi dolu bir şefkatle yaklaşmaya karar verdi. İlk olarak, suçluluk duygusu, hayal kırıklığı ve öfke gibi duyguların ağına düşmek yerine bu duyguları fiziksel bedeninde saptamaya karar verdi. Bağırsaklarındaki hafif kas gerginliğini tanımayı öğrendi ve "yumuşa, izin ver ve sev" uygulamasını yaptı (Bakınız 3. Bölüm). "Suçluluk duygusu"nu yumuşak ve nazik bir şekilde etiketledi ve bunun çocukken annesinin migren ağrısı nedeniyle elden ayaktan düştüğü zaman hissettiğiyle aynı duygu olduğunu fark etti. Hayat boyu çekmiş olduğu suçluluk duygusu üzerinde düşününce, içinde kendisine karşı bir sempati oluştuğunu gördü. Darlene, acımak yerine, kendisine sevgi verdi: "Güven içinde olayım, mutlu olayım, güçlü olayım, rahat bir hayat yaşayayım." Sonra da bu cümleciklere sevgili hayat arkadaşını da dahil etti: "*Jackie* güven içinde olsun, güçlü olsun, sağlıklı olsun, rahat bir hayat yaşasın." "İkimiz sağlıklı ve güçlü olalım, acıdan uzak olalım, rahat bir hayat yaşayalım."

Darlene suçluluk duygusuna kapıldığı anda, onun bedenindeki lokasyonunu saptıyor ve cümlecikleri yeniden tekrarlamaya başlıyordu. Bu uygulama onu iyi bir ruh haline sokuyordu. Bir süre sonra ofisten çıkıp Jackie'yle vakit geçirmek için kısa molalar almaya başladı. Darlene böylece suçluluk duygusu, hayal kırıklığı ve kaçınma döngüsünü kırmayı başardı. Jackie'nin ruh hali de önemli ölçüde düzelmişti. Bu tür değişiklikler genellikle bir iki haftadan sonra fark edilir hale gelirler. Farkındalık, *metta* uygulamasının anbean gerçekliğine çakılı kalmasını, şefkat ise işler kötü gittiğinde kendimize ve başkalarına yönelttiğimiz eleştirilerin yumuşamasını sağlar.

Uygulamalarınız yerine oturdukça *metta* cümleciklerini sizi daha çok zorlayan durumlarda kullanmak isteyebilirsiniz. Örneğin, üst kattaki dairede oturan gürültücü komşunuzla bir sorununuz olduğunda, *metta*yı kendinize yönlendirerek işe başlayın. "*Ben* güven içinde olayım, acı duygulardan uzak olayım, rahat bir hayat yaşayayım." Sonra komşunuzu cümleciklere dahil edin. "*O ve ben* güvende olalım, o ve ben kendimizi iyi hissedelim." Daha sonra da "*İkimiz de* kendimizi rahat hissedelim, ikimiz de kötü duygulardan uzak olalım, ikimiz de birbirimize nasıl davranmamız gerektiğini sezebilelim."

Günlük hayatınızda *metta* cümleciklerini kullanma konusunda esnek olun ve bunları koşullara uyumlu hale getirin. (Formel oturmalı meditasyonda, cümlecikleri değiştirmemek daha iyidir.) Cümleciklerin "Falanca, müziğin sesini çoktan kapatmış olsun!" gibisinden bir sonuç beklentisine takılı kalmanıza neden olacak bir özellikte olmamasına özen gösterin. Zamanında harekete geçmek elbette ki bazen sessiz meditasyondan daha ustaca bir yaklaşımdır ama uzun vadede en etkili buluşlar başkalarına iyi niyetle yaklaştığımızda gerçekleşir.

## Şefkatin Gücü

Şefkatin ilişkileri düzeltme gücüne güvenmeyi ben de yıllar içinde öğrenmiş bulunmaktayım. Bir çift terapisinde vuku bulan aşağıdaki olay bu güveni destekler mahiyettedir:

Jim işine büyük özen gösteren ama yine de yeterli para kazanamayan bir fotoğrafçıydı. Ruth bu konuda kendisini çok çaresiz hissediyor ve zaman zaman öfke krizlerine tutuluyordu. Bir keresinde aynı şey bir terapi seansında gerçekleşti. Ruth öfkeyle parlamış ve kocasını eve iyi bakamamakla suçlamış, ona "yarım erkek" ve "tembel" sıfatlarını layık görmüştü. Bu sözler öylesine ağırdı ki bana evlilik çekişmeleriyle ilgili gerçekdışı bir televizyon dizisini seyrediyormuşum gibi gelmişti. Jim bu tirat boyunca sakinliğini bozmadı ve meraklı bakışlarını Ruth'a odakladı. Onun bu tavrı hem ilgimi çekmiş hem de rahatlatmıştı. Ruth sözlerini bitirince, Jim'e zihninden neler geçirdiğini sordum. Bana, "Ruth içindeki tüm zehri boşaltırken, tek gördüğüm şey onun kalbindeki acıydı," dedi.

Bir sonraki seansta, Ruth'un çok zor ekonomik şartlar altında büyüdüğünü ve eski koşullarına dönme düşüncesinin onu dehşete düşürdüğünü öğrendim. Bu konu Ruth'un yüreğinde gizli kapaklı bir korku olmaktan çıkıp ortaya dökülünce, genç çift açık kalplilikle ekonomik ihtiyaçlarını tartışmaya ve gelecek hakkında fikirler yürütmeye başladı. Öyle ki Ruth, Jim'in fotoğrafçılık mesleğinin parasal yönünü üstlenmeye bile gönüllü oldu ve Jim de bunu memnuniyetle kabul etti.

Jim'in o derin şefkat duygusu olmasaydı, böyle bir sonuç almak kesinlikle mümkün olamazdı. Bu duygu, sert sözcüklerin gerisindeki yumuşak duyguları eşiyle tartışması için güzel bir ortam yaratmıştı. Samimi ilişkiler içinde bulunan insanların hepsi zaman zaman acılarını kavgacı bir söylemle ifade ederler. Jim'in kayda değer "Ruth içindeki tüm zehri boşaltırken, tek gördüğüm şey onun kalbindeki acıydı," sözleri derin çekişmeler yaşayan çiftlerle birlikteyken benim için bir çapa görevi gördü. Ne mutlu ki Jim'in işleri şimdi Ruth'un mahaaretli rehberliği sayesinde çok iyi gidiyor.

Bir psikoterapist olarak yaşadığım bir başka şaşırtıcı deneyim de bir başka şefkat anıyla ilgiliydi:

Sam, ofisime oldukça gergin ve dalgın bir halde gelmişti. Onu ilk gördüğümden yıllarca sonra acil durum randevusu için beni aramıştı. İçeri girdikten birkaç dakika sonra Sam baklayı ağzından çıkardı: "Annemin kendisini öldürmesine yardımcı olmam gerek; buraya gelmemin nedeni de bu zaten." Hem şoke olmuş hem de zihnim karışmıştı. 15 yıldan beri terapi işiyle uğraşıyordum ve o güne kadar, özellikle de Sam gibi sağduyu sahibi birinden böyle bir talep gelmemişti.

Sam durumu anlatmaya başlayınca her şey yerli yerine oturdu. Annesi felç geçirmişti; konuşamıyor, yemek yiyemiyor, yürüyemiyor ve tuvalet işini halledemiyordu. Sam annesinin endişeli bakışlarından hayatına son vermesi için yardım etsin diye ona adeta yalvardığını hissediyordu. Felç konusu hakkında bir miktar bilgim olduğu için ve biraz da zaman kazanmak amacıyla herhangi bir şey yapmadan önce ona beklemesini söyledim çünkü bir yıla kadar annesinin bazı fonksiyonlarının yerine gelmesi mümkün olabilirdi.

Daha sonra bu konuda Sam'den hiçbir şey duymadım. Bir yıl sonra başka bir sorununu tartışmak için tekrar randevu istedi. Ona annesinin nasıl olduğunu sordum. "Ah, çok daha iyi," dedi. Bunun ne anlama geldiğini sorunca da annesinde fiziksel olarak herhangi bir iyileşme olmadığını ama hayatında olmadığı kadar mutlu göründüğünü söyledi. Merakımı "Böyle bir şey nasıl olur?" diye yüksek sesle ifade ettim. Sam annesinin hep son derece iddialı bir insan olduğunu, kimseye iş bırakmadığını ve birlikte yaşadıkları yıllar boyunca babasını hep acımasızca eleştirdiğini söyledi. Şimdi ise babası mutlulukla onun her ihtiyacını karşılayacak şekilde ona bakıyordu. "Annem sonunda, belki de hayatında ilk kez olarak sevgi almaya mecbur kaldı," dedi Sam, "ve bu da onu daha nazik bir insan yapmış gibi görünüyor."

İlginç koşullar altında ona gösterilen alışılagelmişin dışında sevecenlik bu dikkat çekici sonucu yaratmıştı.

Sevecenliğin ve şefkat duygusunun gücünü gösteren son örnek lisansüstü okulumdan sevgili arkadaşım Gib ve karısı Faye ile ilgili. Gib ilk evliliği bozulup da 32 yaşındaki Faye'le evlendiğinde 48 yaşındaydı. Faye sarı saçlıydı ve plakasında "FUN4-FAYE" yazılı olan üstü açık kırmızı, spor bir araba kullanıyordu. Evlendikten üç yıl sonra, Gib'e akut lenfoblastik lösemi teşhisi kondu ve aldığı kemoterapi nedeniyle göğsünden aşağısı felç oldu. Faye bu korkunç haberi aldıktan sonra arabada "Kocam felç oldu! Kocam felç oldu! Onun felç olmasını istemiyorum!" diye hıçkıra hıçkıra ağladığını hâlâ hatırlıyor. Gib ve Faye'i 2 yıl sonra ziyaret ettiğimde Faye'e, "Nasıl gidiyor?" diye sordum. Faye'in verdiği yanıt hâlâ kulaklarımda çınlıyor. Bana yumuşak bir sesle, "Bu kadar sevebileceğimi asla tahmin edemezdim," dedi.

Sonra da "Bu bir süreç," diye devam etti. "İyi danışmanlarımız ve rahiplerimiz oldu. Ve Gib benim konuşmama izin veriyor. Çoğu kez bir yatalaktan çok, bir koca oluyor bana. Kendi durumundan dolayı, benim de olduğum gibi olmama izin veriyor. Artık o eski sarışın bomba değilim ben. Gib de ruhumun güzelliğini görebiliyor artık. Tanrı bizim birbirimizin ruhunu sevmemizi istedi. İlk baştan sahip olduğumuz şeylerin çoğunu elimizden aldı ama birbirimizi daha derin bir düzeyde tanımamızı sağlamış oldu. Şu an aramızdaki aşk bir mucizeden farksız."

Sekiz yıl önce Faye ve Gib'in hayatına evlat edindikleri bir kız çocuk parlak bir ışık gibi girdi. Kızları okula başladığında Faye öğretmenlik mesleğine geri döndü. Bir noktada kendisinden endişe etmeye başladı: "Ebeveynler kendilerini harap ettiklerinde, ben de kendimi harap ediyorum. Hepsiyle aynı şeyi yapıyorum." Sonra biri Faye'e "Bu bir zayıflık değil, merhametin ta kendisi," dedi.

Umarım bu bölüm sevgi dolu nezaket uygulamasını kendinizi kaybetmeden hayatınıza nasıl entegre etmeniz gerektiğini öğrenmenize yardımcı olmuştur. 3. Kısım'da size öz şefkati kendi kişilik tarzınıza ve koşullarınıza uygun hale nasıl getireceğinizi, uygulamalarınızı nasıl sürdürebileceğinizi ve gelişmelerinizi nasıl ölçeceğinizi göstereceğim.

# 3. KISIM

## Kişiye Özel Öz Şefkat

# 8

## *Dengenizi Bulmak*

İnsanoğlu hep uçurumların kenarında dolaşır ve
becerir mi becermez mi bilinmez ama
en gerçek sorumluluğu dengesini bulmaktır.
- JOSE ORTEGA Y GASSET, *İspanyol felsefeci*

Bundan sonra atacağınız adım, öz şefkat uygulamanızı kendinize özel hale getirmektir. Buradaki kilit unsur kişilik tarzınızı, stresle baş ediş şeklinizi dengeli hale getirmek ve böylece öz şefkatin hayatınızın içine doğal olarak girmesini sağlamaktır. Örneğin, "bakımveren" kişiliği olan biri başkalarına karşı çok kolaylıkla şefkat hissi duyabilir ama iş kendisine şefkat göstermesine gelince, bunu yapamaz. "Entelektüel" kişiliği olan biri öz şefkat kavramının ne olduğunu anlayabilir ama işin duygusal yönüyle aynı gemiye binmekte güçlük çeker. "Kelebek" kişilikli olanlar öz şefkat uygulaması yapmaya ilk başlarda heves duyarlar ama karşılarına ilk çıkan zorlukta kanat çırpıp oradan uzaklaşırlar. Kişiliğinizin nasıl yoğrulduğunu bilirseniz, sahip olduğunuz güçleri azami düzeyde kullanabilir ve kaçınılmaz olarak önünüze çıkacak olan engelleri asgariye indirebilirsiniz.

Öz şefkat pratiği yaparken *herkesin* karşılaştığı birtakım güçlükler vardır. *Doyumsuzluk, kaçınma, bıkkınlık, gerginlik* ve *şüphecilik* gibi durumlar Budist psikolojisinde "engeller" olarak bilinir. Bu ruh hallerinden birinin ağına ne vakit düştüğünüzün farkına varmak önemlidir. Örneğin, ailenizin içinde büyüyen birinin öz şefkat geliştirip geliştiremeyeceğine dair kuşkularınız olabilir. Bu bir "şüpheci" olma durumudur. Ya da egzersizlerin meyvelerini *hemen* toplamak istiyorsunuzdur. Bu da "doyumsuzluk"tur. Bu engellere isim verebilmek ve onların üzerinde çalışmak, uygulamanızın çok daha pürüzsüz gerçekleşmesini sağlar. Kişilik tarzınızı ve sizi anbean ağına düşüren engellerin ne olduğunu bilirseniz pek çok sorunu önceden halletmiş olursunuz.

## ŞİMDİKİ ANDA BURADA OLMAK

Meditasyon yapmayı öğrendiğim 1976 yılında, hayattaki en önemli şeyin manevi anlamda aydınlanma olduğunu sanırdım. Adeta birinden intikam alır gibi meditasyon yapıyor, zaman zaman tedirginliğe kapılıyor ve hırçınlaşıyordum. Birkaç ay sonra, zihnim konusunda pek çok şey öğrenmekte olduğumu fark ettim. Aslında bu, psikolog olma yolunda ilerleyen bir gencin zaten yapması gereken bir şeydi... Ne var ki birlikte olmaktan kimsenin hoşlanmadığı biri olup çıkmıştım. Sonra düşündüm: "Bunun ne anlamı var? Uzak bir gelecekte alacağım bir ödül için bu kadar ıstırap çekmeye değer mi? İnsanın esenliğini günün her anında yavaş yavaş elde etmesi daha iyi bir fikir değil mi?" Sevecenlik meditasyon uygulamasının hem bir aracı hem de sonucudur. Bugünlerde ise meditasyon yaparken çok zorlandığımı hissettiğimde, tek yaptığım şey *metta* cümleciklerini tekrarlamak: "Mutlu olayım, rahat bir hayat yaşayayım." Bu benim bedenimi ve zihnimi anında yumuşatıyor. Sizin meditasyon uygulamanız da sevgi dolu nezaketin dört temel taşını şimdiki anda deneyimlediğiniz vakit dengeye kavuşacaktır. Bunlar güven içinde olmak, mutlu olmak, sağlıklı olmak ve rahat olmaktır. Hedefiniz bu olmalıdır.

Öz şefkat uygulamasının güzelliği doğru yolda olup olmadığınızı anlamak için uzaklara bakmanızın gerekmemesidir. Günlük deneyimlerinizi sevecenlikle buyur ediyor musunuz? Asıl soru çocuklarınızı yataklarına yatırırken ya da trafikte bir yerde saplanıp kaldığınızda meditasyon yapıyor olmanız değil, onu "nasıl" yaptığınızdır. *Kendinize karşı iyi niyetli misiniz, değil misiniz?* Bu kadar basit! Bir şeyi elde etmek için mücadele verdiğinizde ya da istemediğiniz bir şeyden kaçınırken rahatsız olduğunuzu hissettiğinizde, kendinize şefkat gösterebiliyor ve yumuşayabiliyor musunuz?

Esenlik beklentisi içinde olmak sizin en iyi öğretmeninizdir. Dolayısıyla, kendinizi güven içinde hissetmiyorsanız, mutlu, sağlıklı ve huzurlu *değilseniz,* paniğe kapılırsınız. Rahatsızlık hissine dikkat edin. Sonra ne yapmanız gerektiğine karar verin. Zihninizi sakinleştirmek için nefesinize mi odaklanacaksınız? Kendinizi gergin ve kasılmış gibi hissediyorsanız, uyanıklığınızı başka duygulanımlara mı açacaksınız? Yoksa kendinize sadece sevgi vermekle mi yetineceksiniz? Zihinsel durumunuzu değerlendirebilecek bir esenlik standardınız varsa, bu seçenekler daha çabuk kendilerini belli ederler.

Bedensel gerilim, şüphecilik, yalnızlık gibi stres yaratan durumları tekrar tekrar yaşıyorsanız, kişilik tarzınıza karar vermenin vakti gelmiş demektir. Kendinizi çok mu zorluyorsunuz? Mükemmel olmayı mı düşlüyorsunuz? Meditasyonu sosyal temaslardan kaçınmak amacıyla kullandığınız için mi yalnızlık çekiyorsunuz? Meditasyon sırasında huzursuz olmak doğal bir olaydır ama bunun uzun sürmesi, görünmez referans çerçevenize, yani kişiliğinize bakmanız gerektiğini size hatırlatan bir ikaz işaretidir. Hepimizin zaman zaman bunu yapmaya ihtiyacımız vardır.

## KİŞİLİK TİPİNİZ HANGİSİDİR?

Kişiliğimiz davranışlarımızı, düşüncelerimizi ve eylemlerimizi içinde tutan bir kap gibidir. Ona bireysel "öz benlik" de deriz. Kişiliğiniz olmadan, sizin siz olmanız mümkün değildir! Meditasyon öğretmeninin görevi her biri benzersiz olan kişiliklerin üzerinde çalışmak ve bu pratiğin onlara daha çok mutluluk vermesi ve verimli olması için gayret etmektir. Dolayısıyla kişilik tipinizi bilmek, kendinizin en iyi öğretmeniniz olmanıza da yardım eder.

Aşağıdaki 12 kişilik tipi, meditasyon uygulamanızda size yol gösterecektir. Bunlar bilimsel olmaktan ziyade, birtakım öykülere dayanmaktadır. (Çok bilinen Myers-Briggs Tip Göstergesi gibi) mevcut kişilik tipolojilerinden birini kullanabilirdim ama bu ölçütlerden hiçbiri öz şefkat uygulamasında ortaya çıkan güçlüklere tam anlamıyla hitap etmemektedir. Kendinizi aşağıdaki kişilik tiplerinden biri ya da daha fazlasıyla özdeşleştirebilirsiniz. Eğer kendinizi bunlardan hiçbiriyle özdeşleştiremiyorsanız, kendi kategorinizi oluşturmakta özgür olduğunuzu bilin.

Bu kişilikler mutlu olmaktan ziyade yıkılmadan ayakta kalma ihtiyacı üzerine bina edilmişlerdir. O yüzden, kişiliğinizin bazı özelliklerinin duygusal esenliğinize ve öz şefkat uygulamanıza ters düşeceğini bilin. Hayatınızın akışında baskın olan kişilik tiplerini saptamaya çalışın ve bunların meditasyon uygulamanız üzerinde nasıl bir etkisi olduğunu inceleyin.

Bu kategorileri gözden geçirirken, bu konuda hoşgörülü olmaya çalışın. Hiç kimse mükemmel değildir. Dünyada var olmak birtakım şartlara bağlıdır. Örneğin, kendimizi hayatımızın her anında yeniden oluşturmak zorunda kalmamak için hepimizin bir "öz benlik"e ihtiyacımız vardır. Ama çocukluğunuzda işinize çok yarayan bir şey, yetişkinliğinizde o kadar işe yaramayabilir. Ya da sevgilinizle birlikteyken işe yarayan bir şey, yeni bir araba için pazarlık yaptığınızda işe yaramayabilir. Kitabımızın bu faslının amacı sizin kişiliğinizi değiştirmek ya da eleştirmek değil, onun öz şefkat uygulamanıza yapabileceği etkiyi *dengeli* bir hale getirmektir. İşe günlük hayatımızın gereklerini yerine getirirken tam bir cambaz gibi dengede durmaya çalıştığımızı ve bir o yana bir bu yana kaydığımızı varsayarak başlayın.

## Bakımveren

*Kendinize şefkat göstermek, size hemen buna sizden daha fazla ihtiyacı olabilecek kişiler olabileceğini düşündürüyor mu?* Bakımveren tipi kişiliğe sahip olanlar hayatın anlamını başkalarının bakımını üstlenmekte bulurlar. Ebeveyn, hemşire ya da danışman olarak çok başarılı olurlar. (Başkalarına yardım etmekle elde ettikleri doğal mutluluk hissi, profesyonel bakıcıların tersine bu iş karşılığında para almama durumunu görece telafi eder.) Erkeklere göre kadınlar bakımveren olmaya daha eğilimlidirler. Bakımverenler şefkat gösterme, yani güç ve stresli durumlar yaşayan bir kişinin duygusal ve fiziksel anlamda yanında olma konusunda başarılıdırlar.

Bakımverenlerin mutluluğunu en fazla tehdit eden şey, çabalarının sonuçlarıyla fazlaca ilgilenmeleridir. Onca sevgi verdikten sonra olayları kontrol altında tutamamak onlara zor gelir. Bir ara, oğlunun ilk iş görüşmesine onunla birlikte giden ve görüşmeyi yapan kişiyi oğlunun yetenekleri konusunda sorgulayan bir "helikopter ebeveyn"den bahsedildiğini duymuştum! Bakımveren tipteki insanlar sevdikleri kişilerin çektiği acılarla kendilerini fazlaca özdeşleştirdiklerinde iç huzurlarını da kaybedebilirler. Bu durumu en iyi "Bir anne en fazla, *en az mutlu olan çocuğu kadar* mutlu olabilir," deyişi anlatmaktadır.

Kişinin kendisine şefkat göstermesi başkası için çektiği acıların en etkili merhemini oluşturur ama bakımveren tipindeki kişiler, genellikle kendilerine ilgi gösterdiklerinde sevdikleri kişileri terk ediyorlarmış gibi bir hisse kapılırlar. Bu işi abartanlar, bütün imkanlarını zorlamadıkları takdirde, kendilerini "duyarsız bir kişi" olarak görmeye başlarlar ve "Eğer yeterince endişe edersem, oğlum emniyette olur!" diye düşünürler. Bazı annelere göre, "Kızımın güven içinde ve mutlu olmasını nasıl istiyorsam, ben de onun gibi güven içinde ve mutlu olayım," demek, öz şefkat duygusunun gelmesine yardımcı olmaktadır. Bu görüş, bakımverenin zihnindeki endişe denkleminin iki tarafını da (hem bakımvereni hem de bakılan kişiyi) rahatlatır.

Bakımverenler kendi acılarını "*Evet ama o benden o kadar daha kötü durumda ki*," diyerek inkar da edebilirler. Kendi acısını başkalarınınkiyle karşılaştırarak küçümsemek öz şefkatle çelişir çünkü eğer merhamet hissimizin uyanmasını istiyorsak kendi acımızı yaşamamız gerekir. Kendimizi kaybetmeden başkalarını nasıl sevebiliriz? Önce kendi rahatsızlığımızın farkındalığı içine girmeliyiz ("Bu bana acı veriyor!") Sonra fiziki duyumsamalarımızın içinde gevşemeli ve kendimize hem sözlü olarak ("Seni seviyorum!") hem de fiziki olarak (örneğin ılık bir banyo yaparak ya da nehir kıyısında yürüyüş yaparak) iyi davranmalıyız. Güç zamanlarda kendimizi kucaklamak bizi yorgunluktan ve dargınlıklardan korur ve bize başkaları için hazır olma enerjisini verir.

## Entelektüel

*Öz şefkat uygulaması kendinizi aklınızdan zorunuz varmış gibi hissettirecek kadar fazlaca samimi bir uygulama mıdır?* Entelektüel eğilimleri olan kişiler akıl ve mantıklarını duygularını düzene sokmak ve sorunları çözmek için kullanırlar. Bunun güzel bir örneği acıyla ve ıstırapla ilgili olarak şöyle düşünmemiz gerektiğini salık veren Dalai Lama'dır: "Istırabın üstesinden gelmenin bir yöntemini bulabilecek ya da bunu yapabilmenin bir fırsatını yaratabilecek durumdaysanız endişe etmenize gerek yoktur. Ama bu konuda herhangi bir şey yapamıyorsanız, o zaman endişelenmenin de size bir faydası olmayacak demektir." Böylesine bir düşünce berraklığı özellikle de kriz anlarında duygusal açıdan daha tepkisel olan kişiler için rahatlatıcı olabilir.

Ama entelektüeller (Dalai Lama hariç!) düşüncelere fazlaca daldıkları için dengelerini kaybederler. Lama Surya Das şöyle der: "Zeka iyi bir hizmetkar ama kötü bir efendidir." Keyifleri kaçık olan entelektüellerin zekası daha da keskin bir hale gelir ve bu kişiler kafalarına göre takılmaya başlarlar.

Mantıklı düşünce bir entelektüelin sorun çözme konusunda en çok güvendiği araçtır ama sorunun bazen bastırılması gerekebilir. Örneğin, travmatik anılar genellikle bedenin içinde hapsolur ve bunların salıverilmesi için bedenin teskin edilmesi gerekir. Bir konuda takıntılı davranmak duygusal acıdan sadece kısa süreli bir rahatlama sağlar. Bu bir çeşit kaçıştır ama böyle bir tavır duygusal sorunların çok uzun bir zaman boyunca için için kaynamasına neden olur.

Sevgi dolu nezaket pratiğinden fazla hazzetmeyen birkaç entelektüel tanımış bulunuyorum. "Güven içinde olmalıyım," sözcükleri onlara pek inanılır gelmiyordu. "*Güven içinde* mi, dediniz? Hepimiz öleceğiz, o yüzden de *kimse güven içinde değil.*" Bir entelektüel için *dilekte bulunmak* ile dilekte bulunulan *nesne* arasındaki farkı idrak etmek güç bir iştir. Dilekte bulunmak kişinin göğsünün içinde olan bir olaydır, zihninin içinde değil. Bir düşünce süreci değil, hissettiğimiz bir tavırdır. Ne mutlu ki yeterli pratik yapan herkes dilekte bulunduğu şeye (sağlık, mutluluk) mahkum olmadan sırf dilekte bulunma duygusunu yaşayabilir.

Bazı entelektüeller öz şefkat uygulamasının değerini aşırı stres yaşadıklarında, yani ikilemlerini düşünme yoluyla çözemedikleri vakit anlarlar. En entelektüel insan bile kendisini kötü hissettiğinde sevgi için deli olur ve işte o zaman "şifa bulmaya" değil, "ilgilenilmeye" fit olur. Diğer bazı entelektüeller ise öz şefkatin değerini farkındalık uygulamasıyla aşamalar halinde anlarlar. Onları derinden etkileyen duygulara sevgi dolu nezaket eklemeleri gerektiğini, aksi takdirde hiç düşünemediklerini keşfederler.

Entelektüeller öz şefkatteki "öz benlik" kavramıyla da sorun yaşama eğilimindedirler. "Burada bizi daha da yalnız ve başkalarından ayrı hissettiren kurmaca bir işle uğraşmıyor muyuz? 'Öz benlik' kavramını eklemeksizin anbean deneyimlerimize odaklanmamız daha iyi olmaz mı?" diye sorarlar. Kendimizi iyi hissettiğimizde bu bakış açısı tamamıyla yerindedir. Buna rağmen, 'öz benlik" duygusu acı çekmekteyken verilecek en sağlıklı yanıt acının olduğu yere gitmektir. Dikkatimiz rahatsız edici duygular geçtikten sonra otomatik olarak kısıtlı 'öz benlik'in ötesine geçecektir.

## Mükemmeliyetçi

*Öz şefkatten ne kadar yoksun olduğunuzdan ve eski, inatçı duygusal alışkanlıklarınızdan kurtulamadığınızdan şikayetçi misiniz?* Mükemmeliyetçiler yüksek standartlarının meyvelerini toplarlar ama sürekli olarak beklentilerinin gerisinde kalırlar. "Yeterince iyi" ne vakit "yeterince iyi" olur? Büyük bir olasılıkla daha genç, daha güzel, daha zeki, dana zengin, daha güçlü, daha sağlıklı ve daha mutlu olduğunuzda... Toplumumuzun kendi kendine yetme endüstrisi asla yeterince iyi olmadığımız varsayımı üzerine kuruludur. Özellikle de kadınlar sürekli olarak sözüm ona eksiklikleri için dört bir yandan yaylım ateşine maruz kalırlar.

Mükemmeliyetçilik daha çocukluk döneminde başlar. Ebeveynler bir konuda onay vermek için aşırı yüksek standartlar koyduklarında, çocuklar da sevgi alabilmek için birtakım gerçek dışı standartlar benimseyebilirler.

Mükemmeliyetçilerin öz şefkat uygulaması konusunda karşılaştıkları en önemli sorun sonu gelmeyen gelişme ihtiyaçlarıdır. "Bunu yanlış yapıyor olmalıyım!" Meditasyonun, tarafsız bir oyun alanı olduğunu unutmayın; oradaki "uzmanlar" sadece uygulamaya tekrar tekrar geri dönmeye hevesli olan kişilerdir. Meditasyonu *asla* hakkıyla yapamaz ya da yeterince öz şefkatli olamazsınız belki ama uygulamayı sürdürdüğünüz takdirde de asla tam olarak başarısız olmazsınız. Gün boyu kendinize sunacağınız bir anlık fazladan öz şefkat bile yeterli olabilir. Öz şefkatin tersi kendinizi eleştirmektir. Ben şahsen mükemmeliyetçilerin kendilerini geliştirme tuzağından kurtuldukları andan itibaren öz şefkat pratiğinin en hevesli uygulamacıları haline geldiklerini görmüşümdür.

Şefkat görmenin tek şartı acı çekiyor olmaktır ve mükemmeliyetçiler yetersizlik duyguları nedeniyle sürekli acı çekerler. Mükemmeliyetçiler uygulamaya diledikleri anda, beklenen kriterlere asla uyamayacakları düşüncesinin verdiği acıyla bile başlayabilirler. Ayrıca, eksiklikleri için *kendilerini* bağışlayarak, *minnettarlık* duygularını geliştirerek ve olumlu deneyimlerin *tadını çıkararak* (Bakınız 5. Bölüm) kendilerini eleştirme eğilimlerini dengede tutabilirler. Bunların hepsi öğrenebilecek şeylerdir.

## Bireyci

*İşler kötüye gittiğinde duygularınızı keşfetmek ya da başkalarıyla paylaşmak sizi rahatsız ediyor mu?* Bireyci kişilikler bağımsız olmayı ve hayatlarını başkalarının müdahalesine izin vermeden yaşamayı tercih ederler. Başları derde girdiğinde birilerinin onların yardımına gelmesini beklemezler. Başkalarının yardımına koşmak da onların aklına gelmez. "Herkes kendi kaderinden sorumludur," derler. Bu tipteki insanlar kimsenin acımasını ne isterler ne de böyle bir şeye ihtiyaç duyarlar.

Bireycilerden en çok, özgüvene hayranlık duyan kişiler hoşlanır çünkü bireyciler aşılamaz gibi görünen güçlükleri hiç şikayet etmeden üstlenebilirler. Aktif olarak rahatlık ve destek peşinde olmadıkları için, çabaları takdir görmediğinde içten içe yalnızlık çekerler ve mutsuz olurlar. Sevdikleri kişiler genellikle onlara yakınlaşmak için mücadele verirler ama sonunda onlar da bıkıp vazgeçerler.

Bireyci kişiler güçlü olmak ve duruma hakim olmak isterler. Öz şefkat uygulamasını başkalarına bel bağlamak zorunda kalmamak için yapan bireyci kişiler tanıyorum. Bu tür bir uygulama aslında pek işe yaramaz çünkü ihtiyaç anlarında bize yardım edebilecek birilerinin olmadığını düşünmenin de içsel olarak bize verdiği rahatlamanın da bir sınırı vardır. Pek çok kişi bana sevdikleri birini kaybettiklerinde sadece etrafta birileri varken ağladıklarını söylemişlerdir. Eğer bireyci bir kişilikseniz, size bel bağlayan ve ihtiyaç hissetmeniz halinde size yardım etmekten *onur* duyacak kişileri düşünün. Sandığınızdan daha az yalnız olduğunuzu göreceksiniz.

Acıya yanıt verirken yumuşamak, bireyciler için yabancı bir kavramdır. Bireyci bir kişiliğiniz varsa, kendi çabalarınızın yerçekim gücünü hissetmeniz bir zayıflık işareti değildir. En sert karakterli insanların bile zaman zaman kalpleri kırılır ve desteğe ihtiyaçları olur. İleriye doru devam etmek için her gün yeni bir gündür.

## Ayakta Kalabilen

Sevgi ve ilgiyi hak etmediğinizi düşünüyor musunuz? Her türlü güçlüğe rağmen yıkılmayan kişiler, öz şefkat konusunda bir öncü olan Tara Brach'ın deyişiyle "değersizlik trans"ı adı verilen bir durumdan mustariptirler; bu kişiler kendi duygularının geçerliliğine güvenmezler ve kendilerini iyi hissetmeyi hak etmediklerini düşünürler. Bunların bazıları çocukluk döneminde ihmal edilmiş ya da tacize uğramış kişilerdir ve yaşamaya değer bir hayat kurma mücadelesi vermektedirler. Her şeye rağmen ayakta kalmayı başaran bu kişiler genellikle hayatları boyunca daha yeni anlamlar bulma peşinde koşan aşırı hassas insanlardır. İncinmiş ve haksızlığa uğramış kişilere karşı oldukça şefkatlidirler ve insanların birbirine layık gördüğü zulmün ve acının çok farkındadırlar.

Bu kişilerin öz şefkat yolunda karşılaştığı güçlüklerin çoğu kitabımızın önceki bölümlerinde verilmişti. Örneğin yıllar boyu maruz kalınan taciz ve ihmalin bir sonucu da özeleştiridir ve bu durum öz şefkat uygulamasının başlatılmasını bile bazen zora sokar: ("Kendimi kötü hissettim; demek ki ben *gerçekten* de kötü biriyim"). Anneniz size "Keşke seni hastaneden eve hiç getirmeseydim," demişse, kendinize sevgi duymanız gerçekten de güç olabilir. Fazla açık bir yürek de "yangın patlaması"na, yani bastırılmış anıların su yüzüne çıkmasına neden olabilir. Bu anılar öylesine yoğun ve öngörülemez olabilir ki uyanıklık durumumuzu ezer geçer. İşin daha da kötüsü, yıkılmadan ayakta kalabilen kişi iyi hissettiğinde bile, acı çekmediği için ceza almaktan içgüdüsel olarak korkar ve duygusal açıdan tamamıyla içine kapanabilir. Sevgi, bu gibi insanlar için hem yabancı hem de tehlikeli bir duygu haline gelebilir.

Bütün bunlara rağmen terapötik dozda bir öz şefkat bu tip bir kişiliğe sahip olanlar için bir merhem görevi görür. Şefkat onlar için her an akmaya hazırdır çünkü bu insanların hayatında acı sabit bir unsurdur. Yine de bu duyguyu ilk başta başkalarına, özellikle de bir çocuğa ya da evcil hayvana yönlendirmeleri ve kendilerine daha sonra güvenli bir şekilde yöneltmeleri, yani kendilerini tam vaktinde sevgi halkasının içine sokmaları daha iyidir.

## Yük Atı

*Öz şefkat uygulaması için vakit mi bulamıyorsunuz?* "İş" derken; para, güç ve ün gibi elde etmek için yaptığımız şeyleri kastederiz. "Eğlence" ise bir getiri elde etmek için değil de, çiçek yetiştirmek ya da bir roman okumak gibi yapılan şeylerdir. İş, çok ender olarak eğlence olabilir: Konfüçyüs, "Sevdiğiniz işi seçin, o zaman hayatınızın tek bir gününde bile çalışmak zorunda kalmazsınız," demiştir. Öz şefkat uygulamasını, kendinizden keyif almanız için ayıracağınız ve işten ziyade eğlence olan bir zaman dilimi olarak düşünmelisiniz.

Amerikalılar bir yük atı toplumunu oluştururlar. Haftada 50 saatten fazla çalışan Amerikalıların sayısı, aynı sürelerde çalışan Avrupalılardan iki misli fazladır ama bu kişiler boş vakitlerinde kendilerini geliştirmeye uğraşırlar. Amerika'daki kendini geliştirme endüstrisi yılda 9.6 milyar doları aşan bir hacme sahiptir. Yük atları her anlarını planlarlar, aynı anda pek çok iş yaparlar ve programları sekteye uğradığında sinirlenirler. Genellikle sağlıklarını ve ilişkilerini kaybetme pahasına çok çalışırlar.

Yük atları durmakta ya da yavaşlamakta güçlük çekerler. Bir yük atı için formel olan ya da olmayan türden bir öz şefkat uygulamasına ayıracak zaman asla olmaz. Vakit elverdiğinde de e-postaya yanıt vermek, dünyada olup bitenleri takip etmek ya da çamaşırları yıkamak gibi hedef-odaklı aktiviteler önceliği alır. Meditasyon "olma"yla ilgilidir. Yük atları ise "olma" durumunu "yapma" durumuna çevirirler, yani sevgi dolu nezaket meditasyonunu yaparken bile kendilerini strese sokarlar.

Yük atları, yürüme bandından sadece koşuşturmalı hayat tarzının stresini hissetmeye yetecek kadarlık bir süre için inerler. 50. yaş gününde ya da doktor yüksek tansiyon hapı kullanma vaktinin geldiğini söylediğinde ya da her şeye itiraz eden ergen çocukla yapılan hararetli bir tartışmadan sonra bu tür anları hemen hemen herkes yaşar. "Zorunluluk" farkındalığı, yani bir an önce öne atılma isteği, dengeyi sağlamak için atılması gereken ilk adım olabilir. Daha sonra da sessiz tefekkür sırasında oluşan tedirginlik, yalnızlık ya da ölüm korkusu gibi bizi zorlayan birtakım duygulara sevecen bir farkındalıkla yaklaşırız. Öz şefkat uygulaması, yük beygirinin yüreğinde gizlenmiş olan bu şeytanlarla baş etmenin görece olarak daha güvenli bir yöntemidir.

Yük beygirleri acıdan özgür olma hedefine erişmek için rekor sayılacak bir hızda hareket etmeye çalışırlar ama öz şefkat uygulamasına başladıklarında bu konuda fazlaca ateşli olmamaya özen göstermelidirler. Yük atlarının çaba göstermek ile dinlenmek arasında sağlıklı bir denge kurmaları gerekir.

## Kelebek

*Başladıktan hemen sonra öz şefkat uygulamasından bıkma eğilimine girmeniz olası mıdır?* Kelebekler, yeni fikirleri kolaylıkla uygulamaya geçiren, albenili ve coşkulu insanlardır. Onlarla birlikte olmak çok keyif verir çünkü bu kişilerin tüm dikkatlerini içinde bulundukları durumlara ve birlikte oldukları kişilere adamakta üstlerine yoktur.

Kelebekler için tutarlı olmak bir sorun olabilir. Bir projeyi sonuna kadar götürmekte ve kendilerine ve başkalarına verdikleri sözleri tutmakta güçlük çekerler. Kelebekler hayatları boyunca kendilerini yeni bir işe başlıyormuş gibi hissederler ve ilişkiden ilişkiye, işten işe ve evden eve geçerler. Büyük bir olasılıkla da bir meditasyon türünden diğerine geçme eğiliminde olurlar, yani bir yerde 30 ayak derinliğinde tek bir hendek kazmaktansa, 10 yerde 10 ayak derinliğinde hendekler kazarlar. Kelebekler genişlik uğruna derinliği feda eden kişilerdir.

## Dışlanmış

*Kendinizi hiçbir yere uygun düşmüyormuş gibi hissediyor musunuz?* İçinde yaşadığı toplumun dışında kalmanın bir kişinin dünya görüşü üzerinde önemli bir etkisi olabilir. Başkaları tarafından dışlanmanın ırkçı önyargılar, eşcinsellik fobisi, kadınları küçük görme, yaşlıların göz ardı edilmesi, yoksulluğa karşı duyarsızlık, din konusunda hoşgörüsüzlük, etnik önyargılar, hastalık ve malullük gibi pek çok nedeni olabilir. Şu anki yaşantınız, belki de farklı bir ülkeden, sosyoekonomik sınıftan gelmiş olmanız ya da zor bir çocukluk geçirmiş olmanız nedeniyle aile geçmişinize ters mi düşüyor? Sanatsal yetenek ya da ruhsal duyarlılık gibi olağandışı kişisel güçleriniz de baskın olan bir kültür nedeniyle geçersiz kılınıyor ve sizi dışlanmış gibi hissettiriyor olabilir.

Toplumun dışında kalmak ille de kötü bir şey değildir. Marjinal insanlar genellikle çoğunluğun dile getirmediği varsayımlar konusunda özel içgörülere sahiptirler. Martin Luther King, "Dünyayı daha iyi bir yer haline getirenler hemen hemen her zaman toplumdaki adanmış azınlık olmuştur," demiştir. Nitekim müzik, edebiyat, görsel sanat, son moda komedi ve toplum eleştirisi dallarındaki en güçlü yenilikler hep ana akımın dışından gelmiştir. Ayrıca materyalist kültürel değerlerimiz bizlere kesinlikle mutluluğa giden bir reçete sunmamaktadır.

Yine de içinde bulunduğu kültürden kopma deneyimini yaşamak, kişinin eksiksiz olmakla ilgili temel duygusunu dinamitleyebilmektedir. Suda yaşayan balık metaforunu bir düşünün: Balık yaşarken ve nefes alıp verirken, bedeninin içine su çeker. Bizler de kültürümüzün suyu içinde yaşayan balıklar gibiyiz. Bu su ırkçılık, cinsel ayrımcılık ve yaşlıları hor görme gibi nedenlerle kirlendiğinde, önyargıları içimize çekeriz. İçselleştirilmiş bir eşcinsellik korkusu deneyimlemeden eşcinsellerden korkan bir toplumun içinde bir eşcinsel ya da Asyalı karşıtı stereotipleri içinde yaşatmadan Kafkas ırktan gelenlerin arasında bir Asyalı olarak yaşamak çok zor bir olaydır. Kişinin öz imgesi, onu yaratan kültürden ayrı düşünülemez.

Toplumsal ve kültürel acılarımızı sevecen bir farkındalık içinde kabul etmeliyiz. Korku, öfke ya da nefret mesajlarına korkuyla karşılık vermek, aynen içimizde yavaş yavaş kök salan önyargı gibi, acıyı arttırır. Dış dünyaya karşı görünmez olduğunu hissetmek, kişiye müthiş bir acı verebilir. Ekvatorlu deneme yazarı Juan Montalvo şöyle yazmıştır: "Umursamazlığın yumuşaklığı kadar katı bir şey yoktur." Kendinizi dışlanmış bir kişi olarak hissediyorsanız, acıyı ne zaman hissettiğinizi fark etmekle işe başlayın ve ona öz şefkatle karşılık verin. "Öfkeden ve korkudan uzak olayım." "Kendimi olduğum gibi seveyim."

## Batmadan Yüzen

*Olayları akışına bırakma ve şimdiki anda yaşama konularında iyi misiniz?* Batmadan yüzen kişiler genel olarak hoş insanlardır. Gelgit olaylarını iyi yakalarlar ve yeni durumlara kolaylıkla uyum sağlarlar. Her bakış açısının belirli bir bağlamda geçerli olduğu görüşünden hareketle, başkalarının fikirlerine saygı gösterirler. Hayatları kişisel hedefler ya da arzular üzerine değil, eşzamanlılık, yani görünüşte rastlantısal olan olayların birbirini takip etmesi üzerine kuruludur. Bu kişiler şimdiki anda yaşarlar.

Aşırı uçlarda oldukları vakit, bu insanlar mesafeli olurlar ve renklerini belli etmezler. Bunların bazıları "kendilerini olayların akışına bırakma" durumunu onları zorlayan olaylardan kaçınmak için bir bahane olarak kullanırlar. Bu da onların pasifleşmesine ve yönlerini bulmada güçlük çekmelerine neden olur. Suda batmadan giden kişiler eski duygusal yaraları hatırladıklarında öz şefkat uygulamasında raydan çıkabilirler.

Batmadan yüzenleri en fazla zorlayan şey, *kararlılık* göstermek, en derinlerdeki inançlarını saptamak, onlara güvenmek ve onları takip etmektir. Bunlar öz şefkat uygulamasına kendilerine, "En yürekten arzum nedir? Hayatımda gerçekten önemli olan neler var?" diye sormalıdır. Derinden önem verilen değerler ve bağlılıklar (ilişkiler, iş, sağlık, eğlence) önümüze çıkan engelleri aşmamıza yardım eder. Örneğin, anne olmayı şiddetle arzulayan bir kadın için doğum sancılarına katlanmak daha kolaydır ve paraya gerçekten ihtiyacınız olduğunda kötü bir işe bile katlanırsınız.

Öz şefkat geliştirmek bağlılık gerektirir çünkü böyle bir durum çoğunluğun yaptığının tersini yapmak, yani duygusal rahatsızlıklara direnç gösterme ve işler ters gittiğinde kendimizi suçlama eğilimine karşı çıkmak demektir. Batmadan yüzen kişilerin şimdiki an uyanıklığı içinde oldukları ve işleri oluruna bıraktıkları göz önüne alındığında, kesin bir hedef saptandıktan sonra öz şefkat uygulaması onlar için rahat ve sorunsuz bir iş haline gelir.

## Ahlak Kuramcısı

*İnsanlar kötü davranışlarda bulunduklarında onlara kolaylıkla öfkelenir misiniz?* Ahlak kuramcılarının çok güçlü bir doğru ve yanlış anlayışı vardır. Doğru davranışların ve düşüncelerin değer verildiği ebeveynlik, yasaların uygulanması ya da din adamlığı alanlarında çok başarılıdırlar. Açık ve net standartlar koyma ve bunları tehditlere karşı savunma konusunda ahlak kuramcılarına güvenilebilir. Ahlak kuramcısı yaklaşımı genellikle siyasal ve toplumsal kargaşaların yaşandığı dönemlerde iyi karşılanır.

Ahlak kuramcıları kendilerine olduğu kadar başkalarına da birtakım sıkı ahlak kuralları uygularlar. Başkalarının hayatlarının kendilerininkinden tamamıyla farklı temellere dayandığını görünce de çok şaşırırlar. Şair George Herbert şöyle yazmıştır: "Dünyanın yarısı diğer yarısının nasıl yaşadığından habersizdir." Ahlak kuramcıları, başkalarında etik bir açık yakaladıklarında "haklı nefret" tuzağına düşebilirler ve kendi eksiklikleri karşısında da aşırı özeleştirel bir tutum içine girebilirler.

Öz şefkat uygulaması sırasında, ahlak kuramcılarının başkalarının ne gibi davranışlar sergilediğiyle ilgili meraklarını, haklı nefreti kendi bedenlerinde nasıl hissettiklerini anlayacak kadarlık bir süre için bir kenara bırakmaları gerekir. Haklı nefretin alternatifi ahlaksızlık değil, başkalarını daha az zararlı eylemlere yöneltmek için ne yapmak gerektiğini saptamaktır. "Doğru" karşısında "yanlış" türünden bir değerlendirmeden daha ılımlı olan bir diğer davranış standardı da bir eylemi acıyı hafifletip etmediğine göre değerlendirmektir. Etkili bir karşılık vermek için yanlış bir davranış karşısında kendimizi kasmamamız gerekir.

Katı bir etik sistem de şehvet, haset, aç gözlülük ve bencillik gibi hoş olmayan taraflarımızı görmememize neden olur. Bu da bu özelliklerimizi idare etmekte zorlanmamıza yol açar. Karmaşık cinsel olaylara adları karışan yalancı sofu politikacılarla ilgili haberlerin etkisi altında kalırız ama kendimizde keşfettiğimiz bu insani eğilimleri utanç duymadan ve inkar etmeden kabul etmeyi öğrendiğimizde, onları daha yararlı istikametlere yönlendirme şansımız olur.

Nihayet, ahlak kuramcıları öz şefkatin rahatına düşkünlük ya da kendini şımartma olarak düşünme eğilimindedir. Bu argüman kendi kişiliklerimizin hoş olmayan taraflarını örtbas etmek için kullanmanın bir yolu olabilir: bilmediğimiz şeyden bize zarar gelmez. Şehvet, öfke, haset ve açgözlülük gibi hoş olmayan duygular öz şefkat uygulaması sırasında kesinlikle kendilerini göstereceklerdir. Umarız ahlak kuramcısı bunlarla baş edebilecek kadar bir süre için kendisini yargılamayı bırakır.

## Dışadönük ve İçedönük

*Kendi iç yaşamınızdan keyif alıyor musunuz, yoksa başkalarıyla birlikte olmayı mı tercih ediyorsunuz?* "Dışadönükler" girgin ve genel olarak mutlu kişilerdir ve tek başlarına olmak yerine birileriyle birlikte olmayı tercih ederler. Bir oyunda rol alma, politik örgütlenme, sosyal ağ oluşturma ve yönetim gibi konulardan keyif alırlar. Hızlı düşünüp anında tepki verirler. Yalnızken huzursuz olurlar ve görece psikolojik sorun ve ihtiyaçlardan bihaberdirler.

"İçedönükler" ise tam aksine, içsel yaşamdan keyif alırlar. Yazmak, sanat ve bilim gibi görece yalnız icra edilen meslekleri severler. Aşırı uyarıldıkları için sosyal toplantılarda çabucak yorulurlar. Başkaları tarafından eleştirilmekten korkmaktan çekinmezler, sadece kendi başlarına olmayı daha çok tercih ederler. Konuşmadan önce ne söyleyeceklerini enine boyuna planlarlar. Araştırmalar dışadönükler ile içedönükler arasındaki mizaç farklarının kalıtımsal ve beyinsel farklılıklardan kaynaklandığını göstermektedir.

Dışadönüklerin meditasyon gibi düşüncelere dalmakla ilgili uygulamalara uygun olmadığı düşünülebilir, ancak çoğumuz içedönüklükle dışadönüklük arasındaki süreçlerden her zaman geçeriz. Zaman zaman dostlarla birlikte olmak isteriz, bazen de yalnız geçirdiğimiz anlardan keyif alırız. Öz şefkat uygulamasının, özellikle hem tek başınalık hem de ilişkisellik içeren *metta* meditasyonunun, içedönüklere de dışadönüklere de sunacağı bir şeyler vardır.

Öz şefkat uygulamasını uyarlamanın birkaç yolu vardır. *Dışadönükler* için temel güçlük tek başına oturmaktan kaynaklanan huzursuzluk olabilir. Dışadönükler tek bir yere bağlanıp kalmak yerine, gün içinde ve başkalarıyla birlikte formel olmayan uygulamayı tercih etmeye teşvik edilmelidir. Örneğin, yürüyüşlü *metta* meditasyonu (7. Bölüm) başkalarıyla bağ kurma duygusunu besler. Sevgi dolu nezaket cümlecikleriyle çalışırken, dışadönük kişi kendisini diğerleriyle bağ kurmuş gibi hissetmek için "ben" sözcüğünün yerine "biz" sözcüğünü vurgulayabilir (*Biz* mutlu ve acıdan uzak olalım"). Dışadönük biriyseniz ve oturmalı meditasyon yapmak istiyorsanız, o sırada oluşan rahatsız edici duygularınızı etiketlemek ("sıkıntı," "huzursuz," "kaygılı") fayda sağlayabilir. Nihayet dışadönük kişi Ek A'da anlatılan "Verme ve Alma" meditasyonundan keyif alabilir. Verme ve alma meditasyonu genellikle hem özel hem de ortak ortamlarda yapılabilir ve *metta* meditasyonu kadar psikolojik farkındalık gerektirmez.

Sevgili dolu şefkat meditasyonunun içedönükler açısından yarattığı en büyük zorluk ise bunun tam tersidir, yani onun mizacına göre fazlaca ilişkisel olmasıdır. O yüzden içedönük kişinin en fazla ne kadarlık bir "ilişki"nin onu rahat ettirdiğine karar vermesi gerekir. İçedönükler tek başına yapılan meditasyonu kolaylıkla uygularlar, o nedenle bunu sosyal temaslardan kaçınmak için kullanmamaları gerekir. Bazı içedönükler, odadaki diğer insanlara sevgi dolu nezaket gönderdiklerinde *metta* uygulamasının sosyal ortamlardaki streslerini *azalttığını* düşünmektedir. Hem iç dönüklerin hem de dışadönüklerin hedefi, yalnız olmak ile başkalarıyla ilgilenmek arasında sağlıklı bir denge kurmak ve her iki ortamda da kendilerini huzurlu hissetmektir.

## SİZİ DURDURAN NEDİR?

Kişilik tarzınızı anladıktan sonra, öz şefkate giden yolda yürüyen herkesin karşı karşıya geldiği beş zihinsel "engel"den de faydalanabilirsiniz. Bunlar *doyumsuzluk, kaçınma, bıkkınlık, gerginlik* ve *şüpheciliktir*. Bazı kişiler bu tuzaklardan bazılarına karşı diğer kişilerden daha savunmasızdır. Örneğin, bakımveren kişilikli insanların doyumsuzluk, ahlak kuramcılarının kaçınma, batmadan yüzenin bezginlik, yük atının gerginlik ve entelektüelin şüphecilik engelleri vardır. Engeller hiç umulmadık anlarda ortaya çıkabilir ve siz onu teşhis ettiğiniz anda ("Ah, yapışkan duygu", "Ah, evet, şüphe") geri çekilmeye başlar. Bizim amacımız engellerle savaşmak değil, tam tersine onların varlığını kabul etmek ve onlarla ustaca baş etmektir.

Tam şu anda ve tam burada acıdan uzak *olabileceğinizi* varsaymakla işe başlayın. Uygulamanızın arka planında bir esenlik duygusu olsun. Sonra, "alanda bir karışıklık" olduğu vakit aşağıdaki hangi engelin oluştuğunu kendinize sorun. Bu engeli geri püskürtmek yerine, sevgi dolu nezaket farkındalığıyla sarıp sarmalayın.

## Doyumsuzluk

Hepimiz içgüdüsel olarak keyif almaya ve bize zevk vereceğini umduğumuz şeylere *tutunuruz*. İstediğimiz şeyi elde edemediğimizde ise hayal kırıklığına uğrarız. Örneğin, en sevdiğiniz müzisyenin yakınlardaki bir şehirde sahneye çıkacağını ama bütün biletlerin bitmiş olduğunu öğrendiğinizde kendinizi nasıl hissedeceğinizi bir düşünün. Az önce mevcut bile olmayan bir arzu, sizi hüsrana uğratmıştır.

Ayrıca hoşlandığımız şeylere sıkı sıkı *yapışırız* ve bunlar ortadan kaybolduğunda üzülürüz. Bir kase dondurmayı yerken bu tadın sonsuza dek damağınızda kalmasını istersiniz ve dondurmanız bitince hayal kırıklığı yaşarsınız.

Doyumsuzluk ve bir şeye sıkı sıkıya yapışmak *arzu*yu ifade etmek için kullanılan benzer sözcüklerdir. Buda arzunun birinden borç almaya benzediğini söyler; bu borç keyif anı bittikten sonra ayrılmayla ve kayıpla geri ödenir. Sorunun kendisi haddi zatında arzu değildir, asıl sorun bizim arzunun esiri ve o yüzden de mutsuz olmamızdır. Dolayısıyla, arzularımızı hafife almamız gerekir.

Öz şefkat uygulamasında oluşan iyi duygulara da kendimizi fazlaca kaptırmamamız gerekir. Sevgiye ve mutluluğa sıkı sıkı yapıştığınız takdirde, yaptığınız uygulama sizi canlandırmak yerine hüsrana uğratır. İyi duygular gecenin gündüzü takip etmesi gibi gelip geçicidir. Bir şeye sıkı sıkıya yapışma engelinin panzehri, nasıl hissederseniz hissedin, kendiniz için iyi niyet geliştirme uygulamasına geri dönmenizdir. Hayal kırıklığına uğradığınızda, öz şefkat uygulamanızı hayal kırıklığına uğradığınız *için* yapın.

## Kaçınma

Bu kitap öncelikle kaçınma duygusuyla baş etmekle ilgilidir. Kaçınma için "uzak durma," "direnç gösterme," "kafa karışıklığı hissetme," "tiksinme" ve "gücenme" gibi sözcükler de kullanabiliriz. Kaçınma, bizim içgüdüsel olarak rahatsız edici duygulara karşı hissettiğimiz duygudur. Kaçınma duygusunu, anksiyete ya da depresyon gibi bir *iç duruma,* açık bir yara ya da bozuk bir yemek gibi bir *dış nesneye*, korku ve öfke şeklinde *başka kişilere* ya da kendimize karşı hissedebiliriz. Buda sağlığımızı berbat ettiği için kaçınmayı bir "hastalık" olarak tanımlamış ve bunun panzehri olarak sevgi dolu nezaketi göstermiştir.

Kaçınma duygusu bizi neyin rahatsız ettiğini görmemizi, onu anlamamızı ve onun üzerinde beceriyle çalışmamızı engeller. Kaçınma duygusu kendimize yöneldiği vakit, yaptığımız hatalar için kendimizi affetme ve rahatlatma yeteneğimizi kaybetmemize neden olur. Sharon Salzberg, öfke ve kaçınma duygularını bunlarla ilk kez karşılaşan bir Marslının bakış açısından görmemiz gerektiğini söyler. "*Bu da* ne öyle!" Kaçınma duygusunu alt etmenin ilk aşaması merak duymaktır. 1. Bölüm'de verdiğimiz devam eden aşamalar "hoşgörü göstermek," "izin vermek" ve "dost olmak"tır. Bizi rahatsız eden şeye karşı çekingen bir merak gösterme durumundan aşamalı olarak onu takdir etme ve ona saygı duymaya geçebiliriz. Aynı şey bize utanç veren ve hoş olmayan yönlerimiz için de geçerlidir. Öz şefkat bize neyin sıkıntı verdiğini öğrenmemiz ve nihayet onu salıvermemiz için bir fırsat sunar.

## Bıkkınlık

Bu engel "akıl donukluğu," "zihin tembelliği," "miskinlik," "uyuşukluk" ve "can sıkıntısı" olarak da bilinir. Bu durum aynı zamanda öz şefkat uygulamasına karşı ilgi yoksunluğu olarak da tanımlanabilir. Bıkkınlığın tersi, bir çocuğun büyüleyici bir nesneyi ilk kez gördüğünde hissettiği coşkudur.

Öz şefkat uygulamasıyla ilk tanıştığınızda ve size sahici bir ümit verdiğini ilk anladığınızda çok etkilenmiş ve hatta gözleriniz bile sulanmış olabilir. Bu uygulamanın ilk başlardaki kadar ilginç kalmasını sağlamak mümkün olabilir mi? Büyük bir ihtimalle, hayır ama en azından bu uygulamayı yapmaya *neden* başladığınızı anlamanıza yardımcı olabilir. Muhtemelen kendinizi "daha iyi hissetmek için" başlamışsınızdır! Bir süre sonra otomatikleşmiş ve amacınızı bile unutmuş olabilirsiniz. "İşe gitmem gerek... ama önce meditasyon yapmalıyım... konsantre olamıyorum... 10 dakikam kaldı..."

Meditasyon için oturduğunuz vakit, gerçekten ama GERÇEKTEN mutlu ve acıdan uzak olmak için kendinize izin verip vermediğinize bakın. İçinizde rahatsız edici bir duygu yükselirse, onu da sevgiyle ve farkındalıkla karşılayın ve geçip gitmesine izin verin. *Metta* uygulaması yapıyorsanız, sözcüklerinizin gerçek anlamının tadını çıkarın ve bu uygulamanın temel hedefinin *kendiniz* olduğunu hatırlayın. Kendinize sevgi ve şefkat verin ve bunu size en kolay nasıl geliyorsa, o şekilde yapın. Gerçek sevginin cazibesine pek azımız karşı koyabiliriz.

Uygulama fazla tekrarlamalı olduğunda kişinin üzerine bir bıkkınlık hissi çökebilir. Tüm meditasyonlar gibi, öz şefkat sanatında da bir tekrarlama unsuru bulunur. Buna rağmen, meditasyon tek odaklı farkındalık, açık alan farkındalığı ve sevgi dolu nezaket becerileri üzerinde yaratıcı sekanslar ve kombinasyonlarla çalışılmasını sağlayan aktif bir süreçtir. Çalkantılı bir denizde giden ve sürekli olarak rota düzeltmesi yapması gereken bir kaptan olduğunuzu düşünün. Her an meydana gelebilecek koşullara karşı uyanık olun ve bunlardan en iyi şekilde yararlanmaya çalışın. Geminizi oto pilota bağladığınız takdirde sıkılırsınız ve yolculuğunuz daha çetin geçer.

## Gerginlik

Gerginlik; "huzursuzluk," "pişmanlık" ya da "endişe" olarak da bilinir. İşlerin gidişatından hoşnut olmamak anlamına gelir ve bir yere, herhangi bir yere doğru devam etme ihtiyacının hissedildiğini gösterir. Buda gerginliği asla tatmin olmayan zorba bir patrona benzetir. Kişi meditasyon yaparken geçmişle ilgili olarak pişmanlık duyduğu ya da gelecekle ilgili olarak endişelendiği için bitmek tükenmek bilmeyen bir gerginlik hali yaşar.

Gerginlik durumu birkaç şekilde bastırılabilir. İlk adım hayatınızı olabilecek en az pişmanlıkla yaşamaktır. Arkanızda bir ıstırap izi bırakırsanız, daha hızlı koşma ihtiyacı hissedersiniz. Cömertliğiniz sizi kötü davranışlar deneyimlemekten koruyamaz ("Hiçbir iyi iş, cezasız kalmaz") ama başkalarını mutlu ettiğinizde günün sonunda büyük bir olasılıkla bir gönül rahatlığı hissedeceksinizdir.

Huzursuzluğu gidermenin bir diğer yolu da şimdiki anın değerini bilmektir. Bir meditasyon öğretmeni olan Ajahn Brahmavamso şöyle söyler: "En hızlı gelişme... şu anda bulundukları sahneden hoşnut olanlar tarafından elde edilir. Bir sonraki sahnede olgunlaşan şey bu hoşnutluğun derinleşmesidir." Şimdiki an hoş değilse, ondan nasıl hoşnut olabiliriz? Gelecekle ilgili hayaller kurmak yerine, çapamızı yeniden şimdiki ana atar, o anki duygularımızı ("endişe," "acelecilik" ve "huzursuzluk") etiketler ve gerginliğin fiziksel deneyiminin içinde gevşeriz. Huzursuz bacaklar mı? Diş sıkmak mı? Huzursuzluk durumuna tepki göstermediğimizde, unutulmuş ya da geride bırakılmış olma korkusu gibi daha derin duygular ortaya çıkar. Huzursuzluğun verdiği rahatsızlıkla ya da onun gerisindeki acıyla temas kurduğumuz anda, şefkat de doğal olarak bize akıp gelecek ve gerginlik içindeki yüreğimiz gerçekten sevildiğini hissettiğinde durulacaktır.

## Şüphecilik

Son engel olan *şüphecilik*, uygulamadan ya da kişinin bunu becerebilme yeteneğinden kuşku duymayı işaret eder. Zihin şüphe içindeyken, sevecenlik ya da şefkat duygularını deneyimlemez. Şüphe, çok vakit ve enerji kaybına neden olur.

Çoğu öğrencinin meditasyon öğretmeninin dikkatine getirdiği sorular genellikle bu konuyla ilgilidir. Örneğin, "Şimdiki anda hissettiğim duyguları kabullendiğim takdirde *gerçekten* bir ilerleme kaydedebilecek miyim?" Öğretmenler öğrencilerinin deneyimlerini şefkatle dinlerler, onlardaki olumlu gelişmeleri onaylarlar ve genellikle onları kendilerini daha az yalnız ve daha iyimser hisseder bir haldeyken bırakırlar. Buda, şüpheciliğin çölde kaybolmak gibi olduğunu söyler. Her öğrenci yaşadığı deneyimlerin ayrıntıları içinde zaman zaman kaybolacak ve birinin ya da bir şeyin ona büyük resmi göstermesini bekleyecektir. Budist psikolojisi böyle bir yol haritasıdır ve bu harita öğrencilerine 2.500 yıldan fazla bir süredir yol göstermektedir.

Öğrenci uygulamanın etkili olup olmadığını görmek için gelişmelerine kendisi de tanık olabilir. Öz şefkat uygulamasına başladığınızdan beri hiç ummadığınız mutluluk anları yaşadınız mı? İç diyaloğunuz eskiye göre daha sevecen mi? Başkalarının çektiklerine karşı daha fazla sempati gösterebiliyor musunuz? Eski ilişkilere dair çakışmalar azalmaya başladı mı? Bir sonraki bölümde, "ilerleme" konusuna daha ayrıntılı bir şekilde gireceğiz.

## TOPARLAYACAK OLURSAK

Farkındalık ve öz şefkat uygulamaları aşamalı olarak kişiliğinize de yeniden şekil verecektir. Bunun anlamı şudur: Sorun çözmek için her zaman kullandığınız yöntemler daha az otomatik olacak ve belirli bir duruma nasıl tepki vereceğinizi özgürce *seçebileceksiniz*. Başkaları sizin değiştiğinizi söyleyebilir ama siz giderek daha çok kendiniz gibi hissetmeye başlayacaksınız.

Kısaca tekrarlamak gerekirse, içsel dönüşüm için atmanız gereken ilk adım, duygusal anlamda kendinizi rahatsız hissettiğinizin bilinçli farkındalığı içine girmektir. Duygusal acıları hafifletmek için çoğunlukla gerekli olan şey budur. Uygulamaları tutarlı bir şekilde yaptığınız takdirde, duygularınızın oluşturduğu manzaradaki rahatsızlığı duyumsama alışkanlığını geliştirecek ve kendiniz bile fark etmeden davranış ve yaklaşımlarınızda değişiklikler yapacaksınız. Kendinizle yeni bir ilişki içine girecek ve çok sevdiğiniz bir dostunuzun bütün gün yanınızda olduğunu hisseder gibi olacaksınız.

## Güçlüklerinizle Yüzleşin

Sizi zorlayan duygularla baş etmek için bilinçli bir niyetin gerekli olduğu bir zaman elbette gelecektir. Aşağıdaki dört adım bu güçlükleri aşmanıza yardımcı olabilir:

1. Acıyı hissedin.
2. Onu kabullenin.
3. Ona şefkatle karşılık verin.
4. Kendinizden ustaca eylemler bekleyin.

Birinci adımı oluşturan *acıyı hissedin* sözcüklerinden kasıt farkındalık içinde olmak, yani ne deneyimlediğinizi onu deneyimlediğiniz anda bilmektir. Eğer acıdan kaçarsanız, onun üzerinde çalışamazsınız. Acı farkındalığı, acıya mesafe koymak değil, onu fiilen yaşamak demektir.

İkinci adımı oluşturan *onu kabullenin* ifadesi, burada ve şimdide yaşadığınız deneyimleri yargılamadan kucaklamak demektir. Kabul etme, rahatsızlıkla mücadele etme ve onu daha da berbat bir hale getirme dürtüsünü geriye çevirir.

Duygusal rahatsızlıkları farkındalıkla (Birinci Adım) ve kabul etmesiyle (İkinci adım) karşılamanın pek çok yolu vardır. Bu kitapta vurgulanan tekniklerden bazıları 2. ve 3. Bölümlerde anlatılan *yumuşama*, *izin verme* ve *etiketleme*dir. "Yumuşama" stresin bedensel belirtilerini kabul etmektir. "İzin verme" duygusal rahatsızlık deneyimini kabul etmek, onu olduğu gibi bırakmak, gelip gitmek için özgür kılmaktır. "Etiketleme" ya da duygularımıza isim vermek ise bizim onlardan kurtulmamızı sağlayan bir yöntemdir.

Üçüncü adımı oluşturan *Ona şefkatle karşılık verin* ifadesi kendi acınıza tanıklık etmek ve ona iyilikle ve anlayışla yanıt vermek anlamına gelir. Bunu yapmak için sevgi dolu nezaket cümleciklerini kullanabilir ya da 5. Bölüm'de ve Ek B'de önerilen yollardan birini tercih edebilirsiniz. Acımız ne kadar büyükse, o kadar çok öz şefkate ihtiyacımız var demektir ama nedense bu genellikle hatırlamakta en fazla zorlandığımız adımdır.

Dördüncü adımdaki *kendinizden ustaca eylemler bekleyin* sözcüklerinden kasıt, farkındalık içinde ve şefkatli olduğunuzda en çetrefil ikilemleri bile alt edecek sağlıklı bir ruh hali içinde olacağınızdır. Böyle bir şey, sizin istismara dayanan bir ilişkiyi sonlandırmanız, iş değişikliği yapmanız, küskünlüklerinizi bir kenara bırakmanız ya da başkalarının eksiklerini kabul etmeniz anlamına da gelir. Kim bilir, belki de birinden özür diler ve sizi bağışlamasını istersiniz... Davranışsal opsiyonlar sınırsızdır.

## Bel ağrısıyla, Uykusuzlukla, Sahne Korkusuyla ve Zorlu İlişkilerle Yüzleşmek

Bu kitapta 1. Bölüm'de dile getirilen durumların temelinde duygusal strese gösterilen direnç yatmaktadır. Örneğin, yoga yaparken Mira'nın belinde bir fıtık oluşmuştu. Fiziksel olarak canı yanıyordu ama bu fıtık bunun ötesinde ona koşturmalı hayatına bir son vermesi gerektiğini de hatırlatıyordu. Bu, Mira'nın kabul edemeyeceği ve onu şoke eden bir olasılıktı. Mira o yüzden bu sorunu kafasında bir saplantı haline getirdi ve olan biten için kendisini suçladı. Fiziksel egzersizlerinin yoğunluğunu azalttı ama bu sefer de adaleleri katılaştı ve ağrısı daha da çoğaldı. İyileşme süreci ancak Mira'nın mücadele etmenin, durumu daha da kötü yaptığını öğrenmesiyle birlikte başladı. Gösterdiği gelişme Birinci Adımdan, yani ağrıya direnç göstermek yerine onu hissetmekten, İkinci Adıma, yani başına gelen şeyi kabul etmesine, oradan da Üçüncü Adıma, yani kendisine duygusal açıdan eziyet etmemesine ve nihayet Dördüncü Adıma, yani masaj terapisi yaptırarak ve hafif egzersizler yapmakla yetinerek kendisiyle akıllıca ilgilenme yoluna girmesi şeklinde oldu.

Uykusuzluk tedavisi de benzer bir yol izler ve uykusuzluğun fiziksel ve çevresel nedenlerini gidermiş olduğunuzu varsayar. Bütün gece boyunca, sinir sistemini de alarm durumuna getirecek şekilde uykusuz kalmanın getireceği sorunları düşünüp kıvranmak yerine, bu tür düşüncelere saplandığınızda duygusal açıdan ne kadar strese girdiğinizi fark etmeniz gerekir (Birinci Adım). Sonra uykusuzluğun kazanamayacağınız bir savaş olduğunu kabul etmeniz (İkinci Adım) ve ona şefkatle yaklaşmanız gerekir (Üçüncü Adım). Bir arkadaşım bana şöyle bir hikaye anlatmıştı: Karısı soğuk algınlığı geçirirken yatakta kendisini bir sağa bir sola atıyormuş. Nihayet ona artık kıpırdanmamasını söylemekten vazgeçmiş ve başını ovuşturmaya başlamış, sonra yataktan çıkıp biraz gazete okumuş ve 5 dakika içinde uykuya dalmış. "Eğer 'yakınmaya' devam etseydim, saatlerce gerilimli bir öfke içinde kalacaktım," demişti arkadaşım. Durumu kabul etmesi öz şefkatli bir yanıt vermesine, yani başını ovuşturmasına ve sonunda uykuya dalmasına yol açmıştı.

Uykusuzluğunuzu kabul etmenize rağmen hâlâ uyuyamıyorsanız, o zaman zihniniz büyük bir olasılıkla sizi aşırı uyaran birtakım düşüncelerle doludur. O vakit yapmanız gereken şey, dikkatinizi yumuşak bir şekilde daha az enerjileme gücü olan konulara çevirmektir. O tür bir egzersiz, dışarı verdiğiniz her bir nefesi duyumsamak, yani nefes farkındalığı meditasyonu yapmak ve her nefes verişte bir *metta* cümleciği söylemektir. Sevgi dolu bu şefkat cümlecikleri mücadelenizi törpüleyecek ve bu zihin egzersizini tekrar tekrar yapmanın verdiği can sıkıntısı da sonunda uykuya dalmanıza yardımcı olacaktır. Ancak bu egzersizi uykuya dalmak için kendinizi strese sokarak değil, ilginizi çektiği ve size *keyif verdiği için* yapmalısınız.

Sahne korkusunu yönetmek de benzer bir yörünge izler. Kaygılanın ve bu duyguyu bedeninizde hissedin. Yabancılardan oluşan koca bir kalabalık önünde konuşmaktan korkmanın doğal bir insani duygu olduğunu kabul edin ve sonra da söylemek istediklerinize yeniden odaklanın. Kendinizi sizi dinleyen kişilere faydalı olabilecek bir şeyler söylemeye adamanız, endişe çeken "öz benlik"in ortadan kalkmasını sağlayacaktır.

**Bağımlılıkların Tedavi Edilmesi**

Öz şefkat, madde bağımlılığına da yabancı değildir. Anonim Alkolikler (AA) grubu üyelerinden biri bir toplantıda "Ben bir alkoliğim," dediğinde, o kişi kendini kabul etmenin en geniş çerçevesinden konuşmuş, saklanacak bir şeyi olmadığını ifade etmiş olur. Alkolik olduğu fikrine direnç göstermek ya da nüks durumunda utanç tuzağına düşmek de içkiyi bırakmak ve ayık kalmak için birer engel oluştururlar.

Washington Üniversitesi'nden Alan Marlatt ve arkadaşları alkol ve madde kullanımı bozukluğu için bir "farkındalık temelli nüks önleme programı" (MBRP/ Mindfulness Based Relapse Prevention) yaratmışlardır. Bu Jon Kabat-Zinn'in farkındalık eğitimini bilişsel-davranışsal teknikle birleştiren 8 haftalık bir programdır. Katılımcılara bağımlı oldukları maddeye karşı duydukları arzu ataklarıyla ilgili bir eğitim verilmiş ve onlara madde kullanımını tetikleyen duyguları, düşünceleri ve durumları nasıl teşhis edebilecekleri ve dürtü dalgalarının üzerinde nasıl sörf yapabilecekleri öğretilmiştir. Bu programın kilit özellikleri, kişinin deneyimlerini kabul etmesi, düşüncelerini sadece düşünceler olarak görmesi, kendisine ilgi göstermesi ve dengesini bulmasıdır.

Bir diğer yaklaşım da Yale Üniversitesi Tıp Fakültesi'nden Kelly Avants, Arthur Margolin ve arkadaşları tarafından geliştirilmiştir. Bu yaklaşımın ismi 3-S+ olarak da bilinen kişisel ruhsal yolları keşfetme terapisidir (Spiritual Self-Schema Therapy). Tüm inançlardan gelen madde bağımlısı ve HIV-riskli davranışlar içinde olan kişilere yönelik olmasına rağmen, bu tedavinin temelinde Budist psikolojisi vardır. 12 seanslık el kılavuzlu bu programda, katılımcılar bağımlılık ("bağımlı öz benlik") şemasından diyez ve hasar önleme ("ruhsal öz benlik") şemasına geçmeyi öğrenmektedir. Bu kişilere öfkenin ve nefretin neden olduğu hasarlarla ilgili farkındalığı arttırmak ve şefkat duygusunu geliştirmek için de altıncı seansta *metta* meditasyonu öğretilmektedir. Harvard Tıp Fakültesi'nden Zev Schuman-Olivier'in geliştirdiği bir araştırma çalışması, 3-S+ programının, dürtüselliği ve sarhoş eden madde kullanımını azalttığını, standart bir karşılaştırma grubuna göre bu maddelerden uzak durma motivasyonunu arttırdığını göstermiştir. Programla ilgili olarak ona en fazla neyin yardımcı olduğu sorulan bir katılımcı şöyle yanıt vermiştir: "Meditasyon. İnsanların mutlu ve özgür olması fikri. Nefes alıp vermek, kendimle ilgilenmek için vakit ayırmak ve zaman zaman kendim için iyi bir şeyler yapma düşüncesi."

Nihayet, zor duygular her şeyden önce kendi duygusal acımızın içine düşmemizi, ne hissettiğimizi onaylamamızı ve daha sonra da karşımızdaki kişinin neler söylediğini şefkatle ve anlayışla dinlememizi gerektirmektedir. Herkesin onları diğerlerinden uzaklaştıran birtakım savunmasız yönleri vardır. 1. Bölüm'de Michael ve Suzanne'la ilgili olarak anlatılan hikayede onların bu savunmasız yönleri (Michael'in işkolikliği ve Suzanne'ın evlilikleriyle ilgili olarak panik halinde olması) yüzünden birbirlerinden nasıl uzaklaştıklarını görmüştük. Bu çift daha sonra birbirlerinden kopmanın acısını hissetmişler, bu acıyı birbirlerine yakınlaşma isteğinin bir işareti olarak kabul etmişler, aileyi bir arada tutmak için gösterdikleri çabalara prim vermişler ve birbirleriyle daha az tepkisel ve daha olumlu bir şekilde konuşmayı öğrenmişlerdi. *Seni özlüyorum!*

## Farkındalıklı Öz Şefkat Meditasyonu

Bazen günlük yaşantımıza hakim olan otomatik düşünce ve duyguların ağından kendimizi kurtarmak için bir "mola vermeye" ihtiyacımız olur. Ben şahsen aşağıdaki meditasyonu uyguluyorum ve terapi alan perişan durumdaki danışanlarıma da onu öğretiyorum. Biraz aşinalık kazandıktan sonra sadece 5 dakikanızı alan bir meditasyon bu ve bu kitapta öğrendiklerinizin bir sentezi gibi. Dilerseniz bu meditasyonun süresini 30-45 dakikaya kadar uzatabilirsiniz.

---

*BUNU DENEYİN: Farkındalıklı Öz Şefkat Meditasyonu*

- Rahat bir pozisyonda oturun, gözlerinizi kapatın ve rahatlamak için üç kere derin nefes alın.
- Çevrenizdeki seslere karşı bir uyanıklık içine girin. Kulağınıza gelen her türlü sesi dinleyerek şimdiki ana gelin.
- Kendinizi koltukta otururken hayal edin. Kendinize dışarıdan seyrediyormuş gibi bakın ve duruşunuzun farkına varın.
- Sonra farkındalığınızı *bedeninizin* içine getirin. Şu anda oradaki duyu dünyasında neler olup bittiğini fark edin.
- Şimdi de nefesinizi en çok nerede hissediyorsanız, oraya odaklanın. Her nefes verişinize özel bir dikkat verin. (Eğer kendinizi daha rahat hissedecekseniz, çapanızı farklı bir yere atın.)
- Sonra dikkatinizi nefesinize değil, sevgi dolu nezaket sözcüklerine verin. Birkaç dakika boyunca bu cümlecikleri ağır ağır tekrarlayın ve arada bir kendinizi koltukta otururken hayal edin.
- Yavaş yavaş gözlerinizi açın.

---

## Meditasyon Yaparken Duygusal Acıyla Yüzleşmek

Aşağıdaki örnek kendimizle ve içinde yaşadığımız dünyayla yeni bir ilişki kurmak için meditasyon yaparken farkındalık ve şefkatle nasıl çalışacağımızı göstermektedir.

Natasha, gevşeyebilmek için farkındalık meditasyonu yapmaya başlayan 32 yaşındaki bir aile hekimiydi. Ebeveynleri, en büyük arzuları onu başarılı bir doktor olarak görmek isteyen çalışkan kişilerdi. Natasha başarının ne kadar değerli olduğunu en az onlar kadar biliyordu. Bu da onun sosyalleşmek ya da gevşemek için hemen hemen hiç vakit bulamaması anlamına geliyordu. Yakın zamanlara kadar arkadaşlarının evlenmesini ve çoluk çocuğa karışmasını hiç umursamıyordu. Kendisini sadece yorgun düşmüş gibi hissediyordu.

Farkındalık meditasyonu ilk başlarda Natasha'ya çok iyi gelmişti. Özellikle de her sabah yarım saat kadar nefesine odaklanmanın ve gün boyu bilinçli nefesler almanın yatıştırıcı etkisinden çok hoşlanmıştı. Buna rağmen, Natasha birkaç ay sonra nefesine odaklanmanın anksiyeteye neden olduğunu fark etti. Nefes meditasyonunun artık işe yaramayacağını ya da daha kötü şeyler olacağını düşünerek endişeleniyordu. Meditasyon sırasında bazen kendisini derin derin nefes alırken, daha doğrusu nefes almaya çalışırken buluyordu.

Natasha bu konuyu meditasyon öğretmenine danıştı. Öğretmeni ona nefesine çok fazla odaklandığını ve uyanıklık halini bedeninde oluşan başka duyumsamalara da açık tutmasını söyledi. Natasha bunun faydasını gördü ve nefesine her geri döndüğünde, onun bir sığınak görevini gördüğünü keşfetti. Öğretmeninin verdiği dersi önemsedi ve formel olmayan uygulamasını yere basan ayaklarının hissettiklerini de içerecek şekilde genişletti. Özellikle de günün sonuna doğru hasta randevuları biriktikçe ve bir muayene odasından diğerine koştururken bu farkındalık egzersizinden çok hoşlandı.

Natasha uygulamasını derinleştirmek için daha sonra sessiz sakin bir yerde bir hafta geçirmeye karar verdi. Farkındalık/*metta* karışımı meditasyon yaptıran bir merkez buldu. İlk üç gün sabah saat 5:15'te kalktı ve 40 dakikalık meditasyon seansına katıldı. Sonra dördüncü gün öğretmen görüşmelerinin yapılmasının planlandığı haberini aldı ve bu görüşmelerden korkunç bir şekilde korktuğunu fark ederek şaşkınlığa düştü. "Öğretmen benim iyi bir meditasyoncu olduğumu düşünecek mi? Benden hoşlanacak mı?" Natasha, bu korkusunun geçeceğini umarak meditasyon yapmaya devam etti ama kendini vererek meditasyon yapmasına rağmen, durumu daha da kötü bir hal aldı.

Korkusuyla cebelleşmekten yorgun ve bitap düşen Natasha, dördüncü gün meditasyon salonuna adeta sürüklenerek gitti. O sabahki meditasyon sevgi dolu nezaket, özellikle de kişinin kendisi için *metta* meditasyonu yapması üzerineydi. Natasha *metta* meditasyonu yapmak için yere oturduğu anda kafasına bir şey dank etti: "Konsantre olmam gerekmiyor, farkındalık içine girmem de gerekmiyor, daha fazla çaba sarf etmem gerekmiyor, sakinleşmem bile gerekmiyor… yapmam gereken tek şey, bu kadar berbat bir durumda olduğuma göre kendime sevgi göstermekten ibaret…" Az sonra gerçekleşecek olan görüşmeleri kafasına takılınca, kendisine "Güven içinde olayım. Korkudan uzak olayım. Rahat bir hayat yaşayayım," dedi. Bedeni gevşedi ve yanağından aşağı gözyaşlarının süzüldüğünü hissetti. Öğretmenlerin onun hakkında ne düşündüklerini, hatta kendisinin kendisi hakkındaki düşüncelerini bile artık umursamıyordu. Olduğu gibi olmaktan mutluydu.

Aynı gün öğle yemeği arasında Natasha görüşmelerden neden o kadar korktuğunu sordu kendisine. Ne de olsa bir meditasyon görüşmesinin amacı kişiyi yargılamak değil, ona destek vermek ve yardımcı olmak değil miydi? Natasha o zaman mükemmeliyetçi biri olduğuna karar verdi. Asla yeterince iyi olmadığını düşünen ve sürekli özeleştiri yapan biriydi. Ebeveynleri onun başarılı olmasını ve maddi açıdan güvence altında olmasını deli gibi istiyorlardı. Karnesinde bütün notları A olduğu vakit bile annesi ve babası onu rahat bırakmamışlardı. Natasha o yüzden, bir felaketi önlemek için deli gibi çalışması gerektiği mesajını içselleştirmişti.

Natasha hayatını yeni bir şekilde yaşaması vaktinin geldiğine o anda karar verdi. Son kez ne zaman tatile çıktığını hatırlamıyordu bile. Nihayet ona dehşet veren görüşmeye girdi ve bir önceki gün yaşadıklarını öğretmeniyle paylaştı. Öğretmeni Natasha'ya her zaman "şimdiki anda olmayı tercih etmesini" salık verdi. Şimdiki an kişiye her zaman mücadeleden uzak bir mini tatil sunuyordu çünkü şimdiki zamanda gelecek olmadığı için daha az endişe vardı. Natasha bu mesajı ciddiye aldı ve oturmalı meditasyon seanslarını bir süre es geçerek ormanda yürüyüşler yapmaya, kuş seslerini dinlemeye ve toprağın kokusunu içine çekmeye başladı. Yürürken kendisine, "Güven içinde olayım. Mutlu olayım. Şu anda, şu harikulade anda..." diyordu.

Oturmalı meditasyonuna geri döndüğünde sevgi dolu nezaket meditasyonunu farkındalık meditasyonuyla kaynaştırmaya başladı. Nefesini huzursuz zihnini sakinleştirmek için kullandı, nefesinin azaldığını hissettiğinde bedensel duyumsamalara açtı kendisini ve rahatsız olduğunu ya da bunaldığını hissettiğinde *metta* cümleciklerini söylemeye başladı. Bedeninin içinde yeni ve daha sevgi dolu bir şekilde yaşamayı öğrendi.

Natasha, merkezdeki vaktinin geri kalan kısmında (sükûnete olan) "yapışma" ve (korkudan) "kaçınma" handikaplarına karşı özellikle tetikte oldu. "Yük atı" ya da "mükemmeliyetçi" modlarına kaydığı zamanları fark etti. "Mücadele etme" duygusu oluştuğunda bu duyguyu hemen etiketledi. Onlarla mücadele etmekten vazgeçtiğinde oluşan daha derin duyguları keşfetti ve bunlara da sevgi dolu bur uyanıklıkla yaklaştı. Natasha böylece, bu merkezde geçirdiği süre boyunca yaşadığı her bir anın olduğu gibi olmasına, öylece kalmasına izin vermeyi öğrenmiş oldu.

Natasha işine geri döndüğünde hastalarını görmekten ne kadar mutlu olduğunu ve onları nasıl dikkatle izlediğini görünce çok şaşırdı. Göze görünmeyen bir mücadele katmanından, onaylanma mücadelesi vermekten kurtulmuş ve başkalarının yanındayken kendisini eskiye göre daha rahat hissetmeye başlamıştı. Natasha ayrıca ebeveynlerine karşı daha fazla sempati duyduğunu ve onu büyütürken yaşadıkları sıkıntıları daha iyi anlayabildiğini de keşfetmişti. Onları kendisinde bulmuş ve acıyı istemeden ona geçirdiklerini anlamıştı. Çocuk sahibi olma ayrıcalığına günün birinde kavuştuğu takdirde, bu tür bir başarılı olma hırsını kendi çocuklarına geçirmemekte kararlıydı.

Natasha'nın bu kişisel dönüşümü sonuçta günlük hayatında da gerçekleşebilirdi ama dikkat dağıtan olağan şeylerden yoksun olan dinlenme merkezlerinde birtakım değişiklikler görece daha kısa bir zaman süresi içinde gerçekleşebilmektedir. Natasha'ya gelince, genç kadın korku duymaya karşı geliştirdiği hoşgörüsüzlüğün hissettiği anksiyeteyi büyük boyutlara taşıdığını görmüştü. Ona yardımcı olan tek şey öz şefkatti. Bu duygu onu temeldeki yetersizlik duygusu ve tökezlediği ya da başarısız olduğunda ona destek olacak bir kimse olmadan yalnız bırakılmak gibisinden daha fazla içgörüye açık bir hale getirmişti. Natasha kendisini öz şefkatle kabul ettikçe, başkalarının onu onaylaması ihtiyacının da azalmaya başladığını fark etmişti. Natasha artık hiç beklemediği şekilde ebeveynleri ve hastaları da dahil olmak üzere başkalarıyla bağlantı kurabiliyordu. Stres giderme egzersizi olarak başlayan bir uygulama onun için yeni ve daha şefkat dolu bir yaşam tarzına dönüşmüştü.

Öz şefkat geliştirmek için elzem olan kavram ve araçlar bilgilerine artık sahip bulunmaktasınız. Karşınızdaki güçlük, tabii ki bunları uygulamaya geçirmektir. Günlük hayatta insanın karşısına öyle çok öncelikli iş ve sorumluluklar çıkar ki, öz şefkat konusu kolayca unutulabilir. Zamana karşı yarışarak bu uygulamayı yapmak çok mu zordur? Bundan sonraki ve kitabımızın son faslında size bunun nasıl yapılacağını göstereceğiz.

# 9

## *İlerleme Sağlamak*

Acı, hayatımızdan çıkıp gitmez, hayatımızın içinde kayıplara karışır.

-BARRY MAGID, *psikiyatrist*

Öz şefkate giden yolda ne kadarlık bir ilerleme sağladığınızı belirlemenin zor olduğunu düşünüyorsanız haklısınız. Bunun nedeni uygulamanın paradoksal olmasıdır. Kendimizi, tüm kötü duygularımızla birlikte ne kadar kabullenirsek, o ölçüde değişmeye başlarız. Bizim gelişmeyi ölçmek için kullandığımız alışagelmiş standart, kendimizi ne kadar daha iyi hissettiğimiz olduğuna göre, doğru yolda olduğumuzu nasıl anlayabiliriz? Öz şefkat söz konusu olduğunda, kötü duygular *iyi* bir işaret olabilir. Belki de bu duygularla baş edebilecek beceriye sahip olduğunuza güvendiğiniz için kendinizi açmışsınızdır... Ya da özeleştirel düşüncelerinizin acımasızlığı karşısında hayal kırıklığına uğramış, en sonunda zihinsel gevezeliklerinizin farkına varmışsınızdır... Ya da ümitsiz bir vaka olduğunuzu hissettiğiniz için kendinize şefkat gösteremiyorsunuzdur ve bu da sizin kendinize daha iyi davranma *arzunuzu* engelliyordur... Bu bölümde "ilerleme"den ne kastettiğimizi anlatacak ve ilerlemenin gerçekten sağlandığından emin olmak için bir takım önerilerde bulunacağız.

## GÖRKEMLİ, YENİ BİR ÇERÇEVE

Öz şefkat hayatı yeni bir yaklaşımla yaşamamıza olanak sağlar. Öyle ki bize rahatsızlık veren duyguların arasında rahat rahat oturur ve kendimizi teskin edip rahatlatırken onların doğal akışını seyrederiz. Bir meditasyon öğretmeni olan Ajahn Brahmn'ın sözleriyle, "Hastanede birini ziyaret ettiğinizde, siz o kişiyle konuşun. Bırakın doktorlar ve hemşireler hastalıkla konuşsun." İşte bunu kendimize uyguladığımızda, öz şefkat göstermiş oluruz. Özellikle durumumuz ümitsiz göründüğünde, kendimizle büyük bir sevecenlikle ilgilenmiş oluruz.

Buradaki kilit soru şudur: "*Hayat deneyimlerimi eskiye göre daha fazla bir sevecenlikle ve anlayışla karşılayabiliyor muyum*?" İşler kötü gittiğinde, kendinize sevgi göstermekte ne ölçüde *tutarlısınız*? Üzüntü, keder, özlem ya da öfke hissettiğinizde kendinizi teskin ediyor ve sevgiyle besliyor musunuz? Bir başarısızlığa uğradığınızda, kendinize başarısız olduğunuz için sempati gösteriyor musunuz? 100 kere yere düştüğünüzde, kendinizi 101 kere yerden kaldırmaya hevesli misiniz? Kendinize sevgi göstermek sizin için gittikçe yeni bir yaşam tarzı haline geliyor mu? Hastalarımdan biri bir keresinde şöyle demişti: "Ilık suyla dolu bir küvette 2 dakika fazladan kalmak, kişinin bütün hayatı boyunca sıcacık bir ortamda kalmasına doğru attığı bir adımdır." Bir yıl boyunca adanmış bir şekilde meditasyon yapan bir diğeri de, "Bu uygulama benim için biçilmiş bir kaftan gibi ve şimdi faydalı olmaya başladı. O duyguyu çok iyi biliyorum. Benim bir parçam gibi."

Bu uğraşta başarısız olmanız mümkün değil. Her yeni gün size acılarınızı sevgiyle karşılamak için yeni bir fırsat verir ve bunu yaptığınız her seferinde başarılısınız demektir. Bu anlar bir araya geldiğinde bir hayatı oluşturur. Bu uygulama için ayrıca yeterli desteğiniz vardır çünkü dünyaya mutlu ve acıdan uzak olma motivasyonuyla gelmiş bulunuyorsunuz. Doğuştan gelen arzu ve öz şefkatin kendini ödüllendiren doğası bir araya gelerek sizin yola devam etmenizi sağlayacaktır.

## ÖZ ŞEFKATİN AŞAMALARI

Kendisini iyi hissetmek isteyen herkes öz şefkat uygulamasını yapmaya başlayabilir. Bu doğal bir şeydir ama bizi işlerin gidişatıyla yarıştırdığı için sonuçta kendileri için kusurlu bir gündem yaratmış olurlar. Bunun da sonuçları iyi olmaz. Zaman içinde biz de bu gündemi terk ettik ve uygulamanın daha rafine bir anlayışını geliştirdik. Öz şefkat, sonuçta sizi gerçek anlamda öz şefkate ulaştıran üç belirgin aşamadan oluşur: bunlar *tutkunluk*, *hayal kırıklığı* ve *gerçek kabul etme*dir.

### Tutkunluk

Ben sevgi dolu nezaket sözcüklerini terapide genellikle şöyle tanıtırım: "Kendinizi gözleri kapalı daha rahat hissederseniz, lütfen gözlerinizi kapatın. Şimdi size hafta boyunca zihninizde taşıyacağınız ve orada sürekli olarak dönüp duracak bir iki cümlecik söyleyeceğim. Bu cümleciklerin, işler kötü gittiğinde kendinize olan davranışınızı değiştirerek daha iyi hissetmenizi sağlayabileceğini sanıyorum." Sonra *metta* cümleciklerini ağır ağır söylüyorum ve bunları birkaç kez tekrarlıyorum. "Güven içinde olayım. Mutlu olayım. Sağlıklı olayım. Rahat bir hayat yaşayayım." Uzun bir zamandan beri kendileriyle kavgalı olan kişiler bu cümleciklere arıların bala üşüştüğü gibi üşüşürler. Adeta onlara âşık olurlar. Bu uygulama bir kişinin hayatında önemli ölçüde bir değişikliğe neden olacaksa, o kişinin yanaklarından yaşların süzülmesi de ender rastladığım bir olay değil. Gözyaşları bir mücadelenin hem başladığına hem de sonlandığına işaret eder.

Yirmi yıldan beri şiddetli uykusuzluktan mustarip olan, 57 yaşındaki dergi editörü Tanya da öyle biriydi. Tanya bana daha önce denemiş olduğu bütün tedavileri içeren üç sayfalık bir liste vermişti. Artık öyle bir noktaya gelmişti ki bu şekilde 30-40 yıl daha yaşayamayacağını düşünüyordu. Tanya'nın hikayesini üç seans boyunca dinledim, sonunda Tanya buna bir çare bulmamı istedi. Sevgi dolu nezaket cümleciklerini onunla paylaştım ve bir gün sonra Tanya bana şu e-postayı gönderdi:

> Dün ofisinizden çıkarken o cümlecikler zihnimdeydi. Arabamı kocamın işyerinin önünde bıraktım, sonra eve gitmek için Charles Nehri boyunca yürümeye başladım. Ağaçların yaprakları ve çimenler o kadar yeşildi ki neon ışıklarını andırıyorlardı. Doğal olmayan bir şekilde dalgalanıyorlardı. Her şey gözüme capcanlı görünüyordu. Kaz yavrularını seyretmek için biraz durdum, sonra bir martının bir balığı yakaladığını gördüm. Gökyüzünü kaplayan kalın bulut perdesi ışığı kesiyordu ama hava neredeyse mükemmel denebilecek bir sıcaklıktaydı. Eve gittiğimde, orayı yeni bir bakış açısıyla görmüş gibi oldum. Azimli çalışmalarım sanki her yeri ışıldatmıştı. Mimari köşeler ve kıvrımlar gözüme daha belirgin olarak çarpıyordu, sanki güzellikleri gözlerimi açmıştı. Akşam yemeğini hazırladım ve hayatımda ilk defa evde olmanın keyfini yaşadım. Kocam eve geldi, birlikte yemeğimizi yedik. Aramızda huzur veren bir sessizlik vardı. Sonra yatağıma girdim… ve hemen hemen bütün gece boyunca uyudum. Sadece iki kere uyandım.

Tanya'nın uykuları daha sonraki 5 hafta boyunca dramatik bir şekilde düzeldi. Böylesine yoğun bir uyanış görece enderdir ama bu olay, kendimizi ilk kez kabullendiğimiz ve özgür bıraktığımız vakit gerçekleşebilecek aydınlanma duygusunu iyi yansıtmaktadır.

Öz şefkatin tutkunluk safhası kaçınılmaz olarak bir yerde sona erer çünkü temelinde kendini iyi hissetmek gibi sığ bir istek vardır. Her aşk ilişkisi gibi, eninde sonunda bir tatsızlık araya girer ve tutkunluk balonunu patlatıverir. Ama bu arada önemli yapı taşları da döşenmiş olur. Kendimizi sevmek, olduğumuz halle mücadeleden vazgeçmek gibi çarpıcı bir deneyim yaşamışızdır ve bu deneyim, kontrol edilemez gibi gelen duygusal sorunlarımızı aşabilmek için bize bir güven duygusu vermiştir.

## Hayal Kırıklığı

Hayal kırıklığı, uygulama artık işe yaramadığında gelir. Bu durumu meditasyon öğretmeni Rodney Smith kısa ve öz bir şekilde "Tüm tekniklerin kaderinde eninde sonunda çökmek vardır!" sözcükleriyle gayet iyi ifade etmiştir. Bunun nedeni "tekniklerin" tümü kişinin kendisini iyi hissetmesi üzerine inşa edilmiştir ve kendini uzun vadede iyi hissetmenin tek yolu iyi hissetmeye çalışmaktan vazgeçmektir. O yüzden burada verdiğimiz tekniklerin tamamı doğal olarak kusurludur. Daha da önemlisi, bizim öncelikli motivasyonumuz kusurludur ve o yüzden de öz şefkat egzersizlerimizin başarılı olması için bu motivasyonun aşamalı olarak değişmesi gerekir.

Hayal kırıklığı safhası ilk başlarda bende de bir kafa karışıklığına neden olmuştu ama bir meditasyon uygulamacısı ve psikoterapist olarak hayal kırıklığını nasıl hoş karşılayacağımı öğrenmiştim. Hayal kırıklığı bir kriz olduğu kadar bir fırsattır da... Örneğin, Tanya 5 hafta boyunca çok iyi uyuduktan ve adeta yenilendikten sonra kötü bir gece geçirmişti. Bunun üzerine paniğe kapılmış ve 3 gece art arda tam 14 kez uyanmıştı çünkü kendini iyi hissetmek isteme alışkanlığı öz şefkat gösterme çabasını gölgelemişti. Tanya'ya uyumaya çalışmak için özel bir çaba göstermesinin 20 korkunç yıl boyunca onun uykusuzluk çekmesine neden olduğunu hatırlattım ve bir 20 yıl daha bu cehennemi yaşamasına neden olacak bir çaresizliğe düşmesine ve paniklemesine izin vermeyeceğimizi söyledim. Sorun şuydu: "Öz şefkat pratiğini uyuyabilmek için mi uyguluyorsun, yoksa *acı çektiğin* için mi? Yanıtın 'uyumak için' ise, bu uygulama başarılı olmayacak ve ancak sen korku ve çaresizlik içindeyken kendini sevdiğinde başarıya ulaşacaktır."

Hayal kırıklığı safhası eğlenceli bir durum değildir. Tanya'nın bu duyguyla ettiği mücadele başka bir e-postada gün ışığına çıktı:

Ama öfkeliyim... kime ya da neye öfkeli olduğumdan emin bile değilim. Sadece uyumak için bedenime güvenemediğim için çok ama çok öfkeli olduğumu hissediyorum. Bu durum benim gelecekle ilgili olarak iyimser olmamı engelliyor, işte o zaman daha da öfkeleniyorum. Pekala o zaman. Uyumayı denemekten vazgeçeyim ve her şeyi oluruna bırakayım.

Hayal kırıklığı safhası "prolaps" haline dönüşebilecek bir "laps" durumudur, yani sorunun gerisindeki sorunla ilgilendiğimizde atmamız gereken adımdır.

Hayal kırıklığı safhasında olan hastalarıma genellikle gösterdikleri çabanın hissettikleri kaygının ya da bunalımın bir haftadan diğer haftaya ne kadar değiştiğiyle değil, o şekilde hissetmek için ne kadar *istekli* olduklarıyla ölçüldüğünü söylerim. Kabul etme durumu gelişimi ölçmek ruh hallerindeki gelişigüzel oynamalardan daha uygun bir ortam yaratır çünkü bir tek o bilinçli kontrolümüz altındadır. Tanya'nın durumunda, sorulması gereken sorular apaçık ortadaydı: Geceleri uyanık olmak için ne kadar isteklisin? Öz şefkat, senin uykusuzluğunu kabul etmene yardımcı olabilir mi?

## Gerçek Kabul Etme

Gerçek kabul etme uygulamanın doğal olarak olgunlaşması demektir. Zorlamayla elde edilemez. Burada bir bilgelik söz konusudur, bunun dışında da elzem olan bir şefkat durumu vardır. Bir durumu gerçekten kabul ettiğimiz vakit, kendimize işkence etmenin boş bir çaba ve tek akılcı yaklaşımın durumu kendi akışına bırakmak olduğunu derin ve sezgisel bir şekilde fark ederiz. Gerçek kabul etme safhasında, kabul etme ve öz şefkat bir anda şimşek gibi ve belli belirsiz bir bilinçli uyanıklık içinde gerçekleşir. Önceleri korkunç şekilde utangaç olan hastalarımdan biri, içinde bir endişe duygusunun kabarmakta olduğunu fark ettiği anda kendisine "sakın onunla savaşma!" dediğini söylemiştir. Sıkıntıdan kaçınmak için içgüdüsel olarak gösterdiğimiz çaba arka planda bir yerlerde hâlâ dolanıyor olabilir ama biz onun işini bitirmiş durumdayızdır. Artık öz şefkat uygulamasını ilginç bulduğumuz ve ondan hoşlandığımız için yaparız.

Gerçek kabul etme, aynı zamanda insanların yaygın bir şekilde deneyimlediği bir durumdur. Kendi kişisel özelliklerimiz nedeniyle diğer insanlardan ayrı tutulduğumuzu hissetmeyiz. Burada bizi rahatsız eden şey ne olursa olsun, bir yerlerde birileri mutlaka aynı ikilemle aynı şekilde mücadele ediyordur. Bunu, "Zach'ın ölümü beni dünya kurulalı beri çocukları kaybetmiş olan tüm annelerle bağ kurmamı sağladı," sözleriyle Brenda (1. Bölüm) çok iyi ifade etmiştir. Nitekim acı, kişiyi korkuya sevk eden bir çocukluk dönemi travmasından, verilen sözü tutmakta güçlük çekmeye yol açan dikkat eksikliği bozukluğundan ya da utanç duyup toplumdan kaçmaya neden olan aşırı şişmanlık durumundan kaynaklanıyor olabilir. Neden ne olursa olsun, yalnız değiliz.

Tanya da gerçek kabul etme safhasında, annesinin duygusal açıdan mesafeli olması nedeniyle ve gaddar bir kişi olan üvey babasından korktuğu için, çocukluk döneminde kendi çıkarını gözetmek zorunda kaldığını hatırlamıştı. O günlerde Tanya her an tetikte olarak ve ortalıkta fazla görünmeyerek durumu idare etmişti. Kişisel ihtiyaçları olması tabuydu ve ortalıkta olması da tehlikeliydi çünkü üvey babasının saldırısına muhatap olabilirdi. Yetişkin Tanya da hâlâ ona kötü şeyler olacağı korkusuyla yaşıyordu. Bu içgörü, yani kendisini korkuya, endişeye ve felakete programlamış ve çocukluğunda asla öğrenmemiş olduğu bir şekilde sevme ihtiyacında olduğunu fark etmiş olması, uykusuzluğa karşı verdiği mücadeleyi kısmen azaltmasını sağlamıştı. Öyle ki uykusuzluğunu hoş karşılamanın değerini de görmeye başlamıştı çünkü öyle yaptığında yeni yeni oluşmaya başlayan öz şefkat alışkanlığı güçleniyor ve uykuya dalması kolaylaşıyordu.

Öz şefkatin üç safhası, yani tutkunluk, hayal kırıklığı ve gerçek kabul etme, uzun vadeli iyi ilişkilerde yaşanan safhalarla da örtüşür. Önce kendimize yeni bir aşka bağlandığımız gibi tutkuyla bağlanırız. Sonra yaşama acısı karşısında korunmasız olduğumuzu ve içinde bulunduğumuz koşullara uyum sağlamamız gerektiğini keşfederiz. Nihayet, kendimizi tanımaya başlar ve değişemeyeceğimizi ve elimizdekileri ustalıkla kullanmamız gerektiğini kabul ederiz. Bu evrim, niyetlerimizin rafineleştiğini, işlerin her vakit bizim istediğimiz şekilde olmasını istemekten vazgeçtiğimizi ve artık işleri oluruna bırakmayı kabul ettiğimizi gösterir.

Bu safhalar ayrıca *şifa*dan *ilgi*ye geçiş durumuyla da örtüşmektedir. Tutkunluk safhasında, içimizde bizi rahatsız eden şeyi iyileştirme isteği vardır. Hayal kırıklığı safhası bu gündemi aniden sona erdirir. Gerçek kabul etme safhasında ise, kendimizle ilgilenmeye, kendimize bakmaya başlarız çünkü hayat zorluklarla doludur ve en iyi seçeneğimiz bu zorluklara şefkatli bir şekilde karşılık vermektir.

## BAĞLILIĞIN GÜCÜ

Niyetlerimiz muğlaktır. Benjamin Libet'in 3. Bölüm'de size tanıttığımız araştırmasından, niyetlerimizin biz daha farkına bile varmadan ve eyleme geçmeden önce beynimizde formüle edildiğini biliyoruz. Nörolojik olarak baktığımızda, elimizdeki tek seçeneğin, zihnimizde ne olup bittiğini yeterince erkenden fark etmiş olduğumuzu varsaymış olmak koşuluyla, çoktan yola çıkmış olan bir şeyi durdurmak olduğunu görüyoruz.

Bizim için en fazla anlam ifade eden niyetleri ve bağlılıkları güçlendirmek, hayatımızın dilediğimiz yönü almasına yardımcı olur. Bizler genellikle kalıtımsal olarak belirli şeylere yatkınlaştırılmış ve şartlandırılmış kişiliklerimizin gizli gündemini takip eden bir oto pilota bağlıyızdır. Örneğin, içedönük kişiler diğer insanlardan uzak olmak için epeyce vakit harcarlar, bakımverenler başkalarına yardım ederek kendilerini rahatlatırlar ve bireyci kişiler gözü pek özgüvenleri için gizliden gizliye hayranlık kazanmak isteyebilirler. Bu gündemler hayatımızın büyük bir bölümünü kapsar ama gerçekten yapmak istediğimiz şeyleri içermeyebilir.

Psikolog Steven Hayes ve arkadaşları temel değerlere ve bağlılıklara dayalı bir psikoterapi modeli geliştirmişlerdir. Buna göre, yolumuzda ilerlerken engellerle karşılaşsak bile, bilinçli olarak bize en fazla anlam ifade eden şeylerin peşinden farkındalıkla ve kabul etmesiyle gittiğimiz hayat, iyi bir hayattır. Sizin temel bağlılıklarınız nelerdir? Hayatınızın nasıl bir anlamı olsun istiyorsunuz? Sağlık, varlık, ilişkiler, iş ve maneviyat alanlarındaki temel beklentileriniz nelerdir? Öncelikli olarak çocuklarınızın *mutlu* olmasını mı istiyorsunuz yoksa onların *varlıklı* olmasını mı? 100 yaşına kadar yaşamak ister misiniz? Öldüğünüzde arkanızdan ne söylenmesini istersiniz?

Belki bir an durur ve bu sorular üzerinde biraz düşünürsünüz. Bilinçli bir seçimle desteklediğimizde, bağlılıklarımızı da güçlendirmemiz mümkün olabilir.

Niyetlerinizi keşfetmenin bir yolu de yapmakta olduğunuz şeye bir bakmaktır. Hayatınızın ortasından geçen bir kırmızı çizginiz var mı? Ailenizi kariyerinizden üstün tutuyor musunuz? Entelektüel heyecanlardan mı, fiziksel olanlardan mı daha çok hoşlanıyorsunuz? Toplu halde yapılan aktiviteleri mi yoksa tek başına yaptıklarınızı mı tercih ediyorsunuz?

Çoğunlukla birbiriyle çelişen amaçlara sahibiz. Sağlığa önem verir ama bir yandan da işyerimizde paçavramız çıkana kadar çalışırız. Aile fertlerine çok değer verir ama onlara karşı her gün sabırsız davranışlar sergileriz. *Gerçekten* ne istiyorsunuz? Gönlünüzden geçenler nelerdir?

Kendinizi bu şekilde sorguladığınız takdirde, özünüzde olan mutlu ve acıdan uzak olma dileğinize geri dönebilirsiniz. İkincil bağlılıklarımızın değer verdiğimiz bir hayat için elzem olmadığından değil ama 'Neden?' diye sormak her zaman işe yarar. Mutlu bir ailem olmasını *neden* istiyorum? *Neden* sağlıklı kalmak istiyorum? Bu soruları sormak cesaret ister ve öz şefkat uygulamanızın başarıya ulaşması sizin ne ölçüde mutlu ve acıdan uzak olma istediğinize bağlıdır. Eğer binlerce sorumluluklarınızı ve bağlılıklarınızı enine boyuna düşünmediyseniz, öz şefkat uygulamasından azami faydayı sağlamanız oldukça küçük bir olasılıktır.

Temel bağlılıklarımıza ne sıkılıkta yapışmalıyız? Onları bir kalemi tutar gibi tutun, ne çok gevşek ne de çok sıkı... Fazla sıkı tutmak parmaklarınıza kramp girmesine neden olur, gevşek tutarsanız da kalem elinizden düşer. Acele de etmeyin. Deneyimimizi ne kadar derinden yaşarsak, hayatımız da o kadar çabuk değişir. İçgörü Meditasyon Derneğini (Insight Meditation Society) kuran meditasyon öğretmenlerinden biri olan Joseph Goldstein'in önerisi, "gevşek ısrar"dır.

Bir de mümkün olduğu kadar hoş bağlılıklarınızın olmasına gayret edin. Doğal olarak hepimiz bize zor gelen aktivitelerden kaçınırız. Hoş olmayan bağlılığınızı bir şekilde hoşlanacağınız bir hale getirin. Örneğin, "Şimdi meditasyon yapmam gerek!" diye düşünmeyin. Meditasyon yapmak için oturduğunuzda kendinize, "Şimdi yapmam gereken tek şey mümkün olan en sevecen ve mutlu şekilde kendimle birlikte olmak," deyin. Sonra bunu gerçekleştirebilmek için öğrendiğiniz becerileri, yani tek odaklı uyanıklık, açık alan uyanıklığı ve sevgi dolu nezaket becerilerini kullanın. Bu kolay bir şey değildir belki ama sizin onu kolaylaştırmanız mümkündür.

## MEDİTASYON UYGULAMASINI SÜRDÜREBİLMEK

Meditasyon yapan çoğu kişinin kirli bir sırrı vardır: Dedikleri kadar çok meditasyon yapmıyorlardır. "Ne kadar meditasyon yapıyorsunuz?" sorusuna somut bir yanıt almak, kişiye cinsel hayatı ya da ne kadar para kazandığıyla ilgili bir soru sorduktan sonra yanıt beklemek gibi bir şeydir. Bu konuya ben de yabancı değilim. Sizinle karşılaşsam ve siz bana bu soruyu sorsanız, umarım ki size tevazuuyla ve kendimden af dileyerek doğru bir yanıt veririm. Beklentilerimizi karşılayamadığımız vakit kendimizi bağışlamak meditasyon uygulamasını sürdürebilmek için atmamız gereken ilk adımdır. Aşağıdaki tüyolar da faydalı olabilir:

## Oturmalı mıyım?

Çoğu kişi formel, oturmalı meditasyon yapmaz. Neden mi? Çünkü insanların çoğu gözlerini kapattıkları vakit kendilerini iyi hissetmezler. Otururken er ya da geç (genellikle er!) zihinsel ve fiziksel bir sıkıntıya toslarız. Bu sıkıntıya değer mi? Oturmalı meditasyondan amaç, mümkün olduğu kadar mutlu olmanın yollarını bulmaktır. Oturmalı meditasyonu başka zorunluluklar ve sorumluluklar olmadan "olabileceğimiz" bir zaman dilimi olarak görmek ve oradan devam etmek faydalı olabilir.

İlle de oturmalı meditasyon yapmamız gerekmez ama en azından bunun *pratiğini yapmamız* gerekir. Pratik yapmak, kişinin "pek çok kez tekrarlayarak kendisini sistematik bir eğitimden geçirmesi" demektir. Beynimizi, aynen bir atletin bedenine yaptığı gibi, daha güçlü ve daha sağlıklı bir şekilde çalışması için eğitmemiz anlamına gelir. Nörobilimin üstadı Donald Hebb "Birlikte ateşlenen nöronlar birbirine bağlanır," demiştir. O yüzden de uygulamayı tekrarlamak elzemdir. Uygulamanın sıkıcı olması gerekmez. Şu kadarını söyleyebilirim ki meditasyon eski ve çokça bilinen bir uygulamadır ama bana ilginç gelmeye devam ediyor çünkü her an yeni bir andır, daha önce hiç gelmemiştir ve daha sonra da gelmeyecektir.

Uygulamayı ne vakit ve nasıl yapacağınız sizin kişisel tercihinize ve koşullarınıza kalmış bir şeydir. Daha önce de belirttiğim gibi, en kolay uygulama *formel olmayan*, yani duygusal anlamda kendinizi rahatsız hissettiğinizin farkına vardığınız ve ona şefkat dolu bir uyanıklıkla karşılık verdiğiniz meditasyon türüdür. Oturmalı, formel meditasyon daha yoğun bir uygulamadır ve soruna daha uzun süreli olarak odaklanması ve onu daha derinden kavraması için kişiye bir fırsat tanır. Yine de oturmalı meditasyonun amacı, değişen bilinç durumlarına girmeniz değil, günlük hayatınızı farklı bir şekle dönüştürmektir. En etkili uygulama planı, formel (oturmalı) olan meditasyonla formel olmayanı (günlük hayatın akışı içinde yapılabilen) kaynaştırmaktır. Sonuçta, yapmaya karar verdiğiniz tür size keyif vermiyorsa, bunun öz şefkat uygulaması olması mümkün değildir.

## Kısadan Başlayın

Oturmalı meditasyonu herkes yapabilir, özellikle de kısa tutulabildiği takdirde. Bu alışkanlığı geliştirmenin en basit yolu "*3 saniye kuralını*" uygulamak, yani sadece 3 saniye boyunca oturmaktır. Bunu yapamayacak olan bir olabilir mi? Bu uygulamayı daha önce yapmış olup, onu canlandırmak isteyenler de çok kısa bir süre için oturmayı planlayabilirler. Bu üç saniyelik meditasyon uygulamanın önündeki en büyük engeli aşar: Uygulamaya başlama engelini. Bir kere oturdunuz mu, daha uzun süreler boyunca oturma pozisyonunda kalabilmeniz de kolaylaşır.

## Zihninizde Canlandırın

Meditasyonunuzu sabah saatlerinden yapmak istiyorsanız, yataktan daha çıkmadan günlük hayatınızın ilk 10 dakikasını zihninizde canlandırın. Önce banyoya girecek, meditasyonunuzu *sonra* mı yapacaksınız? Olayların gidişatını zihninizde canlandırabiliyorsanız, sabah yükümlülüklerinizin dikkatinizi dağıtması daha küçük bir olasılıktır. Aynı şekilde, işten geldikten sonra ya da yatmadan önce meditasyon yapıyorsanız, meditasyon pozisyonunuza ne vakit ve nasıl başlayacağınızı önceden zihninizde canlandırın.

## Sosyalleşin

Meditasyona olan ilginizi paylaşan kişilerle düzenli olarak bir araya gelmek de faydalı olabilir. Böyle bir fırsatınız olmuyorsa, o zaman belki de konuya sempatiyle bakan arkadaşlarınızla telefonda bile konuşabilirsiniz. Meditasyon yapan kişilerin deneyimlerini paylaştıkları sosyal medya hesaplarını da ziyaret edebilirsiniz. Konuyla ilgili görsel işitsel malzemeler de uygulamanız için size cesaret verebilir.

## Konuyu Çalışın

Hayatlarımız genellikle dilediğimiz her şeyi elde etmek gibisinden birtakım kültürel değerlerin etkisi altındadır. Meditasyon ise sahip olduğumuz şeyleri istemek gibi bunun tam tersi olan becerileri öğretir bize. Bilgelikle ve şefkatle yazılmış olan kitaplar meditasyon uygulamasını gerçekleştirebilmeniz açısından çok değerlidir. Bunlar, meditasyon yolunda en iyi yol arkadaşlarımız olabilirler.

## Bir Öğretmen Bulun

Bir öğretmen edinmek, bu yolu sizden önce geçmiş olan kişilerden bir şeyler öğrenmek için bir fırsattır. Usta bir öğretmen uygulamayı gereksiz yere zorlaştırdığınızı size gösterebilir, anlaşmazlıkları giderir, kuşkuları ortadan kaldırır ve kişisel olarak size cesaret verir. İyi öğretmenler sadece söyledikleriyle değil yaptıklarıyla da iyi örnek olurlar.

## Bir Merkeze Gidin

Meditasyon merkezleri uygulamayı öğrenmek, güç alanları bertaraf etmek ya da ileri seviyede eğitim almak için mükemmel yerlerdir. Buralarda genellikle birkaç günden birkaç aya kadar kalınabilir. Merkezlerin çoğu, günlük meditasyon talimatlarının verildiği toplantılar, öğretmenlerin yaptığı konuşmalar ve kişisel görüşmeler dışında, sessiz sakin yerlerdir. Bir tek bu sessizlik bile normal olarak günlük hayatımızda farkına varmadığımız, gerilerde yatan duygusal sorunların ortaya çıkması konusunda büyük bir etki yapar ve meditasyon becerilerimizi kullanarak onlarla baş etmeyi öğrenmemizi sağlar.

Bundan iki yıl kadar önce meditasyon yapmaktayken merkez yöneticisi omzuma dokunarak son derece şefkatli bir sesle babamın öldüğünü söyledi. Cenaze töreniyle ilgili işlerle ilgilenmek ve ailemin yanında olmak için merkezden ayrıldım ve yapılacak işleri yaptıktan sonra yeniden merkeze döndüm. Kederimle birlikte öylece otururken, bazen ağlayıp, bazen gülerken ve pişmanlık hissedip babamı sevdiğimi duyumsarken, ağızlarından tek bir sözcük çıkmasa bile şefkatli insanların yanında olmanın insanda nasıl bir şifa etkisi bıraktığını düşündüm.

## UYGULAMA İÇİN DAHA FAZLA ÖNERİLER

Öz şefkate giden farkındalık yolunda ilerlerken karşınıza pek çok soru çıkacaktır. Bu sorular aslında uygulamanın önemli birer parçasını oluşturur. İyi bir çerçeveye oturtulmuş bir soru ve ona karşı sergilenen kabullenici ve meraklı bir tavır, zihninizde kendiliğinden bir yanıtın oluşması için bir alan yaratacaktır. Öyle olacağına güvenmeyi öğrenebilirsiniz. Buna rağmen, şu ana kadar aşağıdaki konularla karşılaşmış da olabilirsiniz:

***"Bu uygulama bana o kadar çok şey verdi ki bu zenginliği paylaşmak istiyorum. Ailemin de bu konuya ilgi duymasını nasıl sağlayabilirim?"***

Uygulamanızı kendinize saklamanız daha iyi olur. Sevdiğiniz kişileri zorlayıp onlar için bir baş ağrısı haline gelmemeye çalışın. Onlara karşı ne kadar iyi niyetli olduğunuzu görünce, içlerinde zaten bir merak duygusu kabaracaktır. *Biz* değiştiğimiz vakit... bize en yakın ve bizim için en değeri olan kişiler de kesinlikle bir dönüşümden geçecekler ve büyük bir ihtimalle daha mutlu bir çevrede yaşıyor olacaklardır.

İlginç bir nokta da çocukların kanlarının öz şefkat uygulamasına ne kadar doğal bir şekilde kaynadığıdır. 2 yaşındaki bir çocuğun annesinden aşağıdaki şu e-postayı almıştım:

> Güney Vermont'tan arabayla evimize dönüyorduk. Dolayısıyla, trafikte sıkışıp kaldığımızda Mia bir buçuk saatten

fazla bir süreden beri arabanın içinde oturmaktaydı (ki bu 2 yaşındaki bir çocuk için çok başarılı bir durum sayılır.) Ama bir noktada canına yetti ve küçük çapta sabırsızlık belirtileri göstermeye başladı. O anda çocuğumu böyle bir sıkıntı içinde görmenin verdiği müthiş acı ve bu konuda bir şey yapamamanın verdiği üzüntüyle sevgi dolu nezaket cümleciklerini yüksek sesle söylemeye başladım. Çocuğumun bu cümleciklerin her birini onayladığını ve sakinleştiğini görmek beni hayrete düşürdü ama bu durum doğal olarak hem onu hem de beni rahatlattı. Az sonra tam bir uyum haline geçtik...

Yüreklerimizde huzur olsun.
Mia: Hı-hı.
Yüreklerimizde sevinç olsun.
Mia: Hı-hı.
Acıdan uzak olalım.
Mia: Tamam.
Rahat bir hayat yaşayalım.
Mia: Evet.

Bu, birkaç dakika sürdü ve Mia da sakinleşti. Buna çok şaşırmıştım çünkü onu sakinleştirmek için şarkılar söylemiş ve arka koltuğa doğru uzanarak onunla oynamaya bile çalışmıştım.

Bu arada bir başka şey daha keşfettim: Uykuya dalmakta zorlandığı vakit, bu cümlecikleri kendi kendime mırıldandığımda, bana odanın içindeki enerji değişiyor gibi geliyor. Bunu Mia da fark ediyor ve o da sakinleşiyor.

Öz şefkat, sosyal şartlanmalardan henüz etkilenmemiş oldukları için küçük çocuklara daha kolay bir şekilde gelebilir. Ayrıca onlar hepimize doğuştan gelen mutlu ve acıdan uzak olma isteğine daha yakın bir şekilde yaşıyorlar. Bir anne bana "biz" sözcüğünü kullanmanın ("*Biz* mutlu olalım") küçük çocuklar üzerinde özel bir etkisi olduğunu çünkü onların "Ben" ve "benim" kavramlarını algılama şeklinin tutarsız olduğunu söylemişti. Yaşça daha büyük çocuklara daha öz şefkatli olmaları için yardımcı olurken, "En iyi arkadaşın şu anda sana ne derdi?" diye sormak faydalı olabilir. Uygulamada deneyim kazandıkça, çocuklarınızı da bu konunun içine çekmek için yaratıcılığınızı kullanıp daha farklı yöntemler keşfedebilirsiniz.

### *"İlk önce kendi ihtiyaçlarımı mı düşünmeliyim?"*

İlişkilerde mutlu olmak için birbirimizi dinlememiz gerekir. Bu da zaman zaman kendi ihtiyaçlarımızı bir kenara çekmek ve karşımızdaki kişinin deneyimini onaylamamız anlamına gelebilir. Ama Suzanne ve Michael'in 1. Bölüm'deki hikayesinde de gördüğünüz gibi (yüreğimize gömülü duran acı *en azından kendimizin* duyabileceği şekilde bangır bangır bağırıyor olmadığı takdirde) mutlu bir ilişki için kendi ihtiyaçlarımızı bir kenara koymamamız gerekir.

Troy ve Carlos sekiz yıldır birlikte yaşamaktaydılar ve 4 yaşında evlat edindikleri bir de oğulları vardı. Carlos, masa başında yüksek sesle ve inatlaşmalı münakaşalar yapan, geniş ve birbirine kenetlenmiş bir aileden gelmekteydi. Troy'un ise sessiz ve hatta zaman zaman içten içe kaynayan birtakım güceniklikler nedeniyle kasvetli sayılabilecek bir ailesi vardı. Troy'un duygusal patlamalara karşı düşük düzeyde bir hoşgörüsü vardı çünkü bu tür patlamaların kısa süre içinde şiddete dönüştüğüne çocukluğunda tanık olmuştu. İçedönük biriydi ve öfkesini kendi kendine dindirirdi. Troy ve Carlos'un arasında oğullarını nasıl yetiştireceklerine dair bir anlaşmazlık çıktığında, Carlos Troy'un onunla konuşmasını istiyordu ama Troy genellikle yatak odasına gidip kendisini yatağa atıyordu. Carlos ise dışadönüktü ve sorunlarını başkalarıyla birlikteyken çözmeyi tercih ediyordu. Troy kendisini çektikçe, Carlos sinirleniyor ve yüksek sesle konuşmaya başlıyordu; bağlantılarının kopmasının verdiği acı Carlos'un katlanamayacağı kadar büyüktü çünkü kendi ilk ailesinde böyle şeyler görmemişti. Carlos kendisini yaralanmış ve yalnız bırakılmış hissediyor, Troy ise tehdit altında olduğunu düşünüyordu. Bu durum onlara birbirlerinin çocukları için kurdukları hayalleri ve besledikleri umutları dinlemek ve bunları çocuğu yetiştirme tarzlarına dahil etmek için bir alan bırakmıyordu.

3 ay süren çift terapisinden sonra, onlara bu tedaviden ne öğrendiklerini (eğer öğrendikleri bir şey varsa) sordum. "Birbirinizle tartıştığınızda hatırlamanız gereken tek bir şey bile öğrendiyseniz, o nedir?" dedim. Troy, "Kendimi yargılamamam gerektiğini öğrendim," dedi. (Troy, Carlos ona bağırdığında kendisini "korkunç bir insan" olarak görüyordu.) Carlos, "Mutsuzluğa açıl," demişti. Carlos bu ilişkiye Troy'la birlikte olmanın ona her zaman kendisini iyi hissettireceği beklentisiyle girmişti. Troy'un tartışma anlarında kendini çekeceğini ve onu yalnızlık ve terk edilmişlik duygusuyla baş başa bırakacağını hiç aklına getirmemişti. Carlos Troy'un geri çekilmesiyle birlikte hissettiği mutsuzluğu onaylamanın ona "böyle durumlarda neler hissettiğimi gönüllü olarak bir kenara koymama ve Troy'un nasıl bir sosyal çevreden geldiğini açık yüreklilikle ve sabırla dinlememe yardımcı olduğunu" görmüştü. Bu olay, Troy'un gizlendiği köşeden çıkmasını sağlamış ve onun ne kadar değerli bir yoldaş olduğunu Carlos'a hatırlatmıştı.

Farkındalık ve öz şefkat hemen hemen tüm ilişkilerimizi daha iyi olacak şekilde dönüştürür ama bunun için o ilişkilerin yol açtığı kaçınılmaz acıları hissetmeye gönüllü olmamız gerekir. Sıkıntılarımıza sırt çevirdiğimiz takdirde, kendimizi olduğu kadar sevdiklerimizi de terk etmiş oluruz. Ama içimizde uyanan hislere doğru eğilirsek, gerçekten var olur ve birbirimiz için yaşam dolu oluruz.

### *"Direnç gösterme dürtüsünden ve duygusal acıdan kaçınmaktan kurtulmam hiç mümkün olabilecek mi?"*

Hayır. Acıyı bastırma içgüdüsü kişinin içine işlemiştir. Hastalarımdan biri bir keresinde "Üzülmeme arzusu insanın içindeki ümide benziyor. Kendisini göstermediği an yok!" Duygusal acıdan kaçınma çabalarımızla kendimize eziyet yaratma potansiyelimiz her daim olacaktır. Farkındalık ve öz şefkat uygulaması bu dönemlerin giderek daha kısa sürmesini sağlayabilmektedir.

Geoff çocukları, işi, parası, evliliği ve fiziksel sağlığı konularında sürekli endişe içinde olan olağanüstü zeki, bilgisayar sihirbazı bir adamdı. Dikkatini verdiği hemen hemen her şey onun için bir endişe kaynağı haline geliyordu. Terapide "direnç gösterdiğiniz şey varlığını sürdürür" kavramını hemen kavramıştı. Mükemmel bir danışandı, her gün iki kere 20 dakikalık formel meditasyon ve gün boyu kendisini endişeli hissettiği vakitler de formel olmayan meditasyon yapıyordu. Bir ay sonra ona çabalarının işe yarayıp yaramadığını sorduğumda bana çok emin olamadığını söyledi. Bütün bu gayretlerine rağmen yine de endişe duygusundan kurtulamamıştı.

Geoff tedavinin "hayal kırıklığı" safhasını yaşamaktaydı. Daha az endişeli olmak, "endişeyi (rahatlatarak) uzaklaştırmak" için meditasyon yapıyordu ama bunun da bir tür direnç gösterme olduğunu anlamıyordu. Geoff bir yük atıydı ve bir entelektüeldi. Hedefe varmak için nasıl çalışması gerektiğini biliyordu ve öz şefkat *duygusunu* elde edebilmesi zaman alıyordu. Geoff bu içgörüyle öz şefkate *doğru* gitmek yerine, kötü hissettiğinde kendisine iyi davranmaya doğru kademeli olarak geçiş sergiledi ("Bu canımı yakıyor. Rahat bir hayat yaşayayım.") Öz şefkati bir "proje" olarak görmekten vazgeçti ve sevgi görmeye ihtiyacı olan endişeli bir adam olarak şimdiki anda yaşamaya başladı.

Entelektüel kişiler başlangıçta asıl şeyin öz şefkat *kavramı* olduğunu düşünürler ama aslında kavramsal kavrayış sadece atılması gereken bir ilk adımdır. Sıkıntıya gösterilen direnç kişide sezgisel olarak uyanan korteks altı bir süreçtir ve öz şefkatin en etkili olduğu vakit, o seviyede çalıştığı vakittir. Yine de direnç, şefkatin en derin olduğu zaman bile su yüzüne çıkabilir. Dolayısıyla, insan bedeni içinde olduğumuz süre boyunca uygulamaları sürdürmek gereklidir.

### *"Öz şefkat hiç otomatikleşebilir mi?"*

Evet, bir miktar. Hayatınızdaki değişiklikler, araba anahtarını arabanın içinde unuttuğunuz ya da önemli bir toplantıya bir saat geç gittiğinizde, yani hiç ummadığınız anlarda olur. O anlarda, özeleştirel olmak yerine ("Seni aptal!"), ne kadar anlayışlı olduğunuzu görerek şaşırabilirsiniz ("Son zamanlarda çok yükümlülük altına girdim sanırım").

Uygulamaya başlamadan önce öz şefkatle ilgili hiçbir şey duymamış olan Aiko isimli bir danışanım vardı. Aiko altı ay sonra, bana belirli tarihlerde bitirmesi gereken işlerin bir dökümünü çıkardığında, merakımı yüksek sesle ifade edip ona kendisine şefkat göstermeyi hiç hatırlayıp hatırlamadığını sordum. Aiko "şefkat" sözcüğünü sadece duymanın bile gözlerinden yaşlar atmasına ve tüm bedeninin gevşemesine neden olduğunu söyledi. Bir başka danışanım da bu duygunun uyanması için "iyi davranma" sözcüklerini duymanın bile onun için yeterli olduğunu söylemişti. "Nitekim yeterli pratikle "iyi davranma" ve "şefkat" gibi sözcükler, sözlü olmayan pek çok faydalı cümlecikleri tetiklemekte ve bedenimizi gevşeterek nahoş duyguların gelip gitmesine ve kendimizi sevmemize izin verebilmektedir. Sonraki aşamalarda, bir öz şefkat sonucunu tetiklemek için anlık bir uyanıklık durumu ("Ah!") bile yeterli olmaktadır.

### *"Benim sorunum kendi davranışım! Nasıl değişebilirim?"*

Hepimiz zaman zaman pek de örnek sayılamayacak davranışlar sergileriz. Bunlar genellikle bizim şemalarımızdan, yani tehdit edici durumlara yanıt veren eski alışkanlıklarımızdan kaynaklanır. Orta yaşlı bir caz müzisyeni olan Cesar "güvensizlik" ve "başarısızlık" şemaları olan biriydi.

Cesar gün boyu ofis malzemeleri satan bir yerde çalışıyor ve hayatının bu aşamasında yeteneklerinin yeterince değer ve karşılık bulmadığından acı acı yakınıp duruyordu. Patronu onu yaptığı bir şey, örneğin müşterilerle konuşma tarzı yüzünden her sorguladığında, Cesar ona öfkeyle ve sert bir şekilde yanıt veriyordu. Bu şekilde davranmasının sonucu olarak da arka arkaya pek çok işte başarısız olmuştu.

Ben Cesar'ı amirlerinin şikayetleri giderek daha da sıklaştığı sıralarda tanıdım. Cesar da bu kalıbın farkına varmıştı. Bir öfke sorunu olduğunu bana itiraf etti ve "öfke, zehir içip de başkasının ölmesini beklemek gibi bir şey," diye yakınmıştı. Cesar bu sorununun düzeltilmesinin kendisine bağlı olduğunu da görüyordu. Ona patronunun eleştirilerinin onun için ne gibi bir anlam ifade ettiğini sordum. "Aileme bakamayacak bir duruma gelebilirim," dedi. "İşyerinde yapayalnızım. Müzik yapmak için asla yeterince para kazanamam." Cesar daha da ileri giderek, "Ben başarısızın tekiyim," diye de ekledi.

Onunla, kişinin kendisine iyi davranmasının öfkeyi kökünden dönüştürebilen bir yol olduğu konusunu konuştuk. Olağanüstü yaratıcı bir kişi olan Cesar kendisini başarısız gördüğü her seferinde "akıl kolunun bana sarıldığını" gözlerinin önüne getirmeye kadar verdi. Birkaç hafta içinde işyerinde kendisini daha az savunmasız hissetmeye başladı. Saldırıya uğradığını hissettiğinde kendisini nasıl gevşetmesi gerektiğini artık biliyordu ve öfke krizleri de dinmişti.

Sert duygularımızın gerisindeki yumuşak duygularımızı bulmak – Cesar'ın durumunda, öfke sözlerinin gerisindeki başarısızlık duygusu – bize algıladığımız tehditlere karşılık verirken esnek olmamızı sağlar. Her zamanki gibi davranmaya mahkum olmadığımızı anlarız. Amacımız sert duyguları doğrudan değiştirmek, yani onları kovmak değil, tam tersine *sert duygularla yumuşak bir ilişki* içine girerek bu duyguların kendiliklerinden değişmelerine olanak sağlamaktır.

### *"Yumuşak davranmak sonuçta kişilerin bizden faydalanmasına zemin hazırlamaz mı? En iyi yol gerçekten de bu mudur?"*

Hayatta karşılaştığımız pek çok durum zihinsel dayanıklılık ister. "Batmadan yüzen" ya da "bıkkın" kişiliklerinden olan bazı insanlar hayatın güçlüklerine karşı manevi güçlerine sığınma ihtiyacını hissederler. Onların olağan seçenekleri razı olmaktır. Bu da kötü bir duruma düştüklerinde daha fazla ıstıraba neden olur. İnsanlar bizi incittiklerinde onların davranışlarına bir limit koymak o yüzden önemlidir.

Bir fizyoterapist olan Paula 4 yıldır nazik, iyi eğitimli ve yakışıklı bir erkek olan Kyle ile evliydi. Kyle'ın ilk ailesinde bir alkolizm geçmişi vardı ve evliklerinin ilk yılından sonra Kyle da aynı tuzağa düştü. Paula onun adına üzülüyor ve ayık olduğunda onun sohbetinden hoşlanıyordu ama zaman içinde ailenin geçimini sağlayan tek kişi haline geldi. Hayat arkadaşı ise duygusal anlamda hiç ortalıkta yok gibiydi. Paula sonunda meslektaşlarından biriyle bir öğle yemeğinde flört havasına girmekte olduğunu fark edince, evliliğiyle ilgili sorunla yüzleşmek için bir adım atması gerektiğine karar verdi.

Kyle alkolik olduğunu kabul etmek istemeyince, Paula Anonim Alkolikler'e başvurdu. Sonraki 3 yıl boyunca Kyle için hem üzüldü hem de onu ve iki çocuklarını duygusal ve maddi açıdan terk etmiş olmasına ve içkiyi bırakmaya niyetli olmamasına öfkelendi. Paula'nın verdiği mücadele Anonim Alkolikler toplantılarında onaylanmıştı. Bu da ona boşanma konusunda yasal danışmanlık hizmeti alma cesareti verdi. Bunu haber verdiğinde, Kyle bir sorunu olduğunu yine kabul etmedi ve içki içmesinden ve evliliklerinin mutsuz olmasından Paula'yı sorumlu tuttu. Paula boşanmayı her zaman son çare olarak görmüştü. Bu konuda kendisini çok kötü hissediyordu ve boşandığı takdirde Tanrı'yı hayal kırıklığına uğratacağını düşünüyordu. Suçluluk ve utanç duygularıyla boğuşuyordu. Sonunda her akşam işten eve gelmenin onun için nasıl bir işkence olduğunu elinde bir martini bardağıyla televizyon karşısında oturmakta olan kocasına anlattı. "Mutlu olmayı hak ediyorum," dedi. Kendisini "Benim de boş vakitlerim olsun istiyorum. Sürekli olarak böyle yalnız, öfkeli ve mutsuz olmayı hak etmiyorum," derken buldu ve kocasını terk etti.

İçimizde yaşadıklarımıza dikkat verdiğimizde ve *gerçek*

*anlamda* ne hissettiğimizi (mutsuz, yönünü kaybetmiş, bomboş, utanç dolu, çaresiz) kabul ettiğimizde, müthiş bir güç ve irade rezervuarına sahip olduğumuzu keşfederiz. Aynen yavrusunu koruyan bir annede olduğu gibi, içimizdeki yumuşak duygular genellikle dışarıya karşı sert olmaya doğru dönüşür. Başkalarına karşı limitler saptamanın temelinde aslında bizim *kendi* limitlerimizi bilmemiz yatar.

### *"Eğer acıya ve ıstırap çekmeye karşı nasıl üdavrandığım duygusal iyileşme için o kadar önemliyse, bu benim geçmişimi arkada bırakmam gerektiği anlamına mı geliyor?"*

Bu soru hastalarının erken çocukluk deneyimlerini keşfetmek üzere eğitim almış olan psikoterapistlerle yaptığım tartışmalarda çok sıklıkla yer almıştır. Geçmişimizin bize nasıl şekil verdiğini anlamak gerçekten önemlidir. Temel duygusal alışkanlıklarımız farkındalıklı öz şefkat için anlamlı objelerdir (Bakınız 4. Bölüm'deki şemalar) ve hayatlarımızın ayrıntılarını bilmek de onları daha iyi kabul etmemize yardımcı olur.

1. Bölüm'de bahsettiğimiz yüzünün kızarmasını kontrol edemeyen Michelle isimli kadını hatırlıyor musunuz? Michelle her vakit, üç erkek kardeşine göre fazlaca duyarlı bir kişi olmuştu. Babası sert karakterli ve çocuklarına kızdığı vakit lafını esirgemeyen bir adamdı. Michelle güzel bir çocuktu ve dış görünüşü çok dikkat çekiyordu ama okulda zorlanıyordu. Özellikle de kaygısız bir yaz tatili geçirmişse, okulun açıldığı Eylül ayını korkuyla bekliyordu. Yine de kendisini derslerine vermiş ve sonunda iyi bir üniversiteden mezun olmayı başarmıştı.

Ama Michelle içten içe kendisini bir sahtekar olarak görüyordu. Ebeveynlerinin başarılarını katlamıştı ama kendi başarısının zekasına ya da sahip olduğu kabiliyetlere değil, çok çalışmaya bağlı olduğunu düşünüyordu. Babasının eleştirel mesajlarını da içselleştirmişti. İş görüşmelerine gittiği vakit, özellikle de onunla görüşen kişinin erkek olması durumunda, yetersizliklerinin ortaya çıkacağından emindi.

Michelle terapiye başladıktan sonra kabul etmek temelli stratejilerin yüzünün kızarmasını önlemesi üzerine, kısa bir "tutkunluk" süreci yaşamıştı, ama bu durum kısa süre içinde uzun süreli bir hayal kırıklığına dönüştü. Yüzünün kızardığını "kabul etmek" artık ona yeterli gelmiyordu. Daha derinlerde bir şeyler vardı. Michelle, bunun nedenini her yıl sonbahar geldiğinde niçin bunalıma girdiğini anladığında fark etti. Okula her başladığında nasıl bunalıma girdiğini ve yılın o vakitlerinde kendisini ne kadar berbat hissettiğini hatırladı. "Babam bana her zaman erkek kardeşlerim kadar zeki olmadığımı söyler dururdu. Bunun öyle olmadığını ona bir türlü kanıtlayamamıştım. Bu berbat bir histi."

Michelle bu içgörüyle yüreğinin derinlerinde gömülü kalmış olan bu acıyı hissetmeye başladı. Bu acı ona yüzünün kızardığını kabul etmenin tam anlamıyla başarısız ve sevilmesi mümkün olmayan bir kişi olduğunu hatırlatıyordu. Michelle akademik mücadeleyle ve kendinden kuşku duymakla geçen onca yıl için büyük bir üzüntü duydu ve bu duyguyu hissetmesi için kendisine izin verdi. Bir şekilde kendisini daha insan gibi ve daha çok bedeninin içinde hissetmeye başladı. Duygularının ne kadar derinlerde olduğunun bilinciyle, terapi sürecine karşı da daha sabırlı bir tutum içine girdi. Yüzünün kızarmasına karşılık daha kabullenici olmayı öğrenmek için kendisine 3 yıl tanıdı. Sürece yardımcı olması için kendisini kötü hissettiğinde İsa'nın hafif hafif onun omzuna vurduğunu hayal etti. Yüzü kızardığı anda "Kendimi olduğum halimle seviyorum," dedi. Son görüşmemizden yaklaşık bir yıl sonra Michelle'i aradım ve hikayesini yazmak için ondan izin istedim. Bana yüzünün kızarmasını artık hiç aklına bile getirmediğini söyledi.

Öz şefkat şair Naomi Shihab Nye'nin de söyleyebileceği gibi, "ayrıntıların parıltısıdır." Hayatlarımızın ayrıntıları günlük deneyimlerimizin derinlerdeki anlamıyla temasa geçmek için elzemdir. Michelle, duygusal acısıyla tam olarak, yani içgüdüsel olarak bağlantı kuramamış ve bunu ancak bu acının kaynağını ve hayatı boyunca takip ettiği yörüngeyi keşfettiği vakit başarabilmişti. Bu acıya öz şefkatle yaklaşabilmesini sağlayan derin ve gerçek deneyime işte ancak o zaman sahip olmuştu. Öz şefkat kendi kişisel sorunlarımızı es geçmemize yarayan bir strateji değil, hayatımızı onların *içinde* doyasıya yaşamamıza yardım eden bir duygudur.

## *"Öz şefkat bana çok yardımcı oldu ama bu her derde deva olan bir duygu mudur?"*

Hayat düzgün bir şekilde akıp gidiyorsa, onda kesinlikle bir öz şefkat unsuru vardır, yani kendimize ilgi gösteriyor ve mutlu olmamıza izin veriyoruzdur. Yine de, her durumda kendimize öz şefkat göstereceğiz diye bir zorlama içine girmemeye özen göstermeliyiz. Bazen baş edebilmek için acılarımıza sırt çevirmemiz, bazen bir ilaç almamız ve bazen de belki hiçbir şey yapmamamız gerekebilir. Öz şefkat her derde deva olan evrensel bir ilaç değildir.

Duygularımıza karşı sert bir tutum takınmamız gereken zamanlar da olabilir. Bu onları inkar etmemiz anlamanı gelmez, tam tersine bir istismar durumunda, savaş halinde ya da örneğin bir paramedik olarak çalıştığımızda tamamıyla görevimize odaklanmamız ve duygularımızı daha sonra işlemden geçirmemiz gerekir. Hayatta karşımıza çıkan güçlükler bir tek öz şefkatle baş edilemeyecek kadar çeşitlidir ama elimizin altındaki başka araçları onunla birlikte kullanarak hayatımızı daha kolay bir hale getirebiliriz. Sonuç olarak uzun vadede hayatımızı mutlu kılan şey şefkatten başka bir şey değildir.

Kulağınıza tuhaf gelebilir ama başkalarına danışmanlık yaparken genellikle "öz şefkat" terimini kullanmaktan kaçınırım çünkü bu terim hepimizin eninde sonunda karşı çıktığımızda başarısız olacağımız bir standart yaratmaktadır. Öz şefkat bizim *sahip olduğumuz* ya da *sahip olmadığımız* bir *şey* değildir. Tam tersine, bir meditasyon uygulayıcısı ve bir terapist olarak duygusal acıya karşı her zaman açık olurum ve onun içine anbean sevecenlik nefesini üflerim.

## GÖSTERDİĞİNİZ GELİŞMEYİ ÖLÇMEK

Öz şefkat uzun vadeli bir maceradır. Kendinizde hemen bazı değişiklikler fark edeceksiniz ama davranışlarınızın gerisindeki değişim yavaş ve kademelerle gerçekleşen bir süreçtir. Uzun yol seçmek, kendinize hayat boyu uygulama fırsatı tanımanız daha iyidir ama gösterdiğiniz gelişmeleri fark ettiğinizden emin olun. *Haba na haba, hujaza kibaba* (Swahili lisanında "Damlaya damlaya göl olur"). Ya da iyi bir dostum olan meditasyon öğretmeni Trudy Goodman'ın dediği gibi, "öz şefkat asla ulaşmadığı gibi, asla bir yerde sabitlenmiş de değildir."

### Öz Şefkat Ölçeği

4. Bölüm'de yazılanları okurken Öz Şefkat Ölçeği'ni kullandıysanız, şimdi bu ölçeği tekrar kullanarak nasıl bir gelişme gösterdiğinizi görebilirsiniz. Kendinize iyi davranmak, insani duygular ve farkındalık notlarınızın yükselip yükselmediğine ve kendinizi yargılama, tecrit etme ve aşırı özdeşleştirme puanlarınızın düşüp düşmediğine bakın.

### Öz Şefkat Günlüğü

Öz şefkatin dönüştürme gücünü keşfetmek için bir ay yeterli bir süredir. İki ay içinde büyük bir ihtimalle tutkunluk ve hayal kırıklığı safhalarından geçmiş olursunuz. Acemi meditasyonculara uygulamanın gerçekleştirdiği değişiklikleri keşfetmek için en az *3 ay boyunca* günlük tutmalarını salık veriyorum. Alışkanlıklardaki değişimi kontrol etmek, sorunları gidermek ve en önemlisi hayatınızdaki problemlere farklı yollardan yaklaşmak için günlük tutmak iyi bir fırsattır. Yazı yazmak gibi basit bir şey bile bağlılıklarınızı güçlendirmenizi sağlayabilir.

Günlüğünüz basit ve kullanılması kolay olsun. Bilgisayarınızda açık bir dosya olarak tutabilir, e-posta olarak kendinize yollayabilir ya da cebinizde veya cüzdanınızda sakladığınız küçük bir not defteri kullanabilirsiniz. Zihninizde beklenmedik şekilde beliren nazik sözcükler de dahil olmak üzere, tüm belli belirsiz değişiklikleri bile not edin. Yazı yazmayı seven biri değilseniz, bu değişiklikleri zihninizde kaydedin ya da gösterdiğiniz gelişmelere ilgi duyan başkalarına anlatın. Bir Öz Şefkat Günlüğü şöyle olabilir:

12. Gün

Dün gece iyi uyuyamadım ve kendimi huzursuz hissettim. Kahvemi içtikten sonra 20 dakika oturmalı meditasyon yaptım. Bunu kendimi daha iyi hissetmek için yaptım ama hiçbir işe yaramadı. Berbat bir durumda cümlecikleri söylemeye başlayınca daha iyi hissettim. İşe giderken de cümlecikleri söylemeyi sürdürdüm ama sonra bütün gün boyunca unuttum. Yapacak çok işim var. Uyumadan önce yine deneyeceğim.

13. Gün

Dün gece daha iyi uyudum. Acaba cümlecikler yüzünden mi? Bugün meditasyon yapmaya vaktim olmadı ama banyo yaparken sıcak sudan bilinçli olarak keyif aldım. Meditasyon yapmamama rağmen öyle olması farklı bir durumdu. Kendime gün boyu cümlecikleri daha sık söyleyeceğime dair söz verdim. Telefon çalınca, ekranda beliren isimden kreşten aradıklarını anladım. "Güven içindeyim, güven içindeyim, güven içindeyim" dedim ve ahizeyi kaldırdım. İlk kez bir şey oldu! Hiçbir sorun yoktu ama ben zaten kendimi iyi hissetmeye başlamıştım.

14. Gün

Bu sabah on dakika oturmalı meditasyon yaptım. Yataktan çıkmadan önce bunu zihnimde canlandırmam oldukça yardımcı oldu. 20 dakika yapabilmeyi tercih ederdim. Nefes bölümünü 10 dakikada bitiremedim. Daha önceden, koşuşturmalı bir güne başlamadan önce sadece kendimle birlikte *olmak için oturduğumu ve her şeyin olduğu gibi olmasına izin verdiğimi hayal etmek işe yarıyor. Günün bir tek o saati bunu yapabiliyorum. Genellikle bir şeyler yapmaya çalışıyor oluyorum.*

*Köhne arabam eve dönerken yine tangırdamaya başladı. %$= @ &*! Yani, METTA!*

*15. Gün*

*"Korkma," derken uyandım. Bu sözcük nereden çıktı, hiçbir fikrim yok. Ekstremlerde yaşayan biriyim! Sabahlar daha az delice geçiyor, bu belki de daha erken yatmamdan kaynaklanıyor. Josh'u evin dışına çıkarmak tam bir baş ağrısı. Belki ona da metta cümleciklerini söylemem gerekiyor. Bunları öğrenerek büyümesi hiç de fena olmaz.*

Günlük tutmak özünde düşünmeye ve öz şefkate dayanan bir egzersizdir. Tuhaf, komik ya da kafa karıştırıcı olsa da kendi deneyimlerinizi onurlandırdığınız anlamına gelir.

Günlük tutmaya başlamakta zorluk çekiyorsanız, işyerinde bütün kredileri toplayan tembel bir iş arkadaşınıza olan öfkeniz gibi, belirli bir sorunu ele alın ve neler yaptığınızı ve işlerin nasıl gittiğini not edin. Belki, "Kendimi olduğum gibi seveyim," diye başlamış olabilirsiniz. Nasıl gidiyor? Uygulamayı yapmayı *unuttuğunuzu* da not edin. Bu eski alışkanlıklarınıza doğru yokuş aşağı kaymakta olduğunuzu gösterir. Kendinizi nasıl yüreklendireceğinize dair beyin fırtınası yapın.

Meditasyon sırasında kaydettiğiniz gelişmeleri değerlendirmek gibi bir tuzağa düşmeyin. Olumlu bir ruh hali içinde olabilir ya da olmayabilir ve buna rağmen gelişme gösteriyor olabilirsiniz. Pratiğinizi yaparken, sadece ona yoğunlaşın. Kötü hissediyorsanız, kendinize anlayış gösterin. Ya da dikkatinizin çapasını nefesinize atın veya arkanıza yaslanın, içinizde oluşan dramatik olayları hoşgörüyle ve açık yürekli olarak izleyin. Şimdiki anda kalın ve o ana kadar yargılayıcı olmayın.

Gösterdiğiniz gelişmeyi günlük hayatta kendinizi nasıl hissettiğinizle de ölçebilirsiniz. Daha mutlu, daha özgüvenli ve daha az stresli hissediyor musunuz? Daha önemlisi, işler kötü gittiğinde kendinize karşı daha iyi niyetli davranabiliyor musunuz? Dizinizi sehpaya çarptığınızda, "Ah! Canım acıdı!" dediniz mi? Yoksa "Seni sakar salak?" diye mi bağırdınız? Özeleştirel olmayı, kendinizi tecrit etmeyi ve kendi içinize gömülmeyi, kendinize iyi davranmakla, insani duygularla ve her şeye olduğu gibi olması için izin vermekle değiş tokuş ediyor musunuz? Eğer ediyorsanız, bunu da günlüğünüze yazın.

## YENİDEN BAŞLAMAK

Mutluluğa ve esenliğe giden yol hiçbir zaman bitmez. Vardığımızı sandığımız anda, yeni bir güçlük baş gösterir ve biz de yeniden gitmeye başlarız. Bu kitap kendimizi duygusal acının geçmişe ait bir şey olduğu noktasına getirebileceğimiz yanılgısını sona erdirmenize yardımcı olmak için yazılmıştır.

*"Hâlâ gelmedik mi?"*

Daha verimli bir yol da, yaşadığımız ve nefes aldığımız süre boyunca az rastlanan türden bir şefkat, kendimize karşı şefkat geliştirmektir. Meditasyon öğretmeni Pema Chödrön'ün sözleriyle, "... onca yıldan sonra hâlâ deli olabiliriz. Onca yıldan sonra yine öfkeli olabiliriz. Hâlâ çekingen, kıskanç ya da değersizlik duygusuyla dolu olabiliriz. Söylemek istediğim şey şu ki... kendimizi bir yerlere fırlatıp daha iyi bir şey olmaya çalışmayalım. Bütün olay bizim olduğumuz gibi kendimizle dost olmamızdan ibaret."

Bu gerçekten de hayatınızda fark yaratabilir.

# EK A

## *Duygu Sözcükleri*

Aşağıdaki duygu sözcükleri listesi dilbilimci Steven DeRosc tarafından bilgisayarla yapılan bir araştırmayla derlenmiştir. İnsanın duygusal deneyiminin inceliğini ve çeşitliliğini gösteren bu liste günlük hayatta yaşamanız muhtemel olan hemen hemen tüm duyguya bir isim vermektedir.

### ACI/KEYİF

#### Öfkeli

asık suratlı, ateş püskürmeye hazır, celallenmiş, çabuk kızan, çileden çıkmış, delirmiş, dövüşken, düşmanca, gazaba gelmiş, gazap içinde, gergin, gücenik, haşin, hırslanmış, hışım içinde, huzursuz, hüsran dolu, içerlemiş, iğrenmiş, istim üzerinde, kışkırtılmış, kızdırılmış, kızgın, küplere binmiş, küskün, mosmor olmuş, öfkelenmiş, rahatsız, sert, sinirden köpürmüş, sinirli, şaşkın, telaşlı, yangılı, yıkılmış

#### Üzgün

acı içinde, acılı, kahırlı, acınası, aşağılanmış, aygın baygın, bağrı yanık, bahtsız, başarısız, bedbaht, bedbin, berbat, beyninden vurulmuşa dönmüş, bezgin, bombok, boynu bükük, bozuk moralli, bozum olmuş, bunalımlı, bunalmış, canı sıkkın, cansız, cesareti kırılmış, çaresiz, çilekeş, çökmüş, darda kalmış, dargın, dertli, dibe vurmuş, duyguları körelmiş, düş kırıklığına uğramış, efkarlı, elemli, endişeli, ezgin, gamlı, garip, gücenik, harap olmuş, hoşnutsuz, huzursuz, hüzünlü, ıstırap içinde, içi acıyan, içi kararmış, içler acısı, incinmiş, işkence çeken, kahırlanan, kahrolmuş, kalbi kırık, karamsar, kasvetli, kederden yamulmuş, kederli, keyifsiz, kırgın, kırılmış, kimsesiz, kös kös, küskün, mahzun, mazlum, melankolik, memnuniyetsiz, merakta kalmış, meyus, miskin, morarmış, mutsuz, müteessir, mütevazı, nahoş, neşesiz, pabuç bırakmış, pişman, ruhsuz, sarsılmış, sersefil, sevdiğini yitirmiş, sıkıntılı, sıngın, somurtuk, sönük, süngüsü düşük, şanssız, talihsiz, tasalı, tatsız, tedirgin, tesellisiz, töhmet altında, trajik, umutsuz, utanmış, ümidini kaybetmiş, ümitsiz, üzülmüş, üzüntülü, vicdan azabı çeken, yalnız, yaralanmış, yaslı, yıkılmış, yılgın, yüreği parçalanmış, zavallı

### Mutlu

havalı, ağzı kulaklarında, akıllı, arkadaş canlısı, asude, ateşli, aydınlık, bahtiyar, barışçıl, bayram eden, berrak, can atan, canlı, capcanlı, civelek, coşkun, coşturucu, çevik, dingin, diri, eğlendirici, eğlenen, enerjik, esinlenmiş, esprili, esrik, gamsız, gırgır, gönlü tok, görkemli, güleç, gülen, güler yüzlü, gülüp oynayan, güneş gibi, hafif, halinden memnun, hareketli, hayat dolu, hevesli, heyecanlı, hoş görülü, hoşnut, huzurlu, içi içine sığmayan, istekli, iyi, iyi huylu, kabına sığmayan, kabuğuna sığmayan, kafası kıyak, karnı geniş, kaygısız, kendinden memnun, keyifli, kısmeti açık, kıvançlı, kıvılcım saçan, memnun, minnettar, muhabbetli, mutluluktan havalara uçan, nazik, neşe saçan, neşeli, nüktedan, onurlu, özgür, parlak, parlak zekalı, rahat, sakin, saygın, sevinçli, sevinçten uçan, şad olmuş, şakacı, şakrak, şanlı, şanslı, şen, şen şakrak, şevkli, tasasız, tatmin olmuş, tatminkar, tokgözlü, uyanık, uysal, vecde gelmiş, yaratıcı, yerinde duramayan, zevkten havalara uçmuş

### Kendinden Geçmiş

aşırı sevinçli, fantastik, hoşnut, masalsı

## GÜÇ/KONTROL/SORUMLULUK

### Karşı Konulmaz

agresif, coşkun, ölümsüz, dayanıklı, yenilmez, incitilemez, güçlü, durdurulamaz

### Güçsüz

utangaç, tıkanmış, bozguna uğramış, altüst olmuş, bitkin düşmüş, ümitsiz, sorumsuz, ezilmiş, engellenmiş, yıpratılmış, haşat olmuş

### Kontrolsüz

özensiz, iktidarsız, zorunda bırakılmış, güçsüz, pervasız, savunmasız, zayıf

### Kayıtsız

boş veren, canı sıkkın, devinimsiz, tembel, uyuşuk, hissiz, pasif, hareketsiz, lakayt, motivasyonsuz

### Yeterli

kapasiteli, yetkin, soğukkanlı, yüreklendirilmiş, heyecanlı, kontrol altında, organize, sorumluluk sahibi

## BAĞLANMA

### Tek Başına

kopuk, dışlanmış, unutulmuş, tecrit edilmiş, dışarıda bırakılmış, reddedilmiş, engellenmiş, ilişkisi koparılmış, yalnız, yanlış anlaşılmış

### Bağımsız

burnu havada, güçlü, kibirli, maço, özerk

### Bağlanmış

sevecen, aidiyet duygusu olan, büyülenmiş, el üstünde tutulan, merhametli, bağlı, empatik, dahil edilen, hoşa giden, sevilen, sevgi dolu, anlayışla karşılanan

### Karşılıklı Bağımlı Olan

duygudaş, madde bağımlısı, muhtaç, özgüvensiz

### Nefret Edilen

terk edilen, azar işiten, eleştirilen, tek başına bırakılan, ıskartaya çıkarılan, vazgeçilen, ihmal edilen, dışarıda bırakılan, hüsrana uğratılan, görmezden gelinen, reddedilen, yeri değiştirilen, onaylanmayan, sevilemeyen, sevilmeyen

### Sevilen

kabul edilen, hayran olunan, hayran olunası, onay gören, arzulanan, güvenilen, sevilen, geçerliliği kabul edilen, değer verilen, hüsnü kabul gören

### Aşağılanan

kırgın, küçümsenen, gözden düşürülen, önemsiz kılınan, az değer biçilen, cesaret verilmeyen

### Mahcup

hor görülen, suçluluk hisseden, utanan, uygunsuz hisseden

### Vasat

sıradan, yaygın

### Saygın

değeri bilinen, desteklenen, hayran olunan, hürmet gören, önem verilen, saygı duyulan, takdir edilen, tapınılan

## ADALET

### Kandırılan

küçük düşürülmüş, sömürülmüş

### Dışlanan
hakarete uğrayan, etiketlenen, kategorize edilen, klişeleştirilen, suçluluk hisseden, yargılanan

### Haklı Çıkan
affedilen, aklanan, günahlarından arınan, hakkı korunan, tatmin olan, yatıştırılan

### Ayrıcalıklı Olan
ayrıcalık tanınan, kayırılan, muaf tutulan

## ÖZGÜRLÜK

### Kapana Kısılan
hapsedilen, seçeneksiz bırakılan

### Sorumluluk Altına Sokulan
baskı yapılan, engellenen, kullanılan, yükümlü olan

### Özgür
bağımsız, özerk, serbest bırakılan, zincirleri çıkarılan

## YÖN/ODAK

### Yoldan Çıkan
parçalara ayrılmış, tutarsız, yönünü kaybetmiş

### Kaybolmuş
afallamış, kafası karışık, odaksız kalmış, sersemlemiş

### Odaklanmış
adanmış, formda, kararlı, kendi kendine yeten

### Takıntılı Olan
tüketilen, zorlanan

## ARZU/İLGİ

### Morali Bozulan

hayal kırıklığına uğrayan, cesareti kırılan, gelişmesi engellenen, hüsrana uğrayan, isteksizleşen, önüne set çekilen, püskürtülen, ümidini kaybeden

### Canı Sıkılan

bıkkınlık içinde olan, canından bezen, çelişik duyguları olan, kayıtsız, kendinden hoşnut olan, lakayt, motivasyonsuz kalan

### Bir Şeyin Çekiciliğine Kapılan

tüm dikkatini veren, adanmış, alakadar, arzu eden, ateşli, azimli, beklenti içine giren, bilgi edinmeyi seven, büyülenen, can atan, coşkun, düşkünlük gösteren, esin veren, etkilenmiş, gayretli, gözleri kamaşan, her şeye burnunu sokan, hevesli olan, heyecanlı olan, içten olan, ihtiyaç hissedilen, ilgi duyan, kendini kaptıran, merakı uyanan, meraklı olan, meydan okuyan, motivasyonu olan, özgüvenli, şevkli, tutkuyla isteyen, ümitli

### Şehvetli

abayı yakmış, aşka meyilli, ateşli, azgın, bağımlı, ilgi bekleyen, kızışmış, özlem dolu olan, şehvetli, tutkulu, uyandırılmış, uyarılmış

## EMNİYET/GÜVEN İÇİNDE OLMAK

### Korkak

korkmuş, alarma geçmiş, altüst olmuş, eli ayağı titreyen, fobik, sakin, şoke olmuş, terörize edilmiş, afallamış, asabi, beti benzi sararmış, çekingen, dayanıksız, dehşete düşmüş, dehşete kapılmış, donakalmış, endişeli, güvensiz hisseden, huşu içinde olan, isterik, kararsız, korku içinde olan, korkutulmuş, korunmasız, kuruntu yapan, ödlek, paniklemiş, pısırık, savunmasız, şüpheci, tabansız, taş kesilmiş, tehdit altında hisseden, temkinli, titrek, utangaç, ürkmüş, vesveseli, yerinde duramayan, yüreksiz

### Vesveseli

alakadar, evhamlı, dalgın, değişken, gergin, huzursuz, itikatsız, kafası bulanmış
kuşkulu, pimpirikli, sarsak, skeptik, sorgulayıcı, şüpheci, temkinli, vehimli

### Korkusuz

acar, afallamış, atılgan, atak, azimli, başı dinç, cesur, cüretkar, dingin, emniyette, girişimci, gözü pek, güven içinde, güvenliği sağlanmış, hayrete düşmüş, huzurlu, kahraman, kararlı, kendine güvenen, kuşkusu olmayan, özgüvenli, pervasız, yılmaz, yiğit, yüreklendirilmiş, yüreği pek, sakin, soğukkanlı, şaşırmış, şaşkına dönmüş, şevkli, şoke olmuş

## ÇEŞİTLİ

aceleci, abes kaçan, aç gözlü, açıkgöz, adil olmayan, ahmak, aklı karışmış, aktif, alakalı, alaycı, aptal, arzu edilmeyen, aşağılık, aşırı derecede şaşırmış, avanak, aydınlanmış, basmakalıp, bağışlayıcı, başarılı, başarısız, baştan çıkmış, benzersiz, berrak, bezgin, bir işe yaramayan, bitik, bitkin düşmüş, bitkin, bomboş, bölünmüş, bulanık, buz kesilmiş, caka satan, canı yanmış, ciddi, cimri, cömert, çaresiz, çetrefil, çirkin, çocukça, çoşkulu, delişmen, düşüncesiz, dalga geçilen, dalgın, değerli, değersiz, değişken, dehşet veren, dengeli, dert sahibi, desteklenmeyen, diken üstünde, dili tutulmuş, doğal, dostane, duyarlı, dürüst, düşkün, düşmanca, düşünceli, düzenli, düzenbaz, eksiksiz, emin, enerjik, etkisiz, etkilenmiş, farkında olmayan, farklı, faydasız, gaddar, geçici, gevşemiş, gına gelmiş, gönlü yapılmış, göze çarpan, gücendirilmiş, gülünç, güvenilir, güvensiz, güzel, hak etmeyen hakir gören, haklı, halsiz, harikulade, haset, hasret çeken, hasta, hırslı, hoş, hoş görülü, husumet, huzursuz, hürmetkar, içten, iğneleyici, inançsız, intihar eğilimli, inatçı, incelikten yoksun, istenmeyen, istikrarlı, istikrarsız, iyi, iyimser, kalitesiz, kararsız, karmaşık, kendinden şüphe eden, kesin kararlı, keskin zekalı, kıskanç, kinci, kindar, konuşkan, korkmuş, köle ruhlu, kötü huylu, kötü, kötücül, kötümser, liyakatsiz, maymun iştahlı, meydan okuyan, minnettar, müşfik, nazik, nispetçi, olgun, onurlandırılmış, ödüllendirilen, ölüm saçan, özgüvenli, perişan, pinekleyici, pinti, pişkin, rahatlamış, rahatsız edilmiş, rakipsiz, rüyaları gerçekleşmiş, sabırlı, sahiplenici, samimi, saygın olmayan, saygın, sefil, serseme dönmüş, sevilebilir, sindirilmiş, sönük, stresli, şaşırtılmış, sağlam, sebatkar, sevimli, sinsi, şedit, talihli, tedirgin, tepeden bakan, tutucu, tatlı, tatmin olmayan, tedirgin, telaşlanmış, tiksindirici, tuhaf, usanmış, utangaç, uyanık, uygunsuz, uykulu, üstün kaliteli, yakıcı, yapay, yurt hasreti çeken, yaramaz, yardımcı, yerine oturtulmuş, yeteneksiz, yetersiz kılınmış, yıkıcı, yoğun, yorgun, yumuşak, zeki, zıvanadan çıkmış, zorlamalı

# EK B

## *Ek Öz Şefkat Egzersizleri*

'Öz şefkat egzersizi' acı çektiğimizde kendimize karşı iyi niyet göstermeye yönelik herhangi bir uygulamaya verilen isimdir. Nasıl hissettiğimiz üzerinde büyük bir etkisi olan içsel diyalogu değiştirdiği için sevgi dolu nezaket (*metta*) meditasyonu bu kitapta özellikle vurgulanmıştır. Öz şefkate giden diğer yollar 5. Bölüm'de verilmiştir.Aşağıda verilen uygulamalar özgün doğaları ve insanlara yaygın olarak çekici geldikleri için seçilmiştir.

### VERME VE ALMA MEDİTASYONU (TONGLEN)

Bu olağandışı meditasyonda, bildiğimiz nefes alıp verme süreci, acıyı içe çekme ve huzur ve esenliği dışa verme şeklinde kullanılmaktadır. "*Acıyı nefesle birlikte içe çekmek mi?* dediğinizi duyar gibiyim. "Tam tersi olması, yani huzuru *içimize çekip* acıyı nefesimizle birlikte *dışa vermemiz* gerekmez mi? Bu şekilde acıyı içimde biriktirmiş olmuyor muyum?" Bu meditasyonun güzel yanı, olumsuz deneyimler yaşamaktan kaçınmak ve içgüdüsel direnç gösterme eğilimimizi aldığımız her nefesle birlikte tersine çevirmesidir. Acıyı istemli olarak içimize alarak, acıyı yaratan ve bunu sürekli kılan direnç göstermeye dair zihinsel alışkanlığımızı da zayıflatmış oluruz. İşte bu, olması gereken şefkatli bir yaklaşımdır.

Verme-alma meditasyonunun yaratıcısı 10. yüzyılda Hindistan'da yaşamış olan Budist öğretmen Atisha Dipankara Shrijnana'dır. Tibet dilinde *Tong* "verme," *len* de "alma" demektir. (Aslında pratikte *len-tong*, yani "alma-verme" olarak yapılır.) Zihni eğiten bu uygulamanın amacı, kişinin kendisi de dahil olmak üzere, tüm canlılara karşı şefkat hissi geliştirmektir. Verme-alma meditasyonunun en önde gelen Batılı savunucusu, Tibet Budist geleneğinden gelen Amerikalı rahibe Pema Chödrön'dür. Aşağıdaki meditasyon açıklamaları Pema Chödrön'ün talimatlarına uyarlanmış olup özellikle öz şefkate ağırlık vermektedir. Bu uygulamayı oturmalı meditasyon şeklinde 10-20 dakika boyunca ya da ihtiyaç hissettiğinizde formel olmayan şekilde yapabilirsiniz.

---

- Birkaç dakika boyunca sessizce oturun.
- Bilinçli olarak bir iki kez nefes alıp verin ve bedeninizdeki tüm gözeneklerin nefes alıp verdiğini hissedin. Alıp verirken nefesinizi *hissedin.* O sırada bedeninizin her nefes alışta şişen bir balon gibi olduğunu düşünebilirsiniz. Buna nefesinize odaklanana kadar devam edin.
- Kendinizi bedeninizdeki fiziksel duyumsamalara açın ve bedeninizin neresinde rahatsızlık hissettiğinizi saptayın. Hissettiğiniz rahatsızlık bedeninizin neresinde? Midenizde mi, göğsünüzde mi. boynunuzda mı, yoksa başınızda mı?
- Şimdi kalbinizin olduğu bölgeye odaklanın ve orada *duygusal* bir sıkıntınız olup olmadığına bakın. O bölge "kalın," "çalkantılı," "nasırlaşmış gibi," "sert" ya da "ağır" mı? Gönül gözünüze o bölge nasıl görünüyor? "Karanlık," "gri" ya da "bulanık" mı? Bunu açık ve net olarak teşhis edebilmek için o sıkıntıyı iyice hissetmeye çalışın. Dilerseniz ona "acı," "bezgin," ya da "endişeli" gibi bir isim verin.
- Bu sıkıntınızın nefesinizle bağlanmasına izin verin. Her aldığınız nefesle birlikte bu sıkıntıyı da içinize çekin. Derin ve geniş bir nefes alın. Sıkıntı bedeninizin neresinde ise, onu oradan içinize çekin.
- Bu sıkıntının nefes alıp vermenin ara yerinde bir ışıkla birlikte

ya da tek başına içinizin tam orta yerinde bir dönüşümden geçtiğini hayal edin.

- Nefesinizle birlikte kendinize ve başkalarına huzur ve ferahlık verin. Nefesinizin tüm bedeninize yayıldığını, esenlikle dolduğunu düşünün ve onu dünyaya sunun.
- Dışarı verdiğiniz nefesinizin içinize çektiğiniz nefesin tersi olmasına izin verin. Nefes aldığınızda karanlıktaysanız, dışarıya ışık verin. İçinize gerginlik çekiyorsanız, dışarıya yumuşaklık verin. İçinize pürüzlülük çekiyorsanız, dışarıya pürüzsüzlük verin. Uygulamaya aradaki farkı hissedecek şekilde devam edin. Bedeninizin boş bir balon olduğunu düşünüyorsanız, içinizdeki temiz ve saf havayı tüm canlıların üzerine boşaltın. İhtiyaç içinde olduğunu bildiğiniz kişilere ya da genel olarak tüm dünyaya huzur ve esenlik gönderebilirsiniz.
- Bu uygulamaya iyice alışana kadar acıyı içinize çekmek ya da dışarıya esenlik vermek için birden fazla nefes almakta kendinizi özgür hissedin. Daha sonra nefesinizin doğallaşmasına ve normal bir ritim izlemesine izin verin ve sıkıntınızı *içe* çekmeye ve *dışarıya* şefkat ve esenlik vermeye devam edin.
- Bir süre sessizce oturarak meditasyonunuza son verin ve tüm içsel deneyiminizin olduğu gibi kalmasına izin verin.

---

Tonglen, size yapışmış olan birtakım duyguları salıvermenizi, onları içinize çekip serbestçe dışarıya verme yeteneğinize bağlı olan bir meditasyondur. Pema Chödrön o yüzden tenimizdeki tüm gözeneklerle nefes alıp vermemizi ya da bedenimizin boş bir balon gibi olduğunu hayal etmemizi söylemektedir çünkü buralarda o duyguların yapışabileceği daha az yer vardır. Tonglen uygulamasından önce ve sonra hiçbir çaba sarf etmeden sessizce oturmamızın da nedeni budur.

Tonglen meditasyonu bu kitapta daha önce dile getirdiğimiz iyileştirici mekanizmaların pek çoğuna sahiptir. Nefese odaklanmanın sakinleştirici gücünden yararlanır, çapasını durmadan düşünen zihnimize atar, duygusal acıdan kaçma ya da ona direnç gösterme eğilimini tersine çevirir, acıyı dengeli bir şekilde fark etmemizi sağlar, iyi niyetimizi besler ve başkalarıyla bağlantı kurma duygumuzu geliştirir.

Benim *bağlanma* duygusunun iyileştirici yönünü Tonglen uygulamasında tanımamı sağlayan kişi, 34 yaşındaki yeğenimdir. Yeğenim 2 ve 4 yaşındaki harikulade iki kız çocuğunun annesidir. 4 yaşındaki kızı, bir aile toplantısında zor bir süreçten geçiyor, durmadan ağlayıp huysuzluk ediyordu. Yeğenim yanıma gelerek çocuğunun böyle ağladığını görmenin ona ne kadar acı verdiğini, ona ve kendisine nasıl yardım edeceğini bilemediğini itiraf etti. Çok meşgul bir anne olduğu için meditasyon yapmak için de vakit ayıramıyor, nefes alacak zamanı bile zor buluyordu. Tonglen meditasyonunun onun işine yarayıp yaramayacağını düşündüm ve sadece birkaç dakika içinde bu uygulamayı ona öğretiverdim.

Ertesi gün kahvaltıda, yeğenim bu uygulamanın mucizevi etkileri olduğunu söyledi. Kızının sinirden dolayı çılgın gibi olmayı sürdürmesine rağmen kendisi sükûnetini koruyabilmişti. Bunun nasıl olduğunu sorduğumda bana sıkıntısını ve hayal kırıklığını nefesiyle birlikte içine çektiğini ve nefesini dışarı verirken kızına sevgi gönderdiğini söyledi. "Bu uygulama, kendimi kaybetmeden (kızımın) yakınında kalmama izin verdi," dedi. Yeğenim kızının ağlamasını kesmesini isteyerek farkında bile olmadan kendisini ondan uzaklaştırıyor ve çocuğunun ağlamasının verdiği ıstırabın *yanı sıra* onunla olan bağının kopma acısını da yaşıyordu. Tonglen meditasyonu kızını geri almasını sağlamıştı.

Sabahları aynada yeni kırışıklıklar ve sarkan bir gıdı gibi yaşlanma belirtileri görmenin yarattığı stresi azaltmak için tonglen meditasyonunu yapan Celine isimle bir başka kadın tanıyorum. Celine aynadaki kadının endişesini nefesiyle birlikte içine çekiyor ve nefesini dışarıya verirken, "Şekerim, sadece biraz daha yaşlanıyorsun. Başkaları da yaşlanıyor. Herkes hep birlikte yaşlanıyor," diyordu.

Tonglen'i strese girdiğimiz herhangi bir durumda uygulayabiliriz. Yük atı kişiliğinde olanlar *tonglen* meditasyonundan hoşlanırlar çünkü biraz pratikle bu uygulamayı koşuşturmalı bir günün içine bile sıkıştırmak mümkündür. Dışadönükler uygulamanın bağlanmayla ilgili yönünü ve *metta* meditasyonuna göre biraz daha az psikolojik olmasını ve temelinde nefes alıp vermek gibi bedensel bir işlem olmasını sevebilirler. Genel anlamda, bedenlerini seven kişiler *tonglen*den keyif alabilirler. Metta meditasyonunda deneyimli olan *tonglen* uygulamacıları *metta* cümleciklerini *tonglen* yaparken nefes verme sırasında söyleyebilir ve herkese şefkat gönderebilirler. Siz de deneyerek size en çok hitap eden şekli bulabilirsiniz.

## Verme-Alma Meditasyonunda Uygulayabileceğiniz Bazı Değişiklikler

Kendinizi duygusal acılara açmanız hangi yöntemi kullanırsanız kullanın, zaman zaman çok güç olabilir. *Tonglen* uygulamasında öyle bir durumla karşılaşacak olursanız, benim şahsen kendim için faydalı bulduğum birkaç değişikliği size aktarmak istiyorum. Örneğin, kendinizi *iyice* bunalımda hissediyorsanız, şunu deneyebilirsiniz:

---

- Birkaç dakika boyunca sessizce oturun.
- Nefesinizi bedeninizin tüm gözenekleriyle alın ve bedeninizdeki tüm gözeneklerden nefesinizi verin.
- Sizi seven birkaç kişiyi düşünün ve onları etrafınızı saran bir halkaya oturtun. Size dilediğiniz kadar yakın veya uzak olabilirler. Onların sabırlı, ilgili yürekleri sevgi dolu bir şekilde, bir tek sizin için orada oturduklarını hayal edin. Gözlerinizin önüne en sevdiğiniz evcil hayvanlarınızı da getirebilir ya da kendinizi etrafı güzelliklerle dolu doğal bir ortamda otururken görebilirsiniz.
- Elinizi kalbinizin üzerine koyun.
- Bilinçli bir şekilde nefes alıp vermeyi sürdürün. Nefes alırken, onların sevgisini içinize çekin. Nefes verirken, bu sevgiyi onlara geri gönderin. İçinize sıcaklık ve iyilik çektiğinizi, minnet ve sevgi duygularınızı da dışarıya, onlara gönderdiğinizi düşünün.

- Dilediğiniz kadar nefes alıp verin ve bunu yaparken sevgi dolu nezaketin enerjisinin size doğru gelip gittiğini hissedin.
- Yavaşça gözlerinizi açın.

---

Bu uyarlama sizi acıdan *uzaklaştıracaktır* ve özellikle de aşırı bir üzüntü içinde olduğunuzda faydalı olacaktır. Daha az yoğun bir keder içinde olduğunuzda, örneğin sadece "sıkıntılı" hissettiğinizde, kendinizi biraz daha fazla acıya açabilirsiniz ama kendinize de şefkat verdiğinizden emin olun. *Tonglen* meditasyonu sırasında kendinizi ne ölçüde stresli hissettiğinize bağlı olarak aşağıdaki şu değişiklikleri de yapabilirsiniz:

---

- *Bunalmış durumda mısınız?"* Sizi seven kişilerden sevgi dolu nezaket alın. Sizi seven kişilere sevgi dolu nezaket verin.
- *Huzursuz musunuz?* Kendi acınızı içinize alın. *Kendinize* sevgi dolu nezaket verin.
- *Sıkıntılı mısınız?* Kendi acınızı içinize alın. *Kendinize* ve *başkalarına* sevgi dolu nezaket verin.
- *Memnuniyetsiz misiniz?* Kendi acınızı ve *başkalarının* acısını içinize alın. Başkalarına sevgi dolu nezaket verin.
- *Hoşnut musunuz?* Başkalarının acılarını içinize alın. Başkalarına sevgi dolu nezaket verin.

---

Yukarıda verilen tonglen talimatlarının ilk bölümünün, yani *kendi* acınızı içinize alıp *kendinize* ve *başkalarına* sevgi dolu nezaket vermenizin orta ölçekli bir rahatsızlığınız konu olduğunda ("sıkıntılı" hissettiğinizde) uygulandığını fark etmiş olabilirsiniz. Kendinizi daha iyi hissettiğiniz takdirde, yani sadece "memnuniyetsiz" olduğunuzda, acınızı bu gezegen üzerinde aynen sizin gibi hissetmekte olan milyonlarca diğer insanın acısıyla birleştirin. Örneğin, eğer mideniz ağrıyorsa, midesi ağrıyan tüm insanları düşünün. O ortak acıyı nefesinizle birlikte içinize alın, onu dönüştürün ve herkese huzur ve esenlik üfleyin. Mücadelenizde yalnız olmadığınızı bilmek sizi rahatlatabilir.

"Hoşnut" hissediyorsanız, başkalarının acısını içinize almayı ve onlara sevgi göndermeyi deneyin. Bu geleneksel tonglen uygulamasıdır ve kendi bireysellik zindanından kendimizi kurtarmamıza yöneliktir. Dalai Lama ona özellikle bağışlayıcılıkla ilgili olarak nasıl meditasyon yaptığı sorulduğunda, şöyle yanıt vermiştir:

> Ben verme-alma denen meditasyon tekniğini kullanıyorum... Bazı şeyleri zihnimde canlandırıyorum. Örneğin mutluluk ve başkalarına sevgi vermek gibi olumlu duygularımı onlara gönderdiğimi hayal ediyorum. Sonra başka bir şeyi hayalimde canlandırıyorum. Onların acılarını ve olumsuz duygularımı içime aldığımı gözlerimin önüne getiriyorum. Bunu her gün yapıyorum. Çinlilere, özellikle de Tibetlilere çok kötü şeyler yapanlara özel bir dikkat veriyorum. Böylece meditasyon yaparken onların nefret, korku ve gaddarlık gibi tüm zehirlerini kendi içime aktarıyorum. Sonra nefesimi dışarı veriyor, şefkat ve bağışlayıcılık gibi tüm iyi şeyleri salıveriyorum. Zehirlerin yerine taze hava veriyorum. Bu bir verme-almadır. Kimseyi suçlamamaya özen gösteriyorum. Çinlileri de suçlamıyorum, kendimi de... Bu meditasyon çok etkili oluyor. Nefreti hafifletiyor ve bağışlayıcılık duygusunun gelişmesini sağlıyor.

Dalai Lama'daki şefkat ve iç huzuruna pek çoğumuz sahip değiliz, o yüzden de bizim önerilen diğer değişiklikleri uygulayarak pratik yapmamız daha doğru olur.

## MERKEZLEME MEDİTASYONU

Merkezleme meditasyonu kişinin kendisine ve içinde bulunduğu koşullara özellikle uyan bir şefkat sözcüğü ya da cümleciği keşfetme yöntemine verilen isimdir. Sevgi dolu nezaket meditasyonuna yeni başlayanlar merkezleme tekniğini kendilerine özel *metta* sözcüklerini bulmak için kullanabilirler.

Merkezleme meditasyonu 14. yüzyılda anonim bir yazarın yazdığı ve Spencer, Massachusetts'deki bir Trappist manastırının tavan arasında keşfedilen *The Cloud of Unknowing (Bilgi-*

*sizliğin Bulutu)* isimli bir kitapta anlatılmaktadır. Bu meditasyon türü 1982 yılında Peder Basil Pennington'ın *Centering Prayer (Merkezleme Duası)* isimli eseri sayesinde popüler oldu. Bu meditasyon yüreklerimizi ve zihinlerimizi bizim alışagelmiş düşünce alışkanlıklarımızın ötesine götüren bir içsel rehber görevi görmek üzere tasarlanmıştır. Aşağıdaki meditasyon türü bu tekniğin dinsel olmayan hale getirilmiş versiyonudur. Diğer pek çok meditasyon türü gibi, önerilen meditasyon süresi günde iki kez olmak üzere 20 dakika civarındadır.

---

- Rahat bir şekilde oturun, gözlerinizi kapatın ve rahatlamak için birkaç derin nefes alın.
- Duruşunuzu fark edin – yatmıyorsunuz, ayakta durmuyorsunuz, oturuyorsunuz – ve bedeninizdeki duyumsamaları hissedin. Fiziksel bir rahatsızlık hissediyorsanız, ona farkındalığınızla hafifçe dokunun. Hissettiğiniz duygusal bir rahatsızlık ise onu da fark edin ve orada kalmasına izin verin.
- Şimdi dikkatinizi *nefesinize* getirin. Onu en güçlü olarak nerede hissediyorsunuz? Burun deliklerinizde mi? Göğsünüzde mi? Karnınızda mı? Zihniniz dalıp gittiğinde dikkatinizi yavaşça yeniden nefesinize getirin. Nefes alıp verirken, uyanıklığınızın nefes alma deneyiminin derinlerine kadar inmesine izin verin. Bunu 5-10 dakika boyunca yapın.
- Nefes görünürde hiçbir yerden gelmiyor gibidir. Aslında uyurken bile sizi sağlıklı tutan odur. Nefesinizin derinliklerine kadar gidin, onun *kaynağına* inin. Uyanıklığınızın nefesinizin çıktığı ve en belli belirsiz nefes alıp verme hareketinin başladığı o derin ve boş alana girmesine izin verin. Düşüncelerin ve sözcüklerin ötesinde olan bu yerde, muhteşem bir huzur ve özgürlük vardır.
- Nefes alıp vermeye devam edin ve uyanıklığınızı nefesinizin kaynağına odaklayın, Bunu yaparken zihninizde, gelen sözcüklere kulak verin. Kendinizi *tam da şu anda* duymaya ihtiyacınız olan bir sözcüğe ya da cümleciğe açın. Yüreğinizin

içinden o anda bir sözcük ya da cümlecik çıkacak olsaydı, bunlar ne olurdu?

- Birkaç dakika boyunca nefes alın, gevşeyin ve içinizden yükselecek olan sözcüklere kendinizi açın. Eğer hiçbir sözcük yükselmiyorsa, nefesinize odaklanmakla yetinin. Birkaç sözcük yükselirse, onları zihninizde dolaştırın ve hayatınız için o anda en uygun olanı seçin. Bunlar "sevgi," "bırakayım olsun," "seni seviyorum," "evet," "güven," "huzur" ya da "şefkat" gibi sözcükler olabilir.
- Zihninizin kabul ettiği sözcüğü ya da cümleciği zihninizde tekrar tekrar dolaştırarak tadını çıkarın. Zihninizin kayıp gittiğini fark ederseniz, onu yavaşça o sözcüğe ya da sözcüklere geri getirin.
- Bir süre sonra, yaptığınız şeyi bırakın ve içsel deneyiminize dönün, olduğunuz gibi olmak için kendinize izin verin.
- Yavaşça gözlerinizi açın.

---

İnsanın kendi içinden "seni seviyorum," "bırak, Tanrı yardım eder," ya da "cesur ol" gibi cesaret verici sözcüklerin yükseldiğini duyması, çok heyecan verici bir deneyim olabilir. Örneğin, dikkat eksikliği/hiperaktivite bozukluğundan mustarip, entelektüel kişilikli elektrik mühendisi hastalarımdan biri "korkma" sözcüğünü duymuştu. Bu sözcük gözlerinden yaşlar getirmişti. Alışagelmiş düşünme tarzıyla uyum içinde olmadığı için bu sözcüğü neden duyduğundan da emin olamamıştı. Sonra birden çocukluk döneminden aşina gelen bir ikaz sözcüğü olan "Odaklan!" sözcüğünü duydu. Onun üzerine akıllıca bir şey yaptı ve "korkma" sözcüğünü merkezleme sözcüğü olarak seçti. Aynı bozukluktan mustarip olan bir diğer hastam merkezleme meditasyonu yaparken, "dinamo" sözcüğünü duymuştu. İş yaparken zihni dalıp gittiğinde sözcüğün ona enerji verdiğini hissediyordu.

Merkezleme meditasyonu özünde bir *mantra* meditasyonudur ama arada bir fark vardır: *Mantra* kendiliğinden oluşan bir şeydir. Meditasyonda mantrayı kendimizi anlamsız düşüncelerden kurtarmak ve zihnimizi tek odaklı dikkatle gevşetmek için kullanırız. Dini geleneklere bağlı olarak mantranın bazen *anlamı*, bazen onu söylerken çıkan *ses* bazen de *yazılış* şekli önemli olabilir ama genellikle *mantra* anlamı olmayan ama kişiye yardım eden bir odaklanma objesidir.

Bedenin, nefesi dışarı verirken çıkardığı "Ahhhhhhh, ahhhhhhh, ahhhhhhh" sesi de bir *mantra*dır ve stres altındayken kişiye huzur verebilir. Tanrı'nın sizi sevdiğini hisseden biriyseniz, onun ismini tekrarlamak öz şefkat geliştirmek için bir *mantra* kullanmanız gerektiğini düşündüğünüzde işinize yarar. Merkezleme meditasyonunda Tanrı'nın isimlerinden herhangi biri aklınıza gelebilir ya da siz kendi dini geleneklerinizden onu hatırlayabilirsiniz.

Merkezleme meditasyonunun dışlanmış, ölümden dönen ya da mükemmeliyetçi eğilimlere sahip olup yalnızlık çeken ve sevilmediğini hisseden kişiler üzerinde şaşılacak derecede olumlu bir etkisi olmaktadır. Bu kişiler kendi benliklerinin derinleriyle ve kişiliklerinin sevilebilen yönleriyle bağ kurduklarını hissetmeye başlarlar. Kelebek ve batmadan yüzen kişilikli olanlar da içsel rehberlerine güvenmeyi öğrendikleri için merkezleme meditasyonunda fayda sağlarlar.

## IŞIK MEDİTASYONU

"Sevgi ışığı." "Uyanıklığın berrak ışığı." "Konunun üzerine biraz ışık tut." Sevgi doğruluk ve bilgelik gibi erdemli özelliklerin evrensel sembolü ışıktır. İçimizde bir ışık olduğunu ışığı hayal ettiğimizde, iyi niteliklerimizi de doğrulamış oluruz.

Aşağıdaki meditasyon burada öz şefkate göre uyarlanmıştır ve farklı meditasyon geleneklerinden gelen kişilere aşina gelebilir. Hayalinde imge canlandırma konusunda iyi olan kişiler, sözlü olmayan meditasyonu tercih edenler ya da soyut imgelerle çalışmayı seven entelektüel kişiler bu ışık meditasyonundan keyif alacaklardır.

Işık meditasyonunda yapılması gereken bazı zihinsel işler vardır. O yüzden gevşemiş bir halde ve acele etmeden meditasyon yapabilmek için kendinize 15-20 dakika gibi yeterli bir vakit ayırın. Buradaki amaç, aceleyle geçiştirmek değil, içsel sıcaklığınızın tadını çıkarmanızdır.

---

- Bir mum yakın ve karşınıza koyun. Makul ölçüde dik sırtlı bir koltukta, rahat bir pozisyonda oturun ve rahatlamak için birkaç derin nefes alıp verin. Yanmakta ve etrafa ışık saçmakta olan muma bir dakika kadar bakın. Yavaşça gözlerinizi kapatın.
- Bu mum ışığının, sarsılmaz bir alev ya da bir ışık küresi gibi göğsünüzün kalp bölgesinde olduğunu hayal edin. Bu ışığın aynen mum gibi her bir yanı aydınlatmasına izin verin.
- Dikkatinizi kalp bölgenize vermeyi sürdürün. Mum ışığının yumuşak alevini kalbinizde hissedin. Dilerseniz gözlerinizi birkaç kez açıp kapayabilir, aleve bakabilir ve sonra onun kalbinizde olduğunu hayal edebilirsiniz.
- Zihniniz kayıp giderse, onu yavaşça yeniden kalbinizin içindeki ışığa geri getirin.
- Şimdi bu ışığı yavaşça bedeninizin farklı yerlerine götürün. Bedeninizin herhangi bir yerinde bir rahatsızlık hissediyorsanız, başka bir yere odaklanmadan önce ışığın orada oyalanmasına izin verin.

Işığı önce başınıza getirin ve beyninizi aydınlatmasına izin verin.

Sonra yeniden kalbinizin olduğu yere gelin, oradan tek tek kollarınıza ve ellerinize geçin. Acele etmeyin. Dilediğiniz kadar vakit harcayın.

Sonra yeniden kalbinizden başlayın ve ışığı gövdenizden aşağı, önce bir bacağınızdan bir ayağınıza, sonra diğer bacağınızdan öteki ayağınıza indirin.

Işığı yeniden kalbinize getirin. Duygusal bir acı hissediyorsanız, kalbinizi ışıkla doldururken o rahatsızlığınızın orada kalmasına izin verin.

- Şimdi ışığın bedeninizden yayılarak odanızdaki, evinizdeki, ülkenizdeki ve tüm dünyadaki herkesi sarmalamasına izin verin. Yumuşacık bir ışıkla kaplanmış olan kendinize ve etrafınızdaki her şeye gönül gözünüzle bakın.
- Hazır olduğunuzda yavaşça gözlerinizi açın.

---

Bu ışığı dilediğiniz her yere götürebilirsiniz. Eğer onu kendinize saklamak istiyorsanız, bunu yapmakta da özgürsünüz. Bakımveren ve dışadönük kişilikli olanlar ışığı herkesle paylaşmak isteyebilirler, içedönük olanlar ise kendi içlerinde kalmaktan hoşlanırlar. Birkaç haftalık bir uygulamadan sonra büyük bir ihtimalle bir mum kullanmaya ve bedeninizi ışıkla taramadan geçirmeye artık ihtiyacınız olmayacak ve bedeninizi dilediğiniz anda ışıkla doldurabileceksiniz.

Işık meditasyonunu ya da hayalde canlandırmayı gerektiren meditasyonları yaparken her şeyi harfiyen uygulamaya çalışmayın. O mumu tıpı tıpına dışarıda gördüğünüz şekilde "görmeniz" gerekmez. Kalbinizin olduğu bölgede bir aydınlık hissi olması yeterlidir. Gözlerinizi kapattığınızda gözkapaklarınızda ışıklı şekiller görebilirsiniz. Bu mümkündür çünkü siz bilinçli bir varlıksınız ve sinir hücrelerinizde enerji bulunmaktadır. Bedeninizdeki her bir hücre enerjiye sahiptir. Göğüs boşluğunuzda kalp atışı, ışık ve canlılık şeklinde kendini gösteren bu enerjinin farkında olun.

Işığın olumsuz duyguları ya da nitelikleri kaçırmak gibi bir görevi olmadığını aklınızda tutun. Işık karanlığı herhangi bir "gayret" içine girerek değil, doğası nedeniyle uzaklaştırır. Işığın sıcaklığı ağrıyan bir adalenin üzerine koyulabilen bir ısıtma yastığı gibidir. Bunu ağrıdığı vakit ağrıyan yere uygulayın ve neler olduğunu izleyin.

## MÜZİK MEDİTASYONU

Kendimizi verdiğimiz takdirde, müzik de bir meditasyon olabilir. Geniş anlamıyla meditasyon, dikkati ve uyanıklığı belirli bir amaç için düzenleme metodudur. Müzik bizi bazen gevşetir, bazen uyarır ve çoğu kez de sözcüklere gerek kalmadan daha yüksek algı ve duygusal farkındalık hallerine ulaştırır. Kendimize iyi niyet göstermek için dikkatimizi odaklayarak ve sevgi dolu duyguların oluşmasına izin vererek müzikten faydalandığımızda, bunun ismi öz şefkat meditasyonu olur.

Müzik acılar içinde kıvranırken bile insana huzur verebilir. Pachelbel'in "Canon"u, kanserden ölmek üzere olan değerli bir arkadaşımın hastalığını kabul etmesine yardım etmişti. "I Will Always Love You" (Whitney Houston) isimli parçayı seminerlerimde her çaldığımda birkaç kişinin gözyaşlarına boğulduğuna şahit olmuşumdur. Müzik dinlerken asıl önemli olan şey, kişinin kendisine duygulanmak için *izin* vermesidir.

Müzik evrensel bir dildir. Tüm kişilikteki insanların hoşlandığı bir şeydir ama çok da özneldir. En iyisi kendi "kişisel öz şefkat şarkı listenizi" yapmanızdır. Kendinize sevgi vermek için bildiğiniz "I Will Always Love You" ve "Stand By Me gibi aşk şarkılarından yararlanabilirsiniz. Anna Nalick'in "Just Breathe" ya da Garbage'ın "All the Good in This Life" gibi şarkıları son derece öz şefkate yöneliktir. Josh Groban'ın "You Raise Me Up" şarkısı gibi kendini adamakla ilgili şarkılar derin bir sevgi duygusu uyandırır ve hem kendimize hem de dünyaya bakış açımızı yumuşatır.

Aşağıda bu meditasyona başlamanız için size önerebileceğim şarkıları bulabilirsiniz:

"Dear Lord" / John Coltrane Quartet
"Close to You" / The Carpenters
Finale, Symphony No. 9: "Ode to Joy" / Ludwig van Beethoven
"When I'm Sixty-Four" / The Beatles
"You Are the Sunshine of My Life" / Stevie Wonder
"Our Love Is Here to Stay" / Ella Fitzgerald
"Angel" / Jimi Hendrix
"Jesu, Joy of Man's Desiring" / Johann Sebastian Bach
"Dedicated to the One I Love" / The Mamas and the Papas

*Piano Sonata, Op. 109: birinci bölüm* / Ludwig van Beethoven
Finale, Suite from The Firebird / Igor Stravinsky
"Reach Out, I'll Be There" / Four Tops
*Traumerei, Op. 15, #7* / Robert Schumann
"If You Love Somebody, Set Them Free" / Sting
"I Hear a Symphony" / The Supremes
*Fantasie in C, üçüncü bölüm* / Robert Schumann
"Everybody Is a Star" / Sly and the Family Stone
"Thank You (Falletinme Be Mice Elf Agin)" / Sly and the Family Stone
*Sonata No. 2: birinci bölüm, Andante* / Alexander Scriabin
"Lean on Me" / Ben E. King
"Acknowledgement," *A Love Supreme* / John Coltrane Quartet
"Til the Morning Comes" / Grateful Dead
*Being in Dreaming* / Michael Hewett
"Welcome" / John Coltrane Quartet
*A Meeting by the River* / Ry Cooder and V. M. Bhatt

## DOĞA MEDİTASYONU

Georgia O'Keeffe'in dediği gibi, "Bir çiçek herkesin yüreğine dokunur." Kırlar ve milli parklar dinsel olmayan dünyanın sığınmak, bağlanmak ve şifa bulmak için ziyaret ettiği merkezler haline gelmiştir. Doğada yürüyüş yaptığımız vakit, kaçınılmaz olarak kendimizi gökyüzü kadar büyük, bir ağaç kadar sağlam ya da bir göl kadar derin hissederiz. Ormanlık bir alanda yeterince uzun bir süre oturup sesleri dinlediğinizde, orman sakinleri sizinle birlikte olmak için bulundukları yerlerden çıkarlar. Doğa meditasyonu özellikle de hayatta çok çekmiş ama buna rağmen ayakta kalmayı başarmış kişilere ve kendilerini dışlanmış hissedenlere şifa verir. İnsanlarla ilişki kurmanın güç olduğu zamanlarda özel bir tür öz şefkat uygulaması sunar.

Doğa dünyası muhteşem bir öğretmendir. Doğada sürekli olarak doğum ve ölüm, sıcak ve soğuk, ıslak ve kuru, aydınlık ve karanlık yaşanır. Bu da her şeyin geçici olduğu gerçeğini çok iyi gösteren bir olgudur. Doğa acımasız da olabilir ve acının evrenselliğini gösterir bize. Doğa sahip olunamayacak ya da kontrol edilemeyecek kadar yüce ve güzeldir. Sadece her şeyi oluruna bırakarak, savunmasızlığımızı kabul ederek ve buna izin vererek onun zenginliğinden pay alabiliriz. Bu da bir tür meditasyondur.

Karımın ve benim Maine ormanlarında elektriği ve suyu olmayan küçük bir evimiz var. Ben oraya John Burroughs'un yazdığı gibi, "teskin edilmek, şifa bulmak ve duyularıma ayar vermek için" gidiyorum. Karım formel tarzda meditasyon yapmıyor ama onun da gözleri ormana ayak basar basmaz neşeyle parlamaya başlıyor. Pek çoğumuzun beton ormanında varlığından bile haberdar olmadığımız bir canlılığa ve bağlı olma hissine kapılıyor.

## SÖZ VERMEK

Bu kitabın alt metni "niyet, niyet ve niyet"tir, o yüzden de bir söz vermek temel niyetlerimizi güçlendirmeye yarayabilir. Söz vermek, yemin etmek gibi bir şeydir ama dilerseniz ona daha hafif ve yumuşak bir anlam verelim. Meditasyon sırasında sürekli nefesimize geri döndüğümüz gibi, eğlence olsun diye tekrar tekrar geri döneceğimiz bir denektaşı gibidir söz vermek.

Sevgi dolu nezaket cümlecikleri söz verme yerine geçebilir. Örneğin, sabah uyandığımda ben şu cümlecikleri hatırlamaya çalışıyorum:

*Tüm canlılar güven içinde ve zarardan özgür olsun.*
*Tüm canlılar huzurlu ve mutlu olsun.*
*Tüm canlılar sağlıklı ve güçlü olsun.*
*Tüm canlılar rahat bir hayat yaşasın.*

Bazen de sadece şunları söylerim:
*Tüm canlılar mutlu olsun.*
*Tüm canlılar özgür olsun.*

Bu küçük uygulama gün boyunca kendime katman katman acı yüklediğimi ya da başkalarına güçlük yarattığımı fark etmemi sağlıyor. Bir arkadaşım bana, "Tüm canlıların özgür olması dileği insanın zihnini doğru yola yönlendiriyor," demişti.

Söz vermek, hayatımızdaki aktivitelerimizi *nasıl* yönettiğimize de şekil verir. Çocuk büyütmek gibi önemli işler ya da dişimizi fırçalamak gibi küçük işler söz konusu olduğunda da aynı şekilde işe yarar. Batmadan yüzen ya da kelebek kişiliklerine sahip olanlar gibi dümensiz giden kişiler için özellikle faydalı olabilir. Her zaman doğru şeyi yapmaya çalışan ahlak kuramcısı kişiliğine sahip olanlar ve çıtasını yüksekte tutan mükemmeliyetçiler de bu uygulamayı yararlı bulabilirler. Bu son iki gruptakiler coşkunluklarını "önce şefkat göstereceğim" gibisinden *yumuşak* bir söz vererek dengeleyebilirler.

Söz vermek tüm meditasyonların içinde en kolay olanıdır. Hayatımızda ne olmasını istediğimize karar verdiğimiz anda, işin önemli kısmını yerine getirmiş oluruz. Ondan sonra tek yapmamız gereken şey bu sözü arada bir kendimize tekrarlamaktır. Bu söz yüreğimizin gerçek arzusunu yansıtıyorsa, kendisine ait bir gücü olacak, bizim düşüncelerimizi, duygularımızı ve hareketlerimize şekil verecektir. (Bakınız 9. Bölüm'deki "Bağımlılığın Gücü").

Öz şefkat yolunda ilerlerken, kendi acılarımız ile başkalarının acıları arasındaki ayrım giderek muğlaklaşır. Yani kişisel acımızla kavga etmekten vazgeçtiğimizde dikkatimiz doğal olarak başkalarına çevrilir. Şefkatin kendisi verdiğimiz söz haline gelir.

Dalai Lama'nın en sevdiği sözlerden birinin gerisinde bu dürtü vardır. Bu yeminin sözlerini ilk olarak 8. yüzyılda yaşamış Hintli bir Budist olan Shantideva yazmıştır:

*Uzay yerli yerinde durduğu,*
*Ve canlı varlıklar var olmaya devam ettiği süre boyunca*
*Dünyadaki acıları gidermeye*
*Söz veriyorum.*

# Teşekkür

Kitap yazmak genellikle kişinin yalnız başına yaptığı bir iştir ama sayfalarında pek çok kişinin konuştuğu bu kitap için aynı şeyi söylemek mümkün değil. Uzun zamandan beri öğretmenlerimin, ailemin, arkadaşlarımın ve hastalarımın zihnimde titreşim yaratmakta olan sevgi ve esin dolu seslerini toparlama ayrıcalığına erişmiş ve son iki sene boyunca neredeyse her gece geç vakitlere kadar onlarla birlikte olmanın tadını çıkarmış bulunmaktaydım. Projem artık tamamlandığına göre, bunlardan bazılarını ismen zikretmek benim için gerçek bir ayrıcalık olacak.

Öncelikle Kitty Moore, Linda Carbone ve Chris Benton'dan oluşan Guilford Press'teki editör ekibime teşekkür etmek isterim. Kitty'nin projeye duyduğu güven, editörlük tarzı ve pratik zekası olgunlaşmamış bir fikri gerçeğe dönüştürdü. Linda'nın zarif editörlüğü taslak halindeki kitabı şu anki okunabilirlik düzeyine yükseltti. Chris'in kavramsal berraklığı da kitaba genel bir tutarlılık ve akıcılık sağladı. Bu adanmış kişiler editörlük mesleğini icra ediyor olmasalardı, rahatlıkla kitabın ortak yazarları olabilirlerdi.

Meditasyon ve Psikoterapi Enstitüsü'ndeki arkadaşlarım ve meslektaşlarım sadece bu kitabın içeriğine şekil vermekle kalmadılar, bana paha biçilmesi mümkün olmayan cömert bir duygusal destek verdiler. Bu kitap kelimenin tam anlamıyla ailece kotardığımız bir iş oldu. Paul Fulton, Trudy Goodman, Sara Lazar, Bill ve Susan Morgan, Stephanie Morgan, Andrew Olendzki, Tom Pedulla, Susan Pollak, Ron Siegel, Charles Styron ve Jan Surrey'i bana cesaret veren erkek ve kız kardeşlerimin arasında saymam gerekir. Özellikle de bilimsel olan her konuda önerilerde bulunan Sara'ya, düşüncelerimin 2.500 senelik bir gelenek olan Budist psikolojisine demir atmasını sağlayan Andy'ye, sahte davranışlardan kaçınan Ron'a, ara bağlantıları muhteşem ve kalıcı bir şekilde sağlayan Jan'a ve kitabın ana fikrine hassas ama yürekli dokunuşlarda bulunan Trudy'ye teşekkür borçluyum.

Şahsen benim öz şefkat alıştırmalarıma, olağanüstü bazı hocaların yazıları ve varlıkları esin vermiştir. Bunlar Dalai Lama, Sharon Salzberg, Jon Kabat-Zinn, Tara Brach, Pema Chödrön, Joseph Goldstein, Jack Kornfield ve Thich Nhat Hanh'dır. Ayrıca, arkadaşım ve meslektaşım olan Kristin Neff'in çığır açan çalışması, Paul Gilbert ve Mark Leary'nin araştırmaları ve yeni ve cesur bir tedavisel değişim anlayışı yaratmış olan Mark Epstein, Steven Hayes, Marsha Linehan, Zindel Siegel ve birlikte çalıştıkları kişiler olmasaydı, benim öz şefkat anlayışımın bir yere gelmesi mümkün olamazdı. Verdikleri esinle benim ve dünyanın dört bir yanındaki okuyucuların, insani duygulara ve insan ilişkilerine son derece özverili ve bilimsel bir perspektifle bakmamızı sağlayan Richard Davidson, Daniel Goleman ve Daniel Siegel'a da ayrıca teşekkür ederim.

Üniversitede bana tüm psikoloji kuramlarının geçici olduğunu öğreten Jay Efran; psikoterapide insan olmanın önemini gösteren Les Havens'a; beni yüreklendiren ve yazı yazmayı nazik bir şekilde öğreten Rich Simon'a; bana Charles Nehri'nin bu yakasındaki en muhteşem yazarlık yakıtını sağlayan Robert ve Barry'ye; kitabı yazma sürecinde bir taraftan da hasta muayenelerimin devam etmesini sağlayan Carol Hosmer'a; farkındalık ve öz şefkat konularına bir fırsat tanımayı kabul eden Rob Guerette'e ve ihtiyaç duyduğumda yanımda olan arkadaşlarım Chip Hartranft, Gib ve Faye Henderson, Claudia Ladensohn ve Mark Soransen gibi bu kitabın ortaya çıkmasını mümkün kılan diğer arkadaş ve meslektaşlarıma da teşekkür ediyorum.

Arkadaşlarımız bize kanatlarımızı verir, ailemiz ise köklerimizi... 2006 senesinde vefat eden babam ruhsal yolculuğumun sayısız iniş ve çıkışlarında bana eşlik etmişti. Gidemeyecek duruma gelmesine kadar onunla birlikte iki Hindistan gezisi yapmıştım. Annem de öz şefkat konusuna duyduğum ilgiye başından beri sadakatle destek vermiş ve kendi hayatındaki öz şefkat alıştırmalarını ve bu konudaki deneyimlerini benimle cömert bir şekilde paylaşmıştı. Bütün bunlar bir oğulun yüreğine işleyen şeylerdir. Bu arada, kitabın hep dün bitmiş olması gerektiğini düşünen külhanbeyi erkek kardeşlerime ve babamın sevgili ikinci ailesini oluşturan Maria, Anil ve Kamala'ya da minnettarım.

Danışanlarımdan her birinin önünde de saygıyla eğiliyorum çünkü sırf isimlerini zikrederek onlara yeterince teşekkür edebilmem mümkün değil.

Eh büyük teşekkürü ise karım Claire'e borçluyum. Bir kitap projesi için bir eşin ne kadar büyük fedakarlıkta bulunması gerektiğini çok iyi biliyorum. Her daim meşgul olan bir hayat arkadaşının kendisini yetim bıraktığı gibi bir hisse kapılmış, duygusal iniş ve çıkışlar yaşamış ve kitapla ilgili sonu gelmeyen angaryaları aşmak ve kaçınılmaz bir gelir azalmasına katlanmak zorunda kalmıştı. Claire, aslında benim bu kitapta sıklıkla gözler önüne sermeye çalıştığım denge ölçütüydü, çünkü o ne zaman öpeceğini ve ne zaman tekme atacağını bilen bir kadındır. Dahası, taslak kitabımın her bir satırını editörlerime sunmadan önce o görmüştür. On yıllardır devam eden evliliğimizde onunla hâlâ aydınlanma anları yaşamaktayım. Öyle anlarda kendimizi sevdiğimizden çok sevildiğimizi hissediyoruz. Claire'e karşı hissettiğim şükran hissini kelimelerle ifade etmem mümkün değil.

Öz şefkatli olma mesajını yabana atmayan ve bu mesajın kendi hayatlarında can bulup soluk almasını sağlayan tüm okuyucularımın çabalarını takdirle karşıladığımı da burada belirtmek isterim. Bu huzur dolu yolculuğumu onlarla paylaşmak benim için de bir lütuf olmuştur.

***

Aşağıdaki yayımcılar ve/veya yazarlar telif hakkı olan eserlerinden alıntı yapmama büyük bir cömertlikle izin vermişlerdir (kitapta isimlerinin geçme sırasına göre):

The Cartoon Bank, "Jack and I . . ." Robert Weber (cartoonbank. com, 1994). Telif hakkı: 1994, The New Yorker Collection. Tüm hakları saklıdır.

Beacon Press, "Mindful" by Mary Oliver, Why I Wake Early (Boston: Beacon Press, 2004). Telif hakkı: 2004, Mary Oliver.

Black Sparrow Books, David R. Godine'in bir baskısı, Linda Bamber'in "Suddenly the City"eserinin yayıncısı, Metropolitan Tang (Jaffrey, NH: Black Sparrow, 2008).Telif hakkı: 2008, Linda Bamber.

The Cartoon Bank, "Your own tedious thoughts . . ." Bruce Eric Kaplan (cartoonbank.com, 2002). Telif hakkı: 2002, The New Yorker Collection. Tüm hakları saklıdır.

The Cartoon Bank, "Lately I've been . . ." Lee Lorenz (cartoonbank. com, 1988). Telif hakkı: 1988, The New Yorker Collection. Tüm hakları saklıdır.

Coleman Barks (çeviri), "The Guest House" by Rumi, C. Barks and J. Moyne, The Essential Rumi (San Francisco: Harper, 1997). Original baskı: Threshold Books. Telif hakkı: 1995, Coleman Barks and John Moyne.

The Guilford Press, "Table 1.1. Examples of Maladaptive Coping Responses" uyarlaması, Jeffrey E. Young, Janet S. Klosko ve Marjorie E. Weishaar, Schema Therapy: A Practitioner's Guide (New York: Guilford Press, 2003). Telif hakkı: 2003, The Guilford Press.

Farrar, Straus ve Giroux, "Love after Love" , Derek Walcott, Derek Walcott: Collected Poems, 1948–1984 (New York: Farrar, Straus and Giroux, 1987). Telif hakkı: 1986, Derek Walcott.

Columbia University Press, "I Can Wade Grief", Emily Dickinson, The Columbia University Anthology of American Poetry (New York: Columbia University Press, 1995).

Far Corner Books, "Kindness" by Naomi Shihab Nye, Words

under the Words: Selected Poems (Portland, OR: Far Corner Books, 1995). Telif hakkı: 1995, Naomi Shihab Nye.

New Directions Publishing Corp., "When the Shoe Fits" by Thomas Merton, The Way of Chuang Tzu (New York: New Directions, 1965). Telif hakkı: 1965, Abbey of Gethsemani.

The Cartoon Bank, "Yeah, well, the Dalai Lama . . ." Bruce Eric Kaplan (cartoonbank.com, 2003). Telif hakkı: 2003, The New Yorker Collection. Tüm hakları saklıdır.

David Sipress, "May these people who cut in line . . . ," Shambala Sun (November 2007, p. 17). Telif hakkı: 2007, David Sipress.

The Cartoon Bank, "Are we there yet?" David Sipress (cartoonbank. com, 1998). Telif hakkı: 1998, The New Yorker Collection. Tüm hakları saklıdır.

Steven J. DeRose, "The Compass DeRose Guide to Emotion Words," by Steven J. DeRose (www.derose.net/steve/resources/emotionwords/ewords.html, July 6, 2005). Telif hakkı: 2005, Steven J. DeRose.